全国高等职业教育"十三五"现代学徒制规划教材

酒店专业系列

酒店心理学
基础理论与实践
（第二版）

主编◎刘胜勇

中国旅游出版社

全国高等职业教育"十三五"现代学徒制规划教材
丛书编辑委员会

院校编委

主　　任：刘胜勇

副 主 任：李筱刚

编委委员：夏远利　　孙　瑜　　胡欣哲　　张　恒　　林风吟　　吴海燕

　　　　　王文骏　　张　远　　屠静芳　　刘　渊　　刘　勇　　李欧洲

行业企业编委

主　　任：吉敏生

副 主 任：蔡振东

编委委员：白　璐　　王月华　　吕丹丹　　苏松梅　　韩飞燕

　　　　　袁泽如　　沈国年　　王晓璐　　刘天临　　张雪峰

编　　审：刘胜勇　　钱建伟　　文　静　　吉敏生　　白　璐

序 言

2014年8月，教育部印发《关于开展现代学徒制试点工作的意见》，明确提出现代学徒制是一项旨在深化产教融合、校企合作，进一步完善校企合作育人机制，创新技术技能人才培养的现代人才培养模式。

江苏建筑职业技术学院（简称江苏建院）作为教育部遴选的第二批现代学徒制试点牵头单位，其酒店管理专业早在2015年8月就参与到无锡江阴海澜集团有限公司牵头的现代学徒制试点项目中。同时，该专业教研室还主持了2016年教育部高教所重点课题《现代学徒制教学管理体系》研究。

在现代学徒制研究与实践的过程中，校企双方都积极地参与到人才培养全过程中，基本上实现了专业设置与产业需求对接，课程内容与职业标准对接，教学过程与生产过程对接，提高了人才培养质量和针对性。经过近五年的大胆探索实践，按照教育部现代学徒制试点实施方案及教育部课题研究的重点内容要求，江苏建院酒店管理教研室课题组基本完成了现代学徒制试点项目的教学管理体系的构建工作，获得了很多经验，也认识到了高职院校在现代学徒制试点实践中，除了有很多教学管理问题亟待解决之外，最为重要的是没有适合现代学徒制教学管理体制的专业教材。因此，江苏建院酒店管理专业教学研究团队与教育部现代学徒制试点合作单位协商，决定对高职院校酒店管理专业现代学徒制建设中的核心课程撰写一套实用、适用并贴合高职特色的教材，用于现代学徒制体制下的专业教学实践。

随着酒店业的迅猛发展，其竞争越来越激烈。提高企业竞争力的核心是提高酒店人才的竞争力，而酒店人才的培养需要一套紧跟行业发展趋势、满足酒店岗位专业需求、贴合现代酒店业管理实际的教学及培训系列教科书。

江苏建院于2016年成立了酒店管理专业现代学徒制教材丛书编写委员会，在刘胜勇教授的带领下，筹备酒店管理专业现代学徒制教材丛书的规划编写。经过近三年的构思编撰，目前该套教材中的8门核心课程书稿基本完成。每本书的编者将酒店岗位的工作任务作为学习的目标，将真实的工作场景编入教材，在读者的学习过程中融入了工作职责、工作流程等知识，还加入了现代学徒制的核心内容——资深工作者（师傅）的引领、指导和评价，让教材的使用者既能作为主体参与学习，又可以获得更高的视角对自我表现的评估，以此作为有效的激励机制促进学生的学习。由此构成了本套教材的现代学徒制特色，依据工作岗位工作流程设定学习内容的特色，学做结合、讲练互融的特色。本编撰组成员力争将丛书编撰成高职院校相关专业的学生实用、企业员工培训需用、行业企业选用的参考资料。

本套教材由中国旅游出版社出版，由酒店管理专业培养方案中的《酒店心理学理论基础与实践》《酒店管理学理论基础与实践》《高星级酒店职业形象塑造》《酒店实境英语教程》《酒店前厅管理实务教程》《酒店餐饮管理实务教程》《酒店客房管理实务教程》等8门核心课程组成。通过介绍酒店管理涉及的基本理论，结合酒店行业、企业各岗位实际工作中的实践体验，每一本书基本设置了6～8个模块；每个模块含有3～5个学习情境；包含20～26个项目单元学习内容，涵盖了酒店管理的相关服务与管理方面的基本理论及酒店管理岗位的实际操作。学习情境之间是平行关系，各项目单元之间是递进关系；在学习情境内容的设计过程中，重视对学徒社会能力和方法能力的培养，每个学习情境都分师傅讲授、师傅提示、徒弟记忆、徒弟操作、徒弟拓展等师徒互动环节，贯穿了资讯、决策、计划、实施、检查、评价六个工作步骤；学徒在完全真实（或模拟）学习任务工作情境中，通过师傅与学徒间的团队合作，制订计划、工作分配、角色扮演来进行，强调工作的效率和标准化要求的执行；本套书的学习情境采用结构化设计，以目标、内容要求为基础构建学习情境框架，以多个项目、案例作为载体，教师教学及读者自学时可直接使用这些载体，也允许教师从企业和实际工作中引入新的载体；学生的创新项目也可作为学习情境的载体，并可形成创新成果；培养学生灵活应用专业知识分析和解决工作中遇到的实际问题的能力。

现代学徒制培养模式在中国还是一个新鲜事物，值得进一步探究。本套教材也是为了满足学徒制试点项目应急编撰的，还没有经过大面积的使用与完善。因编写时间仓促、试点范围狭窄、编者水平有限等诸多因素导致本套教材有疏漏之处、文字不妥之处、结构的争议之处在所难免，敬请同行专家批评指正。

江苏建筑职业技术学院党委书记　孙进

2018 年 12 月

再版前言

　　《酒店心理学基础理论与实践》教材于2018年首次出版，深受高职院校师生的好评和酒店行业企业的认可。2019年，在教育部公布的新版职业院校专业目录中，原酒店管理专业已经更名为酒店管理与数字化运营专业。为适应新版酒店管理与数字化运营专业培养方案的要求，结合使用过本教材的部分院校专业教师的建议，2020年作者决定对该教材进行修订，经过中国旅游出版社段向民主任、武洋老师和作者本人近一年的努力，《酒店心理学基础理论与实践（第二版）》终于和大家见面了。

　　第二版修订工作伊始，出版社就明确提出了修订工作的六字原则：总结、借鉴、创新。依据"总结、借鉴、创新"的原则，并征求了使用过第一版教材的院校专家的意见之后，编者对教材内容进行了大幅度删减和补充。

　　（1）尽量减少描述性介绍，增加学徒制合作企业桃园山庄、瞵和集团、连云港金陵云台和泰州金陵国际大酒店的工作规范与操作流程。酒店宾客的心理现象与他们的心理需求息息相关，因此，科学准确地描述心理基础知识是必不可少的。但是酒店员工和专业学生学习心理学知识必须与实际工作内容结合，并通过列举服务过程中的事例来帮助在校生理解知识并强化记忆。修订时，我们尽量减少了描述性的内容，增加了酒店案例的介绍。

　　（2）反映酒店业服务流程的创新点，更新教材内容。一部好职教教材一定要与时俱进，及时反映业界的创新发展。本次修订时作者就特别关注"知识更新"的问题，在保持服务心理学基本概念、基本理论的前提下，注重引用国内外酒店行业的一些最新的服务理念与服务流程操作方法，并力求对这些创新点进行分析和概括，总结提炼出与服务心理学相契合的创新知识。

　　（3）酒店心理学基础知识是一门理论性很强的学科，也是一门具有重要实用价值的指导性学科。为了让学生能"学以致用"，修订时，本书适当增加了学徒制合作酒店的案例介绍，引导学生关注心理学基础知识在实际工作中的作用，并通过设置相关栏目，让学生更多地参与到教学互动过程中，培养分析和解决问题的能力。

（4）进行教材结构的调整。上一版教材中有些章节的内容重叠，有些内容的安排缺乏严格的逻辑顺序，修订时进行了适当合并和调整。

（5）处理和更正原教材存在的个别不妥之处。这些不妥之处是一些高校师生和读者在使用教材时发现的，他们提出了宝贵的意见和建议。根据这些意见我们做了更正。在这里，我们要向提出这些意见的黔南师范学院的文静院长、吴海燕主任；无锡工艺职业技术学院的钱建伟院长；瞬和集团瞬和大学的师生、员工等表示诚挚的谢意，正是他们的细心、热心和加倍关爱才使教材日臻完善；修订工作还得到了江苏建筑职业技术学院白志芹等同学的帮助，在此一并致谢。

一部好的教材可以影响几代人的成长。出于这种信念，作者未来将依然坚持对教材的编写和修订，不敢有任何的懈怠，力求做得好些、更好些。由于作者自身的局限性，本书可能还存在一些不足和缺陷，希望继续得到广大职业院校师生、行业企业专家和读者的批评和指正。

刘胜勇

2021 年 10 月 19 日于徐州

前　言

　　酒店是当下服务性最强的一个行业，它集住宿、餐饮、康乐、商务等众多业务于一体，这一行业特征决定了现代酒店服务流程非常复杂，难度系数相当大。很多酒店因为服务与管理不到位、缺乏科学系统的培训，使得酒店的经营陷入泥潭，混乱不堪。

　　如今，中国正处在高速发展时期，酒店市场竞争将更加激烈，现代酒店必须要运用现代化、规范化的服务与管理方式进行有效管理，才能在未来的全球竞争中站稳脚跟，抓住机遇，赢得竞争优势。要使酒店在设备方面令顾客感觉整洁、方便和安全；在餐饮方面别出心裁；在周围环境布置方面美观、优雅；在服务方面表现出诚挚的态度；使顾客有一种宾至如归的感觉。

　　当前国内酒店业发展迅速，酒店之间的竞争激烈。在硬件水平日益接近国际水平的情况下，服务质量和管理方式就成了竞争的焦点。当前，旅游消费者对酒店的产品与服务质量要求越来越高，旅游酒店市场竞争更趋激烈，全面抓好酒店服务与管理质量，提高酒店从业人员的素质，已成为酒店业面临的紧迫任务。

　　酒店业是人才密集的行业，服务质量与管理方式在很大程度上决定着酒店的发展前景。因此，我们编写了本书，从心理学的角度帮助深化酒店服务与管理理念。

　　本书收集了大量新鲜、生动的案例，把酒店经营管理中经常遇到的有关服务与管理的典型事件或活动，用具有特色的典型经历和场景，生动而具体地展现在读者面前。全书集条理性、直观性、实用性于一体，规范而详细，是现代酒店服务流程标准化培训不可多得的必备工具书。

　　本书在编写过程中参考借鉴了同类其他书籍，以此对相关作者表示感谢，由于编者水平有限，对案例的选择与分析如有不足之处，敬请指正。

编者

2018 年 12 月

目　录

酒店心理学基础理论

项目一 心理学的起源与发展

【企业标准】

在本项目内容中，要求大家了解心理学学说的产生历史及发展过程；了解心理学的起源与发展和主要流派；掌握宾客心理活动的本质；掌握酒店服务与管理活动中运用心理学常识的重要性。

【师傅要求】

（1）熟知心理学的起源及发展历程。

（2）了解有代表性的心理学流派。

（3）宾客心理活动的本质是什么？

（4）酒店服务心理学的基础知识内容。

（5）酒店服务活动中运用心理学常识的重要意义。

（6）酒店管理活动中运用心理学常识的重要意义。

【师徒互动】

心理学是一门既古老又年轻的学科，而人类对服务心理学的研究和应用的历史则非常短暂。要想了解心理学的起源与发展，必须先了解心理的本质。

心理是怎样产生的？它是由身体的哪一部分产生的？在古代，由于科学发展水平所限，人们并不清楚产生心理活动的器官。后来，有的人就认为心脏是产生心理活动

的器官，心理是心脏的功能。例如，我国古代思想家孟子提出："心之官则思。"这种观点在汉字和汉语传统中比比皆是。例如，凡是和心理活动有关的字都带"心"字旁或竖"心"旁，如思、想、情、感、念、怨、恨等字。汉语中有"胸有成竹""心心相印""心有灵犀""计上心来""心中有数""满腹经纶"等词语。直到今天，我们还在习惯性地说"我心里好想你"。虽然我们早就明白心脏并不是心理的器官。

古希腊人信奉万物有灵论，柏拉图和亚里士多德就是在这种观念的基础上把人的心理现象界定为灵魂的。柏拉图把人的灵魂分等并与他那乌托邦式"理想国"的等级——对应起来。他把灵魂分为理性、意气和欲望三个等级。理性位于头部，意气位于胸部，欲望位于腹部横膜与脐之间。亚里士多德发展了柏拉图的灵魂说，创作了世界上的第一部心理学专著《灵魂论》。他认为心理学是自然科学的一部分，在《灵魂论》中把灵魂分为三等：植物只有滋长的灵魂，动物有感性的灵魂，而人有理性的灵魂。心理是灵魂的观点实际上是万物有灵论的延续，这也是不科学的。

直到诺贝尔奖奖金获得者、俄国生理学家伊万·巴甫洛夫（Ivan Pavlov，1870—1932）进行了一系列实验确定条件反射的存在，人们才真正认识到脑是产生心理的器官，心理是脑神经活动的产物。

人们在长期的研究过程中逐步得出了正确的结论：心理首先是人脑的机能。古希腊医学创始人希波拉底（公元前460—前370年）就明确地把人脑看作心理的器官。他指出："我们因为有脑，所以就思考、就看、就听、就知道美丑，判断善恶，感到愉快或不愉快……"我国医学也早就认识到人脑是心理活动的器官。例如，战国时期的医学经典《黄帝内经·素问》提出"诸髓者，皆属于脑""头者，精明之府"，认为脑和脊髓是人的心理活动所在之处。我国最早进行人体解剖的清代名医王清任在1830年提出了"脑髓说"，他通过解剖尸体，弄清了脊髓与人的神经联系的"经络周身""内外贯通"的道理。他同时指出，"两目系如线长于脑，所见之物归于脑""两耳通脑，所听之声归于脑"等，这些都表明了大脑与人的感官的神经联系及大脑对感官的指挥作用。此外，心理是客观现实的反映。也就是说，心理现象的产生是以客观事物为现实的，离开了客观现实，没有客观现实作用于大脑，就不会产生各种心理现象。各种客观事物以不同的方式作用于人的感觉器官，引起人的脑神经活动，便会产生感觉、知觉、联想、记忆、思维等各种心理现象，并通过一定的行为、语言等表现出来。人脑好比一个"加工厂"，各种外界的客观现实好像是"原材料"，没有这些"原材料"，人脑自然就产生不了任何心理现象。这些客观现实是独立于人的意识之外的物质世界，包括自然环境和社会环境。

总之，心理是指人内在符号活动梳理的过程和结果，具体是指生物对客观物质世界的主观反映心理的表现形式，包括心理过程和心理特性。人的心理活动都有一个发生、发展、消失的过程。人们在活动的时候，通过各种感官认识外部世界事物，通过头脑的活动思考着事物的因果关系，并伴随着喜、怒、哀、惧等情感体验。这折射着一系列心理现象的整个过程就是心理过程。按其性质可分为三个方面，即认识过程、情感过程和意志过程，简称知、情、意。

【师傅讲授】

一、什么是心理学

　　心理学是研究人的心理现象的发生和发展规律的科学，是人们从事社会活动、处理人际关系的"艺术学"。随着社会的发展及心理学重要性的凸显，人们对心理学越来越关注了，人们不仅想了解自己的内心世界、认识自我，还想了解自己之外的世界，所以学习有关心理学的基本知识对我们的生活和工作都有一定的指导作用。研究心理现象与发展规律必然要了解心理是什么，心理现象是如何发生的，知晓心理活动的过程。

　　（1）心理是人脑对客观现象能动的反映，脑是产生心理活动的器官，心理现象反映脑的活动。正常人的一切心理活动都是脑和神经系统有规律活动的结果，没有健全的大脑，就没有正常的心理。

　　（2）心理现象的发生：心理现象又称为心理活动，客观现实是心理现象的源泉，人脑只有在客观事物的影响下才能实现机能，把客观事物变为主观印象，从而产生心理活动。人的心理是在动物进化到一定阶段，由于对周围环境的长期适应而产生的。最初出现的心理现象是简单的感觉，在外界环境的影响下，随着神经系统的发展，出现了知觉、记忆、思维、情感、性格、能力心理现象。客观事物的各种现象以不同的形式刺激人的感官，引起脑神经系统的活动，于是人的脑中便产生了感觉、知觉、思维、情感、记忆、想象等心理活动。比如，人们总是会认为一个洁白精美盘子中的菜肴比一个粗糙简陋盘子中的菜肴好吃，而且看起来也高档些，质量好些。人的感官刺激将信息传递给大脑，经脑处理后便产生了一系列心理活动。任何心理活动的产生都是客观事物作用于人脑之后，经过脑的加工处理，在脑中产生的一种反映现象。

　　（3）心理过程：心理过程是心理现象产生的过程，也是心理学的基本内容，包括以下三个方面。

　　①认识过程：包括感觉、知觉、思维、想象和记忆的过程，是认识客观事物的不同形式。②情感过程：是人们在认识和改造客观事物的过程中，随着事物的发展变化而产生的顺利与阻碍，成功与失败、幸福、失落、高兴、痛苦等情绪变化。③意志过程：指人们为处理、改造客观事物而提出目标，制订计划，实施计划，冲破阻力达到目的的思想。

【师傅提示】

　　若想深入了解到底什么是心理学，就必须记住心理活动过程的分类和心理现象的产生原理。

【徒弟记忆】

心理学是研究人的心理现象及其活动规律的科学，包括基础心理学与应用心理学两大领域。

【师傅讲授】

二、心理学的起源与发展

艾宾浩斯（德国著名心理学家）说，"心理学有一长期的过去，但仅有一短期的历史。"由此可以说明心理学的产生与发展源远流长。两千多年前的中国就有许多心理学思想和观点，如孔子（公元前551—前479年）的教育心理学思想和部分先秦思想家关于人性问题的理解，但是不成理论体系。而古希腊哲学家亚里士多德（公元前384—前322年）的《灵魂论》一书，才可以称作是人类文明史上较早的有关心理现象研究的专著。但是，心理学真正自成体系成为一门独立的学科却仅有上百年的历史。一开始人们对各种心理现象的讨论仅仅局限于哲学的范围，凭主观的设想去分析问题，没有形成系统的理论和科学的方法。因此，在相当长的一段时间内，心理学只是投身于哲学的怀抱，没有真正形成科学的心理学。

德国心理学家冯特于1879年在莱比锡大学创立了世界上第一个心理学实验室，采用科学的方法对人的心理进行研究。自此，心理学才从其他学科中脱离出来成为一门独立的学科。美国心理学家墨菲在《近代心理学导论》中曾有过这样的评论："在冯特出版他的《生理心理学》与创立他的实验室之前，心理学几乎像一个流浪儿，一会儿敲敲生理学的门，一会儿敲敲伦理学的门，一会儿敲敲认识论的门。1879年，它才算是有一个安身之所和有个名字的一门实验科学。"

【师傅提示】

心理学的产生标志着人类对自身心理现象认识的深化和发展。由于现代科学技术的进步，心理学的发展也日新月异，逐步产生了许多应用分支，如管理心理学、服务心理学、教育心理学、社会心理学、消费心理学、犯罪心理学等，这些新的应用性心理学在各自的领域里得到了广泛的运用，对人类社会的生活、工作起着越来越重要的作用。

【徒弟讨论】

分组讨论对心理学的理解？心理学还有哪些分支学科？

【徒弟记忆】

应用心理学科大家庭：教育心理学、管理心理学、服务心理学、犯罪心理学、社会心理学、消费心理学。

【师傅讲授】

三、心理学的主要流派

心理学自成体系的历史虽然不长，但是流派众多。了解一些具有代表性的心理学流派对于大家学习心理学知识来说很有必要。

（一）构造主义心理学派

构造主义心理学是 19 世纪末成为一门独立的实验科学之后，出现于欧美的第一个心理学派，它与相继出现构造主义的功能心理学相对立。其主要代表是冯特和铁钦纳。这个学派受英国经验主义和德国实验生理学的影响，认为心理学的研究对象是意识经验，主张心理学应该采用实验内省法分析意识的内容或构造，并找出意识的组成部分以及它们如何连接成各种复杂心理过程的规律。构造派是心理学史上第一个应用实验方法系统研究心理问题的派别。在他们的示范和倡导下，当时西方心理学实验研究得到了迅速传播和发展，其理论基础为纯粹经验论，把心理学看成一门纯科学，只研究心理内容本身，研究它的实际存在，不去讨论其意义和功用，所以极为狭隘，因而遭到许多心理学家的反对。

（二）行为主义学派

1913 年，美国心理学家华生发表了"从一个行为主义者眼光中看到的心理学"一文，从而宣告了行为主义学派的诞生。行为主义学派认为，心理学不应该研究意识，只应该研究行为。心理学的目的应是寻求预测与控制行为的途径。他们认为，心理学研究行为的任务就在于查明刺激与反应之间的规律性关系，这样就能根据刺激推知反应，根据反应推知刺激，达到预测和控制行为的目的。行为主义主张客观的研究方向，有助于摆脱主观思辨的性质，更多地从实验研究中得出结论。但他们无视行为产生的内部过程，反对研究意识，引起不少人的非难和反对。

1930 年起出现新行为主义理论，新行为主义学派的主要代表人物是托尔曼、赫尔、斯金纳。他们指出，在个体所受刺激与行为反应之间存在中间变量，这个中间变量是指个体当时的生理和心理状态，是行为的实际决定因子，这个变量包括需求变量和认知变量。需求变量实际上就是动机，它们包括性、饥饿以及面临危险时对安全的要求。认知变量就是能力，它们包括对象知觉、运动技能等。

在新行为主义中另有以斯金纳为代表的一种激进的行为主义分支，斯金纳在巴甫洛夫的经典条件反射基础上提出了操作性条件反射，他自制了一个"斯金纳箱"，在箱内装一特殊装置，压一次杠杆就会出现食物，他将一只饥饿的老鼠放入箱内，它会在里面乱跑乱碰，自由探索，偶然一次压杠杆就会得到食物，此后老鼠压杠杆的频率越来越

高，即学会了通过压杠杆来得到食物的方法。斯金纳将其命名为操作性条件反射或工具性条件作用，食物即是强化物，运用强化物来增加某种反抗频率的过程叫强化。斯金纳认为，强化训练是解释机体学习过程的主要机制。

（三）格式塔学派或称完形学派

1912 年创建于德国的格式塔学派，创始人是韦特海默、考夫卡、苛勒。这是西方心理学的主要流派之一。格式塔学派反对构造主义的元素主义和行为主义的"S-R"公式，主张心理学应该研究意识的完形整体结构，认为整体不等于部分之和，意识不等于感觉、感情的元素的总和。行为也不等于反射弧的集合，思维也不是观念的简单联结。该学派这种重视整体的观点和强调各部分之间动态的联系以及对创造性思维的认识，对后来心理学的发展起到了积极的作用。

（四）精神分析学派或称心理分析学派

精神分析学派或称为心理分析学派，是 20 世纪初奥地利精神病学家西格蒙德·弗洛伊德（1856—1939 年）创立的。该学派的理论在 20 世纪 20 年代广为流传，影响颇大。

弗洛伊德认为，人的心理可分为两部分：意识与潜意识。潜意识不能被本人所意识，它包括原始的盲目冲动、各种本能以及出生后被压抑的动机与欲望。他强调潜意识的重要性，认为本能是人的心理的基本动力，是摆布个人命运和决定社会发展的永恒力量。他把人格分为本我、自我、超我三部分，其中本我与生俱来，包括先天本能与原始欲望；自我由本我分出，处于本我与外部世界之间，对本我进行控制与调节；超我是"道德化了的自我"，包括良心与理想两部分，主要职能是指导自我去限制本我的冲动。三者通常处于平衡状态，平衡被破坏，则导致精神病。

精神分析学派重视潜意识与心理治疗，扩大了心理学的研究领域，并获得了某些重要的心理病理规律，但他们的一些理论也遭到了许多人的反对。20 世纪 30 年代中期，以沙利文、霍妮、弗洛姆为代表的一批心理学家反对弗洛伊德的本能说、泛性论和人格结构理论，强调文化背景和社会因素对精神病产生和人格发展的影响，在美国形成了新精神分析学。当然，新精神分析学派仍保留着弗洛伊德学说中的一些基本观点，尽管在其理论中有不同的概念名称，但归根结底，仍然是潜意识的驱动力和先天潜能起主要作用。

（五）认知学派

1967 年美国心理学家奈瑟《认知心理学》一书的出版，标志着这一学派理论的成熟。该学派有广义和狭义之分，广义的认知心理学把人的认识发展看成是一种建构的过程。狭义认知心理学也被称作信息加工心理学，是指用信息加工的观点和术语解释人的认知过程的科学。该学派反对行为主义理论，认为不必在搞清心理的生理基础后，才能研究心理现象。他们把人看成是计算机信息加工系统，认为人脑的工作原理与计算机的工作原理相同，可以在计算机和人脑之间进行类比。他们强调人的已有的知识结构对行为和当前认知活动的决定作用，并力求通过计算机模拟等方式发现人们获取和利用知识的规律，达到探究人类认知活动规律的目的。他们还承认人的主观能动性、意识的能动作用，强调对人的认知过程进行整体综合分析。

认知学派的理论中含有辩证法的因素，对反对行为主义的机械论、弗洛伊德主义的非理性主义有积极的意义，对扩大心理学的研究方法、促进心理学的现代化、发展人工智能和计算机科学均有贡献，而且成为当前心理学研究的主要方向。但该学派把人的心理看成是计算机的信息系统加以研究，在心理学界依然存在争论。

（六）人本主义心理学派

人本主义心理学在 20 世纪 50~60 年代兴起于美国，是美国当代心理学主要流派之一。以马斯洛、罗杰斯等人为代表的人本主义心理学派，与精神分析学派和行为主义学派分道扬镳，形成心理学的第三思潮。这一学派受现象学和存在主义哲学影响比较明显。该学派反主流文化运动，对社会不满。它既反对精神分析学贬低人性、把意识经验还原为基本趋力，又反对行为主义学派把意识看作副现象，认为人不是"较大的白鼠"或"较缓慢的计算机"，主张研究人的价值和潜能的发展。该学派从探讨人的最高追求和人的价值角度，主张心理学应当改变对一般人或病态人的研究，而成为研究"健康"人的心理学，提示发挥人的创造性动机、展现人的潜能的途径。该学派被称为心理学的第三势力。

该学派的人本主义方法论不排除传统的科学方法，而是扩大科学研究的范围，以解决过去一直排除在心理学研究范围之外的人类信念和价值问题。人本主义心理学是一门尚在发展中的学说，其理论体系还不完备，他们对人的一些研究还停留在关于人性的抽象议论上，因而不能提示人的心理本质规律。

【徒弟讨论】

分组对心理学的发展历程和流派进行调查讨论。

【徒弟记忆】

心理学发展的六大流派：构造主义心理学、行为主义学派、格式塔学派或称完形学派、精神分析学派或称心理分析学派、认知学派和人本主义心理学派。

【师傅指导】

对于本项目，徒弟必须知道心理学是什么，了解心理学的发展历程。

【拓展应用】

心理学各流派的代表人物有哪些？

项目二 酒店心理学概论

【企业标准】

本项目是对酒店心理学进行大体上的概述，对酒店心理学的研究对象、研究方法进行综合讨论，知晓学习研究服务心理学的意义，为后面逐步学习提高服务意识做准备。

【师傅要求】

（1）了解酒店心理学的研究内容。

（2）了解酒店心理学的研究方向。

（3）了解酒店心理学的研究方法。

（4）了解酒店心理学的研究意义。

【师徒互动】

酒店心理学是心理学的一个分支，属于应用心理学，是专门研究酒店企业经营与管理过程中所涉及的相关人员的心理和行为及其发展规律的学科。

在本项目中主要讨论与酒店运营活动中有关的各种心理活动。酒店运营过程中所涉及的人可以归纳为三种，即宾客、服务人员和管理人员。这三类人群在酒店运营过程中扮演的角色都不相同，其心理过程必然也存在很大的差异，因而只有对各类人的心理进行广泛的研究才能更好地用于实际的指导工作，促进服务质量和管理水平的提高，为顾客创造更好的消费体验。

【师傅讲授】

一、酒店心理学研究的具体内容

（一）宾客的心理研究

宾客是酒店企业的主要角色。酒店运营过程就是为满足宾客消费需求的服务过程，因此，对宾客的心理研究是每一位酒店人的必修功课。研究内容包括宾客的一般心理过程和作为消费者对服务需求满足与否的心理过程。宾客作为酒店服务活动的对象，不仅具有普通人的心理特点，而且会在接受服务活动的过程中产生个体的特殊心理。这两种不同的心理过程对酒店企业的运营管理具有主导作用。所以对宾客的两种心理活动规律进行充分的研究和探讨学习是酒店人的主要任务，以此指引酒店的各项工作。比如，在餐饮服务中，所有的客人都希望酒店能提供色香味俱全的菜品，但因客人个体的口味不同，每个人的要求也不同，如果酒店人不认真进行观察，就不会做出让客人满意的菜品。

（二）酒店服务心理策略研究

研究宾客对酒店服务的心理需求。从酒店服务的特性出发，采取相应的管理与服务策略，努力创造优质服务，这是研究学习酒店心理学的一个内容。研究学习的目的是更好地应用，重点是指导实际的运营与管理工作。比如，在餐厅、客房等不同部门的服务中，客人的心理要求是有所不同的，如果不能针对客人的心理需要出发，采取有效的服务策略和方法，就无法满足客人的消费需求。

（三）酒店员工的心理研究

员工是酒店服务的主体，是宾客服务的提供者，员工的心理活动直接决定了其服务行为是否能够得到宾客的认可。优秀的员工一定能够提供优质的服务，进而才能创造最佳口碑的酒店，这是酒店管理层的一个共识。如何让员工充分发挥自己的主动性和积极性，为酒店创造更多的价值，并在工作中得到乐趣，实现其人生的价值是员工的心理研究目的。了解员工的心理需求，为员工提供良好的工作和生活发展空间是研究目标。比如，作为连云港"形象名片"的国信云台大酒店，倡导一种把员工当作客人的文化。走进该酒店的人总能感受到酒店高贵又充满朝气的氛围，这种氛围不仅是因为酒店优雅的环境，更是由身在其中的"国信人"带来的，入住的每一位宾客都能切身感受到"国信人"的可爱。而人性化的服务更取决于人性化的管理，该酒店始终奉行一条原则："只有满意的员工才能创造满意的宾客。"酒店每个月都会举行普通员工和总经理、副总经理的面对面交流会，总经理每日一定会打开员工专用信箱，员工有任何的想法或建议都能开诚布公地谈出来，而且提出来的问题一定会有反馈，并在员工告示栏上公布，员工就会觉得自己在这个团体里极受尊重。

【师傅提示】

管理人员是酒店的一个重要组织部分，他们对酒店的日常经营和管理负责，是酒店的经营决策者，具有独特的心理需求和心理过程，也是服务心理学研究的一个方面。上述几个方面的研究学习是相互关联、相互作用的，既重视对客人的心理研究，又强调对服务和管理人员的心理探求，要防止产生片面性，做到以人为本，尊重所有人的心理和个性。

【徒弟讨论】

分组讨论你对心理学研究内容的理解。

【徒弟记忆】

熟知宾客的心理研究、酒店服务的心理策略研究、酒店员工的心理研究和管理人员的心理研究的必要性与目标。

【师傅讲授】

二、酒店服务心理学的研究意义

酒店工作主要是围绕人的工作，无论是作为服务对象的宾客还是服务主体的员工，其心理活动都直接指导着他们的行为，进而影响着酒店的经营活动。因此，研究相关的心理学规律对于酒店企业来说至关重要。

（一）熟知宾客的心理，依据宾客心理需求提供服务，才能够获得宾客的满意与认可

宾客来自不同的国家、地区，虽然都是进行酒店消费，但他们之间存在民族、性别、年龄、职业、爱好、性格、收入等差异，消费心理活动不尽相同，行为表现非常复杂。服务员在工作中如何去了解和掌握宾客的心理活动？单靠实践经验的积累显然是不够的。学习酒店服务心理学，从理论上探讨宾客心理活动规律，掌握宾客消费心理，就可以取得工作的主动性，赢得全体宾客的满意，收到事半功倍之效。

宾客在酒店消费过程中，随时都在产生新的感受。例如，在选择酒店时，酒店的地理位置、建筑装饰、设备设施、服务方式、服务项目、卫生条件、服务员仪表等，都会引起宾客的注意。在消费时，宾客还会对服务态度、服务质量、价格、管理水平等产生心理评价。因此，酒店的一切"硬件"设施和"软件"服务，都要适应宾客的心理需求，使宾客产生宾至如归的心理感受，在心理上留下完美的印象。

（二）完善员工的知识结构，提高员工素质，创建高素质的员工队伍

研究酒店心理学，一方面使员工了解酒店业对从业人员的仪表、气质、性格、情感、意志、能力等方面的要求，适应职业需要，自觉培养良好的心理素质，以利于市场竞争；另一方面，使员工掌握在工作实践中如何与宾客交往，怎样与同事交际，遇到投诉和服务矛盾怎样处理等，以保持良好的心态去面对工作和生活。

酒店业的竞争包括诸多内容，但是人才的竞争是核心和根本。所以想在激烈的市场竞争中赢得胜利，关键要拥有一支高素质的员工队伍。而对于心理学的学习和研究可以

更好地开启我们的工作思路，丰富我们的视野，拓展我们的文化和知识，引导我们更好地工作和学习。要想了解客人的心理，首先要学会了解自己的心理，充分地分析自己的心理过程和个性心理，全面地把握自我，发挥个性心理中的积极方面，控制和克服消极方面。对于管理人员而言，学习有关心理学的知识可以更好地了解员工想要什么，想做什么，可以更有效地开展思想工作，加强沟通，增进集体的凝聚力，创建一支高效、优秀的员工队伍。

（三）有利于提高酒店企业的经营和管理水平，为酒店的发展与定位提供决策依据

中国的酒店在 1978 年仅有 137 家。此后，每年以约 10% 的幅度增长。可以这样讲，现代酒店业已成为中国对外开放的重要标志和窗口，是最早与国际接轨的行业之一。现在，国际市场都在千方百计地开展标准化、规范化、程序化和个性化的服务。例如，商务客人在房间可直接上网查阅各种信息；在老年人居住的房间增添了健身设施；为住房客人送生日蛋糕和鲜花等。这些个性化服务迎合了宾客的心理需求。因此，研究酒店心理学可以使我国的酒店服务业适应国际市场要求，促进其健康发展。

酒店的管理者依靠什么进行决策和定位？依据市场需求、社会环境、自身状况、竞争等因素，但其中不可忽视的一个因素就是人的心理状况。客人和员工的心理对酒店的决策起着关键的作用。客人需要什么，我们就应该提供什么；员工需要什么，我们也应该提供什么。这是一个酒店企业生存与发展的根本性问题。

【师傅提示】

人是各项生产活动的主体，在酒店服务过程中也不例外，对人的心理进行研究和认识，对做好整个旅游酒店的接待服务工作有着深远的意义和影响。

【徒弟讨论】

酒店心理学有什么现实的研究意义？

【徒弟记忆】

服务心理学是一门重要的学科，它的研究不仅有利于更好地服务于酒店顾客，对酒店的长期发展也是极为有利的。

【师傅讲授】

三、酒店服务心理学的研究方法

学习研究酒店心理学的方法很多，而且因人而异，下面介绍几种酒店心理学的学习

研究方法，各种方法都有优势和不足之处，通常是几种方法配合使用。无论采取什么研究方法，都应遵循客观性、发展性和系统性的心理学研究基本原则。只有这样，才能概括和把握宾客在酒店消费的心理活动的特点和规律。有助于掌握宾客心理需求变化的趋势，以便及时调整服务与管理策略。

（一）观察法

观察法是在酒店自然状态中，有目的、有计划地利用感觉器官来考察宾客的心理活动及其规律的一种常用的研究方法。它主要是通过对宾客和员工的语言、表情、行为等外部表现来了解其内心活动。此外，还可以利用录音、录像等现代科技手段来增加观察的准确性。在具体的服务活动过程中，客人和员工的行为、动作、语言、表情等外部表现，是观察和了解研究对象的直接依据。

为了使观察法达到较好的效果，必须注意以下几个问题。

（1）所有的观察始终要有明确的目的和周密的计划。

（2）观察者不能干涉被观察者的正常活动，应让其处于完全自然的状态下，不知道有人在对其进行观察。

（3）观察者应善于捕捉和记录所观察到的有关现象，积累充分、准确的资料。使用这种方法的主要优点是保持了被观察者的心理活动的自然性和客观性，获得的材料比较真实、可信。但是其不足之处是观察者处于被动地位，不能有效地对被观察对象进行调控，带有一定的偶发性。同时，由于观察到的现象以及取得的材料不易作数量分析，所以很难精确地确定引起某种心理活动的因素是什么。此外，观察法的操作看似简单，但是对运用者的要求较高，只有经过严格训练的人才能有效运用这种方法。

（二）实验法

实验法是在控制和改变条件下，促使一定的心理现象产生，从而探求心理变化及其规律的一种研究方法。实验法有实验室实验法和自然实验法两种形式。对酒店服务的研究方式多采用自然实验法。该方法是研究者有目的地创造一些条件，在比较自然的情况下进行的，它既可以用来研究一些简单的心理活动，又可以用来研究一些比较复杂的心理活动。在酒店行业中，研究者可以适当控制某些条件，结合经常性的服务工作进行研究。例如，在餐厅设置迎宾员和不设置迎宾员、当着客人面打扫房间和背着客人打扫房间等，都可以探求宾客的心理变化。

（三）调查法

这是酒店企业常用的一种研究方法，比较常用的方式是谈话和问卷。可以一次性地对大批量的客人采用此方法，但有时回收率不是太高。由于酒店的客流量较大，一般的方法有时不可能深入地了解客人的心理，但是通过谈话和问卷的形式接待客人，能够非常直接地了解到客人的心理状况和需求。例如，很多酒店在客房内都放置"客人满意度调查表"，客人在退房时可根据自己在酒店住宿期间的感受对调查表中的各项进行综合评价，提出自己的意见或建议，然后酒店在一定时间内进行统计分析，得到所需资料。

（四）经验总结法

这是从心理学角度科学地、有目的地分析和总结服务工作经验的一种研究方法。它带有本质性和规律性，对日常酒店服务工作具有指导意义，如"微笑是酒店的活广告""客人永远是对的""服务员代表酒店的形象"等，都是服务经验的总结。

（五）统计分析法

统计分析法是利用统计学原理，通过搜集、整理和分析酒店内外有关资料，从心理学的角度进行量化研究的一种方法。例如，住店客源的统计、餐饮座位周转率的统计、价格变化对营业业绩影响的统计等。

【师傅提示】

研究酒店心理学的方法还有很多，试着收集课外资料进行补充。

【徒弟讨论】

调查讨论你对这些方法的理解和应用。

【徒弟记忆】

在酒店行业的发展中，客人的需求及行业的变化是非常快的，所以只有用发展的眼光去看问题才能准确把握客人和员工的心理，才能采取行之有效的方法和策略。

心理学是一门边缘学科，其研究方法往往兼有自然科学和社会科学两方面的特点，作为心理学的分支学科的酒店心理学的研究方法也具有此类特点。其研究的基本方法有观察法、调查法、实验法、经验总结和统计法等。

【师傅指导】

要想正确地把握酒店心理学的规律，在实践中予以科学的运用，必须遵循一定的原则，使用正确的方法。

【拓展应用】

（1）你还能想到哪些有关酒店心理学需要的内容？

（2）酒店心理学还有什么研究方法？

项目三　服务中的知觉与感觉

【企业标准】

通过项目学习，了解感觉、知觉的概念，分类及其规律；理解感知觉与酒店宾客的行为关系；掌握根据宾客感知觉原理如何做好酒店服务工作的方法策略，培养良好的观察力。

【师傅要求】

（1）熟知感觉、知觉的概念、分类、特性。

（2）了解感觉的感受性及其变化规律。

（3）了解感觉与知觉的关系以及产生错觉的原理。

（4）了解宾客感知觉与酒店服务工作的关系。

（5）了解酒店员工感知觉与酒店服务工作的关系。

（6）培养良好的感知觉能力和对宾客进行准确感知的方法。

【师徒互动】

感觉与知觉是人对客观世界认识的初级阶段，是人们认识世界的开端，也是人们其他心理活动的基础。研究酒店服务心理应首先从感知觉开始。

【师傅讲授】

一、感觉与知觉的基本概念分析

（一）感觉的概念、种类和感受性

1. 感觉的概念

感觉是直接作用于感受器官的客观事物的个别属性在人脑中的反映。现实生活中每一种事物都具有多种个别属性，如一个苹果就有许多个别属性：鲜红的颜色、清新的香气、酸甜的味道、光滑的表面。苹果的这些个别属性作用于人的眼、耳、鼻、舌等感受器官，就会产生各种感觉。

感觉不仅能反映客观外界事物的个别属性，也能反映人们身体内部的状况和变化。如未按时进餐我们会感到饥饿；走路多了我们会觉得肌肉酸痛和疲劳；帮助客人搬运行李时，我们会感到手臂的屈伸、肌肉的用力等。

感觉是人认识客观世界的开端，也是人意识形成和发展的基本成分。通过感觉，人才能认识和分辨事物的各种基本属性，知道自己身体的运动、姿势和内部器官的工作状态。只有在感觉所获得的信息基础上，其他高级的、复杂的心理活动才能得到产生和发展。

2. 感觉的种类

根据感觉的性质可把感觉分为两大类：外部感觉和内部感觉。外部感觉是指接受外部刺激，反映外界事物的个别属性的感觉，包括视觉、听觉、味觉、嗅觉和触觉。其中，触觉又包括温觉、冷觉、触觉和痛觉。内部感觉是指接受机体本身的刺激，反映机体的位置、运动和内部器官不同状态的感觉，包括运动觉、平衡觉和机体觉。

3. 感觉的感受性

对刺激物的感受能力称为感受性。心理学上用感觉阈限的大小来说明感觉能力。阈限可以理解成限度的意思。感觉阈限是指能引起某种感觉持续一定时间的刺激量。

感受性与感觉阈限成反比关系。感觉阈限越低，感受能力就越高，说明感觉器官越灵敏。反之，则越迟钝。

在刺激物作用于感觉器官的过程中，人们获取了外界的信息，会引起不同的感受。例如，酒店内外环境的好坏，服务员的仪表、态度优劣，食品的色、香、味、形等都会引起宾客不同的心理感受，并将决定着宾客是否接受服务。

【师傅提示】

人的各种感受性不是恒定不变的。在人与环境的相互作用中，大量刺激物作用于感觉器官并且不断发生着变化。从而使人的感受性也不断发生变化。常见感受性变化的现象有以下几种。

第一，感觉的适应。

人的感觉性由于刺激物的持续作用会发生变化，这种现象叫适应。各种感觉的适应是不完全一样的。温度觉的适应是很明显的。例如，服务员操作时将手放入一盆凉水中，开始觉得很冷，慢慢就不觉得像原来那么冷了。嗅觉的适应也是如此，厨师长年在锅边操作，对菜肴香味的感觉就不如一般人灵敏。但嗅觉对不同气味的适应时间是不同的。例如，对碘酒气味的适应需 50~60 秒；对大蒜的气味则要 40~45 分钟。所以，酒店规定服务员上岗前不能吃大蒜就是这个道理。听觉的适应一般比较慢，有时甚至很难适应。视觉的适应有明适应和暗适应之分。从强光下进入暗室，最初什么都看不见，经过几分钟才能看清周围的事物，这叫暗适应。反之，从暗处到光亮处，最初强光使人什么也看不见，但过一会儿视力就恢复正常，这叫明适应。

第二，感觉的相互作用和联觉。

某种感觉器官受到刺激而对其他器官的感觉性造成影响，或使其升高或使其降低的现象，叫作感觉的相互作用。现实生活中，各种感觉之间的相互影响是极其普遍的。例如，绿色光照会使人的听觉能力提高；红色光照会使听觉能力下降。强烈的噪声可引起视觉能力降低，而微弱的声音可以提高视觉能力。

感觉的相互作用也可以发生在同一感觉器官的不同感觉之间。例如，就餐时，客人吃过较辣的菜后，再吃较淡的菜，就会觉得没有味道。吃过甜点后再吃橙子，会觉得橙子很酸。食物及酒水的温度也会影响它的味道，这也是葡萄酒的饮用需要特定的温度，口感才好的道理。

联觉是指一种感觉引起另一种感觉的现象。它是感觉相互作用的另一种表现。例如，看到青色的杏子，就会感到很酸而使口腔中分泌出唾液。又如，声音也会使人产生联觉。酒店为了减少噪声干扰，播放轻松优雅的背景音乐，使宾客心情愉快、舒畅。因为乐曲声使人产生轻快感，而噪声会使人感到心情烦躁、不安。

第三，感觉能力的提升。

社会上各种实践活动是感受性获得增强的途径。人的感觉能力常常受生活实践的影响，在特定的实践方式作用下，人的某种感觉能力可以发展到很高的水平。如有经验的老司机可以根据汽车发动机声音来判断故障；熟练的酿酒师能凭嗅觉判断各种酒品的产地、年代和品质等。某种感觉器官有缺陷的人，在生活实践的作用下，也会通过发展其他感觉来补偿，如盲人的触觉、听觉或嗅觉常常胜过一般人，某些聋人的振动觉也比常人高。由此可见，只要勤于练习，感觉能力是可以提高的。

【徒弟讨论】

分组讨论现实中你遇到的感觉相互作用的案例。讨论如何提高人的感觉能力。

【徒弟记忆】

熟记感觉的概念、分类，掌握感觉感受性及变化规律，践行提升感觉能力的方法。

【师傅讲授】

（二）知觉的概念、种类和特性

1. 知觉的概念

知觉是人脑对直接作用于感觉器官的客观事物的整体属性的反映。它是在感觉的基础上产生的，是对感觉信息整合后的反映。现实生活中，客观事物包含着许多诸如形状、大小、颜色、声音、气味等个别属性。当客观事物直接作用于人的感觉器官时，人不仅能反映该事物的个别属性，而且能通过各种感觉器官的协同活动，在大脑中将事物的各种属性，按其相互之间的关系，整合成事物的整体，从而形成该事物的完整的整体属性映象。例如，我们感觉到面前梨子的色、香、味、形等个别属性，然后把感觉到的个别属性的信息进行综合，反映到我们的头脑中，就产生了对梨子这一物体的映象。

知觉的产生要以各种形式的感觉的存在为前提，并且是与感觉一起进行的。但是，不能把知觉单纯地归结为感觉的简单总和。因为知觉除了以各种感觉为基础之外，还需要借助过去的经验或知识的帮助。知觉就是把感觉器官获得的信息转换成对物体或事件的经验和知识的过程。其中语言在知觉发展过程中起着极其重要的作用。此外，知觉还受各种心理特点如兴趣、需要、动机等影响，使人的知觉具有一定的倾向性。

2. 知觉的种类

知觉可以分为两大类：一般知觉和复杂知觉。

（1）一般知觉。

知觉是由多种感觉的联合活动而产生的。在多种感觉的协同活动中，往往有一种感觉起主导作用。根据知觉对起主导作用的感觉不同，可将知觉分为视知觉、听知觉、味知觉、嗅知觉、触知觉等。例如，宾客在品尝美酒时，味知觉起主导作用，视知觉、嗅知觉起辅助作用，味、视、嗅知觉联合活动，使人共同感知到酒品的色、香、味的整体综合体验。

（2）复杂知觉。

根据知觉所反映客观事物的空间特性、时间特性和运动特性，知觉可分为空间知觉、时间知觉和运动知觉等。

空间知觉是人脑对物体形状、大小、远近、方位的反映。比如，宾客对酒店大堂的布置和餐厅桌椅摆放的感受都与空间知觉有关。

时间知觉是人脑对客观现象的延续性和顺序性的反映。时间知觉在学生听课过程中表现明显：教师的讲授引经据典、妙趣横生、富有吸引力，学生就不觉得时间长。

运动知觉是人脑对物体空间位移和速度的反映。例如，在飞驰的列车上，窗外的树木、电线杆等物体飞速后退的影像就是乘客的运动知觉。

【师傅提示】

知觉是建立在感觉的综合基础之上的，因此感觉是否正确直接决定了知觉的谬误与否，加上人脑过往获得经验干扰使得知觉很容易产生错误。罗杰斯有句名言：给我们造成麻烦的不是我们不知道的东西，而是我们已知的东西原本不是这样！

【师傅讲授】

3. 知觉的特性

（1）知觉的选择性。

现实生活环境复杂多样，人不可能同时对各种事物进行感知，而总是有选择地把某一事物作为知觉的对象，这种现象被称为知觉的选择性。当人们确定某一事物为知觉对象时，周围其他事物就成为它的背景。人们对知觉对象感知得格外清晰，而对背景事物则感知得比较模糊。例如，宾客在就餐时，对菜肴就感知得比较清晰，而对盛放菜肴的器皿却感知得比较模糊。

（2）知觉的整体性。

知觉的对象是由许多部分组成的，具有不同的属性。但人们并不是把对象感知为许多个别的孤立部分，而总是通过感觉到的映象经过人脑的加工为一个统一的整体，甚至当客观事物的个别属性或个别部分直接作用于人的时候，也会产生这一事物的整体映象，这就是知觉的整体性。例如，宾客走进酒店，对酒店的评价就是通过环境、卫生、装饰、服务员举止、着装、服务态度等各个部分而做出的整体评论。

（3）知觉的理解性。

人在知觉事物的时候，总是根据以往的知识经验来理解它们，并用词语把它们标志出来，归入一定的对象类别中，知觉的这种特性就是知觉的理解性。例如，经验丰富的服务员，能够根据以往的经验，分辨出客人的身份，甚至具体职业等。

知觉的理解性不仅与人们的知识经验有关，还受言语的制约、语言的帮助，也有利于人们对知觉对象的理解。例如，前厅迎宾，在宾客第一次下榻酒店时，向客人介绍客房的设施设备及使用方法，就有助于客人对客房的感知理解。

（4）知觉的恒常性。

知觉的恒常性是指人能在一定范围内不随知觉条件的改变而保持对知觉印象相对稳定的特征。知觉的恒常性保证了人们更全面、更正确地反映客观事物，不受某些条件变化的影响。例如，长住饭店的宾客，不论怎样化妆打扮，服务员也能很容易地认出她来；身材较高大的宾客，服务人员不会因为距其较远，就认为其身材较矮。

【徒弟记忆】

熟知知觉的概念、分类、特性；重点熟知如何在日常生活中利用知觉的特性。

【徒弟讨论】

分组讨论你对知觉的理解和日常生活中的知觉现象。

【师傅提示】

学习中一定要注意感觉与知觉的关系及相互影响。感觉与知觉既有区别又有联系。它们都是客观事物直接作用于人们的感受器官而产生的。感觉是知觉的基础，是知觉的组成部分。然而，知觉并不是许多简单组合，而是各种感觉的有机联系。感觉与知觉的区别在于感觉只反映事物的个性，而知觉则反映事物的全部特性。

【师傅讲授】

二、酒店宾客的感知觉与其行为关系在酒店运营管理中的应用

酒店宾客的消费范围决定了宾客的主要感知觉体验。入住酒店的客人不会有对服装

的样式、大小等方面的感知觉，而只会对菜品的色香味或者房间的幽静形成知觉。所以，本书只对酒店宾客行为可能产生影响的感知觉进行研究。

（一）酒店环境与宾客体验方面的感知觉

1. 宾客的视知觉

视知觉在心理学中是一种将到达眼睛的可见光信息解释，并利用其来计划或行动的能力。视知觉是更进一步地从眼球接收器官到视觉刺激后，一路传导到大脑接收和辨识的过程。因此，视知觉包含了视觉接收和视觉认知两大部分。简单来说，看见了、察觉到了光和物体的存在，是与视觉接收好不好有关；但了解看到的东西是什么、有没有意义、大脑怎么做解释，是属于较高层的视觉认知的部分。视知觉的构成如下：

（1）视觉注意力。视觉注意力包含了四个层面：A. 东西出现在眼前，能不能注意到是很重要的；B. 注意到了之后，能不能持续地注意，还是一下子就分散掉看其他东西；C. 如果眼前不止一件东西，要选择注意哪一件东西，而忽略不相关的；D. 必须同时注意两件事物以上的时候，能够妥善分配及应用。注意力的不足常是多重障碍儿、自闭孩童、智能不足孩童最常见的困扰之一。

（2）视觉记忆。把现在看到的东西和以前的经验做比较，加以分类、整合再储存在大脑中，即是所谓的视觉记忆。例如，妈妈一开始指着猫咪告诉小朋友这是小猫，小朋友看到猫有四只脚的特征，日后只要看到四只脚的就会说这是猫。直到记忆累积越来越多，分类越来越细，就能进一步发展出区辨各种四只脚东西的能力。

（3）图形区辨。能认出物品之间特征的异同点，接着进行配对。例如，小朋友从经验中知道不只是猫有四只脚，狗、大象、牛都有，会正确地区分彼此的不同。另外，还包括辨认东西的颜色、质地、大小、粗细，对于形状大小、位置、环境的改变，也可以认得出。例如，宾客的行李箱被东西挡住一半，或是翻倒在地，虽然形状不完整，或放的位置不对了，但还是认得出那是自己的行李箱。

（4）视觉想象。能不用看到物品，大脑就能想象出具体的样子。比如，服务员告知顾客说"清蒸鲈鱼"，宾客就能够在听到话之后想出鲈鱼的样子，并且想象出盘子里的鲈鱼菜品。

【师傅提示】

由上文阐述的视知觉的含义与结构可以看出，酒店的内外环境、酒店产品的色彩样式、酒店员工的精神风貌都将影响宾客的认知，影响宾客消费的欲望和宾客满意度。

【徒弟讨论】

分组讨论你对酒店大堂装修颜色和对宾客情感的认知。

【徒弟记忆】

不同的色彩给人以不同的视觉感受，这些感受又直接影响到人的情绪。因此，在酒店的装饰布置中，要针对不同的场合和功能，巧妙地利用色彩，营造不同的氛围，使宾客在视觉中获得最大限度的满足和享受，对酒店留下良好的视觉印象。

【师傅讲授】

2. 宾客的听知觉

听觉器官在声波的作用下产生的对声音特性的感觉叫听觉。听觉的刺激物是声音，它产生于物体的振动，是仅次于视觉的重要感觉。酒店宾客听觉刺激主要源于酒店音乐。酒店音乐可分为背景音乐和实用音乐。背景音乐顾名思义是作为一种背景而存在的。这类音乐并不是以宾客聚精会神地欣赏为目的，而是一种陪衬，给人营造了高雅和谐的气氛，甚至只是显示某种特殊气派。如北京宴的大堂在营业时，就经常播放一些轻音乐。在酒店，较多使用背景音乐的场所主要有餐厅、茶室和商品部等。场所不同，背景音乐的选择也不同。餐厅宴席中通常选择节奏缓慢的抒情音乐做伴奏，使宾客在悠然自得的和谐氛围中，边用餐，边交谈，边互相敬酒。在国内高端酒店的行政酒廊为了体现民族特色和突出中华民族悠久的文化渊源，背景音乐大多选择中国古典音乐，如"高山流水""二泉映月""渔舟唱晚"等曲目，使宾客身在斗室，神驰清泉边，细呷慢品，感受东方文化的神韵。

而酒店中的实用音乐虽不是纯粹欣赏性音乐，但也不是一种陪衬、背景，它的存在是为了实实在在地完成某项具体任务。酒店实用音乐主要用在会议厅、舞厅等场合。在会议厅，根据会议的内容、进程，播放不同的仪式音乐，满足会议需要，烘托气氛，为会议增色。

【师傅提示】

研究宾客听觉的实用价值还在于为宾客在不同的场所消费提供不同的音场环境。比如，客房区需要幽静，静音设施、设备必不可少。茶社需要氛围，优雅舒缓的背景音乐成为必须。

【徒弟讨论】

分组讨论你对音乐与听觉的认识。

【师傅讲授】

3. 宾客的味知觉

味知觉是指对物质味道的知觉，即以味觉通道为主，通过多种感觉通道（如嗅觉、视觉等通遭）的协同作用，对能引起味觉的，能溶解于水或唾液中的化学物质作用于味觉细胞而产生的知觉。人们辨别各种味道主要通过分布在舌表面、口腔黏膜和软腭处的味蕾来实现。现在一般认为，基本味觉有酸、甜、苦、咸四种，它们按不同比例混合还可产生其他味觉。

研究表明，味觉极易受到各种因素的影响而改变，主要的味觉影响因素有：①物质的结构。②物质的水溶性。③温度。一般随温度的升高，味觉加强，最适宜的味觉产生的温度是 10℃~40℃，尤其是 30℃最敏感，大于或小于此温度都将变得迟钝。④味觉的感受部位。⑤味觉的相互作用也比较明显，有以下作用现象：A 味的对比现象；B 味的相乘作用；C 味的消杀作用；D 味的变调作用；E 味的疲劳作用。

【师傅提示】

很多美食家都特别说明，味觉感受性受温度影响较大。不同菜品的最佳口感温度不同，在酒店服务中，值得我们注意。比如，中餐菜肴温度在 40℃左右时，食物口感最好。啤酒饮用的最佳温度在 8℃~12℃，否则会影响泡沫的出现及口感。另外，人们对食物的需求状态和饥饿与否都会影响味觉的感受性。刚刚吃饱的宾客，即使面对丰盛的菜肴，也再难下咽。相反，饥肠辘辘的宾客，即使面对一般的饭菜，也会感觉喷香可口。还有就是味觉也会产生对比。宾客吃了较咸的菜肴，再吃较淡的菜肴，就觉得像没放盐一样。

【徒弟讨论】

分组讨论你对宾客味知觉的认识。从味知觉的原理上解释为什么中餐上菜程序一般是先咸后甜，先淡后浓，先冷盘后热菜。

【徒弟记忆】

听觉与味觉对于宾客入住体验的影响原理。

【师傅讲授】

（二）宾客的人际知觉

社会知觉又称人际知觉，是人对社会客体的感知和认识过程，与对自然客体的感知和认识过程相对应。包括对他人、对自己和对群体的知觉。这里的知觉相当于认识，因此在社会心理学书籍中有人主张用"社会认识"一词来代替社会知觉。社会知觉在人际关系中起着很大的作用。正确认识并使用社会知觉是做好酒店服务工作的前提条件。

【师傅讲授】

1. 自我知觉

自我知觉是一个人通过对自己行为的观察而对自己的心理状态的认识。自我知觉是自我意识的重要组成部分。不论是酒店宾客还是酒店服务员工，具有正确的自我知觉就可以促进自己与他人的友好相处以及工作责任心和职业道德的形成，从而在任何场合、任何岗位担当任何社会角色（父亲、丈夫、儿子、酒店宾客、领导、服务员）时，都能与别人建立起良好的人际关系。随着个人自我意识的发展，自我知觉经历着不同的发展阶段：

（1）生理的自我发展阶段。这一阶段的个人关注自己的身体以及穿着、打扮，家庭成员对自己的态度等，往往表现出自豪、自卑、满足、缺憾等自我感情。

（2）社会的自我发展阶段。这一阶段的个人多关注上级、同事、同学等周围的人对自己的态度，自己在社会上的名誉、地位、财产等，表现出自尊、自卑、得意、失意等自我评价。

（3）心理的自我阶段。这一阶段主要表现出对自己的智慧、才干、道德等心理素质的自我知觉。

【徒弟提示】

一般来说，这三种自我知觉是由低到高逐步发展的，但并不是一成不变的，常常交叉出现，只是以一个阶段的自我知觉为主罢了。有的心理学家把这三个阶段的自我知觉称为三个自我：儿童自我、家长自我和成人自我。儿童自我喜欢跟着感觉走，感情用事，不善思考。家长自我常常照章办事，自以为是。成人自我才是一个能比较清醒、善于独立思考、成熟明智的自我。作为酒店工作人员，应该努力使自我知觉达到成人自我，即自我知觉的第三阶段。

【徒弟讨论】

分组讨论对自我知觉的认识。

【徒弟记忆】

记住自我知觉是一个人对自己的心理活动和行为的认识。自我知觉决定着一个人行为的基本状态及生活态度。熟知根据自我知觉的三个阶段发展自己。

【师傅讲授】

2. 角色知觉

角色知觉是对人在社会上所扮演的角色的认识与判断。在人生大舞台上，人都扮演着各种各样的角色。人们对每一种社会角色的行为标准都有既定的看法。例如，服务员这一角色的行为应是仪态端庄、热情礼貌、工作耐心周到。这种角色知觉可帮助我们去知觉客人所担任的角色。

角色知觉主要包括两个方面：一是根据某人的行为判定他的职业，如教师、学生、艺术家等；二是对有关角色行为的社会标准的认识，如对教师这一角色，认为他的行为标准应该是谈吐文雅、学识渊博、仪表端庄等。

在酒店员工服务的过程中，员工和宾客扮演着不同的社会角色。宾客的角色知觉要求员工对自己提供优质服务，而员工这一角色有义务按照宾客的要求去为他们提供优质服务。只要宾客的要求是正当的、合理的，酒店员工就无权拒绝客人的要求。因此，"顾客至上""客人永远是对的"就成为服务的宗旨了。

角色认知的重要意义在于对宾客的职业认知、表情认知和性格认知：一是根据某人的行为判定他的职业，如教师、学生、艺术家等；二是对有关角色行为的社会标准的认识；三是宾客面部表情和肢体语言的认知，表情和人的肢体语言包含着十分丰富的内容。当然，在对宾客的服务中，要想达到最佳的效果，还要学会巧妙地使用目光以及肢体语言。

【师傅提示】

社会认知理论中包含着两个重要的规律效应：首因效应和晕轮效应。

首因效应是指最初接触到的信息所形成的印象对人们以后的行为活动和评价的影响。人与人第一次交往中给人留下的印象，在对方的头脑中形成并占据着主导地位，这种效应即为首因效应。首因效应也叫第一印象。日常生活中，第一印象往往是先入为主的，第一印象形成后，人们常会不自觉地把当前印象同第一印象相联系。如果第一印象良好，那么对以后的不良印象也不易觉得反感。如果第一印象不好，那么以后的印象也会相形失色，这就是第一印象的作用。对人的第一印象主要包括人的仪容、言谈、态度、风度等方面。酒店员工仪容整洁、衣着朴素得体、熨烫平整，对宾客彬彬有礼，就会给宾客一个良好的第一印象。

晕轮效应也称光环效应。它是指从对象的某种特征推及对象的其他特征或整体特征的一种心理现象。晕轮效应会在真实现象面前形成一种假象，使人产生美化或丑化对象的印象。例如，首次下榻某一酒店的宾客，会从酒店外部的宏大建筑气势、精美的装饰，推定酒店内部的设备一定豪华、精美，服务一定热情、周到。如果他接触的服务员仪态端庄大方、和蔼可亲，宾客就会认为酒店管理必定严格、有序。晕轮效应容易产生"一好百好""一俊遮百丑"的以偏概全的认知偏差。因此，酒店服务工作中，一定要注意树立"酒店服务无小事"的思想，从"小事"做起，不要因宾客对酒店某个环节或某个工作人员的不良印象，造成对酒店整体的不良印象。

【徒弟讨论】

分组讨论对别人第一印象的认知。

【徒弟记忆】

首因效应和晕轮效应的原理与作用。

【师傅讲授】

三、感知觉与酒店服务策略

（一）宾客感知觉与酒店服务工作

宾客衡量酒店的标准在于酒店的设施设备及所提供的服务产品给其留下的印象如何。因此，根据酒店心理学中宾客感知觉原理做好酒店服务工作，首先要从酒店员工的个人形象、服务态度和酒店服务环境等方面入手。

1.树立良好的酒店员工个人形象

宾客进入酒店最先感知到的就是酒店服务人员。服务人员的形象将给宾客留下第一印象。宾客在酒店消费心理上会追求一种比平常生活更高层次的享受，所以，对酒店员工在形象上也提出了一定的要求。

仪表上要求五官端正，能显示健康和活力。因为优美的身体容貌可以使人在视觉上感到舒适，产生心理上的亲切感，也在服务交往中反映出一个酒店的基本素质。

服饰要求与酒店服务职业特点相吻合，同性别、同岗位的服务员要着同样的服饰。服饰色彩和样式要求相和谐，与酒店各部门的工作特点、环境氛围相一致。如中餐厅的服饰应显示民族特色，西餐厅的服饰可选用西装，快餐厅多选用活泼亮丽的服饰；大堂服饰色彩以淡雅为主，要求大方、利落，给客人以忙碌又不失沉稳的感觉；客房部的服饰一般以咖啡色为主调，朴实、亲切、洁静是其人员服饰的最大特点。

语言要求谈吐文雅、语调轻柔、语气亲切，讲究语言艺术，正确使用服务用语，语言精练、生动、优美。根据不同的接待对象，用好尊敬语、问候语、称呼语。服务时要有"五声"（即宾客来时有迎客声，遇到宾客时有称呼声，受人帮助时有致谢声，麻烦宾客有道歉声、宾客离店有送客声），杜绝使用蔑视语、烦躁语、否定语和斗气语等不文明语言，不讲有损宾客自尊心的话，不与宾客争辩。

仪态方面要求服务员的行为符合职业道德标准，符合酒店服务工作这一特定的角色。站有站姿，坐有坐相，举止端庄、落落大方、自然优美，服务工作中的各种动作姿势合乎规范。

2. 培养端正良好的服务态度

服务态度是指服务提供者在为被服务者服务过程中，言行举止方面所表现出来的一种神态。服务态度是反映服务质量的基础，优质的服务是从优良的服务态度开始的。态度是一种复杂的心理现象，它的形成受到个体已有的知识、经验、动机等认识因素的影响，同时也受到个体已有的对事物的情感和意向的影响。酒店的服务态度对宾客的心理和行为产生重要作用和影响。服务态度具有感召或逐客功能，良好的服务态度对宾客会产生吸引力，它犹如黏合剂，使宾客与服务员更加亲近，吸引宾客再次惠顾。服务态度具有感化或激化功能。良好的服务态度能化解宾客的不满情绪，转变对酒店的不良看法；而低劣的服务态度不仅能使宾客情绪波动、不安烦躁，甚至会使宾客失去理智，发生心理冲突和交往矛盾。因此，酒店服务工作中，酒店员工一定要注意个人的服务态度，不能以自己的服务态度影响宾客对整个酒店的评价和印象。

培养酒店员工良好的服务态度应从以下几方面入手。

第一，增强服务意识，树立高度的责任感。酒店员工要热爱本职工作，消除自卑感和厌恶感。以酒店大局为重，从整体考虑，不计较个人得失，工作认真负责。

第二，提升品德修养。高素质的酒店员工的文化修养、职业道德和心理素质应该眼界开阔、心胸宽广、理智感强，会主动自觉地形成并保持良好的服务态度。

第三，养成适度而规范的服务行为。服务态度是通过服务行为具体表现出来的，它要求服务员有愉快的表情，有发自内心的自然微笑，站立姿势要挺直、自然、规矩，行走时要平稳、协调、精神；语言要规范、和气、谦逊；仪表要端庄，举止要稳健、自然，符合职业身份。

3. 建设优良的消费环境

"宾至如归"，酒店宾客会把酒店当作自己临时的家，他们会用自己的感知觉认真审视这个"家"。他们除了感知员工的形象，还会用自己的感知觉对酒店环境进行感知，这种感知在时间上虽然只是一瞬间，但作为宾客的第一印象却可以保留很长时间，所以酒店要十分重视酒店环境。据调查，宾客对酒店环境的要求包括：舒适、洁净、宁静、优质接待、餐饮、景致、周围环境、餐厅、客房、咨询、洗衣、旅游、商务、委托代办等。这些要求涉及酒店位置、自然环境、建筑、停车场、装潢、迎送、设施设备、服务项目、娱乐活动等因素。

【徒弟记忆】

酒店要通过创建良好的内外部环境，提供周全、热情的服务，努力使宾客产生美好的感知觉和愉快的消费情绪，从而对酒店留下良好的第一印象，进而形成晕轮效应。

【师傅讲授】

（二）酒店员工感知觉与酒店服务工作

宾客进入酒店，对酒店进行感知的同时，酒店员工也在对宾客进行感知。酒店员工对宾客的感知越准确、全面，给宾客提供的服务才能越准确、细致、周全，越是有针对性。所以，酒店员工必须经常接受培训，提升自身的心理服务能力，才能具备良好的感知觉能力。

首先，良好的感知觉能力的培养，需要一个长期的过程和正确的方法。良好的感知觉能力源自优良的观察力。换言之，观察是一种有目的、有计划的知觉，是人对现实感性认识的主要形式。

有明确的问题是进行观察的前提，酒店员工可以选择一些与自己工作有着密切关系而又急需解决的问题进行观察研究。例如，客房服务员可将观察不同类型宾客对住房方面不同的要求作为目的，餐厅服务员可将观察不同类型宾客对菜肴的不同要求作为目的。

其次，必须根据目的制订出可行的观察计划。做到心中有数，减少观察的盲目性。制订计划时，要有充分的知识准备，才能使所定计划顺利进行。例如，餐厅服务员制订以观察不同宾客对菜肴的不同需要为目的的计划时，事先应懂得有关菜肴的基本知识，否则观察计划只能是一纸空文。

最后，应该在观察中细心体察，并整理观察的结果。宾客的心理活动是十分复杂的。如果不细心就很容易造成观察不准确、不全面的后果。每一次观察结束后，都应总结、整理、归纳出一些有规律的东西，从中找出宾客心理活动的特点，便于提高今后服务工作质量。

观察力更是人类获取知识、培养技能、发展智力必不可少的条件，那么，怎样才能提高人们的观察力呢？笔者认为应该从以下几个方面去努力。

从培养观察力的战略上要注意以下三点。

（1）要有明确的目的和任务。明确的目的和任务对观察活动具有指导和管理组织作用，能使我们有的放矢，集中注意力，克服与之无关的事情的干扰，朝着既定目标前行，从而获得比较清晰而完整的知觉，取得满意的观察结果。避免了盲动式的、走马观花式的观察，避免了东张西望、左顾右盼、熟视无睹、心不在焉的不良习惯和作风，锻炼并提高了观察力。

（2）要丰富自己的知识和经验。知识经验与观察力是相辅相成、相得益彰的关系。良好的观察力是获得丰富的知识经验的前提和条件，丰富的知识经验又是提高观察力的重要因素。一个知识贫乏、经验不足的人，不可能对相应事物做出全面深刻的观察。可能是"有眼不识泰山，有耳不明伦音"。例如，普通人看一棵树，仅能知道是一棵普通的树而已。可是，一个知识经验丰富的生物学家，能从树上看到许多东西（如树的科目、年轮、生长状况和价值等）。所以，"智者见智，仁者见仁"，知道得多，看到的也多。

（3）培养良好的观察习惯。良好的观察习惯（如同良好的学习习惯对提高学习能力的作用一样）对提高观察力是非常有益的。主要应培养以下几种好习惯：①观察要有计划。②学会使用多种感官。③惯以积极思维。④观察要认真细致。⑤做好观察记录。⑥及时整理总结。

从培养观察力的战术上要掌握正确而科学的观察方法。孔子说："工欲善其事，必先利其器。"先辈们为我们总结的观察方法很多，择其要者介绍以下几种：

（1）全面观察法。即对观察对象的一切方面都进行观察，以求对该对象有全面、彻底的了解。它要求先观察事物的各个方面、各种特性，然后再观察它们之间的区别和联系。

（2）重点观察法。这是根据某种特殊的目的和要求，只对观察对象的某一个或某几个方面做特别细致的观察，以便对其有更深入的了解。

（3）解剖观察法。这是对被观察对象的各种特性、各个方面，或各个组成部分一一分解开来，认真进行观察。这样的观察，可以使我们对事物认识得更精确。

（4）对比观察法。这是指把两个或几个事物加以对照比较，进行认真观察，借以获得更清晰的印象。通过比较，能使认识更深刻、全面、准确。

（5）重复观察法。这是指同一观察，反复多次进行。这是因为很多现象的出现非常迅速，稍纵即逝，肉眼的速度跟不上，所以要反复观察。再者，有时次要的、非本质的现象更加明显，容易使人忽略对主要的、本质的现象的观察。另外，有的事物有周期性的变化，也需要重复观察。

（6）长期观察法。这是指在较长时期内做系统的观察。这是因为被观察对象有较长时间的发展过程和周期，有时发展较缓慢，所以需要长期观察。

（7）有序观察法。之所以要按顺序进行观察，是因为被观察对象的变化发展是按照自身规律依次出现的。按照被观察对象自身发展变化过程的顺序进行观察，就能保证观察结果全面、准确、具体。

（8）多角度、多侧面观察法。从不同角度观察事物会看到不同的特征，所谓"横看成岭侧成峰"是也。这样的观察也能保证观察得全面、准确、具体。

【师傅提示】

培养良好的观察力需要在每次有意观察之后，将观察到的现象进行分析、比较，找出其中的共同点和差异之处，总结出一些有规律的东西，进而归纳出宾客的心理活动特点，并在以后工作中加以检验、完善，不断提升观察能力。

【徒弟讨论】

分组讨论对观察能力培养的认知。

【徒弟记忆】

培养良好观察能力的基本途径就是练习—检验总结—再练习。并且一定要记住各种对自己行之有效的科学的观察方法。

【师傅讲授】

（三）酒店员工如何对宾客进行准确感知

1. 注意观察宾客的外貌特征

从外貌、衣着可以对宾客的特征做出初步判断。对衣着考究的男性和穿着美艳的女性而言，他们需要就座于别人容易观察到的地方；而穿着情侣装的恋人，也希望受到别人的欣赏和羡慕，他们同样希望自己的座位被安排在比较引人注目的位置上。商务型的客人要求也高，因为他花了足够多的钱，所以就要求等值的服务。应正确辨别客人的身份，注意宾客所处的场合。宾客的职业、身份不同，对服务工作就有不同的需求。另外，宾客在不同的场合，对服务的需求心理也是不一样的，这就要求服务员应该根据宾客的不同性别、年龄、职业、爱好为宾客提供有针对性的服务。

2. 注意倾听宾客语言

通过对话、交谈、自言自语等这种直接表达的形式，有助于服务员了解宾客的籍贯、身份、需要等。分析语言并仔细揣摩宾客语言的含义，有助于理解宾客语言所表达的意思，避免误解。

3. 读懂客人的身体语言

身体语言即无声语言。它比有声语言更复杂，可以分为动态语言和静态语言两种。动态语言即首语、手势语及表情语，静态语言为花卉语和服饰语，通过这些间接的表达形式可以反映出宾客是否接受、满意等。

4. 仔细观察宾客的表情

宾客的行为举止和面部表情往往是无声语言的流露，宾客的心理活动也可以从这方面流露出来，通过对宾客面部表情如眼神、脸色、面部肌肉等方面的观察，做出正确的判断。例如，红光满面、神采飞扬是高兴、愉快的表现；面红耳赤是害羞或尴尬的表现；双目有神、眉飞色舞是心情兴奋、喜悦的表现；倒眉或皱眉是情绪不安或不满的表现。

5. 观察宾客的行李、用具及生活习惯

一般来说，观光旅行的宾客行李多为大旅行皮箱或登山包、照相机、摄像机。学者的行李多为资料、书籍、笔记本电脑等。商务客人的行李一般较少，随身只带文件密码箱。回国探亲的华侨行李较多。

【徒弟记忆】

酒店员工在各自的工作岗位上一定要眼观六路，耳听八方，保持高度敏感的对宾客的感知能力，并长期坚持对这种能力的培养，必将成为具有丰富经验的优秀员工，能够轻松自如地应对各种宾客需求和事件。

【拓展应用】

（1）感觉和知觉的关系是什么？

（2）感觉和知觉的实际应用技巧是什么？

（3）实际工作中，如何运用二者去进行服务？

项目四　服务中的思维与记忆

【企业标准】

通过对项目的学习，熟知记忆与注意的概念、分类及其规律；理解记忆、注意与酒店宾客的行为关系，掌握依据酒店宾客记忆与注意的规律，提高服务工作的技巧，提高酒店员工的注意力和记忆力。

【师傅要求】

（1）记忆与注意的概念、种类、功能及过程。

（2）明确记忆与注意的目的、任务，树立记住的信心。

（3）掌握几种常用的记忆法。

（4）熟知酒店宾客的注意、记忆对消费行为的影响。

（5）熟知酒店员工的注意、记忆对酒店服务工作的影响。

（6）培养良好的注意品质。

【师徒互动】

任何心理过程在开始时，总是表现为注意这一心理现象。注意本身不是一种独立的心理过程，而是各种心理过程的共同特性，对各种心理活动起着积极的维持和组织作用。通过选择性的注意转移形成了记忆，记忆是一种较高级的心理活动过程，对保证人们的正常生活起着极其重要的作用。酒店服务中要求工作人员必须具备较强的记忆力和

良好的注意力。

【师傅讲授】

一、记忆与注意概述

（一）注意的概念

注意是心理活动对一定对象的指向和集中，是伴随着感知觉、记忆、思维、想象等心理过程的一种共同的心理特征。

注意有两个基本特征，即指向性和集中性。注意的指向性是指在某一时间，人的心理活动有选择地指向一定的对象，而同时离开其他对象。比如，接线员在接听电话时，只会专心地听、记宾客的订房订餐要求，而听不到别的声音；只记宾客提出的订房订餐内容，不记别的无关内容。注意的集中性是指心理活动停留在被选择对象上的强度或紧张度。指向性表现为对出现在同一时间的许多刺激的选择；集中性表现为对干扰刺激的抑制。它的产生及范围和持续时间取决于外部刺激的特点和人的主观因素。

（二）注意的形象特征

注意作为一种心理活动往往会通过外在的形象表现出来，比如，司机注意红绿灯时专注的眼神。最明显的外部表现主要有以下几种。

1. 指向性表现

指向性表现是指当人们注意客观存在物时，相关的感觉器官总是朝向刺激物。例如，宾客在注意观察菜单时，总把视线集中于面前的菜单上；宾客在品茶时，往往注视着杯子，而对周围一切"视而不见"。

2. 集中注意时无关动作的停止

人在集中注意时，与刺激物无关的多余活动会停止下来。例如，宾客被舞台上的精彩表演深深吸引时，会一动不动地观看演出者，并随着演出者的移动而移动。

3. 紧张注意时呼吸产生变化

当人在紧张注意时，呼吸不能自已地产生变化，或急促而兴奋或变得轻微而缓慢。当注意力高度紧张时，甚至会出现呼吸暂时停止的情况，即所谓"凝神屏息"现象。在紧张注意时，还会出现心脏跳动加速、牙关紧闭或张口呼吸、紧握拳头的现象。例如，电影放映到紧张、惊险镜头时，观众会紧盯银幕，屏住呼吸，等待"吓"人的结果。

【师傅提示】

根据注意的外部表现，酒店员工在服务过程中可以来推断宾客的注意情况，但有时注意的外部表现和真实情况并不相符，如有的人在听别人讲话时，貌似在听，其实在想别的事情，即所谓心不在焉。

【师傅讲授】

（三）注意的种类

按注意的目的性和意志力的程度不同，可分为无意注意、有意注意和有意后注意。

1. 无意注意

没有预定目的、不需要意志努力的注意。例如，客房服务员在值晚班时突然听到一声惊叫，便马上会留意声音是哪里传来的，是什么原因产生的。这种注意是一种被动的、本能的刺激后的反应。

2. 有意注意

是有预定目的、需要意志努力的注意。例如，服务员为了周到地为宾客服务，在工作时必须注意宾客的各种需求和反应就是有意注意。能否产生有意注意与个人的意志品质、对所从事的活动的目的和意义的认识有关。

3. 有意后注意

指有自觉目的，但不经意志努力就能维持的注意。例如，服务员熟练地摆台、叠花、斟酒、铺床、整理房间等活动中的注意就是有意后注意。它是在有意注意的基础上产生的。有意后注意来源于对活动的直接兴趣和对活动掌握的熟练程度。一般来讲，从事自己喜欢的活动及熟练的活动，有意注意都会转化为有意后注意。

（四）注意的功能

注意是一系列复杂的心理活动的组合，其基本特性决定了注意的一些主要功能，这些功能表现在三个方面。

1. 选择功能

注意使得人们在某一时刻选择有意义的、符合当前活动需要和任务要求的刺激信息，同时避开或抑制无关刺激的作用。这是注意的首要功能，它确定了心理活动的方向，保证我们的生活和学习能够次序分明、有条不紊地进行。

2. 保持功能

注意可以将选取的刺激信息在意识中加以保持，以便心理活动对其进行加工，完成相应的任务。如果选择的注意对象转瞬即逝，心理活动无法展开，也就无法进行正常的学习和工作。

3. 调节监督功能

注意可以提高活动的效率，注意集中的情况下，错误减少，准确性和速度提高，这体现在它的调节和监督功能。注意可以控制活动向着一定的目标和方向进行，使注意适当分配和适时转移。另外，注意的分配和转移保证活动的顺利进行，并适应变化多

端的环境。古代教育家荀子在《大略篇》中说："君子壹教，弟子壹学，亟成。"这里的"壹"就是专一，意为只要教师一心一意地教，学生一心一意地学，就能保证学生最终学业有成。

（五）注意的品质

注意有四种品质，即注意的广度、注意的稳定性、注意的分配性和注意的转移性，这是衡量一个人注意力好坏的标志。

1. 注意的稳定性

指一个人在一定时间内，比较稳定地把注意集中于某一特定的对象与活动的能力。这是注意品质在时间上的特征，它是与意识的积极活动状态和意志力相联系的。例如，酒店迎宾员规范站立迎接宾客，厨师坚持站立数小时为宴会制作菜品等。

2. 注意的广度

也就是注意的范围有多大，它是指人们对于所注意的事物在一瞬间内清楚地觉察或认识的对象的数量。研究表明，在一秒钟内，一般人可以注意到4~6个相互间联系的字母，5~7个相互间没有联系的数字，3~4个相互间没有联系的几何图形。

当然，不同的人具有不同的注意广度。一般来说，孩子的注意广度要比成年人小。但是，随着孩子的成长及不断的有意识训练，注意广度会不断得到提高。

3. 注意的分配性

注意的分配是指一个人在进行多种活动时能够把注意力平均分配于活动当中。比如，宾客一边就餐，一边看新闻；厨师能够一边炒菜，一边听音乐。前厅服务员边输入客人资料边回答客人询问都是注意的分配。注意分配是完成复杂工作任务，提高工作效率的重要条件。

人的注意力总是有限的，不可能什么东西都关注。如果要求自己什么都注意，那最终可能什么东西都注意不到。但是，在注意的目标熟悉或不是很复杂时，却可以同时注意一个或几个目标，并且不忽略任何一个目标。能否做到这一点，还和注意力能够持续的时间有关，所以要根据自己的实际能力，逐渐培养有效注意力的能力。

4. 注意的转移性

注意的转移是指一个人能够主动地、有目的地及时将注意从一个对象或者活动调整到另一个对象或者活动。注意转移的速度是思维灵活性的体现，也是快速加工信息形成判断的基本保证。灵活而又正确的转移是提高工作效率的基础。如酒店的迎宾在接递行李时，看到老人马上前去搀扶。

【师傅提示】

注意不是一种独立的心理活动过程，而是各种心理过程的共同特性。它本身并不能反映事物的属性、特点和功能，只是对心理活动起着积极的维持和组织作用。使人能够及时地集中自己的心理活动，清晰地反映客观事物，使心理活动富于组织性、积极性和深刻性。注意总是贯穿于心理过程的始终，脱离心理活动的注意不能独立存在；离开注意心理过程也无法实现。注意能使人的感受性提高、知觉清晰、思维敏捷，从而使行动准确及时。

【徒弟讨论】

分组讨论对观察注意的认知。

【徒弟记忆】

记住注意的各类型的特点和联系：无意注意、有意注意和有意后注意在实践活动中紧密联系、协同活动。有意注意可以发展为有意后注意，无意注意在一定条件下也可以转化为有意注意。

能够根据注意的功能及品质特点训练自己的注意能力，提升注意力。

【师傅讲授】

（六）记忆的概念

记忆是人脑对经历过事物的识记、保持、再现或再认，它是进行思维、想象等高级心理活动的基础。人类记忆与大脑海马结构、大脑内部的化学成分变化有关。记忆作为一种基本的心理过程，是和其他心理活动密切联系的。记忆联结着人的心理活动，是人们学习、工作和生活的基本功能。把抽象无序转变成形象有序的过程就是记忆的关键。

记忆在人类生活中有非常重要的意义。有了记忆，人们才能把过去对事物的反映保存在头脑中，才可能更全面、更深入地认识当前事物，从而进行更复杂、更高级的思维活动。离开了记忆，人们根本无法从事正常的学习、生活和工作。在酒店服务中，服务员不仅要记住所有设施设备的使用方法、服务程序和规章制度，而且还要记住客人姓名、相貌、个性特点等，靠的就是记忆能力。

（七）记忆的基本过程

记忆的基本过程是由识记、保持、回忆和再认三个环节组成的。识记是记忆过程的开端，是对事物的识别和记住，并形成一定印象的过程。保持是对识记内容的一种强化过程，使之能更好地成为人的经验。回忆和再认是对过去经验的两种不同再现形式。记忆过程中的这三个环节是相互联系、相互制约的。识记是保持的前提，没有保持也就没有回忆和再认，而回忆和再认又是检验识记和保持效果好坏的指标。由此看来，记忆的这三个环节缺一不可。记忆的基本过程也可简单的分成"记"和"忆"的过程，"记"包括识记、保持，"忆"包括回忆和再认。

【徒弟记忆】

掌握记忆的基本过程对于员工来说是至关重要的工作技能。记忆过程中的三个基本环节是相互联系、相互制约的。没有识记就谈不上对经验的保持；没有识记和保持，就不可能对经历过的事物进行再认或回忆。因此，识记和保持是再认或回忆的前提，再认或回忆是识记和保持的结果，并能进一步巩固和加强识记与保持。

【师傅讲授】

（八）记忆的种类

1.根据记忆的内容，可以把记忆分成四种

（1）形象记忆。以感知过的事物形象为内容的记忆叫形象记忆。这些具体形象可以是视觉的，也可以是听觉的、嗅觉的、触觉的或味觉的形象，如酒店员工对宾客的外貌、情绪及声音的记忆；宾客对于酒店装饰、环境布置等方面的记忆等。这类记忆的显著特点是保存事物的感性特征，具有典型的直观性。

（2）情绪记忆。是以过去体验过的情绪或情感为内容的记忆。如学生对接到大学录取通知书时的愉快心情的记忆等。人们在认识事物或与人交往的过程中，总会带有一定的情绪色彩或情感内容，这些情绪或情感也作为记忆的内容而被存贮进大脑，成为人的心理内容的一部分。情绪记忆往往是一次形成而经久不忘的，对人的行为具有较大的影响作用。如宾客在酒店期间的种种愉快经历，会形成积极情感记忆；反之，种种挫折与冷遇则会使其形成消极情感记忆。情绪记忆的印象有时比其他形式的记忆印象更持久，即使人们对引起某种情绪体验的事实早已忘记，但情绪体验仍然保持着。

（3）逻辑记忆。是以思想、概念或命题等形式为内容的记忆。如对数学定理、公式、哲学命题等内容的记忆。这类记忆是以抽象逻辑思维为基础的，具有概括性、理解性和逻辑性等特点。厨师对烹饪食品营养知识的记忆；员工对酒店管理知识的记忆等。

（4）动作记忆。也叫运动记忆，是以人们过去的操作性行为为内容的记忆。凡是人们头脑里所保持的做过的动作及动作模式，都属于动作记忆。如学习武术者对于武术套路的记忆；客房员工对清房的程序记忆；上实训课时在实训室练习的操作过程等都会在头脑中留下一定的痕迹。这类记忆对于人们动作的连贯性、精确性等具有重要意义，是动作技能形成的基础。

【师傅提示】

以上四种记忆形式既有区别，又紧密联系在一起。如动作记忆中具有鲜明的形象性。逻辑记忆如果没有情绪记忆，其内容是很难长久保持的。

【师傅讲授】

2. 按照记忆内容保存时间的长短，可将记忆分成三种

（1）瞬时记忆。瞬时记忆又叫感觉记忆，这种记忆是指作用于人们的刺激停止后，刺激信息在感觉通道内的短暂保留。信息的保存时间很短，一般在 0.25~2 秒。瞬时记忆的内容只有经过注意才能被意识到，进入短时记忆。瞬时记忆具有鲜明的形象性，记忆信息量大，但不易保持。只有形象特别鲜明、生动、刺激的情况下，才能长久保持。如前台接待对相貌奇特的宾客的记忆。

（2）短时记忆。短时记忆是保持时间大约在 1 分钟之内的记忆。据 L.R·彼得逊和 M.J·彼得逊的实验研究，在没有复述的情况下，18 秒后回忆的正确率就下降到 10% 左右。如不经复述大约在 1 分钟之内就会衰退或消失。有人认为，短时记忆也是工作记忆，是一种为当前动作而服务的记忆，即人在工作状态下所需记忆内容的短暂提取与保留。记忆容量有限，并且容易受到干扰，但如果经过多次重复可长时间保持。如客服中心员工对各部门领导电话号码的记忆等。

（3）长时记忆。长时记忆是指信息经过充分的和有一定深度的加工后，在头脑中长时间保留下来的记忆。从时间上看，凡是在头脑中保留时间超过 1 分钟的记忆都是长时记忆。长时记忆的容量很大，所存贮的信息也都经过意义编码。长时记忆对人的生活、学习和工作至关重要。长时记忆是人们快乐生活、做好各项工作的重要条件之一。我们平时常说的记忆好坏，主要是指长时记忆。

【师傅提示】

瞬时记忆系统、短时记忆系统和长时记忆系统虽各有自己的对信息加工的特点，但从时间衔接上看是连续的，关系也是很密切的。

【师傅讲授】

3. 按心理活动是否带有意志性和目的性分类，记忆分为无意记忆和有意记忆两种

无意记忆是指既没有明确的记忆目的，不需要任何有助于记忆的方法，也不需要做出意志努力的记忆。如在某一品牌的酒店长期工作，员工接受企业文化中潜移默化的元素影响的各种记忆。有意记忆是指记忆主体有明确的记忆目的，采用有助于记忆的方法，需要做出意志努力的记忆。如对酒店各项管理规定、营养知识的学习、客房员工做床技能技巧的形成，都必须借助于有意记忆。因此，有意记忆在人们的学习和工作中有着重要的意义。

4. 按记忆方法的不同，记忆可分为理解记忆和机械记忆两种

在积极思考、达到深刻理解的基础上记忆材料，叫理解记忆。由于理解是记忆的前提和基础，因此，理解是最基本、最有效的记忆方法。机械记忆是指不了解材料的意

义，不理解其间的内在联系，单靠反复背诵达到记忆的目的。机械记忆的基本条件是重复，比如背诵单词、课文等。理解记忆与机械记忆相比较，理解记忆的效果较好，但特殊材料只需要机械记忆就可以。

【师傅提示】

理解记忆的效果优于机械记忆。德国著名心理学家艾宾浩斯在做记忆的实验中发现：为了记住 12 个无意义音节，平均需要重复 16.5 次；为了记住 36 个无意义章节，需重复 54 次；而记住六首诗中的 480 个音节，平均只需要重复 8 次！这个实验告诉我们，理解了的知识，能够记得迅速、全面而牢固。在学习过程中，机械记忆和理解记忆都是重要的，它们在记忆材料中可以相互补充。例如，厨师在记忆操作规程时，首先要理解为什么要这样操作，就可以记住规程的主要内容，而要准确记住操作各环节的具体标准，就需要借助机械记忆。

【师傅提示】

既然记忆有这种规律特点，那么在学习的时候就要经常有意识地运用理解记忆，在记忆的时候展开积极的思维，这样才能取得良好的效果。如果在可以运用理解记忆的时候不去运用，而偏偏要使用机械记忆进行无意义的重复，那可就不止事倍功半，而是相差几十倍的效率。反过来说，对于理解的东西，往往也还需要多次重复才能记住。有的人理解了某个学习内容，就以为学习过程已经结束，没有有意识地要求自己记住它们，不再通过重复来加深印象，那么，也是不可能把学习内容完全、准确地记住的。

【师傅讲授】

二、注意在酒店运营管理中的应用

宾客入住酒店消费过程中始终贯穿着其对酒店设施设备、员工服务行为、酒店产品等事项的注意心理活动。这种心理活动过程是宾客消费体验的开始，能否掌握这种宾客心理活动的规律对于酒店的运营管理至关重要。

（一）宾客的注意与其酒店的消费行为

1. 吸引宾客的无意注意

宾客入住一家新的酒店，无论其是否有意，首先映入眼帘的是酒店位置、环境、装修以及酒店的各种设施设备、服务产品经常都使宾客产生无意注意。尽管无意注意是一种没有自觉目的、不需要主观努力的注意，但是酒店方为了在宾客中留下良好的深刻印象，进而吸引宾客多次消费及推荐给亲友，一定要在酒店的装修、设施设备，尤其是在服务上形成鲜明的特点去吸引宾客的注意。

依据心理学原理能够引起宾客无意注意的原因有两种：一是宾客的主观状态，二是酒店本身的特色。前者酒店管理者无法控制，但是对于后者，酒店员工可以采取下列措施：第一，增强酒店刺激物的强度可以引起宾客的无意注意。比如，酒店新颖独特的装饰布置艺术风格，别具特色的服务内容、服务方式就会引起宾客的无意注意。第二，设置新异的刺激物引起宾客的无意注意。例如，在自助餐厅为就餐的某位宾客送一束鲜花，会引起其他宾客的无意注意。第三，采用对比鲜明的刺激物引起宾客的无意注意。例如，酒店中餐厨师烹调的雕花菜肴，或红绿分明，或黑白对比，或神态各异的造型，色彩效果强烈悦目，菜肴一上桌，就会引起宾客的注意。第四，增加活动变化的刺激物引起宾客的无意注意。由于活动的、变化的刺激物比不活动、无变化的刺激物更容易引起人们的注意。因此，在酒店外部装饰多安装闪烁的霓虹灯，能够更多地引起投宿宾客的注意。

虽然酒店无法控制宾客的主观状态，但若是酒店的产品能够迎合宾客的消费需求，则也能够引起宾客的无意注意。一般来说，酒店可以采取以下两种方法诱发宾客的无意注意：

一是满足宾客的消费需求，迎合宾客的兴趣。凡是符合宾客需要的、令宾客喜爱的、感兴趣的事物，就容易引起宾客的无意注意。例如，菜单上菜品的介绍、餐厅消费推广活动的推介就容易引起尚未就餐的宾客的无意注意；酒店大堂内悬挂的字画就容易引起住店宾客的无意注意。

二是造就入店宾客的愉悦情绪及高昂的情绪状态。人的情绪状态和精神状态在很大程度上影响着无意注意。比如，在大堂播放舒缓而又轻柔的音乐，提升经过长距离旅行的宾客、处于疲劳状态的游客的情绪，提升宾客开朗的心境来引起他们的无意注意。

2. 增加宾客的有意注意

有意注意作为一种有自觉的目的、需要做一定意志上的努力的心理活动，是酒店管理运营中需要特别关注的。比如，宾客入住前会浏览网页中酒店的"硬件"和"软件"，网页中入住后宾客的评价给分。这就是宾客的有意注意。再如，宾客在点菜时认真浏览菜单；结账付款核对点菜价格；离开酒店检查自己携带的物品等都是有意注意的表现。由此可以看出，酒店在运营管理中必须时刻营造满足宾客的氛围，采取各种措施提升宾客的满意度。

（二）依据宾客的注意点展开酒店的服务工作

入店宾客注意的目标复杂，因人而异，范围很大，波及整个酒店所有的"硬件"和"软件"。依据宾客的消费规律、注意的指向性和集中性，他们对酒店的关注点主要在环境、设施设备、服务态度、价格等方面。

1. 营造优美的消费环境，满足宾客追求舒适、温馨的消费需求

美化酒店环境能做的事情包含很多内容，但大体上可以从酒店外围环境、周边环境

等自然环境；内部装修风格、室内布置等硬件环境和酒店服务、酒店管理等软件环境进行美化与改善。酒店的环境要给人们常新的感觉。人们可以从香格里拉、君澜等各大品牌高端酒店的统一装修风格中体验出这些酒店无论前厅、餐厅还是客房均体现了意境丰富、整体美观、装饰协调等别具一格的特色所引起宾客的注意。

2. 营造整洁卫生生活环境

酒店宾客要求生活在一个清洁卫生的环境里，人们总是会把清洁卫生列为食宿的首要条件。因此，酒店管理需要特别注意酒店内外环境的清洁。一切设施、一切供应的食品饮料都要清洁卫生，酒店所有工作人员也应整洁。特别是酒店餐厅、客房服务人员是否严格执行了酒店卫生操作规范。任何酒店的清洁卫生都是不能含糊的，必须高标准、严要求。讲究清洁卫生应贯穿于酒店工作各部门、各环节。无论前厅、客房还是餐厅都要保持地面清洁，无污垢、杂物，走廊、墙壁、门窗、服务台、桌椅应光洁、干净，灯光明亮无尘土，物品摆放井然有序，空气清新，无蚊蝇等害虫；服务人员衣容整洁，服务讲究卫生，无论是给宾客倒茶、送水、上菜或是其他服务都要讲究卫生；客房用过的口杯、餐具必须严格消毒；卫生间及卫生设备消毒后，都要贴上已消毒的封条，茶具要套塑料袋等。宾客用过的物品要及时更换、清洗。总之，酒店必须要给宾客创造一个清洁卫生的环境，满足宾客追求卫生的需求。酒店的清洁卫生工作是个重点，也是个难点，这项工作要做到位，需下一番功夫。

3. 酒店员工的服务态度是宾客注意的重点之一

宾客有自我尊重的需要，十分注意酒店员工对自己的态度，以证明自己是否受欢迎，是否受到礼遇。良好的服务态度不仅使宾客满意，给宾客留下美好的印象，而且能弥补酒店设施等方面的不足。反之，即使具有一流的设施设备，但服务人员态度冷若冰霜、傲慢无礼，也会使宾客望而却步。服务员对待宾客的态度，主要体现在是否礼貌相待。酒店工作的成功，往往取决于礼貌待客的水平。

4. 公平的价格

经济社会中价格是所有消费行为的敏感因素。酒店产品与服务的价格是否公平当然也是宾客十分注意和敏感的问题。宾客住五星级酒店，付五星级的钱，就要享受五星级的服务。在酒店消费过程中，宾客都希望以最小的经济支出获得最大限度的满足。在他们看来，自己支出了一定的费用，就应该得到相应的服务与享受，而且，只要付出的服务费用一样，不同的人所享受的服务都应该是一样的。这样，才会感到公平合理，心情才会感到舒畅；相反，就会感到不公平，由此产生不满、愤怒，甚至进行投诉，诉诸大众传媒或对簿公堂。如果这样，将会给酒店带来巨大的声誉与经济损失。因此，酒店服务中，各部门员工都必须严格执行酒店服务程序与标准，决不能因为各种原因与借口，简化服务程序、降低报务标准，使宾客享受不到应该得到的服务。

5. 设施设备新颖先进

对宾客来说，新鲜的、好奇的事物很容易成为注意的对象。比如，杭州湾环球大酒店在 2013 年开业时，客房采用智慧化设备，各种电器智能化控制，吸引了大批宾客入住体验。高端酒店的一流服务，只有加上现代化的设施，才能形成酒店的完美服务，使宾客享受到高档次的享受。特别是随着经济的发展，人们消费水平的不断提高，酒店宾客的消费水平逐渐向"豪华型"甚至"奢侈型"过渡，宾客会越来越多地注意酒店的设施设备现代化水平。

【徒弟记忆】

酒店企业必须加强环境美化，提高服务质量，及时改善设备设施，提高服务档次，以满足宾客的高档次、高享受的消费心理。同时还要加强管理，端正员工的服务态度，建立完善各种卫生清洁管理制度，制定合理的价格策略，关注宾客的注意点，进而提升酒店的形象。

【师傅讲授】

（三）酒店员工的注意品质培养与酒店服务工作

酒店企业是为宾客提供舒适良好的生活环境的消费场所，其工作内容繁杂而细致，这种服务工作的特点要求酒店员工应该具备良好的注意品质。而每个员工的注意力是有差别的，但经过长时间的努力和锻炼，注意力和注意品质是可以提高的。

1. 要培养员工的工作兴趣，热爱自己的岗位

培养他们对工作内容要有广泛而稳定的兴趣。兴趣和注意有密切的关系，它是培养员工注意力的一个重要心理条件。一个人若是对某一项工作很有兴趣，在工作中就会注意力非常集中，从而促进其注意品质的形成和培养。

2. 培养员工扩大注意范围的能力

注意的范围是指在同一时间内所注意对象的数量。注意范围的大小与个人的知识经验有很密切的关系。人们越熟悉的东西，注意的范围就越大，注意范围越大，员工能眼观六路、耳听八方，就越能照顾到不同宾客的同一时间的要求。

3. 要增强员工注意的稳定性

注意的稳定性也称为注意的持久性，是指注意在同一对象或活动上所保持时间的长短。这是注意的时间特征。但衡量注意稳定性，不能只看时间的长短，还要看这段时间内的活动效率。影响注意的稳定性的因素有如下三个方面：①注意对象的特点。②主体的精神状态。③主体的意志力水平。要提高注意的稳定性，首先就是要让员工明确应完成任务的意义。对任务的意义理解得越深刻，完成任务的愿望就越强烈，就越能稳定地集中注意力。比如，如果餐厅收银员对自己工作的意义理解透彻，在工作中就能始终将注意集中于工作中，从而很少出差错。其次，要培养员工对工作的兴趣。兴趣是培养注意力的一个重要心理条件，兴趣可以激发自己努力集中注意完成任务。最后，提高注意

的稳定性还要排除来自外界和自己身体状态的各种干扰。例如，酒吧在侍酒时，就要注意排除宾客的活动的干扰，防止酒水泼洒。

4. 要提高员工的注意分配和转移能力

酒店员工常常要同时从事几项活动。比如，餐厅服务员上菜时，既要注意手中托盘和盘中菜，又要注意在座的和来往的客人，而且还要注意自己的表现和服务态度。这就需要合理的注意分配。注意分配是有条件的。第一，同时进行的活动中有一种是相当熟练的，接近本能化程度。第二，同时进行的活动应是相互联系的，不能相互排斥。第三，注意分配中的某活动技能一定要十分娴熟。例如，厨师一边切菜，一边能与同事聊天，否则就容易切到手。由此可见，厨师的刀工训练是十分重要的。要使刀工技术达到十分熟练的程度，才能进行合理的注意分配。

【徒弟记忆】

培养员工的注意品质与注意力需要依据注意的四个品质：注意广度、注意的稳定性、注意的分配、注意的转移。

【师傅讲授】

三、记忆在酒店经营管理的应用

在酒店服务工作中，良好的记忆能帮助服务人员记住宾客的姓名，宾客提出的要求，掌握各种对客经验及在经验中所学的知识，形成技能技巧，提升员工的服务能力。可见，良好的记忆力是优质服务的智力基础。

（一）采用科学的方法培养记忆力

记忆，就是过去的经验在人脑中的反映。它包括识记、保持、再现和回忆四个基本过程。其形式有形象记忆、概念记忆、逻辑记忆、情绪记忆、运动记忆等。记忆的大敌是遗忘。提高记忆力，实质就是尽量避免和克服遗忘。在日常生活中只要进行有意识的锻炼，掌握记忆规律和方法，就能改善和提高记忆力。

1. 集中注意力

记忆时只要聚精会神、专心致志，排除杂念和外界干扰，大脑皮层就会留下深刻的记忆痕迹而不容易遗忘。如果精神涣散，一心二用，就会大大降低记忆效率。

2. 增强兴趣

如果对学习材料、知识对象索然无味，即使花再多时间，也难以记住。

3. 理解记忆

理解是记忆的基础。只有理解的东西才能记得牢记得久。仅靠死记硬背，则不容易记得住。对于重要的学习内容，如能做到理解和背诵相结合，记忆效果会更好。

4. 反复强化

即对识记对象在记住的基础上，多记几遍，达到熟记、牢记的程度。

5. 及时回顾

遗忘的速度是先快后慢。对刚学过的知识，趁热打铁，及时温习巩固，是强化记忆痕迹、防止遗忘的有效手段。

6. 经常回忆

学习时，不断进行尝试回忆，可使记忆有错误得到纠正，遗漏得到弥补，使学习内容难点记得更牢。闲暇时经常回忆过去识记的对象，也能避免遗忘。

7. 视听结合

可以同时利用语言功能和视、听觉器官的功能，来强化记忆，提高记忆效率。比单一默读效果好得多。

8. 采用多种手段记忆

根据情况，灵活运用分类记忆、图表记忆、缩短记忆及编提纲、做笔记、卡片等记忆方法，均能增强记忆力。

9. 在最佳时间点记忆

一般来说，上午9~11时，下午3~4时，晚上9~10时，为最佳记忆时间。利用上述时间记忆难记的学习材料，效果较好。

10. 科学用脑记忆

在保证营养、积极休息、进行体育锻炼等保养大脑的基础上，科学用脑，防止过度疲劳，保持积极乐观的情绪，能大大提高大脑的工作效率。这是提高记忆力的关键。

【徒弟记忆】

记忆力是指获取、保存、回忆知识经验的能力。一般来说，记忆力的好坏主要体现在识记的广度、识记的速度、保持的持久性和回忆的准确性四个方面。识记的广度是指对某种材料一次呈现后能正确复现多少；识记的速度是指一定时间内记住事物的数量；保持的持久性是指对识记材料保留时间的长度；回忆的准确性是指忠实地保持原来识记内容的多少。

【师傅讲授】

（二）结合酒店工作特点提高员工记忆能力

人常说"工欲善其事，必先利其器"。科学、合适的记忆方法，犹如"善其事"的"利器"，可以帮助记忆者提高记忆的敏捷性、保持的持久性和回忆的准确性。记忆方法的选用要根据记忆者的年龄、理解力、识记材料的性质、难易和数量等情况来确定，不可一概而论，而且最好几种方法共同使用。

记忆的方法多种多样，并因人而异，在记忆过程中，往往也不是单一的一种记忆方法的使用，而是多种方法的同时使用。在酒店服务工作中，服务人员要根据自己的具体情况选择不同的记忆方法。良好的记忆力是做好酒店服务工作的前提，酒店各部门都对员工的记忆力提出了很高的要求。餐厅服务员除了要记住本餐厅各种菜肴的中英文名称、主要特色，还要记住每位客人点的菜品，不能发生遗漏和错误。作为酒店管理人员要熟记下属员工的家庭、个人经历、性格、爱好等情况。适时给员工以关怀与惊喜，融洽员工人际关系，提高酒店团队凝聚力无疑是大有益处的。所有这些都说明要做好酒店服务工作必须具备良好的记忆力。

【拓展应用】

案例分析：

案例陈述：2019 年 1 月 27 日下午，离店客人打电话至客房中心，反馈上午退房时遗留了一个无纺布的手提袋在 1421 房间的电视柜内。依据客人反馈信息，客房中心立即安排值台员前往 1421 房，在房间的电视柜里侧果然找到了客人遗留的手提袋。客房中心中随即电话告知客人并向客人表示了歉意。此时该房间已是清扫完的 OK 房状态，经查看工作单，早班值台员小杨、清扫员小芳、领班小孟在客人退房后分别进房间清扫和查房均未能发现该遗留物品。

案例评析：值台员查退客房时有漏项，没有对电视柜里侧进行检查，存在工作粗心；清扫员在打扫房间的抹尘环节中，没有对电视柜里侧进行抹尘，工作有漏项；领班在查房的过程中没有严格按照查房顺序进行检查，造成电视柜里侧漏查，缺乏工作责任心。此案例说明员工没有记住工作程序，工作缺乏责任心和严谨性，出现了 OK 房不 OK 的现象。客房部门应该依据责任大小，分别对其进行处罚，同时对该项工作进行再培训，强化员工规范工作程序的记忆。

项目五　服务中的情感与情绪

【企业标准】

在本项目内容中，主要学习有关情绪情感的概念、分类和特征，研究酒店宾客的情绪情感与其行为之间的关系，掌握宾客的情绪情感对行为影响的表现。根据酒店运营与管理工作的特点，培养酒店员工掌握调节自己的情绪的能力，以端正的态度和高昂振奋的情绪应对岗位工作挑战。

【师傅要求】

1.熟知情绪情感的定义、分类、特征及表达形式。

2.了解情绪情感的区别与联系。

3.了解情绪情感的两极性。

4.宾客的情绪情感与其行为间的联系。

5.掌握培养优良情绪的方法。

【师徒互动】

人对事物的态度的体验，是人的需要得到满足与否的反映。情绪和情感有别于认识活动，它具有特殊的主观体验、显著的身体－生理变化和外部表情行为。情绪和情感两个词常可通用，在某些场合它们所表达的内容也有不同，但这种区别是相对的。人们常把短暂而强烈的具有情景性的感情反应看作是情绪，如愤怒、恐惧、狂喜等；而把稳定而持久的、具有深沉体验的感情反应看作是情感，如自尊心、责任感、热情、亲人之间的爱等。实际上，强烈的情绪反应中有主观体验；而情感也在情绪反应中表现出来。通常所说的感情既包括情感，也包括情绪。

【师傅讲授】

一、情绪和情感的概念

关于"情绪"的确切含义，心理学家还有哲学家已经辩论了近200年。情绪是指伴随着认知和意识过程产生的对外界事物态度的体验，是人脑对客观外界事物与主体需求之间关系的反应，是以个体需要为中介的一种心理活动。情绪有20种以上的定义，尽管它们各不相同，但都承认情绪是由以下三种成分组成的：（1）情绪涉及身体的变化，这些变化是情绪的表达形式。（2）情绪涉及有意识的体验。（3）情绪包含了认知的成分，涉及对外界事物的评价。由于情绪与情感表现表达极易混淆，比如爱情的满足感总是伴随着快乐，所以在情绪定义中情绪与情感的关系是辩论争议的重要方面。

二、情绪、情感的区别与联系

情绪和情感两个词常可通用，在某些场合它们所表达的内容也有不同，但这种区别是相对的。人们常把短暂而强烈的具有情景性的感情反应看作是情绪，如愤怒、恐惧、狂喜等；而把稳定而持久的、具有深沉体验的感情反应看作是情感，如自尊心、责任感、热情、亲人之间的爱等。实际上，强烈的情绪反应中有主观体验；而情感也在情绪反应中表现出来。通常所说的感情既包括情感，也包括情绪。

在个体发展中，情绪反应出现在先，情感体验发生在后。新生儿一个月内就出现了

愉快、痛苦的情绪反应。他们最初的面部表情具有反射的性质，而随后发生的社会性情绪反应就带有体验的性质，产生了情感。例如，在母子交往中，母亲哺乳引起婴儿食欲满足的情绪；母亲的爱抚引起婴儿欢快、享受的情绪。当婴儿与母亲形成了依恋时就产生情感了。这种依恋具有相对稳定而平缓的性质。然而，已经形成的情感，常常要通过具体的情绪表现出来。对成年人来说也是这样，爱国主义的情感，在具体情境下是通过情绪得到体现的。一个人对祖国的成就欢欣鼓舞，对敌人仇恨，这都是表达情感的情绪；而每当这些情绪发生时，又体验着爱国主义情感。

【师傅提示】

情绪和情感是十分复杂的心理现象，它们是同一类心理过程，从不同的角度来提示人的心理体验。作为同一类型的心理活动，情绪和情感的区别是相对的，有时人的情感可以通过强烈的、鲜明的体现表现出与人的需要相联系的情绪，而情绪的长期积累，就会转化为情感。尤其是在日常生活中，情绪和情感并没有严格的区分。比如"一见钟情"这个成语究竟是被定义为情绪还是情感？只能"仁者见仁"地理解了。

【师傅讲授】

三、情绪与情感的对比性及其表现形式

情感对比性（或者成为两极性），是指人的任何一种情感体验，都有一种与它性质相反的情感体验相对应。对比性这个概念是1872年达尔文在研究人和动物的表情时提出的对立性的原则："当一种直接对立的心理状态被诱发时，就有一种强烈的、非随意的倾向去完成一些具有直接对立性质的动作。"如欢乐—悲哀、爱—恨、紧张—轻松、强—弱、肯定—否定等。情绪与情感的对比性的表现形式多种多样，但是归结起来主要有：

（一）从性质上来分，有肯定的和否定的对立情绪情感

一般来说，人们的需要得到满足时产生肯定的情绪情感，如高兴、满意、爱慕、欢喜等；人们的需要不能得到满足时则产生否定的情绪情感，如烦恼、不满意、憎恨、忧愁等。肯定的情绪情感是积极的、增力的，可提高人们的活动能力。否定的情绪情感是消极的、减力的，会降低人们的活动能力。

（二）从作用上来分，有积极的与消极的对立情绪

积极的情绪如快乐、轻松、兴奋、喜爱等会对人的行为起到很好的促进和推动作用，增强人的活动能力。比如人在比较高兴的时候，做事情的积极性和主动性要明显地高于不高兴、不快乐的时候。而消极的情绪如烦恼不安、悲痛、恐慌等会对人的行为产

生消极影响，降低人的活动能力。但是对同一情绪而言，在不同的情形下，却可能产生积极或消极两种完全不同的作用。

（三）在紧张度上来分，情绪情感有紧张和轻松之别

紧张和轻松往往发生在人的活动最关键的时刻。例如，当战士排除定时炸弹、工人抢救落水儿童时，人们都处于高度的情绪紧张状态；一旦炸弹被排除，儿童被救起，战士和工人安然无恙，人们的紧张情绪便逐渐消失，随之而来的是轻松的情绪体验。一般说来，紧张与活动的积极状态相联系，引起人的应激活动；有时过度紧张也可能引起抑制，使情绪疲惫。

（四）从状态上来分，情绪有平静与激动的差异

人的情绪状态有狭义与广义之分。前者主要是指心境，是一种情感方面的心理状态，具有持续性、外显性、情境性、个性化。有平静与激动之分，激动的情绪表现强烈、时间短暂，而且具有爆发性。如当人在生活或社会的重要利益或地位受到严重侵害，就会表现出激动的情绪；或是听到意外的喜讯时，也会让人容易产生激动的情绪。这种情绪因受特殊因素的环境的影响，其存在的时效性短暂。与激动情绪相对立的是平静的情绪，大多数情况下，是保持一种比较平静的情绪，其持续的时间长，强度小。

狭义的情绪状态指情绪本身的存在形式，主要分为心境、激情和应激几种。

1.心境

心境是一种比较持久的、微弱的影响人的整个精神活动的情绪状态，可以形成个体的心理状态的一般背景。"忧者见之而忧，喜者见之而喜"这句话所描写的就是心境。具体来说，当一个人处于某种心境中，往往会以同样的情绪状态看待周围的事物。俗话说"人逢喜事精神爽"，这种被某人某事所引起的精神爽快、心境舒畅的情感状态，虽表现得并不强烈明显，但往往会持续一段时间。在这段时间里，人总是以愉快、喜悦的心情对待一切事物，使其染上欢乐愉快的色彩。相反，不良的心境则使人感到凡事枯燥，索然无味，整个人也表现得抑郁忧愁，"对花落泪，对月伤情"，整天愁眉苦脸，容易被小事激怒，甚至大发雷霆。

心境对人的生活有很大的影响。良好的心境能促进人的身体健康，使人有万事顺心如意之感，有助于充分调动人的积极性，提高工作效率，增强克服困难的勇气。相反，不良的心境则让人心烦意乱，意志消沉，容易被激怒，遇到困难也难以克服，同时对人的健康起着极大的危害作用，造成人精神有气无力，萎靡不振，内分泌紊乱，莫名其妙乱发脾气，甚至染上各种各样的疾病。

2.激情

激情是一种强烈的、短暂的、爆发式的情绪状态。激情大致有四种表现：暴怒、狂喜、恐惧、极度悲伤与绝望。从生理学角度上看，激情是客观外界对个体施加超强的刺

激使大脑皮层对皮下中枢的抑制减弱甚至解除，从而使皮层下的情绪中枢强烈兴奋的结果。也就是大家常说的控制不住自己的情绪。

处于激情状态下的个体，认识范围缩小，往往意识不到自己正在做什么或准备做什么，因而也就不能正确地评价自己的行为及其意义，结果做出一些事后会后悔莫及的事情。处于不良激情状态下的人，总是伴有明显的外部表现和内脏器官、腺体的变化。暴怒时，肌肉紧张、双目怒视、怒发冲冠、面红耳赤、咬牙切齿；绝望时，目瞪口呆，面色苍白，全身软弱无力；悲痛时，头晕目眩，一把鼻涕一把泪等。

不良的激情状态一旦发生，其后果是很可怕的。相反，在正确的目的引导下激情所激发的能量有确定的去向，可以提高人的认识和活动的效能，成为动员个体积极投入行动的巨大动力。

【 师傅提示 】

在酒店服务工作中，有的宾客脾气比较急躁，稍有遇到不如意的事情，便会表现出极大的不满，情绪非常激动。在这种情况下，如果酒店员工不能保持良好的情绪，而是与宾客据理力争，双方针锋相对，只会使情况越来越糟糕。而员工如果能够调整好自己的心态，认真地听取宾客的抱怨和意见，就会平息他们激动的情绪，就能够使事情向好的方向发展。

【 师傅讲授 】

3. 应激

应激是在出乎意料的紧张和危急情况下引起的情绪状态。如司机在驾驶过程中突然出现危险情景的时刻，飞机在几千米的高空飞行出现突如其来的故障等，所有这些十万火急的情况就是应激，需要人迅速判断情况，并在一瞬间采取果断措施。与此相伴的是整个生理状况的变化，它能很快地改变机体的激活水平，使心率、血压及肌肉紧张度发生变化。

在应激状态下，人可能会出现两种情况：第一种情况是头脑清醒，思维敏捷，动作准确，做出平时不能做出的大胆勇敢的行为。

有个主妇把孩子放到家里，自己出去买菜，回家时在楼底下遇到一个熟人便聊起来。这时孩子探出头来，在12层楼的窗口向她招手，一不小心，从楼上掉下来，她拼命奔去，刚好用手接住。那么远的距离，谁都认为不可能，于是找来消防队员做实验，没有一个能够站在主妇当时的位置上跑过去接住从楼上扔下来的东西。

第二种情况是目瞪口呆，惊慌失措。在应激状态下，个体的认识变得异常狭窄，无法采取符合目的的行动，陷入一片混乱无序之中。例如，失火时，屋子里的人会忘记平时开门的方向，而只会下意识地猛敲门或踢门。

【师傅提示】

在日常生活中，应该尽量减少或避免不必要的应激状态，因为长期处于应激状态会破坏人的生物化学保护机制，这对健康是非常不利的，有时甚至是很危险的。加拿大生理学家谢尔耶的研究表明，长期的应激状态能降低人的抵抗力以至为疾病所侵袭。

【徒弟记忆】

情绪强弱的变化与事物对个体的重要程度有关，越是与自己的联系密切、关系重大对情绪的影响强度就越大；反之，则相反。

【师傅讲授】

四、情绪与情感的分类

中国古代就将人类的情绪进行过简单的分类归纳，所谓的"七情六欲"中人们将情绪分为七个方面：喜、怒、哀、惧、爱、恶、欲。其实，现代心理学理论中对于情绪情感还有多种分类方法。主要有：

（一）按情绪的性质不同可以分为快乐、愤怒、恐惧和悲哀等

这是人们比较习惯的分类方法。快乐一般是指人的需要得到满足、内心压力得到缓解和释放而产生的愉悦感。比如，有相当多的宾客利用周末时间和同事及朋友到郊外的度假酒店进行聚会或健身，释放压力，放松身心，以保证有充分的精神和体力进行下一轮的工作。客人在酒店的消费中，如果能够得到意外的惊喜，那么客人的快乐程度将会增加，所以很多金钥匙组织提出了给宾客提供满意加惊喜的超常服务理念，旨在给客人创造意想不到的快乐。

相对来说，愤怒则是指愿望的实现受到阻碍或侵犯时，内心的紧张状态不断积累而产生的情绪体验。比如，在宾客的入住期间，发现房间空调有问题而影响正常使用。当客人向酒店反映此情况并没有得到及时的处理，再次反映还是没有得到马上处理，客人的情绪就会由不满发展到愤怒。

恐惧是指面临危险或预感到危险时，企图摆脱险境而又缺乏能力所产生的情绪体验。比如在入住的酒店发生火灾时，宾客就会表现出惊慌失措，大喊大叫等恐惧行为，如果酒店不采取快速及时、有效的措施，就会使他们的恐惧感愈加强烈，发生一些严重的事故，如跳楼、自杀等。

悲哀是指伤心、难过，与欢乐、幸福、乐观、高兴等相对。

【师傅提示】

　　人们在社会工作中，顺利完成了各项任务，达到了目标，就会感到满足，内心产生愉快、高兴、舒畅之感，这些属于积极一类的。不满意的热情是消极的、否定的。如果一个人对名利、钱财的热情过大，一旦没有达到预期的目标，就会感到十分痛苦、伤感和不安。

【师傅讲授】

（二）以社会内容性质的角度划分情感

　　其实情感是态度这一整体中的一部分，它与态度中的内向感受、意向具有协调一致性，是态度在生理上的一种较复杂而又稳定的生理评价和体验。情感包括道德感、价值感、美感三个方面，具体表现为爱情、幸福、仇恨、厌恶、美感等。

1. 道德感

　　人们根据一定的道德标准来评价自己和别人的言行、思想、意图时产生的情感体验被称为道德感。这是一种比较复杂的受群体文化约束的高级情感，是生活中最重要、最核心的情感。当个人的思想、行为等符合群体道德标准时，就会产生比较肯定和满足的情感体验，感到高兴、欣慰等；反之，人就会感到痛苦不安。当别人的思想、意图和行为符合这些标准时，就会对该个体产生一种由衷的尊敬和佩服感等；反之，就会对其产生鄙视、愤怒等否定情感。道德感要求人们在社会上需分清公私，明辨是非，判断应该和不应该，从而表现出相应态度的体验。比如在酒店接待服务工作中，要保证所提供的食品、饮料清洁、卫生，以确保客人的生命和健康安全。而不能把一些腐烂、过期、不卫生的原料制成食品提供给客人。这些都是属于酒店服务人员的基本职业道德。

【师傅提示】

　　职业道德是人一生中最为重要的情感，虽然在道德的范畴中，爱国感、集体感、责任感和正义感是基本的道德感，职业道德则是形成这些基本情感的基础。在此基础之上，首要的是爱国感，也就是对祖国的热爱和对危害国家利益的行为和动机的憎恨。其次是集体感，这是基于共同的崇高理想而发生的友爱互助的情感。人们生活在各种各样的集体和组织中，有正式的和非正式的。在集体生活中，一个人应以集体的利益为重，个人利益服从于集体利益，要有大公无私、公私分明的高尚情操。再次是责任感，人们生活在集体中，认识到自己应该做的事情和应该承担的任务的情感体验，就是义务感，也叫责任感。最后是正义感，作为人的一种高级道德情感指追求正义、伸张正义的道德意识和行为，强化个体正义感，形成强大的社会正义感氛围，不仅有利于个人实现自我肯定、自我完善，获得更多的道德自由，而且有利于团结他人、维护正义原则、实现社会公正，促进社会稳定有序的发展。

【师傅讲授】

2. 价值感

价值感是指对自己人生中的生活与工作等方面的价值的自我判断，对可能取得的成就的估计，对社会回报的满意程度。在价值感的含义中具有理解意义的是职业价值感。职业在今天不应再仅仅定位为谋生的手段，也不能被简单地看作是在完成任务，只有将职业的价值提升到与个体对生命价值的追求相一致的高度，才能最大限度地激发起个体对职业的认同感、归属感，才有可能最大限度地使个体投身于工作，并使之成为生命的一部分。

传统的职业价值有经济价值、安全价值、伦理价值等，而现代的职业价值则扩展为包括个人认同、加强自我价值、个人成长和成就感、人际交往等方面。要引导人们对将要从事的职业有恰当的评价，要正确看待职业的地位，正确看待职业的待遇，正确看待职业的苦乐。

3. 美感

对自然和社会生活、艺术的富有情感性的评价与观感称为美感。美感的产生是由一定的对象引起的，与道德感一样，美感具有明显的社会性和一定的阶级性。如唐代，以胖为美，造就了杨贵妃流传百世。而现代社会，人们则认为这会影响健康，而且不再以胖为美，转而以瘦为美。人们在欣赏各种事物和景色时，通过直觉获得感觉印象，最后形成概念，美感经验是直觉的经验，因此没有标准。直觉的主观性较强，往往不辨是非曲直，自己觉得美就是美，自己觉得不美就是不美。所以，无论从酒店大堂还是房间、餐厅的布置抑或从餐具、布草的选购上，注意使用、好用，色彩协调搭配，形成酒店自身的风格就能够让宾客形成美的感受。

【徒弟记忆】

在酒店服务工作中，宾客也有审美的需求和动机。他们希望能在就餐的过程中感受到饮食文化之美；在住宿期间，通过房间的装饰布置实现对环境的审美；在娱乐过程中，通过节目的观看、活动的开展，得到艺术的享受和健康之美感受等。所以为了满足宾客的审美需要，使宾客得到这种高级的优雅的氛围之美，就应该从环境气氛、服务环节、服务方式、服务语言等方面进行考虑，满足宾客审美感的需求。

【师傅讲授】

五、情绪的表达形式

每个人既有开怀大笑的愉快时刻，也会有万念俱灰、焦急紧张等不愉快的时刻，这

些都是人的一种情绪表现或表达形式。这些情绪的外在表现形式称之为表情。在人际交往中，表情的作用是巨大的，它是人们交流思想、表达心理的一种重要手段，有时候，表情的表达能力超过了语言本身，自古就有"此时无声胜有声"的说法。人们的表情是人际交往中的辅助工具。现代信息学表明，人类传递信息，除了采用文字及语言的工具以外，还有表情和肢体语言能够沟通。生物学及心理学研究表明，人们通常采用面部表情、肢体表情和语音表情来表达其复杂的、细腻的情感和情绪。

（一）面部表情

不同的情绪会产生不同的面部表情。由于面部表情能精细、准确地反映人的情绪，它是人类表达情绪最主要的一种表情动作。伊扎德将人们面部分为额眉—鼻根区、眼—鼻颊区、口唇，认为这三个区域的活动构成了不同的面部表情，表达着相应的情绪。比如，人愉快时，额眉——鼻根区放松，眉毛下降；眼——鼻颊区眼睛眯小，面颊上提，鼻面扩张；口唇——下巴区嘴角后收、上翘。这三个区域的肌肉运动组合起来就构成了笑的面部表情。在表现不同情绪的面部表情中，起主导作用的肌肉各有不同。如笑时嘴角上翘，惊奇时眼和嘴张大，悲哀时双眉和嘴角下垂。因为面部表情所携带的宾客信息量巨大，因此注意观察酒店宾客的面部表情是酒店员工的基本技能及工作内容。

（二）肢体表情

肢体表情有时候也被称为身段表情或肢体语言。是除面部之外身体其他部位的表情动作。头、手和脚是表达情绪的主要身体部位。例如，人在欢乐时手舞足蹈，悔恨时顿足捶胸，惧怕时手足无措，羞怯时扭扭捏捏。舞蹈和哑剧是演员用身段表情和面部表情反映情感和思想的艺术形式。在肢体语言的表达中，要注意根据时间、场合、对象的不同选择合适的方式。比如，在我国伸出大拇指表示一种赞赏，而在其他国家有时则是一种很不好的意义表达；再如我国点头表示赞同，但是有的国家点头表示反对。有时为表达对小孩子的喜欢之情，我们会拍拍小朋友的头，以示亲切喜欢，但在南亚等国家，这种做法是非常不礼貌的。在对酒店宾客服务的过程中，员工一定要注意体态表情的运用，多使用一些具有积极意义的体态语，如点头礼、鞠躬礼等，都可以表达对客人的尊重之情。但是在使用肢体语言的过程中一定要注意区别不同国家与民族认识的特点与禁忌。

（三）言语表情

言语表情是情绪在言语的声调、节速和速度上的表现。人在高兴时音调轻快，悲哀时音调低沉节奏缓慢，愤怒时音量大、急促而严厉。同样一句话用不同的方式讲出来则会表现出不同的含义。例如，"你干吗"用升调说出来时表示疑问；用降调则表示不耐烦；用感叹语气强调"吗"字则表示责备。当员工与宾客进行言语沟通时，一定要注意选择适当的语速和语调，语言要清晰，以免让宾客产生误会之情。

【徒弟记忆】

情绪和情感作为一种重要的心理活动，它具有一定的动机作用、调控功能和健康功能，所以应当充分地重视情绪和情感这种人际关系的纽带，尤其是在服务工作中，更是要认真地把握和理解客人的情绪表现和情感体验，做好各项接待服务工作。

【师傅提示】

表情动作与言语一样是人际交往的重要工具，但是在三种主要表情动作中面部表情起主要作用，而身段表情和言语表情往往是情绪表达的辅助手段。

【师傅讲授】

六、情绪情感与需要的关系

生活中，人的需要是否得到满足影响其对客观事物采取的态度，人对事物的感情是建立在满足人的需要基础上的。与人的需要毫无关系的事物，人对它是无所谓情感的；只有那些与人的需要有关系的事物，才能引起人们的情绪和情感。人们对待事物持有的肯定与否定情感及情绪取决于事物是否能够满足于人的需要。凡能满足人的需要的事物，会引起肯定性质的情绪体验，如快乐、满意等；凡不能满足人的各种需要的事物，或与人的需要意向相违背的事物，必然会引起否定性质的情绪体验，如愤怒、憎恨等。情绪和情感的独特性正是由这些引起需要、渴求或意向决定的。

需要是有机体感到某种缺乏而力求获得满足的心理倾向，它是有机体自身和外部生活条件的要求在头脑中的反映，是人们与生俱来的基本要求。对于个体来说，它在主观上通常以渴望、愿望、意向的情绪形式而被人所体验。

人的需要具有多种多样性，按其起源来分有生理性需要和社会性需要。如人类对空气、食物、水、运动或休息等方面的需要都属于生理性的需要。生理性需要是人和动物所共有的，如果这类需要长期得不到满足，就会影响到人和动物的生存、在生理性需要的基础上，产生了各种各样的社会性需要，这种需要是人们在维持社会生活，进行社会生产和社会交往过程中形成的。个体受不同的年龄阶段、不同的地域范围、不同的文化背景下以及社会经济水平等各种社会因素的影响，其社会需要有很大的不同。社会性需要是人类所特有的。

按需要的对象不同，可分为物质性需要和精神性需要。物质需要中既包括生理性需要也包括社会性需要，随着社会经济的发展，人类对物质的需要是越来越广泛。精神性需要主要体现在人对智力、道德、审美等方面发展条件的需求的反映，随着个体的成长，人对精神层面的关注度越来越高，个体对新的更高层次的精神需要不断产生。

人的需要受社会历史条件的制约，它不仅是个人需求的反映，同时也是社会需求的反映。如在社会生活中，要求每个社会成员爱护公共财物，维持公共秩序等，当这种社会需要反映到个人头脑中并为他所理解和接受时，就会成为他的信念，转化为个人需要。社会需要与个人需要处于对立统一中，作为一个社会成员，人必须把社会需要转化为个人需要，才能与社会协调一致；如果个人需要与社会需要处于对立的位置，个人的行为就可能违反社会要求的准则而同社会发生冲突。

【师傅提示】

对酒店宾客来说，他们在消费过程中具有各种各样的需要，包括生理的、社会的、物质的、精神的等，这些需要得到满足的程度与宾客的情绪、情感体验是息息相关的。如果宾客的需要得到了满足，就会产生良好的情绪、情感；若宾客在酒店消费中受到了不礼貌的待遇，或是遭遇了不应有的损失，就会觉得产生不良的情绪和情感体验，对酒店留下不好的印象，进而会严重影响到其在酒店的消费或者后续消费。

【徒弟记忆】

情绪因需要而产生，个体的需要满足与否影响了情绪的肯定或否定反应，因此，情绪成为人的需要是否获得满足的一个指标，也成为衡量一个人在他的所处的社会关系中，个人需要与社会需要的矛盾与统一关系的一个指标。

【师傅讲授】

七、情绪情感在酒店运营管理中的应用

（一）宾客的情绪情感反应与酒店服务的关系

上文提到如果入住酒店的宾客的需要得到了满足，就会产生良好的情绪，情感；若宾客在酒店消费中受到了不礼貌的待遇，或是遭遇了不应有的损失，就会觉得产生不良的情绪和情感体验，对酒店留下不好的印象，进而会严重影响到其在酒店的消费或者后续消费。因此，酒店管理员工必须熟知宾客的哪些情绪反应体现了宾客的满意得到满足。宾客行为与其情绪情感满足与否的关系大致有以下几点：

1. 心境与酒店宾客的行为关系

上文提到心境是一种比较微弱而持久的、使人的所有情感体验都感染上某种色彩的情绪状态。往往在长时间内影响人的言行和情绪。正因为如此，对宾客形成正面心境的影响至关重要。而且心境具有弥散性的特征，在不同心境的影响下，客人的行为带有明显的心境特征。如一位在酒店受到特殊尊重的宾客，会觉得心情愉快，回到家里同家人会谈笑风生，遇到邻居去笑脸相迎，走在路上也会觉得天高气爽；相反，当他心情郁闷时，在单位、在家里都会情绪低落，无精打采，甚至会"对花落泪，对月伤情"。

入住酒店的宾客有各种各样的目的和任务，但是大致上可以分成两大类：休闲旅游度假及探亲访友类、商务出差类。

探亲访友、休闲度假类的宾客，时间宽裕、没有压力，他们的心境一般来说都很轻松自如，喜欢在酒店里和酒店周边、酒店所在城市景区等游览参观，需要更多地了解景区景点和酒店的有关情况，希望在这些活动中增长知识，开阔视野，陶冶情操，让心境更愉悦放松。所以这类客人比较容易相处，他们对酒店的各项服务都比较感兴趣，也很喜欢与酒店员工进行交流，能够体谅员工的辛苦与劳累，对服务工作中出现的一些小的失误和不足也能予以理解和谅解。

当然这类到酒店消费的宾客中的旅游、探亲和放松休闲的缘由不同，其消费目的也多种多样。比如，有些宾客上班的单位压力大，为了摆脱工作中复杂的人际关系和工作的压力而外出旅游或消费来缓解压力，让心情有一个释放的空间。对这样的宾客来说，他们往往具有较好的经济基础，有一定的文化素养和修养，对酒店的服务质量要求高，不希望自己的私人空间受到打扰。因此针对此类宾客的这种心境，酒店要注意为他们提供更多人性化的、情感性的、亲情性的服务，让宾客在酒店中得到平时所没有的温馨和关爱，产生对酒店的信赖之感和依赖之情；还有一些宾客是因为受到了意外事件的打击，如失去亲人、失恋等情况而心境非常悲伤、忧郁。他们希望能够在旅游活动或在酒店消费中使这种悲伤的情绪得到缓解或减轻。对这类宾客来说，他们往往不喜欢与其他人群交往，喜欢独行，不愿过多向他人讲述自己的不幸，酒店员工就应当设身处地为宾客着想，视他们为亲人，想办法帮助他们摆脱目前比较消沉的心境，让宾客尽快地变得豁达、开朗起来。

商务出差类的宾客则以办理好各项业务，组织好各种商务活动为首要目标。一般来说，这类宾客在酒店逗留的时间都比较短，日程安排比较紧张。在这种情况下，他们一般很少有游览观光的心境，也很少有时间在酒店闲逛参观。商务出差类的宾客为了方便其各项任务活动的展开，对酒店的服务质量和服务设施要求很高，希望能够在最短的时间内办理好各种手续，以节省时间，提高工作效率。因此，针对商务型宾客心境情绪状态，大多数酒店都开设了独立的商务楼，为他们提供不被打扰的空间。部分酒店甚至开辟单独接待通道接待商务型客人，提供独立入住、结账手续、贴身管家服务等，使得他们的商务活动得到十分便利、便捷的服务支撑。

2. 激情与酒店宾客的行为关系
案例分析：
案例陈述：某日一大早，宾客张先生就将一张"宾客意见书"和一张写满抱怨的字条狠狠地摔在了前台，说："什么五星级酒店，牙不能刷，澡不能洗，把这个给你们总经理送去。"前台的同事将张先生写的"宾客意见书"和那张字条递给了金钥匙小陆的手里。他在大致了解了事情原委后，立即来到张先生面前，先表示歉意，并询问了情

况，张先生说："我要说的都写着呢，你自己看，我先去吃饭了，今天我要的，就是能刷个牙，泡个澡而已。"小陆把张先生送进早餐厅安排好后，答应张先生会认真地去阅读他所提出的意见，然后第一时间做出反馈。

宾客意见书和那张字条是这样写的："当晚住进房间，想泡个澡，可是水塞怎么都压不下去，这边放水，那边就出水，根本存不住水，无法泡澡，只能冲淋浴。冲完澡准备刷牙，牙膏是封起来的，打开第二个还是这样，这不是完全不给人刷牙吗。什么五星级酒店……"

案例评析：在酒店服务中，经常会遇到一些与上面案例中的宾客表现出过激的行为。他们对酒店员工的服务态度或服务方法表达不满时，言语粗暴、态度傲慢，甚至对员工进行人身攻击，以此来发泄自己内心的情绪。此类客人的气质类型往往属于胆汁质型，性情急躁，遇事易激动，而且固执，不听他人的劝阻。遇到此类客人时应该如何处理呢？连云港国信云台大酒店的金钥匙礼宾小陆处理得非常得当：在接到总台员工转交的宾客意见后，首先快速地大致了解事情经过，然后立即前去处理，显示了宾馆对客人意见的重视和高效的工作能力。在处理问题时，本着"客人永远是对的"的原则，先致歉，再了解情况，认真聆听客人的抱怨和不满。在了解所有原委后，在明知不是酒店责任的情况下，将对让给客人，陪同客人进入房间，用行动说明了宾馆产品是有效的。小陆有步骤地处理了这起抱怨和误解，最后，还站在客人的立场考虑，帮客人另外配置日用品，使客人深受感动。

3. 热情与酒店宾客的行为关系

热情是指人参与活动或对待别人所表现出来的热烈、积极、主动、友好的情感或态度。热情与人生观、价值观是有关联的，是一个人态度、兴趣的表现。与激情相比，热情更平稳一些。热情不像心境那样具有弥散性，在一定的时期内影响着个体生活周围的许多人和事，它比心境强烈、深刻而稳定。热情的反义词是冷漠。酒店宾客一般具有热情和冷漠两种情绪表现。具有阳光的心态，充满活力、周身热情洋溢的宾客对待酒店员工也会热情、宽容，积极配合员工的服务工作，主客双方相处融洽，心情愉悦。冷漠型的宾客对任何事情都不感兴趣，对周围的人没有热情，情绪表现悲观、消沉、压抑、心胸狭隘，喜欢抱怨。这种宾客对员工的服务挑三拣四，很容易产生不满，进而导致主客双方情绪对立，心情沮丧。对待此类宾客，酒店员工要养成包容的心态，采用耐心细致的工作方法，以温暖礼貌的服务言辞，春风化雨般消解宾客的抱怨情绪。

4. 应急与酒店客人的行为关系

案例分析：

案例陈述：某晚9点多，宾客关系经理小周巡查至礼宾服务台，看见前门别克车里下来两位客人向行李员招手。小周随即前往查看，发现车内躺着一位客人，浑身散发着酒气，处于醉酒状态动弹不得。看到此情形，小周立即至行李房推出轮椅，与行李员一起将客人架到轮椅上，并与醉酒客人的朋友共同将客人送至819房。送到房内后，小周将客人身上有呕吐物的脏衣服换下，通知客房中心为其清洗。随后又联系咖啡厅为客人准备蜂蜜水及酸奶，一切服务工作完毕后，小周叮嘱其同行的朋友注意观察，如醉酒客人有任何异常情况可联系宾客关系经理，宾馆可以安排人员陪同其去医院治疗。醉酒客人的朋友对酒店方无微不至的服务深表感谢，并称等醉酒客人醒来后一定告知其云台有优秀的金钥匙为他提供周到细致的服务。

案例评析：宾客在酒店消费期间经常会遇到一些应急事件的发生，尤其是突发急病、酒醉等时有发生。当这些突发事件发生时，有的宾客会保持清醒的头脑，采取有效的措施或服从酒店的安排，但也有宾客会失去自我意识，或者是面对紧急情况不知所措，甚至于抗拒别人的帮助，导致更为严重的后果。因此，酒店必须强化对员工应急意识的培训，掌握对突发性事件准备应急的方法。

【师傅提示】

受多种因素的影响，宾客的情绪和情感体验各有不同，在酒店服务工作中，各种硬件设施与软件服务水平也在很大程度上影响着宾客的情绪情感。因此，酒店的服务工作要讲究艺术性和技巧性，要主动配合宾客的情绪情感体验来开展各项接待服务工作。

【徒弟记忆】

牢记心理学基础理论中的情绪情感状态的表现及原理，掌握处理宾客情绪波动的各种应对方法。

【师傅讲授】

（二）酒店员工的情绪情感反应与酒店服务工作关系

情绪情感作为一种重要的心理活动，不仅对酒店宾客的行为有很大的影响，对酒店员工的影响也同样存在，而且，宾客与员工双方的情绪情感都对周围的人和事有一定的传染性且互相影响。古人曰"近墨者黑，近朱者赤"，与阳光快乐的人在一起的人会变得开朗幸福，与忧伤的人在一起的人心情也会受这种沮丧情绪的影响而变得伤感。因此，为了给宾客创造一种良好的情绪情感体验，酒店应该想方设法地从宾客的角度出发，提高服务质量和管理水平，为宾客创设一种愉悦的氛围，让宾客在消费过程中获得物质和精神的双重满足。

1. 培训酒店员工的心理基础知识，学会调节自己的情绪情感状态

如上文提到的，情绪和情感影响着宾客与员工之间的关系与氛围。情绪会带给人们勇气、信心和力量，也会使人们冲动、消极、无所事事，甚至做出一些违背道德和法律规范的事情。所以，学会调节情绪和情感，对任何人来说，尤其是对面临复杂环境中的酒店员工来说，是十分必要的。处在多变的情绪氛围中，往往会使没有经验的员工无

法专心做事；强烈的情绪反应更容易使员工冲动；员工的自控能力不足会给酒店带来不良的后果。所以，员工的情绪需要调节、需要疏导，使他们的情绪达到喜怒有常，喜怒有度。

调节情绪和情感的主要方法有如下几点。

第一，改变认知。心理学研究表明，刺激事件本身不决定情绪的性质，而是对刺激事件的认知决定情绪的性质，即"人受困扰，不是由于发生的事实，而是由于对事实的观念"。可见，大家不能说"这件事使我的情绪糟糕到极点"，而是人们无法理性地认识和评价所发生的事件。

酒店员工经常遇到类似这样由于认知评价错误而导致产生不良情绪的事情。比如，两个员工工作中犯了同样的小错误，同样受到了主管的批评，一位员工很快认识到是自己做得不好，并下决心改正，情绪很快就恢复了平静。而另一位员工，觉得自己实在是太倒霉了，运气糟透了，"为什么主管就偏偏揪住我这一点小错误不放，就是看我不顺眼"，认为"根本不是我的原因"，那么，后者就会觉得不公平，心中产生抵触和愤恨，无法认识到自身存在的问题，当然也就不会去积极主动地调整和改变自己。这个员工不仅不会改正错误，反而可能将此情绪带到工作中，发泄给宾客。

【师傅提示】

调控我们的情绪和情感，最重要的是改变我们的认知，换一个角度去认识发生的事情，改变非理性认识和错误观念，这样就会从根本上预防或者缓解不良情绪。

【师傅讲授】

第二，调整期望值。情绪情感产生的基础是人的需要和动机，需要和动机越强烈，情绪和情感反应也就越强烈，也就是人们越想获得最好的结果、取得最好的成绩，越会给自己造成心理压力，增加自己的烦恼。如果酒店员工对他人、自己、事物所抱期望值过高，就会在内心需求难以满足时产生消极的情绪反应。所以，需要教育员工定目标不要脱离实际、高不可攀，对人对事不能过于追求完美，从而让自己陷入挫折和失败的痛苦中。

第三，心理换位，即换位思考。"我要是宾客会是怎样呢？""别人出了这样的问题都是怎样解决的？""别人是不是也出现过和我一样的问题？"换位思考能够让员工转变思考问题的角度，正确地认识问题，从而找出解决问题的方法。比如，宾客入住客房后不能使用网络的情况对于房务部员工来说几乎每天都会遇到，员工心理难免感到厌烦，或者轻视。但若是他们可以换位思考一下："这家酒店我第一次入住，不知道密码、无法连接网络就必须找房务解决。"这样思考就能够使得员工厌烦轻视的情绪得到缓解，为宾客提供良好的服务。

第四，学会转移注意力。把注意力从引起不良情绪的事情转移到其他事情上，而不是让自己一直深陷其中，什么事都做不了，这样可以使人从消极情绪中解脱出来，做一些自己感兴趣、能做到的事情，从而激发积极愉快的情绪反应。酒店员工也具有普通人的角色担当，偶尔在家里、社会以及工作中会遇到挫折，感到苦闷、烦恼，情绪低落。这个时候就需要采用注意力转移的方法来消除自己的不良情绪。要引导员工暂时抛开眼前的麻烦，不去想让他们苦闷、烦恼的事，把注意力转移到自己感兴趣的活动中去。

第五，积极的自我暗示和自我激励。每个人都应该学会自我激励，因为人们不能期待总是受到别人的关注，得到别人的支持和帮助，很多时候，人们必须自己面对问题和挫折。这时，自己给自己鼓劲，在做出相应努力之后，能够把挫折和不幸当作上帝给予锻炼自己的机会，告诉自己"天将降大任于斯人也，必先苦其心志，劳其筋骨，饿其体肤"，让自己的心情平静下来，并接受困难和挫折，而困难和挫折往往也是一种挑战，甚至是一个新的机会。

第六，合理宣泄情绪。这里强调"合理宣泄"，即要在适当的场合，用适当的方式来排解和发泄心中的不良情绪。宣泄是一种情绪表现的方式，能够防止不良情绪对人体的危害。宣泄应该是合理的，要有度，既不能伤害自己，也不能伤害他人。比如，很多酒店用设立员工委屈奖的方式提供了让他们合理宣泄的机会。

【师傅提示】

日常工作中，酒店员工经常遇到以下几种不良情绪与调节。

（1）消沉情绪的调节。

一个人在遭遇挫折后心理上会出现大幅度转折，这种丧失信心后的情绪表现就是消极情绪。酒店员工在具体的服务工作中，容易遭遇一次次的挫折和不如意，这样的挫折和不如意导致的心理反应会让他对工作失去信心和热情，怀疑自己的工作能力，导致消极情绪的产生。另外，酒店员工缺乏目标，害怕承担责任以及害怕被客人拒绝和失败等自私的想法，也会对自己的情绪产生一定影响，从而产生消极情绪。化解这种消极的情绪首先需要培养员工健康的心理，对工作和所接触的人持肯定和主动的态度，对事物保持欣慰、赞赏、热爱的情绪状态，消除心理疲劳，从而激发奋发出向上的精神，克服消极情绪。同时可加强与外界的联系，不断扩充员工的视野和知识面，提升对新事物的敏感度。此外，要提高员工对社会环境的适应能力。社会环境是复杂的、多样的、动态的，这就注定所有人在人生的道路中不可能是一帆风顺的，肯定会遇到这样或那样的挫折。教育员工能以积极的心态面对一切，就可以正确看待自己所处的位置，把期望值调整到在现实中有充分实现可能性的范围，并且留有余地。只有这样，酒店员工才不会因期望值落空而陷入苦恼、情绪波动和失望中，不会产生消极情绪。

（2）愤怒情绪的调节。

愤怒是一种敌对性情绪。在人们遇到与愿望相违背的事情，或愿望不能实现并一再受到挫折，致使紧张状态逐渐积累而产生的一种不满情绪的外露、极端情感的爆发。从

心理上表现为紧张、痛苦，以至无法压抑。它的表现形式往往是攻击性的，如果对愤怒的情绪不进行及时的调控，则会造成破坏性的后果，尤其是在对客服务工作中，如果酒店员工不能控制这种不良情绪，与客人针锋相对，那么势必引发严重的后果。

调节酒店员工愤怒情绪的最好方法是让其暂时离开生怒时的环境，并对其进行适当劝解，这样就会将愤怒的情绪控制住，使得员工心情慢慢平复下来再返回工作岗位。若是员工因为岗位工作而无法选择回避时，只有通过控制自我情绪，转移注意力来平息愤怒，同时以自我的良好情绪来感染客人，降低客人愤怒的程度。

案例分析：

案例陈述：某日，当班小荆接到507客人的电话，客人大发雷霆地对小荆说："你们宾馆什么意思啊？怎么我在房间抽个烟还不让我抽啊？"小荆十分不解，忙询问客人具体情况，客人说回房间以后就发现一张小纸条，上面写了房间有抽烟的痕迹，就气冲冲地打电话到总台了。小荆立刻想到一定是客房服务员为客人做个性化服务时为客人写的小纸条。于是小荆就耐心地询问客人："您看一下，纸条的旁边是不是还有润喉糖呀？"客人说："有，怎么啦？"小荆解释道："那是服务员怕您抽烟引起喉咙不适专门配的，不是不让您抽烟。"客人又仔细阅读了一遍后才发现原来是服务员的好心被他误会了。挂了电话小荆又接通了客房中心，将刚才的事情说了一遍，提醒她们在留言时要注意客人可能会产生的误会。最好让服务员当面再和客人解释一下。

案例评析：这个案例说明在服务中每天都会遇到各种性格的客人，有的客人脾气比较急躁，话还没有说完他听着感觉不对就立刻大发雷霆，或者固执地认为自己就是对的，别人的话无论好坏都听不进去。在这种情况下员工不能认为自己没有错误就和宾客正面冲突起来，而是要做更耐心细致的沟通。本案例中总台员工的处理方法，让客人能够静下心来看留言条，理解了服务员的服务意图。所以，调节愤怒情绪的良药就是员工要保持良好的情绪，让客人慢慢地从愤怒中缓解出来。

（3）厌倦情绪的调节。

由于服务工作的重复性很强，员工比较容易产生厌倦心理，尤其是较长时间从事同一岗位工作的员工更容易产生这种情绪。比如，在客房工作的员工每天需要清理同样的房间，所做的工作内容是重复的，而且劳动强度大，对于意志薄弱的员工，最容易产生厌倦情绪。为了避免员工厌倦情绪的产生，主管人员应该倡导员工不要只是应付性地完成工作，而是应该探究性地对待工作，努力发现工作中的趣事、乐事，只有从工作中找到乐趣，从中得到更多的启示和创新，才会感觉到工作内容的魅力和趣味，才会对工作产生热情。

（4）紧张情绪的调节。

酒店员工一方面面临工作业绩的压力，另一方面面临宾客需求的压力，产生紧张情绪是自然而然的。紧张情绪的产生有内部因素的原因，也有外部因素的原因。员工每天面对的宾客不同，宾客的脾气性格各种各样，导致员工感觉无法掌控宾客的情绪与需求，形成心理紧张情绪；员工承接新的工作任务，尤其是一些以前没有接触过的强度和要求较高的工作，这样的外部因素也会令员工产生紧张情绪。因此，酒店员工应当学会调控自己紧张的情绪。首先，要学会松弛神经。松弛神经对于缓解紧张情绪具有很强的效果。当一个人真正神经松弛的时候，就会感到内心平静，精力集中，生活充满活力，具有强烈的追求。其次，要保持良好的睡眠和营养。如果睡眠的时间过短，大脑得不到充分的休息，人们就会感觉到烦躁、疲惫、头昏脑涨等，导致生理上的不平衡，容易出现紧张的情绪。同时，适当的营养是保持身体内抵抗紧张所需要的精力和能力贮存。有益于健康的、对抵抗紧张有利的饮食习惯和营养是非常重要的。所以，为了保证良好的情绪，酒店员工应当注意饮食和休息方面的科学合理的安排。

【师傅讲授】

2. 酒店营造和谐氛围，员工注重妆容美丽

和谐的工作氛围是保持员工良好情绪的最佳途径。很难想象处在一个喧嚣嘈杂、浮躁无序的环境能够让人心平气和。所以，和谐温馨的工作关系、优雅舒适的工作环境有利于员工保持平和的心绪，优雅的笑容有着潜移默化的教化效果。

美丽的妆容能够提升个人情绪的表现。一个自尊自爱、热爱生活、热爱工作的人，一定对自己的仪容仪表非常在意。在实际工作中，优雅的仪容仪表不仅反映了酒店的经营管理水平，也折射出员工的道德水准、文明程度、文化素养、精神面貌。所以，讲究妆容美丽大方，对员工保持良好的情绪具有特殊的作用。这种良好的情绪对服务工作的开展肯定是大有帮助的。

3. 培养员工优秀的职业道德，树立良好的服务意识

职业认可是职业道德培养的基础。酒店隶属于服务行业，受中国传统文化的影响，服务行业的职业岗位一直不受重视，得不到应有的尊重。现代社会随着社会的发展，随着人们外出商旅活动的增多，旅游酒店业已成为国民经济中重要的支柱性产业，作为一个不可缺少的重要行业，为商旅人员提供住宿、娱乐、购物等服务，解决了人们出门在外的后顾之忧，是一个大有前途的朝阳性行业。所以作为旅游酒店业的从业人员，应当对自己所从事的行业充满信心和希望，正确地看待这个不断发展和创新的行业，形成良好的职业认知。只有对酒店各岗位工作有一个正确的认知，才能够热爱岗位工作，进而形成正确的职业意识，意识指引着人的行为，只有在正确的意识指引下，才会产生合乎要求的行为。对于酒店员工而言，没有正确的职业意识，就不可能正确看待酒店工作，更不可能以满腔热情来面对自己的工作。所以酒店必须培养员工具有优良的职业道德，才能够使员工树立良好的服务意识，使员工克服心理上的不平等感，以积极乐观的心态去做好各项服务工作。

4. 倡导员工使用微笑服务，带动宾客良好的情绪

微笑是人际交往中最富有吸引力、最有价值的面部表情，它是打开人们心扉的世界

通用语。微笑的普遍含义是接纳对方、热情友善，而对于酒店来说微笑的含义是对客人的诚意和爱心。可以说微笑服务是满足宾客精神需求的重要方式。对酒店员工来说，微笑服务不仅体现了自身较高的礼貌修养和文化素质，更主要的是体现了对宾客的尊重与热情。只有尊重别人，才能得到别人的尊重，才能使服务在良好的气氛中进行。员工在工作中若能始终面带微笑服务于宾客，必然会赢得宾客的满意，既能够使客人有宾至如归之感，又能够为酒店赢得声誉。

酒店员工只有认识到微笑服务的重要性，才能把微笑当作礼物慷慨地奉献给宾客。同时员工若是有主人翁精神和高度责任感，一定会把微笑当作一种经营法宝，当成酒店竞争的力量。若使微笑服务做到切实有效，就必须加强职业道德修养，掌握微笑服务的艺术。具体说来，第一，要掌握微笑的基本要领，使之规范化。微笑的基本要领是：放松面部表情肌肉，嘴角两端微微向上翘起，让嘴唇略呈弧形，不露牙齿，不发出声音，轻轻一笑。微笑辅之训练，会使微笑的效果更好。微笑训练的方法有很多，具体参照本丛书的《高星级酒店职业形象塑造教程》。第二，微笑要注意与眼睛、神和情、仪态、语言四个方面的动作结合，才能更加完善，才能相得益彰，微笑服务才能发挥出它的特殊功能。此外，微笑必须发自内心才会动人，只有诚于中才能美于外。第三，微笑要始终如一。微笑服务贯穿于服务的全过程。服务人员应做到：领导不在场和在场一个样；陌生客人与熟悉客人一个样；外地客人与本地客人一个样；内宾与外宾一个样；小孩儿与大人一个样；不消费与消费一个样。第四，微笑要恰到好处。我们提供微笑服务，但遇到具体问题时还是要灵活处理，把握好度。也就是说具体运用时，必须注意服务对象的具体情况。若是在客人处于尴尬状态时，处于生气、悲伤等场合时，员工特别要注意自己的微笑一定要适宜，否则只会弄巧成拙。

5. 教育员工不卑不亢，对待宾客一视同仁

尊重宾客是酒店为他人提供各种产品和劳务过程中的核心元素。但是，酒店员工也应同时认识到，对宾客的尊重并不等于放弃自己的尊严，也不意味着对自己的不尊重，服务工作中注意"不卑不亢、一视同仁"就是要求员工对待宾客要做到不自卑、不骄傲，不降低自己的身份去取悦客人，大方得体，自尊自重，这也同样会唤起宾客对自己的尊重之情。另外，酒店员工对待所有的宾客要一样的热情，不能够厚此薄彼。不能因客人的穿着不同、客人的消费多少而表现出不同的情绪，也不能对生客和熟客有所不同。

【师傅提示】

酒店行业是个发展变化非常迅速的行业，宾客需求的不断变化也在推动酒店业不断前进，满足宾客合理合法的需求并创造客人的需求，酒店企业才能在同行业的竞争中立于不败之地。酒店业的竞争最终是人才的竞争，因而员工只有不断地学习，吸取新的文化知识、技术技能，有创造性地工作，才会使酒店更加具有吸引力。酒店业的发展对员

工的职业道德必然提出了新的要求，一些明显带有时代特点和行业特性的职业要求就相应产生了。

【徒弟记忆】

作为酒店员工，必须善于发现工作中客人消费的新要求、新动向，努力使自己的工作符合客人的消费需求，才能够获得宾客的满意，进而获得酒店管理者的认可。员工尽心工作，努力提升服务水平就必须熟知自己情绪情感的活动规律，掌握情绪情感调节与疏导的方法，把控宾客情绪情感波动的缘由，提升宾客的满意度。

【拓展应用】

（1）情感和情绪的联系与区别是什么？
（2）情感和情绪产生的原因是什么？
（3）情感情绪如何控制？
（4）情感情绪与宾客行为的关系是什么？

项目六　服务中的动机与激励

【企业标准】

本项目的学习，主要是了解在服务过程中客户的需求和动机，并对实际工作中如何提高服务质量的激励措施进行分析讨论。

【师傅要求】

（1）了解需要的概念与特点。
（2）了解宾客需要的种类。
（3）了解宾客消费的特点。
（4）巩固宾客信念的服务方法。

【师徒互动】

动机是心理学中的一个概念，指以一定方式引起并维持人的行为的内部唤醒状态，主要表现为追求某种目标的主观愿望或意向，是人们为追求某种预期目的的自觉意识。动机是由需要产生的，当需要达到一定的强度，并且存在满足需要的对象时，需要才能够转化为动机。

【师傅讲授】

一、需要的概念和特点

（一）需要的含义

需要是指个体对生存和发展的某些条件缺乏时而力求获得满足的一种心理状态，是人的一种个性倾向性，也是指在一定生活条件下，人们对客观事物的一种欲求。它是人体缺乏某种东西，或受到某种刺激时所产生的一种主观反映，是人体特有的一种寻求自我保护和自我发展的基本动力，是个性积极性的源泉。例如，人们由于饥饿，会对食物产生需要；由于疾病，会对就医产生需要；由于谋求自我发展，会对教育产生需要。宾客正是由于出门在外，才会对用餐、住宿、购物、旅游等服务产生一系列需要。

（二）需要的特点

需要是有机体在生存和发展的过程中感受到的生理和心理上对客观事物的某种要求。因此，人的需要是在社会实践中得到满足和发展起来的，受到社会历史条件的制约，其特点也是显而易见的。

1.需要具有指向性

指向性即人的需要总是指向具体的事物和包括一定的具体内容。离开了具体事物、具体对象，需要无从谈起。任何需要的满足也必须以一定的具体事物为条件。

2.需要具有多样性

需要的多样性表现在两个方面：一是人类个体与个体的差异、个体与群体的差异导致了每个人的需要千差万别。二是个体本身的需要也表现出多样性，人体复杂多变，不仅有生理方面的需要，还有心理方面的需要；不仅有物质方面的需要，还有精神方面的需要；不仅有现实的需要，还有未来的需要；等等。

3.需要具有驱动性

当需要产生时，为了满足这种需要，人们就会想方设法实现它，所以需要具有一定驱动作用，它推动、促进人们去从事某项活动或工作，以求得内心的平衡，需要越强烈，对人的行为的驱动力就越大。不足之感越强，求足之愿亦越强。

4.需要具有周期性和层次性

人们对某种需要满足之后，还会随时间和空间等客观条件的推移而重新出现，有明显的周期性特点。这种周期性还会随着周期的始终展现出由低到高的发展特点，即低层次的需要得到满足之后，人们会不自觉地产生更高层次的需要。另外，需要的层次性还表现在人们的需要虽然是多方面的，但不可能同时产生，也不可能同时满足。它只能按轻重缓急呈现出层次结构性的满足。

5. 需要具有伸缩性

就个体而言，对某种需要的程度不是一成不变的，而是具有弹性。例如，宾客在大城市可能住星级酒店，但在乡镇就只能住旅社、招待所。

6. 需要具有发展性

需要是由人的社会环境和生活条件决定的，因而会随社会发展而发展。这就要求酒店不断完善服务设施和项目，提高服务质量，以适应宾客对酒店需要的发展性。比如，随着社会的发展，人们对饮食的需要由单纯的吃饱发展为对营养、健康的饮食的需要。因而酒店必须及时把握宾客的这一变化，从对菜肴口味、分量的注意上转到对营养成分的关注上，及时推出符合这一发展趋势的菜式品种，推出如药膳系列、绿色食品系列、减肥菜肴等。

7. 需要具有可诱导性

人们的需要在受到外界因素的刺激、影响下，是可以发生变化的。比如，百货商场烤爆米花的柜台，翻炒爆米花时加入香精，使得诱人的香味飘散在商场的空气之中，刺激了原来没有购买爆米花的顾客产生购买和品尝的欲望，使得原来没有想购买爆米花的顾客产生了品尝购买的欲望；酒店对餐饮新菜品的推荐。对旅游新、奇、特项目的宣传介绍都会使宾客对餐饮、旅游的需要发生改变。

【师傅提示】

需要是人类心理活动的本能，需要的多样化、复杂化导致了需要的特征千变万化，还有如需要的紧张性、起伏性、共同性及差异性等特征。这些特征提出了人们解读需要的角度不同，给需要的定义的特征名词也不同。

【师傅讲授】

二、需要的种类

需要的特征的多样化导致人类需要的千变万化，需要的种类也是多种多样。针对起源、对象的不同，需要可以分成不同的类型。

1. 按需要的起源不同，可分为天然性需要和社会性需要

天然性需要又称自然需要或生存需要，是人类为了维持生命和种族延续所必需的低级需要。这种需要是在人类发展过程中与生俱来的，是人和动物所共有的。但是人和动物满足需要的手段及方式是不同的。如果这类生理性的需要得不到满足，就会影响到人类对其他需要的产生。社会性需要是人在后天形成的一种高层次需要，常表现为各种各样的社会需要。由于受到多种社会因素的影响，不同的人对社会需要的取向差异较大。对于酒店的宾客而言，区域不同、文化的差异导致宾客需要的很大区别。比如，印度宾客对于客房设施设备、装修风格的需要与日本客人的需要相差非常大。

2. 按需要的对象不同，可分为物质需要和精神需要

物质需要是人们对各种自然和社会产品的需求。比如，酒店宾客对食、宿、行的需要就属于物质需要的范畴。物质需要的层次和内容会随着人们的经济能力的提高而改变。精神需要主要是指人对文化知识、艺术、理想、审美、科学、尊重、成就等方面的需要，正是这些较高层次的需要，推动了人类不断地去探索、追求实现自身的价值和推动社会的进步。

【师傅讲授】

按照需要的对象分类的理论中，马斯洛的需求层次论最为实用，在现实管理理论中的应用也最为广泛。

三、马斯洛的需要层次理论

【师傅讲授】

人们的需要具有层次性的特点。美国著名心理学家亚伯拉罕·马斯洛在 1943 年出版的《调动人的积极性的理论》一书中，提出了人类的基本需要有五种：生理需要、安全需要、社交需要、尊重需要、自我实现需要。五种需要由低级至高级依次排列，好似金字塔。

马斯洛认为，生理需要是人的最基本需要，包括衣、食、住、行、环境等基本生存条件。酒店的设施、条件和服务项目首先应该满足宾客的生理需要。

自我实现需要
理想、抱负，个人能力

尊重需要
自我尊重、他人的尊重

社交需要
情感、归属感

安全需要
人身安全、生活稳定以及免遭痛苦、威胁等需要

生理需要
生存需要，食物、水、空气和住房等需要

安全需要是在基本生存条件保证之后所产生的一种需要，如生命安全、财产安全、意外保险、损失赔偿等需要。酒店设施的完好、安全防范工作的严密正是为了满足宾客的这一需要。

社交需要又称归属和爱的需要，包括社会交往、获得友谊和关怀、和谐的人际关系等需要。酒店每个部门和每个员工之所以要求做到诚挚地关心和爱护每一位宾客，其目的就是形成良好的服务交往，满足宾客的社交需要。

尊重需要包括受到他人尊重、重视、赏识，自己的要求、愿望、投诉得到实现和答复等。酒店强调"宾客是上帝""宾客总是有理""投诉都应有答复"都是满足宾客尊重需要的表现。

自我实现需要是人所追求的最高目标，它位于"金字塔"的顶端。它包括在事业上取得成就，实现自己的期望，体现自身的社会价值。

【师傅提示】

马斯洛认为，需要的产生由低级向高级的发展是波浪式推进的，在低一级需要没有完全满足时，高一级的需要就产生了，而当低一级需要的高峰过去了但没有完全消失时，高一级的需要就逐步增强，直到占绝对优势。人类需要的层次之间互相关联、互相影响，各层次之间的关系如下。

（1）人的需要从低到高有一定层次性，但不是绝对固定的。

（2）需要的满足过程是逐级上升的。当较低级需要满足后，就向高层次发展。这五个层次需要不可能完全满足，层次越高，越难满足，满足的百分比越少。

（3）人的行为是由优势需要决定的。同一时期内，个体可存在多种需要但只有一种占支配地位。优势需要是不断变动的。

（4）各层次需要互相依赖，彼此重叠。较高层次需要发展后，低层次的需要依然存在，只是对人行为影响的比重降低而已。

（5）不同层次需要的发展与个体年龄增长相适应，也与社会的经济与文化教育程度有关。

（6）高级需要的满足比低级需要的满足的愿望更强烈，同时，高级需要的满足比低级需要的满足要求更多的前提条件和外部条件。

（7）人的需要满足程度与健康成正比。在其他因素不变的情况下，任何需要的真正满足都有助于健康发展。

【徒弟记忆】

熟记马斯洛的需求层次论以及对该层次论的解读。马斯洛提出的需要层次理论，对研究人类的行为动机具有重要和普遍的意义。但由于生活的多样化及需要的多样化，马斯洛的需要层次仍具有一定的局限性。

【师傅讲授】

四、动机的含义与作用

动机是由于需要所引起的激励或推动人们去行动，以达到一定目的的内在动力。动机也是指由特定需要引起的，欲满足各种需要的特殊心理状态和意愿。动机是直接推动个体进行活动的内部动因或动力。个体的活动不管是简单的还是复杂的，都要受到动机的调节和支配。人们在生活中总伴随着各种需要，而为了满足这些需要，便产生了许多主观愿望。例如，生理上的满足、舒适，精神上的愉悦，事业上的成功等。主观愿望在目的明确、条件允许的情况下就能变成意志行动，便成了动机。正确的动机会促使人们努力奋斗去实现愿望和需要。因此，动机是诱发和驱动人们从事某种活动的直接原因。

动机始于人的需要。只要需要的意向、愿望或理想的方向指向一定的对象，并激起人的活动时，就可以产生动机。动机作为推动个体行为的内在动力，只有在一定的条件下才能被激发而产生。当人们有物质生活的需要时就有满足物质需要的动机；人们有精神生活的需要时就会产生满足精神生活需要的动机。例如，舒适的房间、优质的服务、友好的交往等。

动机是由客观事物激发而产生的结果。一般说来，激发动机的客观现实源自以下三个方面。

（1）动机是由个体的实质性需要激发而产生。需要产生动机。一个人在对某种事物有强烈需求欲望时，就会使人感到这方面的缺乏，并急于得到满足。其内心便会形成一种驱动力，促使人们去从事某种活动。比如，一个人想要在马拉松竞赛中获得奖项，就必须付出大量的努力去训练，提高运动成绩与体能最终才能获得成功。

【师傅提示】

并非所有的需要都会产生动机，需要有强弱之分，层次有高有低，其中需要的强度越大则越容易被激发为动机，而需要的层次与激发的难易并没有必然的联系。如对精神需要和物质需要来说，强度较大的需要容易被激发为动机，而不是取决于需要的层次。一个对精神需要有极高追求的人，并不在意对物质的追求。

【师傅讲授】

（2）动机是由宣传媒体等外部因素的诱导性刺激而产生。外部的刺激能够激发人们的内在动机这一规律早已被印证。食物的香味诱发人们产生食欲；花儿的鲜艳诱发人们的热爱而去采摘等。现代社会的广告推介活动，就是利用这一原理制作广告宣传片，诱导人们购买很多不必要的奢侈品。

（3）消费动机由消费的社会环境激发产生。本项目介绍动机原理的目的很显然是为了使学生了解酒店企业运营管理中如何利用动机原理推动宾客在酒店的消费。而宾客的消费动机的产生则受到消费环境的制约与影响。比如，一批客人去某一大山里的农村乡镇旅游，受乡镇环境的影响产生的消费动机与该批旅客到繁华的大都市旅游的消费动机相比一定会有很大的差异。

五、动机的种类

需要是动机产生的基础，人需要的多样化使得人们产生的动机也多种多样。就像需要的分类一样，动机也可以根据不同的划分标准进行分类。

1. 依据动机的起源将动机分为生理性动机和社会性动机

生理性动机起源于人们的生存需要，是由个体的生理需要所驱动而产生的动机，属于物质方面的动机，如饥饿需要吃食物、冷了需要添衣、外出需要住酒店等。它以个体的生理需要为基础，对维持个体的生存和发展有着极其重要的作用。生理性的需要得到满足后，相应的生理性动机水平就会下降。

社会性动机起源于人们的社会性需要，主要是指精神方面的动机，是人类所特有的一种动机。它与人的社会生活联系紧密，也是个体在社会生活中受到各种社会因素、社会文化的影响的心理活动。社会性动机是复杂的动机状态，具有持久性和不满足性，如成就动机、交往动机、社会认可动机等。

2. 根据动机在生活中所起作用划分为主导动机和辅助动机

主导动机是指对行为起调节和支配作用的一种动机。一个人因为各种需要而同时产生多个动机形成动机体系，在动机体系中最强烈而稳定。影响一个人的行为举止的动机就是主导动机，如一个人出门旅游，住宿就成为他的主导动机。

辅助动机是指在动机体系中对行为没有决定意义，仅起辅助作用的一种动机。例如，出门旅行的人对住宿形成的动机是主导动机，而对住宿条件的要求所形成的动机就是辅助动机。

【师傅提示】

动机的分类还可以从动机的社会价值角度划分为高尚动机和低级动机。这是从社会利益出发的一种动机分类法。此外，动机还可根据时间长短划分为长远动机和暂时动机。

【师傅讲授】

六、动机的特征

动机的特征较多，不同的学者对于动机的特征有着不同的解释，但其主要特征有三个，即驱动性、内隐性和实践性。

驱动性又称原发性，即需要是动机的基础，人类的内在需要与外部刺激使人产生了生理动机和社会动机，动机也是人行为的驱动力。

内隐性。动机是人的行为的内在动力，动机是一种主观状态，看不见、摸不着，往往其他人不能直接观察到，只能通过其外在的行为才能观察到，从已经发生的行为中去分析其具体的动机。

实践性。动机的实践性体现在动机总会导致行为，人的行为是实现动机的手段。而行为实践的结果能否满足需要，能否与实施的动机一致，需要实践检验与证实。

【师傅提示】

七、需要与动机的关系

需要和动机是既有区别又有联系。需要是人产生动机的基础和根源，动机是推动人们活动的直接原因。人类的各种行为都是在动机的作用下，向着某一目标进行的。而人的动机又是由于某种欲求或需要引起的。

但不是所有的需要都能转化为动机，需要转化为动机必须满足两个条件。首先，需要必须有一定的强度。也就是说，某种需要必须成为个体的强烈愿望，迫切要求得到满足。如果需要不迫切，则不足以促使人去行动以满足这个需要。其次，需要转化为动机还要有适当的客观条件，即诱因的刺激，它既包括物质的刺激也包括社会性的刺激。有了客观的诱因才能促使人去追求它、得到它，以满足某种需要；相反，就无法转化为动机。例如，人处荒岛，很想与人交往，但荒岛缺乏交往的对象（诱因），这种需要就无法转化为动机。

由此可见，人的行为动力是由主观需要和客观事物共同制约决定的。按心理学所揭示的规律，欲求或需要引起动机，动机支配着人们的行为。当人们产生某种需要时，心理上就会产生不安与紧张的情绪，成为一种内在的驱动力，即动机。它驱使人选择目标，并进行实现目标的活动，以满足需要。需要满足后，人的心理紧张消除，然后又有新的需要产生，再引起新的行为，这样周而复始，循环往复。

【师傅讲授】

八、激励的基础知识

1. 激励的含义

激励是指激发人的行为的心理过程美国管理学家贝雷尔森（Berelson）和斯坦尼尔（Steiner）给激励下了如下定义："一切内心要争取的条件、希望、愿望、动力都构成了对人的激励。——它是人类活动的一种内心状态。"人的一切行动都是由某种动机引起的，动机是一种精神状态，它对人的行动起激发、推动、加强的作用。激励这个概念用于管理，是指激发员工的工作动机，也就是说用各种有效的方法去调动员工的积极性和创造性，使员工努力去完成组织的任务，实现组织的目标。

2. 激励的过程

激励的目标是使组织中的成员充分发挥出其潜在的能力。激励是"需要→行为→满意"的一个连锁过程。

3. 激励的分类

不同的激励类型对行为过程会产生程度不同的影响，所以激励类型的选择是做好激励工作的一项先决条件。

（1）物质激励与精神激励。虽然二者的目标是一致的，但是它们的作用对象却是不同的。前者作用于人的生理方面，是对人物质需要的满足，后者作用于人的心理方面，是对人精神需要的满足；随着物质生活水平的不断提高，人们对精神与情感的需求越来越迫切。比如期望得到爱、得到尊重、得到认可、得到赞美、得到理解等。

（2）正激励与负激励。所谓正激励就是当一个人的行为符合组织的需要时，通过奖赏的方式来鼓励这种行为，以达到持续和发扬这种行为的目的。所谓负激励就是当一个人的行为不符合组织的需要时，通过制裁的方式来抑制这种行为，以达到减少或消除这种行为的目的。

正激励与负激励作为激励的两种不同类型，目的都是要对人的行为进行强化，不同之处在于二者的取向相反。正激励起正强化的作用，是对行为的肯定；负激励起负强化的作用，是对行为的否定。

（3）内激励与外激励。所谓内激励是指由内酬引发的、源自工作人员内心的激励；所谓外激励是指由外酬引发的、与工作任务本身无直接关系的激励。

内酬是指工作任务本身的刺激，即在工作进行过程中所获得的满足感，它与工作任务是同步的。追求成长、锻炼自己、获得认可、自我实现、乐在其中等内酬所引发的内激励，会产生一种持久性的作用。

外酬是指工作任务完成之后或在工作场所以外所获得的满足感，它与工作任务不是同步的。如果一项又脏又累、谁都不愿干的工作有一个人干了，那可能是因为完成这项任务，将会得到一定的外酬——奖金及其他额外补贴，一旦外酬消失，他的积极性可能就不存在了。所以，由外酬引发的外激励是难以持久的。

4. 激励的原则

有效的激励会点燃员工的激情，促使他们的工作动机更加强烈，让他们产生超越自我和他人的欲望，并将潜在的巨大的内驱力释放出来，为企业的远景目标奉献自己的热情。

有效的激励也会激发宾客的消费激情，促使他们的购买动机更加强烈，让他们产生消费的欲望，并将潜在的巨大的消费欲望释放出来。但是，激励的运用也要依据一定的原则，否则容易引起适得其反的效果。激励需要遵循的基本原则如下。

（1）与目标结合原则。在激励机制中，设置目标是一个关键环节。目标设置要合理，必须同时兼顾组织目标和员工需要的要求。

（2）物质激励和精神激励相结合的原则。物质激励能够满足生理需求，是激励的基础，精神激励是根本。在两者结合的基础上，逐步过渡到以精神激励为主。

（3）引导性原则。外部的激励是有限的，是象征性的，激励只有转化为被激励者的自觉意愿，才能取得激励效果。因此，引导性原则是激励过程的内在要求。

（4）合理性原则。激励的合理性原则体现在两个方面：一是激励的措施要适度。要根据所实现目标本身的价值大小确定适当的激励量，二是激励的方式无论奖惩都要公平合理。

（5）明确性原则。第一，激励的目的要明确。激励的目的是需要做什么和必须怎么做。第二，激励的内容要公开。特别是分配奖金等大量员工关注的问题时，更为重要。第三，激励的措施要直观。实施物质奖励和精神奖励时都需要直观地说明它们的指标，总结和授予奖励和惩罚的方式。

（6）时效性原则。要把握激励的时机，"雪中送炭"和"雨后送伞"的效果是不一样的。激励越及时，越有利于将人们的激情推向高潮，使其创造力连续有效地发挥出来。

（7）正激励与负激励相结合的原则。所谓正激励，是指奖励与表扬，是对员工的符合组织目标的期望行为进行奖励。所谓负激励，是指批评与惩罚，是对员工违背组织目的的非期望行为进行惩罚。正负激励都是必要而有效的，不仅作用于当事人，而且会间接地影响周围其他人。

（8）按需激励原则。激励的起点是满足员工的需要，但员工的需要因人而异、因时而异，并且只有满足最迫切需要（主导需要）的措施，其效价才高，其激励强度才大。因此，领导者必须深入地进行调查研究，不断了解员工需要层次和需要结构的变化趋势，有针对性地采取激励措施，才能收到实效。

【徒弟记忆】

针对员工和宾客的激励活动必须依据激励的基本原则展开，否则无法实现激励的目的。牢记激励常用的8条基本原则。

【师傅讲授】

九、需要与动机理论在酒店运营管理中的应用

酒店宾客入住酒店消费过程中，会同时存在各种各样的需要与动机。酒店企业必须在合理合法的基础上尽量满足其需要才能够获得宾客的赞赏与认同。了解宾客的需求规律并采取相应的服务措施是酒店企业追求的目标。

（一）宾客在酒店的消费需要与动机分析

当店客交易开始后，酒店就成了宾客外出商旅活动的"家"。这个"家"也成了宾客商旅活动的基地与中心。因此，宾客在寻找下榻酒店时会非常慎重，他们不仅审视酒店设施、质量和舒适条件，还注意酒店的周围环境和服务质量。从宾客的心理需求与动机的角度分析，宾客选择酒店的依据通常有以下几点。

1. 宾客的生理性需要与消费动机分析

人们对基本生活资料的需要是产生生理性消费动机的基础。宾客在酒店消费的动机首先是生理性动机，因此酒店提供给宾客的各种产品应充分考虑其使用价值，满足宾客的衣食住行等生理性需求，而且这些产品还需要定价合理，满足宾客讲求实惠心理。此外，还有部分宾客是由享受需要和发展需要而到酒店消费的。对于这方面的消费动机，就要求酒店提供与之相适应的消费内容。

就宾客生理需要与消费动机而言，酒店的各主要面客部门提供的相关产品与服务的影响因素如下所示。

（1）前厅部。酒店的前厅部的业务与服务区域主要是大堂，大堂是客人接触酒店的第一站，依据首因效应理论，大堂给予宾客的印象至关重要，对于宾客的消费动机的影响十分巨大。所以，大堂的硬件环境要优雅、温度要适宜、光线要柔和、装饰和布置要有格调，要具有酒店企业本身的文化特色，让顾客感受到该酒店能够给予其满足生理需求的基本条件。另外，前厅部的迎宾、接待员工特别要注意仪容仪表，讲究礼节礼貌，接待动作规范而又干净利落，能够让宾客感觉到酒店的卫生整洁，不会影响到其身体健康。酒店前厅部的软硬件条件还会对宾客产生蝴蝶效应，对宾客入住后的各项消费动机产生影响。

（2）餐饮部。宾客需要的就是酒店提供的美味可口的各种菜肴。就宾客在餐饮部消费的动机而言，商旅宾客也十分注重就餐的环境与氛围；外地宾客期待品尝到当地的风味餐食；宴请亲朋好友享受酒店厨师高超的烹饪技艺以及宴席的规格档次等。

（3）客房部。客房就是宾客入住后的基地，既有休息就寝的功能，又有会客休闲的作用。客房部为宾客提供的房间必须是一个安静隐私、不被打扰的空间，是一个能够保障宾客的生命和财产安全的场所。因为宾客住店期间的大部分时间是在客房度过的，所以对其要求也很高。首先，房间要清洁、卫生，尤其是床上用品和卫生间的用具，这也是客人的一个基本需要；其次，房间要舒适安全，具有隐私性；最后，房间内的各种生活设施设备要基本齐全，以保障宾客的用之所需。

【师傅提示】

现代酒店越来越向综合、立体、多方位方向发展，越来越注意到并可多方面满足宾客的生理性需要。例如，运动、美发、代办服务、商务服务、美容、游乐、休闲、健

身酒吧、电脑网吧等。这些不断创新性的服务项目展开，足以满足客人的基本的生理需要。

【师傅讲授】

宾客外出商旅活动过程中除了产生生理需要与消费动机以外，当然也会产生社会需要与消费动机。宾客入住酒店的目的不同，其心理的社会需要也各不相同。因此，酒店宾客的社会性需要各种各样、复杂多变，进而诱发的消费动机也是十分庞杂。因此，需要分析研究归类。

2. 宾客的社会性需要与消费动机分析

宾客在外出商旅消费的活动过程中，总是希望与人交往而得到友谊和爱，希望得到组织与团体的认同与接纳。他们希望能够置身于一个热情、和谐、宽松、人性化的交往环境中，得到"家外之家""宾至如归"的亲切感。实现这种宾客的亲切感、社交愿望等社会性需求的措施是酒店首先要提供让宾客满意的服务态度。服务态度是指酒店员工对服务对象在言语、表情、行为方面所表现出来的一种心理倾向。例如，对待宾客热情、主动、耐心、周到，与宾客交往中语言礼貌、仪表端庄、举止文雅，对有生理缺陷或发生过失的宾客及时提供帮助等。使宾客的自尊心得到满足，体现宾客至上的服务宗旨。其次，要关注保护宾客的切身利益。酒店宾客与酒店相关的切身利益；一是酒店提供的产品质量，酒店各个部门都应把住质量关，不能因为质量问题而影响宾客的利益，甚至造成损失或伤害。二是价格公平透明，酒店的所有消费项目都要明码标价、货真价实，不搞欺诈。三是酒店员工与宾客的关系，员工平等对待入住酒店的每一位宾客，及时妥善处理宾客投诉等，以满足宾客求安全、求公平、求友好交往的社会需要，保证宾客的切身利益不受损害。

最后，员工娴熟的服务技能。酒店员工的服务技能熟练，不仅能让酒店的设施设备发挥应有的功能，而且可以提高各项服务工作的效率，并逐步形成服务艺术，以满足宾客自我实现的社会性需要，使宾客高兴而来，满意而归。酒店各部门的服务基本技能包括员工的操作能力、应变能力、公关交际能力以及观察、记忆、注意等岗位心智能力。比如，北京宴酒店集团在餐饮服务过程中特别注重饮食文化及服务文化的传播与实践，获得大量的高端客户的认可。

此外，高端酒店为了给宾客提升社会性需求的品位，适应宾客更高层次的社会性消费动机，满足宾客追求高端大气、和谐唯美的心理，往往在酒店内部设施、就餐、客房、走廊以及厅堂环境、员工服装、菜品色香味等各个方面融入高雅艺术、传统文化，以满足宾客对艺术、对美的追求。

【师傅提示】

宾客的心理需要与消费动机方面表现出的特点总结如下。

1. 宾客消费需要的无限性

主要是指宾客对酒店的服务质量的需要是无限的。中国酒店服务联盟提出追求服务至高无限的理念，所谓的服务无极限，即服务没有最好只有更好，任何酒店，无论设施如何完备，服务档次如何高，也不能讲服务质量到了极限。

2. 宾客消费动机的多层次性

宾客入住酒店后，生理性和社会性的需要便产生了，消费动机也随之而来。但这些需要不是同时产生的，往往是某个需要通过消费动机得以满足才产生下一个心理需要，形成新的消费动机。另外，由于宾客的个性差异，需要的广度和深度各有不同，引发的消费动机也会产生层次。

3. 针对消费动机的后果评价具有主观性

尽管酒店对每位宾客都实行规范化服务，所以应尽可能地提升服务质量，追求宾客满意度的提升。但能否使得每位宾客的消费需要都满足，在很大程度上取决于宾客的自我感觉和主观判断与评价。

4. 宾客的需要及消费动机具有季节性特点

宾客的许多需要是随季节的变化而变化的，消费的欲望及动机当然也具有季节性特征。国家法定节假日也会给宾客的消费需要带来变化，这种变化类似于季节变化。

【师傅讲授】

（二）酒店应对宾客需要与动机的管理及服务措施

依据上文阐述的宾客心理需要以及因此诱发的消费动机原理，酒店企业在运营管理中不仅要在硬件环境的设计布置上满足宾客的需要，在管理运营中迎合宾客需求，还要在员工服务技能、技巧上适应宾客的消费动机。具体说来有如下几个方面的措施值得酒店企业关注。

1. 硬件环境的设计布置与管理

首先是酒店内外各种场所、设施设备的清洁卫生。有资料表明，清洁卫生是宾客最为重视的生理和心理需要。清洁卫生包括对有形设施的需要和对无形服务的需要两个方面。清洁卫生的环境、设施、设备和用具，服务员好的清洁卫生习惯，都会使宾客生理和心理上产生安全感。其次是环境的安静舒适。安静舒适的环境是衡量酒店服务质量的重要标准之一。安静舒适的环境不仅可以满足宾客休息、用餐、会客等活动的需要，而且能产生愉快、满意的情绪，形成一种美的综合享受。

2. 酒店服务规范的管理运营

在酒店管理运营体系中，服务规范管理是重中之重。规范的服务工作首先要做到主动周到。酒店业是以服务为核心的行业。服务永远没有被动的，它要求酒店各部门向宾客提供的服务应该在宾客提出之前做到，并尽量为宾客提供方便，即日常服务，以减少

宾客的困难，满足其特殊需要，从而使宾客觉得方便、愉快，愿意成为回头客。其次是要对宾客尊重得体。对宾客尊重是酒店员工的职业道德观念的职业意识。这种尊重必须得体、恰当。其主要要求酒店员工做到：一是在为客人服务过程中保持业务性交往的心态，不掺杂个人情感；二是在服务交往中注意自己的身份，不参加客人聚会和交谈，不答允与服务无关的要求，不打听客人隐私等。这样做不仅尊重了客人，也尊重了酒店员工自己，最终还能够提升酒店的整体形象。

3. 员工的服务技能与技巧训练及提升

酒店员工是与宾客接触、满足宾客需要的支柱，其服务技能与技巧的娴熟与否直接影响着宾客的消费动机。酒店员工对待宾客时要热情亲切。热情是一种强有力的稳定而深厚的情感体验。对宾客接待热情亲切，可以缩小交往中的心理距离，减少宾客的陌生感、疑虑感，促进情感融洽，便于交往。热情亲切的主要表现首先是员工提供微笑服务，没有员工的微笑服务就不会有宾客的微笑和满意。其次是员工服务过程中的灵活机智。宾客在酒店住宿、用餐等消费活动中，经常会提出一些问题，也可能会遇到一些突然发生的事情。在这种情况下，宾客需要得到酒店员工的及时帮助，以保证宾客需要的满足和消费动机的实现，使得宾客的入住体验获得满意。反应灵活，当机立断地处理问题，是酒店员工的起码素质要求，也是员工的基本心理素质要求。

【徒弟记忆】

熟知宾客的生理性需要、社会性需要及消费动机的类型；掌握满足宾客需要所提出的各种规范。了解宾客在接受服务时，对接待程序、服务项目、服务质量、价格收费等方面的要求，以及宾客求公平合理、平等对待的心态。

【拓展应用】

（1）酒店服务的目的是什么？

（2）酒店可以采取什么措施提高服务质量？

（3）酒店服务质量对酒店的影响是什么？

（4）酒店服务过程中服务员应有的态度是什么？

模块 二

酒店宾客消费心理需求分析与营销实务

项目一　消费心理分析

【企业标准】

　　通过本项目的学习，了解酒店宾客消费心理的基本活动规律，对常见的消费心理行为能够给予一定的分析；掌握能够贴合宾客消费心理活动的酒店营销技巧与营销方式。

【师傅要求】

　　（1）熟知常见的消费心理活动规律。

　　（2）了解消费心理的产生原因。

　　（3）了解宾客消费心理的主要表现。

　　（4）掌握酒店宾客消费行为以及活动规律。

【师徒互动】

　　在竞争日益激烈的今天，酒店总是希望能够借助一种方法，将自己的特色展现在顾客眼前。这就要求酒店从业者对酒店宾客心理有清晰的了解和完整的把握，从而在最大限度上满足宾客的需求。一个善于把握宾客需求心理的酒店能够在对客服务中起到事半功倍的效果，因此，打好"理念战""心理战"是酒店赢得竞争优势的必经战役。

　　前文多次阐述了消费者的需求心理倾向是支配消费者具体消费行为的重要因素。美国著名心理学家亚伯拉罕·马斯洛，就曾因心理需求层次的理论蜚声世界。马斯洛告诉我们：每个人的需求都分为若干个心理阶段或层次，人的需求是沿着这些层次，由低向

高发展的；而且，人在当下的活动、思想以及感情的特点，是由他现在所处的心理需要层次所支配的。

【师傅提示】

学习酒店消费心理首先要学习消费心理学中的几个基本概念，具体如下。

（1）消费：是指人们为了满足生产或生活需要而消耗物质财富的一种经济行为。消费可以从广义和狭义两个角度来理解。消费的广义理解是指人们消耗物质资料和精神产品以满足生产和生活需要的过程，可分为生产消费和生活消费两类。消费的狭义理解是生活消费，是指人们消耗物质资料和精神产品以满足物质和文化生活需要的过程，包括与物质生产过程无关的一切消费活动。

（2）消费者：是指直接消费产品的人，即产品的直接使用者。

（3）消费心理：是指消费者进行消费活动时所表现出来的心理特征与心理活动的过程。

【师傅讲授】

案例分析：

案例陈述：某大学门口有两家米线店每天的客流量相差不多，都是川流不息、人进人出的。然而晚上结算的时候，A店收入总是比B店多，天天如此，令人惊异。于是，笔者走进了B店进行观察。店主微笑着把客人迎进去，就会问客人："加不加鸡蛋？"而且，每进来一个客人，店主都要问一句："加不加鸡蛋？"有说加的，也有说不加的，大概各占一半。观察A店时，店主也同样微笑着把客人迎进去，但是问客人的问题则是："加一个鸡蛋，还是加两个鸡蛋？"而且每进来一个顾客，店主都会问一句："加一个鸡蛋还是加两个鸡蛋？"爱吃鸡蛋的客人要求加两个，不爱吃鸡蛋的人就要求加一个。要求不加的客人很少。一天下来，A店就要比B店多卖出很多个鸡蛋。

案例评析：A店店主问要一个鸡蛋还是两个鸡蛋，顾客无论选择哪个对卖家来说都能把鸡蛋卖出去。两个店主问的看起来差别细微的问题，其实是推销的大学问。推销的关键就在于抓住消费者的心理活动规律，为酒店争取尽可能大的销售产品范围。只有这样，才会在不声不响中获胜。销售不仅仅是方法问题，还是对消费心理的理解。

【师傅提示】

影响消费者消费的心理因素很多。从消费者的角度来说，有主观因素、环境因素、经济能力、文化背景、民族风俗等。从销售方的角度分析，有产品与服务的特性、产品与服务的实用性、产品与服务的趣味性等。分析销售心理的专家学者很多，研究销售行为的方法也很多，仁者见仁，智者见智。本文则是选取对酒店行业较为适用的角度进行阐述。

【师傅讲授】

一、生存生活消费

生存生活消费对应的是马斯洛需求层次理论中的生理需求。人的生命价值首先是为了生活。生活必需品的购买维持着人们的生命，如吃饭、穿衣、住宅、医疗等。这些物品是生存的需要，若不满足，则有生命危险。这就是说，它是最强烈的不可避免的最底层需要，也是推动消费者行动的强大动力。

然而，现实社会中即使是对于人类最原始、最基本的需要，消费者的购买行为也并不是一成不变的，其购买决策的有效性会随其消费心理的变化而变化。比如，填饱肚子这件事，本来吃一个十几元的快餐就能饱肚子，但是最后可能吃了一份一百多元的西式套餐；那么这中间就可以说有 90 元的心理消费变化。因此，要想提升酒店的销售业绩，就一定要懂得对消费者的心理予以高度重视。针对不同的消费者需要采取适当的应对措施，更好地说服并激发他们的潜在购买欲望。

归纳起来，消费者在生存消费行为中主要有以下几种心理动机。

1. 追求价值与实用性

消费者在购买生活必需品时，核心要求是商品必须具备实际的使用价值，讲究实用。消费者的这种追求实用的心理，可以说是消费者普遍性存在的心理动机。

这种心理购买动机往往还表现在对商品安全性的要求，尤其像食品、药品、洗涤用品、卫生用品、电子电器和交通工具等，人们比较重视食品的保鲜期、药品有无不良反应、洗涤用品有无化学反应、电器用品有无漏电现象等。

2. 追求价格的对等性

追求物有所值不涉及"小气""抠门"等个人品质问题，追求购买到物美价廉的商品是消费者基本的购物心态。不仅是经济收入较低者，很多经济收入较高而勤俭节约的人，即使是经济能力属于富人阶层的消费者也往往要对同类商品之间的价格差异进行仔细比较，也会精打细算，实现贴合物价对等甚至"少花钱多办事"的心理期待值。

3. 追求审美效用性

除了满足生理需求的必需品之外，人们在选购商品时，通常会选择符合自己审美偏好的用品，俗称"合意的商品"。

4. 追求新、奇、特的潮流性

求新、猎奇和显特是人类内心的一种基本欲望，即在自己的周围环境中寻求新异刺激，以满足自己的好奇心。这种心理动机表现在消费上，即购买物品注重"时髦"和"奇特"，好赶"潮流"。从这个意义上来说，这也是一种从众式的购买动机。

5. 追求稳定，显示忠诚性

人类的心理特性中惯性思维是消费"求稳"的具体表现。这实质上也是一种安于

现状的习惯性的心态，表现在消费中，就是许多消费者习惯性地去某商场、入住某酒店、常常固定购买某种牌子的商品，被营销学称为惯性消费倾向。消费者对某种牌子的信奉使得其他牌子的推销商很难赢得这些消费者。不过任何事物都有两面性，所以商家也可以利用消费者的惯性消费倾向，发掘和稳定自己的目标消费群，培养他们的品牌忠诚度。

6. 追求名牌效用性

所谓的名牌是指受消费者追崇，产品知名度与质量价值都体现出购买者更高层次的追求。衣食住行选用名牌，不仅提高了生活质量，还是一个人社会地位的体现。尤其在现代社会中，消费者追求名牌效用的心理动机主要是以选用名牌产品，来达到显示自己的地位和威望的目的。

【师傅提示】

消费者的购买行为一定是受一种购买动机或者多种购买动机支配的。研究这些动机，就是研究购买行为的原因，掌握了购买动机，就好比掌握了扩大销售的钥匙。

【师傅讲授】

二、个性化消费

现代人追求人格个性化，追求自由发展，追求突出个性特点。这种个性化的社会文化也影响着消费者的购买行为。在现代产品差异越来越小的时代，消费者希望通过选择某种产品来向别人宣告自己的个性、喜好、品位、价值主张、身份等。套用笛卡尔的一句名言："我买故我在。"

从这个意义上来说，营销就是一种身份识别与界定。销售人员通过产品——某种身份的载体——帮助消费者完成自我的表达，消费者通过购买行为建立身份认同、寻找归属感。

案例分析：

案例陈述： 某女士准备给自己选购一款风衣。她在百货大楼女式服装楼层边走边看，终于在一件设计比较时尚、个性化特征明显的风衣面前停下了脚步。销售员见状就走上前对她说："女士，您喜欢的话可以试穿一下，我看您的身材比较高挑，这件衣服一定可以显出您优美的身材。"

女士试了试，脸上露出了满意的笑容，并询问销售人员衣服的价格。销售人员回答说："1980元，而且因为店庆的原因，如果您现在购买的话还可以打九五折，我看这件衣服特别适合您，建议您购买一件吧！"年轻的女士很爽快地回答说："好的，这件衣服我要了！"

销售人员见生意谈成，心情也非常高兴，她边包衣服边恭维地说："女士您真是太有眼力了，很多人都喜欢这种款式的。"

"哦？是吗？"那位小姐听了这话以后，沉默了一会儿，然后微笑着对销售员说，"不好意思，我想我还是不要了吧！"

案例评析：这里，让销售员到手的生意瞬间告吹的根本原因，就是没有抓住消费者追求个性化的心理倾向。要知道，大多数的年轻消费者都有着自己个性的品位与追求，他们在消费过程中，往往喜欢标新立异，喜欢让自己变得更加独特，喜欢独一无二，在众人之中脱颖而出。因此，他们在购物的时候，总是喜欢比较另类、大多数人不曾购买的东西。现在全球很多名牌商品都出限量版，就是为了迎合这种消费者的口味。很明显，这个案例中的女士就属于这样的消费者，和其他人穿着一模一样的服装，一定是她最不能容忍的，销售员最后的那句恭维话怎么不使生意泡汤呢？

对于这样的消费者来说，只有将产品与他们的价值主张和身份属性画上等号，他们才会获得身份认同感、归属感和安全感，才会比较容易接受销售人员的意见。这也就是"身份"在销售活动中的奇妙力量。

【师傅讲授】

对于追求个性，需要用产品来证明身份的消费者来说，他们或许根本不会注意所推销产品本身的质量及价格，因为他们更关心的问题是它是否能显示出自己的身份与个性。比如，奢华星级酒店的销售不在于为宾客提供餐饮住宿，而在于推荐其奢华程度，展现奢华的特色；可以引导宾客从不同的角度观看酒店设施设备的独特款式，让消费者看到房间是多么奢华气派；让消费者在酒店外面就能够感受到酒店的高大宽敞、舒适及豪华；还可以展示几位知名人士在酒店入住以及活动的留影等。因为凡是计划入住奢华酒店的消费者，一般都是拥有高收入的人或者商务宾客。他们入住酒店消费往往是准备进行商务洽谈，出席商务活动需要体现公司的实力与经济能力。因此，奢华酒店的销售即使只针对"奢华、气派"这个诉求进行说服，也可能会很快与消费者成交。

当然，消费者对于身份的需求可能因为社会地位、职业特点而有所不同。同样是酒店销售，如果是销售价位不高的普通经济型酒店，以"奢华、气派"主打就可能不会成功了。这样的酒店销售除了要把重点放在经济和实用的特征上之外，也要根据消费者的个人特点，突出自己酒店产品的某种特色以适应其身份，从而打动消费者。

【师傅提示】

销售人员在推销过程当中，要善于从消费者的言谈举止中发现其心理倾向，然后再针对其心理态势寻找突破口，了解什么对这个客户具有最大的吸引力、什么是这个客户最为需要的。只有了解了这些，并满足其迫切需要的利益，销售才能取得成功。

【师傅讲授】

三、炫耀心理与奢侈品消费

炫耀心理源自人类的竞争本能，人是群居动物，群居之中的社会性关系定位又引发了明里暗里的竞争。而这种竞争的方法很多时候采取的是炫耀自身的优势。在排除了原始社会及野蛮社会的武力炫耀和争斗之后，现代社会炫耀优势的方法大多体现在向周围人炫耀财富、衣品、配饰等装饰性奢侈品。因此，即使是生活拮据的贫民阶层，除了购买生理、生活必需品之外，人们购买某种东西看中的并不完全是它的使用价值，而是希望以此来显示自己的财富、地位或者其他方面，以引起别人的关注。尤其对于经济宽裕的人来说，买了是要给人看的！比如一辆高档的轿车、一部昂贵的手机、一栋超大的房子、一顿天价年夜饭……"不求最好，但求最贵"。制度经济学派的开山鼻祖凡勃伦将此称之为炫耀性消费。

相信社会上相当一部分人是从这个角度出发消费的。而且对自我的评价越是不确定或者负面，这种现象就越是明显。从心理学现象来解释这叫补偿，花钱就成了一种用来补偿失败的自我，体现理想化形象的手段。

购买 LV 包的消费者往往并不在意或已彻底忘记了 LV 包的制造材质，却会特别在意 LV 包的 LOGO 是否能被别人清晰地看到。从这个意义上说，消费者其实是在消费符号，因为符号可以带来愉悦、兴奋、炫耀、身份、地位、阶层、高级等美好的心理感觉。奢侈品的 A 货、高仿品泛滥市场也从侧面说明这种 LOGO 符号比商品本身甚至还重要得多。

带有炫耀心境的奢侈品消费者在消费之前，平时十分关注各种流行品牌，关注什么样的品牌能更加吸引人们的注意、什么样的款式将更加流行等。因此，一些企业将品牌标识扩大并运用于各自产品明显的位置上，目的就是要给予消费者被人关注、受人羡慕的满足感。而对于销售人员来说，则要善于对消费者进行恭维，满足其虚荣心，从而成功地让消费者购买自己的商品。

实际上，我们每一个人都渴望得到别人的赞美。但是赞美也是一门艺术，尤其是对于炫耀性消费者来说，要做到恰如其分的赞美是需要技巧的。

案例分析：

案例陈述：张娜在一家百货公司的时尚服装专柜做销售，一天，她接待了一位年轻时尚的女孩。从她的穿着打扮上，张娜看出她很可能是个富家女，便直接把她引到高档奢侈品服饰区，并给她介绍了几款新进的款式，年轻女孩果然很喜欢；在与她的闲谈中，张娜又了解到这个年轻女孩也是刚刚走上工作岗位的白领，每月的收入不菲，也很能花钱。

了解到女孩的心理以后，张娜很真诚地夸赞她有眼光、有品位，年轻人就应该把自己打扮得时尚一点。年轻女孩很开心，一连试了好几件衣服。见她很喜欢一件高档的连衣裙，张娜一边向她投去美慕的眼光，一边说："您穿上这件衣服真是漂亮极了，既高贵又时尚，更显身材苗条。"女孩听了别提多高兴了，自己的虚荣心得到了极大的满足。虽然这件连衣裙价格高达 4800 多元，但是女孩很爽快地就掏钱购买了。在送女孩离开的时候，张娜又开玩笑地指着旁边的一条新款的牛仔裤，对女孩说："您穿上这条新款的牛仔裤，肯定十分酷，可以吸引不少人的眼球。"没想到女孩立马停了下来去看，试穿感觉很好，又掏出 1800 元把裤子买走了。

案例评析：炫耀心理是奢侈品销售能够加以利用的核心元素，正如这位年轻女孩一样，炫耀型消费者的一个最大特点，就是心里藏不住东西，他们不会掩饰，有什么信息都会拿出来炫耀。因此，在向这类人进行推销时，只要你能像张娜一样，巧妙地随时恭维他，那么项目销售基本会成功。

【师傅讲授】

在利用顾客炫耀性心理因素推销产品时，销售人员需要注意以下几点：首先，在推销过程中，销售人员要善于给炫耀型消费者以心理上的满足，多对他们进行恭维，必要时，可以采用导游服务心理学中的镜面对比法，将自己的身份与形象当作顾客的镜子，而这面镜子一定要比顾客矮，将自己的各个方面都表现得低顾客一等。语言上对其他消费者说三句赞美的话就可以了，而对炫耀型的消费者就需要说十句八句。说话时要顺着他们的意愿，不说伤害其自尊的话，也不要自作主张给其介绍廉价货，或者赠送小礼物，这些都会让炫耀型消费者觉得是看不起自己，从而导致销售失败。

其次，销售员一定要学会观察入微，找到炫耀型顾客希望得到赞美和肯定的地方。案例中的年轻女孩就是用购买高档服饰来体现自己的高贵，得到别人的美慕，获得某种心理的愉悦体验。销售人员张娜也正是抓住了这一点，适时地恭维几句，满足她的虚荣心，从而成功地售出了自己的商品。每个人都喜欢被恭维，炫耀型的消费者尤其如此，多说一些恭维话，既能赢得人心，而自己又不会有什么损失，何乐而不为。

【徒弟记忆】

熟记生理生活性消费、个性化消费及奢侈品消费的特点，了解各类产品销售的消费群体的心理活动规律。

【师傅讲授】

四、情感指向性消费

认识和探索外界事物的需要是推动人认识事物、探索真理的重要动机，而这种认识某种事物或从事某种活动的心理倾向也叫兴趣。所谓对某事某物感兴趣，也可以说是对

一个人力求接触和认识某种事物产生了情感，因此情感就具有了指向性，这种情感的执行性也是一种意识倾向。它也从一个侧面反映了人的个性，兴趣也是产生动机的最活跃的因素之一。在消费领域中，兴趣是产生购买动机的最活跃的因素，进而成为诱发消费者产生购买行为的主要动力因素之一。

事实上，除了有限的几种生活必需品之外，没有人会购买自己不感兴趣的商品。很难想象一个不爱吸烟的人会经常去商店购买香烟。相反，一个酷爱打扮的漂亮姑娘，则一定是款式适时、新颖的服装专柜或化妆品专柜的常客。而这种心理就可以为销售人员在销售中说服顾客时所利用，以主动去迎合顾客的兴趣，拉近与顾客之间的距离，从而实现进一步的交流，为最终的销售铺平道路。

案例分析：

案例陈述： 2017年9月，市某公司接待了一位超大型住连企业的领导。接待方对此次接待十分重视，提前从该领导秘书那儿获知该领导生活饮食的相关信息，并与销售经理做了前期的沟通准备工作。

销售经理根据获知的信息及时制订接待方案，以保障领导在宾馆的一切接待能够顺利进行。在开餐前2小时，接待方突然通知销售经理，领导特别想吃狗肉烧饼、喝啤酒，让他立刻准备到位。在将此信息与厨师长反馈后，得知宾馆在短时间内不能够提供此菜肴，于是马上与餐饮部总监进行沟通，并与接待方的负责人进行对接。在保证食品安全的前提下决定外出购买，并留样备查。

由于时间很紧张，销售经理先去预订狗肉，然后再去另一家烧饼店买烧饼还有鲜啤酒。由于是中午，各家饭店的存货并不是很多，他顶着烈日一家家饭店收取，终于收齐2箱啤酒，再匆忙返回狗肉馆取回烧好的狗肉，然后第一时间返回宾馆，开餐前将所需的食品上桌。领导没想到一个小小的要求，宾馆会如此重视，让他品尝到了原汁原味的家乡狗肉，感觉非常亲切！他十分感动，连声道谢！事后，该企业与国信云台大酒店签署了定点接待宾馆的协议。

案例评析： 本案例中销售经理临时接到接待方的用餐要求就属于情感指向性消费需求，由于时间紧，餐厅不能供应客人所需菜肴，销售经理为了能够满足客人的要求，自己亲自外出采购，让客人的用餐需求得以满足，宾馆的整体服务得到了客人的认可。通过这一事件，云台宾馆的综合服务水平给宾客留下了深刻的印象，也换来了一笔巨大的长期订单。

【师傅提示】

由此可见，兴趣与爱好对消费者的购买行为有着非常重要的影响，而了解消费者的兴趣所在对销售人员来说就显得极为必要了。然而，满足情感指向性消费需求的难点一是难以掌握每一位消费者的兴趣点；二是销售人员自己也不是全能的，不是什么都喜欢，什么都知晓，受到自身知识面与能力的限制，并不能够迎合所有的顾客。

酒店员工、导游等服务行业的从业人员以及销售人员都需要知识广博，虽不一定要精专但是一定要博闻广识，了解的东西种类越多，知识越丰富，就越能够自如地应对具有更多兴趣类型的顾客。优秀的销售人员一定要成为"百科全书"，他们需要懂很多的东西，即使不精通，也要了解大概，与各种兴趣爱好的消费者聊天，都不会因为自己的无知而冷场，导致交流无法进行。销售人员只有懂得多，才能找到和顾客的共同点，使彼此相互吸引。

【徒弟记忆】

酒店员工、导游等服务人员要想迎合顾客的兴趣，促进情感指向性消费，就要不断地为自己"充电"学习，除了需要具备过硬的专业知识素养，这几类人员还应该学习更多更广的知识，无论是天文、地理、时事、娱乐，还是古今中外的人物和事件，多了解、多积累，说不定哪天就会派上用场，这样也就可以帮助销售人员成功地迎合顾客兴趣，得到顾客的青睐，从而为销售创造出有利的条件。

不仅如此，服务行业的各类人员还要有一双善于发现的眼睛，掌握细致的观察方法，善于在消费者的言谈举止中发现他们的兴趣所在，并以此建立共同的话题，缩短彼此之间的距离，化解双方心理上的隔阂，使员工得到顾客的认同和接受。在这种情感投资的基础之上实现交易，获得宾客认可便是水到渠成的事情了。

【师傅讲授】

五、征服欲与成就感消费

消费心理千变万化，但大多数顾客都能够体验到消费后的成功喜悦，这种在消费过程中实现的成就感，满足了顾客潜在的征服欲，会诱导消费者一次又一次地去体验。国外有学者研究表明，女性对于逛街购物乐在其中的部分原因是，相当一部分女性在家里更多的是为孩子、丈夫服务，无形中处于一种"被征服"的地位。她们逛街购物过程中通过讨价还价、购买服务等形式，通过金钱实现征服销售者和商品，品尝（购买商品后）成功的喜悦。

现实生活中，人们购物消费几乎没有不与销售员讨价还价的，俗话说，"还价是买主"。与其说消费者喜欢讨价还价，还不如说消费者喜欢讨价还价的感觉。因为在很多时候，消费者的讨价还价只是为了找寻一种心理的平衡，满足自己作为"上帝"的征服欲，获得了购物成功的成就感。这种征服欲还向其他人表明当人们都在议论销售人员精明时，自己战胜了销售人员，证明自己才是聪明人、成功者。

因此，针对消费者的这一心理诉求，销售人员要懂得采用适当的方法给予满足。比如，商家报价高于实价，预留浮动空间，然后与消费者进行议价时，找到双方都能够接受的结合点，实现双赢。

美国政治家亨利·基辛格曾经说过："销售谈判的结果取决于你的要求夸大了多少。"只要你理直气壮地敢于要求，消费者就会觉得你的商品货真价实。只要不是太离谱，你的报价一定要高于实价。

这样，如果消费者在购买商品时，因为他的努力探知了较合理的价钱，并以砍掉部分水分的合理价格成交的话，在他的心里层面，就会有获利的心理满足感。但如果你一下子就给了消费者最优惠的价格，消费者就没有什么要和你谈的了，也不会有较大的心理成就感。

案例分析：

案例陈述：一位顾客在一家名品服装店看中了一件外套："你好，这件外衣怎么卖？"

售货员："您真有眼光，这是今年刚到的新款，800 元（底价 500 元）。"

顾客："这么贵啊……"

顾客想要出价 650 元。

销售人员："650 元我本钱还赚不到，我们这个店里所有的货都是名牌商品，一般的杂牌我们不卖的。再说这件是前两天刚到的今年的新款，特别抢手，您看看这手工、这面料，650 元是绝对不行的。"

顾客："650 元已经不少了……"

销售人员故意僵持了很长时间，才开了口："这样吧，这件衣服确实很适合您，我也能感受到您的诚心，这样吧，我退一步，680 元好吗？您穿着好以后再来！"

顾客："那就这样吧。"

案例评析：销售人员在实际的销售谈判中，如果碰到消费者让你开价的情况，你不妨开出一个较高的价位，这可以给下面的谈判预留许多空间，并为后面的谈判定下不错的基调。当然，为了让消费者知道你是诚意交易的，你所开的价码不能高得离谱。

【师傅提示】

若是想让你的顾客获得巨大的成就感，临走还要表达"谢谢啦"的感觉，销售员就不要过早做出让步。俗话说，"天上不会掉馅饼"，所以在销售谈判中也绝对没有无理由的让步。过早地做出让步，是一种不自信的表现。可以试想下，如果你的商品和服务没有任何问题，为何要做无条件的让步？是不是你心中有"鬼"，却不好公开？当你对消费者做出单方面无条件的让步时，他们会这样去想，不信任感会加强。过早地做出让步，不但不会促进交易，还会让消费者在心底对商品的价值大打折扣，征服感更无从谈起了。狐狸与酸葡萄的寓言故事也预示成就感来自经过努力而得到的心理感受。

通常，那些缺乏经验的销售员总会过早地做出让步的姿态，在销售中一定有这样的例子：

"这件衣服多少钱？"

"800 元。"

"是这个数吗？"

"您要是真的想买，算您 600 元好了。"

销售人员与消费者在心理博弈的过程中，有一条很重要又很单纯的原则：不要单方面过早地做出让步，否则你会在下面的销售谈判中陷入被动。上面例子中的让步可以说是毫无道理的。消费者只是随便问了一句，销售人员便降价 200 元，这等于告诉对方原来的标价水分实在太大。消费者也许会狠狠砍价，但更可能会掉头就走了。

从技巧上来说，你可以在让步时用上"如果"的条件限制，如在上面的事例里，你可以说"如果您买两件，就按 680 元一件卖给您"。用上"如果"这两个字后，对方会感觉你的提议是童叟无欺、合情合理的。加上这个限制条件后，对方便相信你的提议不是单方面让步，你对你的产品或服务充满信心，它们值这个价钱，消费者也会因此感觉这是合理的。此外，这种让步还要在消费者主动做出让步后或者是在你必须做出让步来继续洽谈的情况下，否则最好不要先提出让步。

【师傅讲授】

针对顾客追求获得成就感的需要，商品价格的退让不宜一次到位，而且每次让步应尽量微小。在销售谈判的过程中，采取适当的让步是完全可以的。但是这种让步必须是有计划、有步骤的。应该做到：消费者第一次开价或还价的时候，不管消费者开出的价格是否符合你的预期，都不要轻易接受；而且，此后的每一次让步都应尽量微小。这种通过微小让步的方法能够给顾客传递两个方面的信息：一个是，让步微小，暗示商品的利润很小；另一个是一次一点微小的退让，可以让消费者认为你是一个变通、不死板的人，并且非常尊重他。因此，每次退让都能够让顾客感受到取得了"巨大的成就"。

如果价格的让步一次到位，就可能会出现下面的情况：

一个顾客指着标价 1300 元的五斗橱对家具销售人员说："我非常喜欢这个五斗橱，也是诚心想要购买，你就便宜一点，900 元卖给我吧。"销售人员说："好吧，看您这么喜欢，就按照您说的价格吧！"对于这样的答复，顾客心理不仅不能获得成就感，还有可能产生两种想法：一是这么爽快就答应了，难道这柜子有什么材质问题？我最好还是不要了。二是答应得这么爽快、看来我砍价砍少了！进而会想，暂时不买了，下次来多砍点价，或者向销售员提出免费送货、索要各种赠品之类的附加条件。

【师傅提示】

作为销售人员，刚开始与消费者谈判的时候，很容易忽视消费者的这种心理，造成销售上的失误。一定要记住：消费者第一次开价或还价的时候，不管其开出的价格是否符合你的预期，都不要轻易接受。一旦接受了顾客的第一次出价或还价，也就使自己陷

入了被动，会失去为自己争取更多利益的机会。要知道，第一次还价或出价只是消费者的试探而已，一旦你接受了，消费者就有可能对你的商品定价产生怀疑。尽量让你在接受他的价格时显得困难一些，这样消费者才会心满意足、高高兴兴地掏钱购买商品。

【徒弟记忆】

不要对消费者的讨价还价感到厌烦。"还价是买主"，只有想买的顾客才会花费时间跟销售员讨价还价。另外，只有经过询价砍价这个过程，消费者对销售人员才会产生信任，对产品有了认可，并在产品价值与价格之间找到平衡后，他才会最终做出购买的决定。如果销售人员只守着自己的底线和消费者谈价，就不会让他们产生征服你的感觉。但是如果你刚开始就让消费者产生征服你的感觉，他们就会觉得没必要对一个销售人员下狠手，甚至会把你当成合作的伙伴，这样他才有可能成为你忠实的消费者。

【师傅讲授】

六、心态时机消费

赵本山的小品《卖拐》作品中的主人翁"大忽悠"专找销售时机："听说人家买车，上人家那卖车套；听说人家买摩托，上人家那卖安全帽；听说人家失眠，上人家那卖安眠药。"这段话深刻预示了销售时机十分重要。《卖拐》中讲述的是需求时机，类似这种销售时机的把控，对于普通人来说，稍加训练也能做到得心应手。

从心理学的角度来说，还有一种心态时机更需要把握。比如，上门推销员敲开业主家房门时正遇到对方夫妻在怄气。可以想象，这种时候推销员不仅无法卖出商品，还可能成为对方的出气筒，被对方赶出家门。

心态是指心理状态，人类的心理状态对情绪、情感、需要等其他心理因素的影响巨大。消费者的心态通过自身的情绪情感影响消费欲望。研究表明，人心情好的时候，也是其心态开朗大方，待人最和善的时候。俗话说，"人逢喜事精神爽"，一个好心情的人眼中的世界是明亮的，心里充满了阳光和希望，因此也会敞开胸怀与奉献之心；而一个人心情差时，则会表现得比较抠门，对别人的求助充满冷漠和厌恶。一个坏心情的人，看谁都不顺眼，感觉生活糟透了。在他眼中，每个人都在算计他，都在给他挖坑设套。此时若有人张口，求他办事，多半会遭到拒绝。

西方学者将这种心理想象称为"好心情定律"。其实这也可以说是一个放之四海而皆准的定律。销售人员在向消费者推销商品时，就可以借助这一定律。因为很多时候，消费者对商品的满意往往也是凭"心情"而定的，并不是产品好，消费者就一定会满意，心情作为一种产品附加的无形价值，会使消费者在购买的过程中得到精神的享受。而在美好的心情之下，消费者会更愿意与你成交。因此，作为销售人员，一定要抓住消费者心情好的时机，向他们提出成交的要求。比如，日本保险业推销大师原一平就很懂得这个道理。在推销保险的时候，每当有客户问他："投保的金额要多少呢？我每个月要支付多少钱啊？"原一平会立刻把问题岔开："有关投保金额的问题以后再说。因为您是否能投保，要到体检后才能确定，所以目前最重要的问题，还是赶快去体检。"这样回答之后，有99%的客户不会再追问下去。

原一平为什么这样做呢？他解释说，因为在体检之前，"关于投保金额的问题，您还没有权利问我"合情合理；而等到体检通过，与客户谈妥投保金额之后，就要立刻收保费，绝不能耽搁。因为体检刚通过，证明自己身体健康，任何人心情都会比较愉快，这是收保费的最佳时机。万一耽搁了这个时机，就可能发生延期投保或降低保额等问题。

原一平可谓是洞察人心的高手了！同样一个人，同样一件事，开口的时机不对，结果就很可能完全不同。

【徒弟记忆】

需要牢牢记住"好心情定律"：在别人心情好的时候，向他推销，成功的机会就更大！

【师傅提示】

在现实生活中，遇到心情不好的消费者，也是常有的事。一个人接触各种各样的事物，不可能总保持好心情。因此，遇到心情不好的顾客，也只能够采取一定的策略。比如，如果看到对方心情不好，谈工作肯定不会很顺利，这个销售员就立即走人，那么也会让消费者感觉到销售员跟他就是公事公办，没有个人感情可言，那么下次此人再去谈，他在内心里就会跟其有距离感，甚至厌恶跟其见面。其实，从某种角度来说，人在心情不好的时候，也是公关最好的时候。例如，我们经常见到或听说这样的情景：女孩子心情不好的时候，刚好有一男孩子来安慰她，后来坠入了爱河。

通常心情不好的人，不太愿意跟陌生人说话，你可以发条短信写上安慰的话，发给他，也可以写张小纸条或小卡片，留上安慰的话，由前台转交也可以，如果条件允许的话买束花也行！这样，他会对你的印象非常深的。

当然，如果此销售业务正处在洽谈的关键期，或者销售员经过长途跋涉才见到客户而无法完成此次业务活动时，销售员应该学会巧妙地改变顾客的心情。完成本次业务洽谈，然后下面这两个销售人员的不同做法就导致了截然不同的结果。

案例分析：

案例陈述：两个销售人员同时来拜访马经理。由于最近家里发生了很多事情，马经理心理非常烦。烦归烦，工作不能不干，他还是硬着头皮接待了他们。

第一位销售人员一看到马经理，就满脸笑容，大声说道："马经理，好久不见了。听说您前几天休假了，玩得很不错吧？昨天我们公司也组织去武夷山玩了一次。"马经

理不耐烦地摆摆手，"有什么事，说吧。"销售人员马上就拿出一份合同，"马经理，上次您让我今天带合同过来了。"一听到合同，马经理就生气了，"上头还没批呢，你过几天来吧。"

第二位销售人员一进门，看到马经理心事重重，马上把笑容收了起来，"马经理，怎么回事？什么事情能让你如此发愁？"马经理接着就说："唉，谁没有个烦心事啊。我家里……"一个多小时下来，两个人都只是在相互倒苦水，丝毫没有谈及生意的事情。最后，马经理说："行啦行啦，烦心的事情放一边，我们谈谈正事吧。您上次的方案，我给上头看了，觉得很不错，有几个地方修改一下就可以了……"

案例评析：人心情不好的时候，进行推销只能碰钉子，但是如果改变了他的心情，成交的可能性也就增大了。只要熟记"好心情定律"，并善于运用这个规律，在别人心情好的时候向他推销，成功率一定会大大提高。

【拓展应用】

（1）你还知道哪些影响消费者心理的因素？请简要分析。

（2）举出现实中类似的案例。

（3）分享你自己的消费心理。

项目二 酒店宾客消费心理需求分析

【企业标准】

本项目主要是学习酒店宾客在消费活动中的心理现象和行为规律，学习宾客在酒店消费过程中的心理活动过程。熟知宾客在餐饮消费中的心态以及宾客在选择地点阶段、消费过程中和消费后阶段宾客的消费体验。熟知酒店宾客针对前厅、客房消费的心理需求，熟知创建宾客资料管理系统的方法，能够制订宾客资料一系列的增值使用方案。掌握从满足宾客在酒店消费的心理需求角度提升宾客满意度的基本方法。

【师傅要求】

（1）酒店宾客的消费心理分析。

（2）掌握宾客针对酒店面客部门消费的基本规律。

（3）熟知宾客资料系统的创建方法。

（4）掌握优化提升顾客满意度的措施。

【师徒互动】

在竞争日益激烈的今天，酒店总是希望能够借助某种方法，将自己的特色展现在宾客眼前。这就要求酒店员工对宾客心理要有清晰的了解和基本的把握，从而最大限度地满足宾客的消费需求。善于把握宾客需求心理的酒店员工就能够在对客服务中按照宾客需求工作，产生事半功倍的效果。酒店全体员工打好"理念战""心理战"是酒店赢得竞争优势的重要法宝。

【师傅讲授】

一、酒店宾客消费心理的现象分析及应对措施

随着酒店业的发展，酒店市场也逐步由过去的卖方市场向现在的买方市场转变，过去的酒店经营是经营者始终牵引着大众的消费趋向。诸如酒店的设施设备的设计、安装，酒店环境的布置，酒店产品的推出等方面都以酒店为主导，宾客入店消费只能遵从酒店的安排。随着中国经济的发展，人们消费能力的提升，消费者的消费倾向以及消费需求发生了巨大的变化。这些变化打破了原有的酒店经营模式与格局，酒店经营的群体和宾客群体的比例发生了变化，大众消费趋向开始牵引酒店业的经营理念，为此，酒店经营者应该把原先用于产品精化的注意力，逐步转移到产品的求新、求奇、求特上来，以满足酒店宾客日益多样化的消费需求。

【徒弟记忆】

宾客入住酒店的主导动机是用餐、休息，同时，宾客也通过眼、耳、鼻等感官对大堂、餐厅、客房以及店内其他刺激物做出积极的反应，并伴随情绪的活动迅速进行分析，调节自己的意志行动。宾客这一系列心理活动，需要酒店的经营管理者及员工有针对性地采取一系列服务措施使客人满意。

【师傅讲授】

海澜集团下属五星级酒店的管理者以及具有近三十年酒店运营管理经验的连云港国信云台大酒店的总经理韩飞燕女士总结了近年来许多宾客在酒店消费的行为，将酒店宾客的消费心理归纳为如下几个方面。

1.度假休闲型宾客的求放松消费心理

随着都市节奏的加快，繁忙、喧闹的大城市里生活的许多人都愿意选择假期外出度假，其目的是让自己得到放松和休息，摆脱城市的喧嚣，因此他们更多地希望酒店为他们提供安静、优美的休息环境。比如，上海的董先生一家平时工作很忙，加上孩子在中学读书，只有在节假日才有休息时间。好不容易到了"五一"黄金周，他们全家决定外

出度假。但这个假期并没有给他们带来安宁，原因是他们下榻的酒店三楼经营着KTV，董先生一家入住期间整天都可听到舞厅的迪斯科音乐，他们对这次的度假非常不满，甚至中途要求酒店赔偿、要求退房。由此可见，酒店在进行结构规划时，应将客房安排在远离娱乐项目的场所，否则就会失去大多数的度假顾客。

2. 旅游型宾客的求新、奇、特的体验消费心理

外出旅游也是一个求新、求奇、求特的过程，越来越多的游客追求在旅游过程中获得新、奇、特方面的体验感受。心理学中把寻求体验、刺激、冒险和探索的心理需要称为尤利西斯因素，受尤利西斯因素驱使的宾客，力求满足自身对世界的好奇心，总是推动并激励自己寻求探险和获得体验感受。比如，某天，入住1803室刚经历过高考的辛某懒洋洋地躺在酒店床上看电视，此时打扫房间的员工在与他的寒暄中了解到他感觉非常无聊，便建议说："我们度假村新开了一个水上大世界，听说特别刺激好玩，何况天气这么热，去玩水也好啊。"辛某听得有些心动，其实男孩子都有好动的天性，只是辛某不知道有些什么好玩的东西。随后，他马上来到水上大世界，购买了泳装，玩得非常尽兴，这次的经历给他留下了美好的回忆。该案例显示，为了吸引更多宾客，酒店在提供基本服务的同时，应设计建设一些娱乐体验活动场所，并做好配套宣传工作，让更多游客在享受美景的同时，体验到一种独特的经历和享受。

3. 出差商务型宾客的方便消费心理

宾客尤其是带有任务出差的商务型宾客出门在外，更渴望得到家庭般的温暖，而酒店是客人出差在外的活动基地与中心，戏称"家外之家"的酒店应为他们提供各种方便。比如，某天，国信云台大酒店的值台员小孟在晚间做夜床时发现1506室客人乐先生抽烟较多，便为客人送上了润喉糖和切片的橙子，并留下温馨提示条，请客人注意身体健康。客人很是感动，在感谢信中写道："感谢你们细致入微的关心，云台宾馆的成功离不开你们每一个精心的细节，俗话说企业的成功就在于能比别人多走出一步，如果再次光临连云港我一定还会住云台，感谢管家部小孟小姐。"

4. 宾客的陌生感与求助心理

宾客出门在外，难免会出现遇到紧急情况需要帮助的时候。酒店经营者几乎100%地遇到过下面的事例：酒店一位已经退房的宾客的皮包遗留在曾住的房间，要求帮助寻找；客人房间电器出现问题需要维修；宾客突发急病需要治疗；客人对该城市不熟悉，需要引路；等等。在这类情况下，宾客的心情是急切的，如果酒店能及时提供周到的服务，定能充分显示酒店的服务质量和管理水平，给客人留下深刻的印象，赢得更多的忠诚宾客。

5. 宾客购买服务与求尊重的消费心理

酒店宾客常见的需要尊重的心理表现在对人格的尊重、社会文化的尊重、宗教信仰的尊重等。每个宾客都是在一定的文化环境中成长并在一定的文化中生活，从而形成不同的价值观、生活方式、消费心理等，这些都应该受到尊重。比如，一对穆斯林夫

妇到达国信云台大酒店之前一直忐忑不安，因为一般酒店很少会有他们惯用的穆斯林特色的各种祈祷用品、装饰品和清真菜。然而，当看到服务员带着专门为他们准备的新房和做祈祷用的用品后，他们所有担心都不复存在了。当享用酒店为他们特意准备的清真菜时，他们为酒店的真诚与细致的服务所感动，并在留言本上留下这样一句话："在这里住就像在家里一样，如果有机会，我们将每年此时，都愿意来此再次经历这些美好的日子。"酒店对穆斯林夫妇宗教信仰的充分尊重，为酒店赢得赞扬并树立了良好口碑。

6. 宾客入住消费与求公平的消费心理

海澜集团马儿岛酒店销售部与附近两家公司签订了不同价格的优惠协议，A 公司签订的普通标间是 460 元/（间·天），而 B 公司的是 490 元/（间·天）。巧合的是，这两家公司的办公室负责人是好朋友，无意间聊到了该酒店的协议价格，知道价格差异后，B 公司的负责人感觉到极度不公平，为什么 A 公司要少 30 元？随后便找酒店销售部经理了解情况，经理马上解释道：A 公司的低价是有前提的，即要保证该公司每年的入住间数和消费水平达到一定数量，并且保证说，若 B 公司能给予同样的保证，他们的价格将与 A 公司一样。B 公司负责人考虑到本公司客人的确不够稳定，无法给予保证，于是价格之事就没有再提了。从该案例中我们可以看到，当宾客感到其受到了不公平待遇时，酒店员工应从宾客的角度出发，首先安抚宾客，并做出合理解释，这样才能及时挽回酒店声誉，留住客人。

7. 宾客酒店中遇事求理解的心理

海澜桃园山庄大酒店某日迎来了一位脸色苍白、萎靡不振的客人，到第二天早上 10 点客人都没露面，这使值台员担心起来，便前去了解情况。果然，客人由于旅途劳累，旧病复发，四肢无力。经医生诊治，客人只用喝些中药而不用住院。客房里不允许生火是宾馆的规定，因此，客人着急了：那么中药在哪熬呢？没想到，客人的担心立即得到酒店的理解，餐饮部特地派人买来药罐并指定专人负责煎药、送药。在客房部与餐饮部的通力合作下，第 8 天，客人的病痊愈了。他找到酒店经理万分感激地说，他永远都不会忘记宾馆对他的精心照料，下次来无锡一定会入住桃园山庄。酒店对顾客的体谅理解换回了顾客对酒店的忠诚。

8. 商务型宾客求安全的消费心理

商务出差型的宾客，入住酒店一般都带有商务洽谈或者签署协议等重要任务。往往都携带有重要的文件资料、合同文本等重要的物品。即使不是商务型宾客，相比较在家里，入住酒店会让人觉得安全感缺失。某次，浙江省某房地产商张先生因参加连云港一个重大的房地产商业竞标活动，入住徐圩新区某大酒店，刚到酒店，张先生就叫助手把他们公司的竞标书用酒店提供的传真机传给了主办单位，但是在传真后，由于助手的疏忽，把原稿留在了客房。过了不久，收拾客房的服务员在整理房间时无意中发现了桌面上的竞标书，同时她也十分清楚参加投标的三家公司的竞争关系，于是就偷偷地把竞标

书以高价卖给了其中的一家竞争对手。这样，张先生公司所定的投标价格这一商业机密就被泄露出去了，直接导致了这次投标失败。

顾客尤其是商务顾客入住酒店，往往在酒店有商务活动。这些活动许多都存在商业秘密，顾客不希望在酒店将其商业秘密暴露，因为很可能会造成严重的经济损失，正如案例中的张先生一样。由于酒店服务人员职业道德和个人修养的缺失，导致了顾客商业机密的泄露，触犯了顾客利益，对顾客的安全构成威胁，这严重违反了酒店员工守则，最后该员工受到了法律制裁。酒店应加强对员工职业道德的培训，规范员工行为。

9. 宾客的个性化差异与忌讳的消费心理

酒店宾客来自不同国家和地区，他们生活在各自国家或地区的文化环境中，因此形成了不同的生活习俗，同时形成了不同的忌讳心理。例如，西方人最忌讳的数字是 13，我国部分省市忌讳数字 4 等，酒店员工在服务时应特别注意。有这样一个案例：为庆祝30 周年结婚纪念日，一对美国夫妇来到上海度假，希望感受一下浓厚的东方文化，入住了当地有名的一家酒店。当接到客房钥匙牌时，他们脸色顿时改变，露出不悦神情，并坚持要求换房。原来他们被安排在 1913 号房间。前台服务员是一位刚能独立顶岗的实习生，既无对客经验，又不了解情况，还不断向他们推荐："1913 号房是我们酒店里最好的客房之一。不但面朝黄浦江景色优美，而且舒适宽敞，我相信你们看过后一定会很满意的。"美国夫妇听到此话，感觉非常失望。幸好这时，酒店值班经理经过，查看他们的登记表，发现他们的国籍原来是美国，了解到他们换房的真实原因了，立即向他们道歉并为他们换了房间。从此案例中我们了解到，酒店员工应了解宾客的个性化差异，知晓各个主要国家、主要地区的习惯和民俗，熟知针对不同国家、地区的不同民族应提供不同的服务。

10. 宾客的性格差异与矛盾的消费心理

矛盾心理每个人都有，酒店顾客也不例外。有这样一个事例：某天中午，杭州大酒店某位离店客人拿了四个衣架，她并不知道该酒店衣架不属于赠品，被前台服务员发现，但由于面子，坚持不肯退还酒店，说道："有的酒店洗衣后都奉送衣架，你们凭什么说是私拿？"此时，大堂经理了解到客人的矛盾心理，想出了一个既不伤客人面子又给客人台阶下的办法：首先，微笑地走向客人，并问到"能帮助您吗？"无形中拉近了与客人的距离，为问题的解决奠定了基础；然后，承认客人的说法是事实："有些酒店洗衣时奉送衣架"，但马上话锋一转："但我们酒店尚未实行"，巧妙地暗示客人衣架在本酒店是非赠品，维护了酒店的利益；同时再给客人理由当成建议来接受，顺应了客人的心理："您的衣服一定比较怕皱，所以才用衣架，拿出来也不大好"，表明客人并不是想私拿衣架，而是怕衣服起皱，进一步给客人找台阶下，提出既不给酒店财产蒙受损失又挽回客人面子的对策："不如您付成本价买下这四个衣架"，并对账台说"不要再加别的费用了"，双方皆大欢喜。这个案例告诉我们，在冲突中即使是客人的错误，也不能当面揭穿，而是应该想办法为客人找台阶下，用委婉的语气引导顾客弥补错误。

11. 宾客的心理压力与求发泄的消费心理

酒店对客服务中，由于顾客的需求没有得到满足，或是没有享受到优质的服务等，难免会出现顾客对所提供的服务不满意的现象，此时，顾客需要发泄，所以酒店投诉现象时有发生。因此，如何处理好投诉，使顾客从不满意转为满意，或是减轻不满意的程度，是所有酒店面临的课题。当然，在顾客投诉中，不一定所有投诉都正确，但我们应把握一个观念：顾客永远正确，只有用这样一个理念，才可能处理好与客户的关系。

12. 宾客满意度与求补偿的消费心理

某位客人在入住酒店期间，由于被客房设备划伤，要求酒店给予赔偿，在此类案件中，酒店首先应查明致伤原因，给予实事求是的处理。若确实是酒店的安全防范措施和违反操作程序所造成的，酒店应给予赔偿；但若是由于顾客本身造成的，酒店也不应置之不理，还应做好安抚工作，防止事态的进一步激化。例如，酒店可以向客人表示歉意，并征求客人意见，是否需要进一步治疗；客人入住期间，应给予热情的服务，尽量满足客人正当的要求；公关部经理和客房部经理还可给予特别关照，如看望受伤的客人等。这样，虽然顾客是在酒店受的伤，但事后在生理与心理上都能得到相应的安慰与补偿，减轻甚至消除客人的不满心理，同时，体现酒店顾客至上的宗旨。

13. 宾客的享受动机追求与特权消费的心理

酒店宾客的消费过程中，其潜意识里普遍有一种追求享受的需要，进而产生享受特权的动机，这种特权表现在许多宾客内心或多或少地认为"我是宾客，我购买了入住的权利，酒店员工就应该为我提供服务，我有权享受各种服务，我有权提出任何要求"等。此时，如果酒店员工用友好、热情的态度对待宾客，他们的这种特权期待就可以得到满足，但如果其遇到的员工没有微笑、态度不好或对他们的要求不理不睬，那么会使宾客感觉到酒店没有尽到其义务，在这种情况下，酒店员工的任何一个微小的服务过失，都会导致宾客对酒店的强烈不满，导致投诉，甚至容易失去顾客。

【师傅提示】

上文所分析的宾客消费心理都需要酒店员工的充分了解，为其提供尽力的服务，在酒店实际的运营管理中常会交互出现，而且每次出现的状况总是不尽相同。因此，要求酒店员工有充分的心理准备，增强具有随机应变的能力，及时采取措施应对宾客的各种心理需求，解决宾客在入住酒店期间的各种消费问题。

【师傅讲授】

二、酒店顾客在消费三个阶段的心态类型分析

依据对普通消费者消费过程的分析，结合酒店管理者提供的观察酒店宾客消费过程中表现出来的不同的消费表现，本项目将依据酒店宾客的消费过程分成消费前、消费中

和消费后三个消费阶段，酒店宾客在这三个阶段消费过程中的心理需求及心理活动各不相同。

（一）宾客消费前的心理需要

所谓消费前心理，是消费者决定去酒店消费到确定去哪家酒店消费的选择过程中的心理活动，在这过程中消费者会考虑很多因素，而酒店的位置与环境、菜肴口味、卫生、价格是影响宾客选择酒店消费的主要因素。

1. 位置与环境

酒店位置是消费价位的间接反应，好的地段肯定在价格上同其他地段有区别，但其中存在着对宾客群体定向的选择和酒店经营范围及品种类型问题。

酒店周边的环境问题就不能停留在狭窄意义上是否宽敞、是否干净整洁、是否绿树成荫等简单问题上。酒店环境应该成为一个大的概念，其中既包含环境特色的经营理念、所处地域的文化理念，又包括自然地理和环境与人的和谐理念。舒适的环境能营造消费的情绪，同时也让他们得到享受和尊重感。很多事例证明酒店环境的营造是酒店的无形资产投入。

2. 酒店的产品

处于同等地域、相近环境的酒店，其竞争优势更多的还是反映在酒店的产品上。酒店经营的产品反映出酒店的特色、文化品位、档次以及消费理念。而酒店消费者去酒店消费的主要目的当然也是对这些项目的选择。尤其是酒店的餐饮部，酒店的菜品需要定期更换，定期改变口味甚至是菜系，才能够延长一家酒店的生命周期，才能够留住老宾客，接纳新宾客。

3. 酒店的卫生

随着生活水平的提高，人们越来越注重身体健康，注重高标准的入住环境卫生以及就餐饮食卫生。酒店的卫生包括酒店环境卫生、产品卫生、餐具卫生及员工在服务操作中提供的规范服务。保持酒店的整洁是对宾客的尊重和自身经营的需要。整洁高雅的酒店餐厅可以唤起顾客的食欲和心情；同样，卫生洁净的房间更能够吸引宾客的入住欲望。这也是宾客选择在酒店消费的前提。因为整洁的酒店设施设备形象会给宾客留下美好的印象，当其选择时，宾客会把酒店的卫生状况纳入考虑的第一要素，所以卫生条件好坏在宾客眼中以及消费前的心理活动上显得十分重要。

4. 酒店的质量与价格

所有消费者都会关注价格与质量的问题，酒店宾客也不例外。酒店产品的价格合理、公平是每个宾客所期待的。作为酒店，是为宾客提供了服务才向他们收取费用的。宾客感到物有所值才会光顾酒店，物有所值是服务质量的具体体现。如果能让顾客感到物超所值顾客会喜出望外，感到惊喜。当然，提供物超所值的服务前酒店一定要核算成本费用，免得亏本经营。

（二）宾客消费过程中的心理需要

所谓宾客消费过程，是指宾客选定了消费酒店后，在整个入住过程中宾客的消费需要以及自己体验到的满足感。

1.求尊重心理需要

它主要包括三个方面的内容：首先是受到礼遇，是指宾客在接受服务过程中能得到酒店员工礼貌的招呼和接待；其次是享受到一视同仁的服务，在酒店提供的服务中不能因为优先照顾熟客、关系户或重要宾客而忽视、冷落其他顾客。酒店在做好重点宾客服务的同时，应同样兼顾到入住酒店的其他宾客，任何的顾此失彼都会引起其他部分宾客不满甚至激烈的情绪反应。酒店管理者要责成相关员工不能让任何一位宾客感觉受到冷落或怠慢；再次是宾客愿意被认知，被了解。比如，当宾客听到某酒店员工能称呼他的姓名时，他会很高兴，特别是发现员工能够记住其喜欢的菜肴、习惯的座位甚至特别嗜好时，宾客更会感到自己受到了重视和无微不至的关怀；最后是对顾客人格、风俗习惯和宗教信仰的尊重，以使其获得心理和精神上的满足。另外，酒店员工的举止是否端庄、语言是否热情亲切、是否讲究礼貌得体，以及是否能够做到主动服务、微笑服务，都涉及能否满足宾客求尊重的心理需要。

案例分析：

国信云台大酒店签单用户北方氯碱集团的李总，每次来酒店消费时，只要遇到他的酒店员工都礼貌地向他问候。他每次来酒店都点名让同一个服务员为其服务，而这个服务员也熟知他是回族以及他本人的特殊喜好，如喜欢在啤酒加生鸡蛋，厨房会单独精心地为其准备菜肴和饮品。而且这所有的服务使得他成为酒店最忠诚的签单用户。

【师傅讲授】

2.方便快捷的心理需要

随着当今时代人们工作节奏的加快，生活节奏也变得越来越快，酒店宾客希望酒店各个服务流程中要尽量减少宾客的等候时间。宾客到来的时候前台要及时办理各种入店手续；要及时为其引领入座；诸如添加酒水、上菜等服务流程实施快捷服务；快捷结账等。比如，宾客来到酒店往往经过长途跋涉，旅途疲劳，其办理登记入住手续的速度是其最在意的，宾客都不愿意等太久。

3.良好服务态度的心理需要

良好的服务态度针对消费者个性心理来说就是要为其提供适时、适需、灵活的应变服务；诚信、贴心的人性化服务。其中服务态度是最重要也最灵活的因素之一。"宾客至上，服务第一"的宗旨及"一切为了宾客"的服务意识要在每位酒店员工心中深深扎根，使得客人不但能在规范的服务中舒心入住，更能享受到贴心、周到、细致的照顾。比如，客人拿出香烟时，服务员会及时、主动为客人点烟；客人需落座时服务员会为客

人拉椅理座等的个性化、情感化的服务。

4. 显示气派、讲究身份的心理需要

酒店宾客在酒店消费很多时候是为了洽谈业务、聚会以及情感联络，这样的宾客在酒店不仅希望服务人员能够尊重、关心和重视他们，而且更为重要的是宾客期待自己的身份被认可，被尊重，特别是涉及宾主关系时主人要显示自己的身份，显示其款待自己的客人时的大气与气派。此时，酒店员工尽量满足其这种心理需求，使用恰当的语言和恰如其分的服务来帮助主人满足其自信的需求。比如，市政协会议期间，有些代表就非常在意他们这个特殊的身份，所以在服务过程中，酒店员工适时用仰慕及尊敬的语气来赞美他们，让这些委员代表们感到光荣、感到气派。

（三）消费过程后的心理需要

1. 依然有受尊重的心理需要

宾客准备离店结账时，酒店员工要继续对其进行细致周到的服务，直到宾客离店。服务涉及及时为宾客结账，当宾客起身要离店时礼宾员要及时提醒宾客带好私人物品，送客到电梯门口或楼梯口，并对其到本酒店消费表示致谢和欢迎下次光临。

2. 宾客"求平衡"的心理需要

宾客入住酒店期间，假如出现了由于其对服务或酒店提供的产品不满，从而使自己的消费感觉到不值，进而产生不平衡的心理效应。酒店服务不是一种必要的消耗品，而是一种享受品。而宾客到酒店消费的主要目的就是来享受的，也许之前他们耳闻目睹了酒店的许多消费宣传，并积累了丰富的酒店消费经验，对于酒店应该提供哪些服务项目及产品了然于胸，所以，这就使得酒店的经营管理者以及全体员工必须向宾客提供标准化、超常化的服务。宾客消费前会产生一定的期望值，这种期望值一定会被宾客与接受服务后会形成的实在感进行对比。当两者相当时，表现为满意；当实在感大于期望值对表现为惊喜，从而达到真正的平衡。

【徒弟记忆】

针对酒店宾客消费过程中的三个阶段的心理感受分析十分重要。对此内容不仅需要熟记，而且需要酒店员工能够结合工作中的观察与了解践行这一分析及应对措施。

【师傅讲授】

三、满足宾客消费心理的营销途径

（一）了解宾客的消费心态，满足宾客的心理需求

宾客入住酒店消费的社会角色是消费者而非职业人，追求享受的自由人，且是具有

优越感的爱面子的人。所以，其交易地位决定了他们往往以自我为中心，其思维和行为大都具有情绪化的特征，对酒店服务的评价往往带有很大的主观性，即以自己的感觉为标准加以判断。为此，酒店提供给宾客的产品和服务首先必须做到充满人性化，以实现宾客的消费需求为终极目的，一般情况下采取以下措施。

1. 服务要贴心，微笑要真诚

酒店员工要以诚见情。情感是店客之间沟通的最好纽带，是酒店服务之魂。一杯姜茶里，一份果盘中，注入的是酒店对客人的一份亲情与关爱。酒店的服务要于细微处见精神，于善小处见人情。金钥匙组织提出服务要用心极致，其成员必须做到用心服务，细心观察客人的举动，耐心倾听客人的要求，真心提供真诚的服务，注意服务过程中的感情交流，并创造轻松自然的氛围，使客人感到金钥匙的每一个微笑，每一次问候，每一次服务都是发自肺腑的。使得金钥匙组织成员在酒店行业中，宾客的心目中形成了一个服务领域的引领品牌。

2. 情绪要理解，态度需耐心

由于酒店宾客的特殊心态和酒店企业的特定环境，宾客往往会有一些自以为是、唯我独尊等行为和犯一些大惊小怪、无理指责等错误。对此，酒店员工应该给予充分理解与包容。比如，国信云台大酒店客房部值台员，在大年初一的时候曾被醉酒后的客人拳打脚踢和无理责骂，虽然该值台员有万分的委屈但她还是理解和包容了客人酒后失态的行为，而没有对其进行法律追究。

3. 自尊要满足，面子需给足

酒店行业有句俗语："给足面子，挣足票子。"讲的是酒店的经营之道。只有让宾客感到有面子，他才会认同酒店员工的服务；只有让宾客感到愉悦，满足其自尊，他才会常到酒店消费。所以，作为酒店的员工，必须懂得欣赏宾客的"表演"，让宾客找到自我的感觉和"高人一等"的快乐。

（二）提供超值服务，满足顾客消费期望

酒店行业中一个高端服务品牌金钥匙礼宾服务提出："服务中先利人后利己，用心极致，满意加惊喜，在客人的满意中寻找丰富的人生。"这句金钥匙的服务哲学名言，引导了酒店行业中金钥匙成员获得了几乎所有宾客的赞赏与支持。要打动消费者的心，仅有满意是不够的，还必须让消费者惊喜。满意是指顾客对酒店产品与服务实际感知的结果与其期望值相当时，形成的愉悦的感觉。惊喜则是当顾客对产品与服务实际感知的结果大于其期望值时，形成的意料之外的愉悦感觉。而只有当宾客有惊喜之感时，他们才能真正动心。为此，酒店员工的优质服务应超越顾客的期望，即酒店提供的服务是出乎顾客意料或从未体验过的。

酒店提供的服务要超越顾客的期望，关键是酒店的服务必须做到个性化和超常化，并努力做好延伸服务。个性化即做到针对性和灵活性。服务具有针对性，是指在千差万

别的宾客中，寻找他们不同的需求和特点，提供具有个性化的服务。同时，宾客也是千变万化的，即使同一个顾客，由于场合、情绪、身体、环境等不同，也会有不同的需求特征和行为表现。因此，酒店提供服务的灵活性，就是指酒店员工在服务过程中随机应变，投其所好，满足不同宾客随时变化的个性需求。

酒店提供超常化的服务，指的就是要打破常规，标新立异，别出心裁，推陈出新，让顾客体验到一种前所未有、意想不到的感觉和经历。超常化的服务，既可以是其他酒店所没有的、宾客所没有想到的服务，也可以是与众不同的独特服务。比如，一束在机场接机时献上的鲜花、一张服务员的淳朴的问候卡、一封热情洋溢的欢迎信、一件独特的纪念品等。比如，最常见的超常服务方式是给宾客唱生日歌，因为酒店存有客史档案，当发现具有客史档案的客人生日当天在本酒店消费，餐厅就会准备生日蛋糕，并让大家一起唱生日歌为其过生日，每当这个时候，酒店员工以及周围的宾客都能从客人的脸上看出惊喜来，宾客离开的时候还不忘感谢酒店的周到、细心与热心。

【师傅提示】

要超越顾客的期望，酒店的宣传及广告必须适度，尤其是在酒店产品的定价方面既能够展示酒店的服务特色和优势，令宾客向往并吸引他们的光临；又要遵从酒店产品的客观实际，不能过度浮夸，以免造成宾客的过高期望。

【师傅讲授】

（三）提高服务技能，满足宾客享受优质服务的需求

酒店员工服务技能与技巧的高低决定着是否能够为客人提供各种优质的服务，直接决定着客人的满意度，服务是一种艺术，可以有千变万化的方式，但是最关键的服务技能技巧大致有如下几项。

1.语言技能与表达技巧

语言是酒店员工与宾客建立良好关系、留下深刻印象的重要沟通工具和途径。语言是思维的物质外壳，它体现了员工的精神涵养、气质、文化底蕴、性格态度等心理素质。宾客能够感受到的最重要的两个方面就是员工的言与行。

员工在用语言表达时，要注意使实用语言的技巧。比如，语气的自然流畅、和蔼可亲，在语速上保持匀速，任何时候都要心平气和，礼貌有加。尤其是用词遣句方面，选择那些表示尊重、谦虚的语言词汇常常可以缓和语气，如"您、请、抱歉、假如、可以"等。另外，酒店员工还要注意表达时机和表达对象，即根据不同的场合和宾客的不同身份等具体情况进行适当得体的表达。

2.观察技能与分析技巧

酒店员工为宾客提供的常规服务有三种：一是宾客讲得非常明确的服务需求，只要

有娴熟的服务技能，做好这一点一般来说是比较容易的。二是规定性的服务程序与内容，即应当为宾客提供的、不需客人提醒的服务。比如，客人到餐厅坐下准备就餐时，餐位服务员就应当迅速给客人倒上茶、放好纸巾或毛巾；在前厅时，带着很多行李的宾客一进门，礼宾员就要上前帮忙。三是客人没有想到、没法想到或正在考虑的潜在的各种合理需求，如客人因为不小心擦破了手时，看到的员工可以取来"创可贴"送给客人。能够把客人的这种潜在需求一眼看透，需要的是酒店员工细致的观察力、分析问题的能力和服务意识。这是酒店员工最值得养成的服务本领。酒店员工通过这种敏锐的观察技能，仔细进行分析，找出这种潜在的需求并把其落实为提供及时的服务上。而这种服务的提供是所有服务中最有价值的部分，也是提供给宾客满意加惊喜的"惊喜来源"。

【徒弟记忆】

第一种服务是被动性的，后两种服务则是主动性的，而潜在服务的提供更强调员工的主动性。观察技能的实质就在于善于想客人之所想，在宾客开口言明之前将服务及时、妥帖地送到。

【师傅讲授】

3. 记忆技能与差错处理

在服务过程中，宾客常常会向酒店员工询问一些如酒店提供的服务项目、星级档次、服务设施、特色菜肴、烟酒茶、点心的价格或城市交通、旅游等方面的问题，员工此时就要以自己平时从记忆中得来的或有目的积累的知识如实回答宾客的疑问，使自己成为客人的"活字典""指南针"，让宾客能够及时了解自己所需要的各种信息。这既是一种服务项目的消费指向、引导，又是一种能够获得宾客认可与赞赏的服务。当然，如果发生客人所需的服务被迫延时或干脆因为被遗忘而得不到满足的情况，对酒店的形象一定会产生不良的影响。

记忆技能还会用在宾客点餐、消费酒水等酒店产品消费服务活动中。值台员工必须手脑并用，迅速地记住宾客此次需要消费的菜品、酒水的名称、数量以及报出价格。点单的工作还是非常容易出现差错的服务环节。酒店员工在宾客点单结束后务必要重复将其已经点过的菜品酒水给宾客清晰地复述出来，在征得宾客同意后方可下单给后厨。万一下单中的产品出现差错，相关人员需要迅速道歉，并尽快地取得宾客的谅解，然后给予宾客相应的补偿。

4. 应变技能与应急处理

在酒店服务过程中，虽然每家酒店各不相同，但是都会有规范性的服务标准及流程。尽管如此，在为宾客服务过程中，突发性大小事故或者事件也是屡见不鲜的。在处理此类事件时，酒店员工应当秉承"客人永远是对的"宗旨，善于站在宾客的立场上，设身处地地为他们着想。酒店方也要做出适当的让步。特别是责任多在员工一方的就更

应该敢于承认错误，给客人以即时的道歉和补偿。一般情况下，客人的情绪就是酒店员工所提供的服务状况的一面镜子。当矛盾发生时，酒店相关人员首先应考虑到的是错误是否在自己一方。

5. 营销技能与全员营销

严格说来，酒店的任何一位员工都是酒店的名片，其工作的好坏直接影响着酒店的声誉。而消费者选择消费目标酒店的依据主要是该酒店的服务是否能够满足其需要。因此，酒店员工每一个环节、一举一动都成了酒店的宣传媒体，这就是酒店营销事实上属于全员营销的范畴的缘由。另外，每位酒店员工除了要按照工作程序完成自己的本职工作，还应当主动地宣传营销，向客人介绍其他各种服务项目。这既是充分挖掘服务空间利用潜力的重要方法，也是体现酒店员工的主人翁意识，又是主动向宾客提供服务的需要。

【师傅讲授】

（四）创建客户资料管理系统，加强宾客资料的使用

宾客资料是酒店最重要的财富，宾客资料管理系统充分考虑到了酒店营销的需求及特点，为宾客提供具有针对性的个性化服务的依据，从而提高宾客的满意度。一份完整的宾客资料至少应包括以下三部分。

1. 宾客的基本情况记录

宾客的基本情况作为宾客资料的基础，其内容包括客人的姓名、性别、受教育程度、职业、职务、工作单位、每次消费金额等基本情况。

2. 宾客的个性偏好记录

宾客的个性偏好即客人特殊的消费方式、脾气性格、兴趣爱好以及言谈举止，其特殊的消费偏好是酒店经营中应特别留意的地方，尤其是该客人曾经提出的特殊要求等情况更为重要。同时，酒店初步获得这些基本信息评价后，还应追踪了解，以确认这些个性特征是否准确反映了顾客的个性特征。对宾客自身而言，这些特殊需求往往是他们认为最有价值、最重要的部分。对酒店而言，根据宾客特殊的个性偏好提供各类服务往往表明酒店具有超越同行的能力和质量，也是能够给客人提供惊喜服务的依据。

3. 宾客的满意程度记录

宾客的满意程度记录是指记录客人每次消费对酒店的表扬、批评、投诉记录等基本情况，包括宾客对酒店整体或局部服务质量的评价；对员工的评价；对设施设备等建议与要求；对酒店内部氛围的感受；消费时对价格的满意程度；有无讨价还价行为；宾客的消费次数；该宾客是否曾经介绍朋友过来等。在建立了宾客资料后，酒店应着重研究宾客的需要。这些需要有时是普遍化的简单需要，而有的需求则是罕见的特殊需求，凡不违反有关规定，酒店均应尊重并设法转化为具体的服务项目。要树立"宾客资料是酒

店最有价值的财富"这一观点，宾客资料中蕴含的诸多信息应该及时成为酒店提供服务的指南，而不能束之高阁。

【徒弟记忆】

通过对酒店消费者消费心态的研究，熟知了客人在酒店消费的三个阶段过程中的不同心理需求与情绪状态，酒店可以通过这些心理活动规律来制定相应的服务措施。消费者心理活动与酒店企业市场服务策略存在着双向的互动关系，消费者心理需求的产生和发展对酒店市场服务策略提出特殊的要求；反之，酒店企业市场的服务策略也影响消费者心理活动过程的产生和发展。成功的酒店服务市场营销活动是适应宾客心理特点和需求的营销，是适应宾客心理变化而开展的有效服务。

【拓展应用】

（1）分享一下你去酒店的消费心理。

（2）这种消费心理在实际中的体现是什么？

（3）如何克服这些消费心理？

（4）酒店工作人员如何优化服务？

项目三　酒店营销实务

【企业标准】

营销活动是连接酒店与市场的桥梁，营销活动的成败直接影响酒店经营的成败。本项目从营销组织、市场定位营销流程、营销计划、营销考核和收益管理等方面进行讲解。重点阐述了酒店营销活动的特点、基础环节，探讨了营销组合策略，介绍了现代酒店的新型营销理念和营销创新，提出以客户服务为核心的营销理念。酒店营销实务主要解决的问题是：熟知酒店产品是卖给谁的，能够对市场进行细分并做出定位；能够掌握获取市场需求信息的方法，分析市场发展趋势；能够跟踪宾客消费过程。

【师傅要求】

（1）酒店营销活动的概念、特点、对策。

（2）酒店目标市场的定位与选择。

（3）熟悉酒店新型的营销理念。

（4）熟知酒店市场营销的渠道。

（5）掌握酒店营销组合策略。

（6）了解酒店市场营销中科学化的管理方式。

【师徒互动】

【案例分享】 很久以前，英国一家乡间旅馆，地处荒凉地带，没有公路，不通汽车，没有电，不通电话和手机。这家旅馆按常理说不具备办旅馆的有利条件，如果你是旅馆的管理者会怎么办？怎么把不利因素转化为有利因素？而这家旅馆的经营者运用逆向思维，从相反的方向上提出经营战略，刊登出了如下广告："这家旅馆没有公路，不通汽车；没有电，不通电话和手机，这里什么都没有，你不必担心汽车的噪声和污染，你不必担心有人打电话找你，你可以不受任何干扰地在这里休息。"这对那些饱受现代污染和电话干扰，一心想寻觅幽静之处彻底放松、休息的老板们，真是个理想之所。广告登出不久，这家旅馆便门庭若市，生意兴隆。

【师徒提示】

这家旅馆的老板刊登的广告给了我们以下三个方面的启示：
（1）发掘自身的特色。
（2）找出需要或适合此特点的宾客。
（3）将酒店的特色通过适合的方式告诉偏爱该特色的宾客。

【师傅讲授】

一、酒店市场营销概述

上述案例说明，酒店的运营管理离不开营销。限于篇幅，本项目介绍的酒店营销实务实质上包括营销的基础知识、酒店营销市场分析、酒店营销策略三个方面。

1. 酒店市场营销概念

营销大师菲利普·科特勒认为，市场营销是个人或群体通过创造产品和服务，并同他人交换以满足其欲望与需求的管理过程。酒店的产品不是单纯以物质形态表现出来的无形产品，而是有形设施和无形服务的结合。因此，酒店的营销活动应当区别于传统实体产品的营销。具体来说，酒店市场营销活动应当具备这样的功能：首先，了解宾客的合理需求和消费欲望；其次，设计、组合、创造适当的酒店产品，提供合理的价格，以满足目标市场宾客的需要。所以，酒店的营销活动必须是酒店内各部门密切配合的结果。酒店市场营销的作用在于沟通酒店和宾客之间、酒店内部的各种关系，寻求酒店的最佳效益。

综上所述，酒店市场营销是酒店为了使宾客满意并实现经营目标而开展的一系列有计划、有步骤、有组织的活动，其核心是满足宾客的需求，最终目的是保证酒店获得持续稳定的盈利。言简之，酒店营销就是在适当的时间、地点，以适当的价格，通过适当的销售渠道，采取适当的促销策略，向目标客人销售一定的产品和服务的有计划、有组织的活动。

现代酒店营销管理的定义为酒店用现代化的手段对营销业务进行分析、计划、执行和控制，以谋求创造、建立及保持与目标市场之间相互有益的交换和联系，从而争取达到酒店规定的目标。也就是酒店经营者为造就宾客满意，并在宾客满意的基础上实现酒店经营目标而展开的一系列有计划、有组织的活动。

理解现代酒店营销的概念，还需要从下面的角度去看：（1）市场研究。要从顾客出发，就必须对市场需求进行调查研究，选定目标市场，了解作为目标市场的顾客需要什么。（2）产品组合。根据顾客需要，提供对路的、能使顾客满意的产品和服务。（3）广告和促销。用各种方法和手段，告诉顾客酒店的产品和服务情况，使顾客能够了解和接受。（4）营销结果。满足顾客需要，为的就是使酒店的经营目标得以实现。经营目标可以是利润的增长，市场占有率的提高或销售量的增加等。要做到顾客满意，酒店得益。

2. 酒店营销的原则

营销观点是一种与时俱进的、新的经营思想，它以顾客为中心，以顾客需求为导向。酒店要实现其经营目标，关键要选择和确定目标市场，了解顾客的需要和愿望，并使酒店产品去适应和满足顾客的需要。它的原则是：市场需要什么，就提供什么；顾客需要什么，就卖什么。营销的核心是满足客人的合理要求，最终的目的是为酒店营利。

3. 酒店市场营销的特征

酒店的产品是有形设施和无形服务的结合，它不是单纯以物质形态表现出来的无形产品，作为销售这些特殊的酒店产品的市场营销，有综合性、无形性、易波动性、时效性特点。

（1）酒店服务过程的综合性。

酒店产品并不是单纯的物质产品，而是物质产品加服务的复合体，所以具有综合性、无形性及评价主观性的特点，因此，要求酒店更加注重服务过程中员工和宾客进行服务接触的过程，即服务的"真实瞬间"。这是酒店服务质量展示的有限时机，是建立良好宾客关系、培养忠诚宾客的最佳时机。

（2）酒店产品销售的时效性。

酒店的产品及服务属于一次性服务，如客房产品，也就是说酒店不可能将当天没有卖掉的客房储存起来放在其他时间销售给宾客。酒店客房设施和服务无法储存的损失表现为机会的丧失和折旧的发生，这就使得酒店营销活动面临比实体产品销售更大的挑战。所以思考如何提升酒店在某一天或者某一个时点的入住率，把握好客房销售的时效性，避免客房资源闲置是无法回避的问题。

（3）酒店需求的波动性。

酒店宾客需求波动很大，在不同季节、不同时段和不同日期都是变化的。因此，酒

店运营官的很多精力都应该是对宾客的需求在时间、规模和结构等方面进行引导和控制。酒店行业普遍的经验是鼓励酒店进行客房预销售，即客房的预订。然而在客房预订时，酒店的管理者又不得不面对许多不确定性。比如，可用来预订的客房数量的确定。为了减少这种不确定性，酒店经常采取不同预订提前期可接受的折扣限额等方法刺激消费者提前确定消费数量。以上这种对宾客订房数规模等引导控制的方法叫作宾客需求管理。

通过对宾客需求的管理不仅可以尽量缩小酒店淡旺季之间的不平衡，还能够将酒店的需求规模保持在一个适当的水平上，寻求酒店的最佳运行规模。

（4）酒店的全员营销。

酒店产品生产与消费同时性的特征说明了员工与客人同为酒店生产与服务过程的要素。这一特征使得酒店营销中不仅要关注宾客的需要与满意度，对宾客展开营销活动，同时还必须重视员工的利益与需要，对内也要实施营销计划。因此，酒店营销一定是全员营销，即将内部营销和外部营销统一起来。其中外部营销是以客人为对象的营销，内部营销则是以酒店内部员工为对象的营销。里兹酒店的"我们是淑女和绅士，为淑女和绅士服务"的座右铭就是对这一理念的经典诠释。

【师徒提示】

现代酒店营销应以宾客的需求为导向，产品设置与服务提供都要符合市场需求，在卖方市场转为买方市场的环境下，转变酒店固有的营销观念是酒店在激烈的市场竞争中立于不败之地的前提和保证。

【徒弟记忆】

熟记酒店市场营销的概念与特点，掌握酒店市场营销的特点。

【徒弟拓展】

案例分析：

案例陈述：因为早就听说连云港国信云台大酒店的服务周到细致，人性化服务很有特色。李先生特意将欢迎上海客户的宴会安排在这家酒店。众人入座开茶后，服务员托送酒水，一一为客人斟倒，细心的李先生看到服务员在整洁的托盘内垫着一块干净的浅色盘巾，心中暗想：看看这块干净的盘巾就知道今天的选择是正确的。品尝过凉菜后，客人们对菜肴的色、香、味都挺满意。热菜上桌前，服务员用托盘对餐台进行了小整理，当服务员用托盘撤换接碟时，李先生留意到托盘里的浅色盘巾不见了，换成了一块深色的盘巾，依然干净整洁。这引起了李先生的好奇，他仔细观察后发现，服务员在上菜、上酒水、上新接碟时均使用垫有浅色盘巾的托盘，而在撤客人使用过的盘碟、烟缸等物品时都会使用垫有深色盘巾的托盘。李先生把这一发现告诉了大家，大家都对这种人性化的服务方式大加赞赏，对服务员的服务十分满意。李先生看到大家如此尽兴，非常高兴，心想：以后请客就定这儿了。

案例评析：一块小小的盘巾，其颜色的变化，反映了不同的服务程序，这一细节深深打动了客人，体现了餐厅服务的细致入微和人性化，得到了客人的认可和好评，实现了餐厅以服务展开营销活动的目的。客人就是酒店最好的宣传员，几块小盘巾将为酒店带来良好的口碑，并不断增添像张先生一样的回头客。

【师傅讲授】

二、酒店营销目标市场分析

改革开放后尤其是进入 21 世纪以来，国际酒店集团在中国的不断推进和深入，使得我国旅游酒店市场竞争更加激烈，为了在激烈的市场竞争中确立自己的优势，酒店如何细分市场找准自己的定位，对酒店的经营管理具有相当重要的现实意义。

1. 酒店产品与服务的定位概念

酒店定位是以产品为出发点，但定位的对象不是产品，而是针对潜在宾客的思想。也就是说，定位是为产品在潜在宾客的大脑中确定一个合适的位置。通常情况下，无论酒店是否意识到产品的定位问题，在宾客的心目中，一定商标的产品都会占据不同的位置。比如，"希尔顿酒店"在宾客认识中意味着"高效率的服务"，"假日酒店"则给人"廉价、卫生、舒适、整洁"的市场形象。

由上述定位的概念可以看到，定位始于产品，然后扩展到一系列商品、服务、某个企业、某个机构甚至是某员工。对酒店而言，酒店的产品定位并不是酒店要为产品做些什么，而是指酒店的产品要给宾客留下些什么，即给宾客营造出自己的产品有别于竞争对手的印象。实际上，产品定位就是要设法建立一种竞争优势，以使酒店在目标市场上吸引更多潜在宾客。

酒店产品定位从另一个角度看，是要突出酒店产品的个性，并借此塑造出独特的市场形象。一项产品是多个因素的综合反映，它包括性能、构成、形状、包装、质量等，产品定位就是要强化或放大某些产品因素，从而形成与众不同的特定形象。产品差异化是形成酒店产品定位的重要手段，在这里必须强调的是，此处所谓的产品差异化并非单纯地追求已有产品变异，而是在市场细分的基础上，寻求建立某种产品特色，是市场营销观念的具体体现。

在对目标市场进行宣传、沟通时，酒店要尽量避免因宣传不当而在公众中造成误解，影响酒店优势的发挥。例如，传播给公众的定位过低，不能显示自己的特色；或定位过高，不符合实际情况，误导宾客认为酒店只经营高档、高价产品；或是定位含混不清，无法在宾客中形成统一明确的认识。

首先，酒店要准确计算好自己的产品定位从一个目标市场转移到另一个目标市场的

全部费用；其次，酒店将自己的产品定位在新的位置上时，能够得到怎样的回报。收益的多少取决于目标市场的购买者和竞争者的数量，其平均购买率有多高，在目标市场中酒店产品的销售价格就能定在什么水平上。

【师傅提示】

酒店应将收、支两方面的预测进行认真的逐一比较，权衡利弊得失，然后再决定是否将本酒店产品定位在新的位置上，避免仓促调整，造成得不偿失的局面。

【师傅讲授】

2. 酒店产品定位的基本要素

一般认为，产品的市场定位是指根据竞争者现有产品在细分市场上所处的地位和宾客对产品某些属性的重视程度，塑造出本企业产品与众不同的鲜明个性或形象并传递给目标宾客，使该产品在细分市场上占有强有力的竞争位置。因此，产品定位应该具备以下四个基本要素。

（1）全面挖掘酒店产品本身的特异点。基础的工作就是要全面透彻地研究酒店产品的各种属性，以期从众多属性中挖掘出能让人眼睛一亮的直击心灵的定位点。关于产品属性的研究、方法有很多，最简单方便的是属性排列法。就是把产品所有可能想到的属性一一排列出来，对每一属性进行横向和纵向分析。

纵向分析是客观地描述出酒店产品每一种属性的具体内涵和表现，横向分析是结合主要竞争对手产品的同种属性进行比较，评估每一种属性与竞争对手产品的相同属性相比的优劣，优劣的重要标准是能否凸显酒店产品的特异性。基于横向和纵向的属性分析，排列出可以选用的酒店产品属性。

（2）深入了解竞争对手产品明确的定位。研究竞争对手的产品定位，可以通过排比图法进行。所谓排比图就是将挖掘出来的各产品属性排列出来，在每一属性上分别分析比较各个竞争品牌的各自定位表现，找出各竞争对手产品定位利用的产品属性，最后在此基础上确定本企业产品定位中应该避免利用的产品属性。

（3）充分研究消费者对酒店产品的价值追求。从酒店产品众多属性中提炼定位点时，必须考虑目标消费者对此产品最关注的属性是什么。对筛选出来的可供定位的产品属性进行差异化剔除后，并不意味着定位点就可确定下来了，还需要针对目标消费者的需求进行针对性剔除。也就是说，差异化剔除后保留下来的产品属性，并不一定都是目标消费者感兴趣的，不一定是目标消费者在购买该产品时特别看重或在乎的属性。因此，此时还需要对目标消费者购买该产品时注重追求的价值进行分析研究，把不能吻合消费者需求的、消费者不太关注的产品属性再予以剔除。需要明确的是，如果经过上述筛选剔除后，依然保留有多个可以选用的酒店产品属性，这时就需要结合企业的技术能力、酒店历史、资源优势、酒店核心竞争力等因素，进行优化选择。如果经过筛选剔除后，没有剩下任何可供选用的产品属性，则需要重新进行酒店产品属性挖掘，重新进行属性排列分析。

（4）大力加强酒店产品定位的宣传沟通工作。经过前述定位分析决策后，确定了酒店产品定位点，但这也并不意味着定位工作就完成了。酒店产品定位成功的最高境界应该是：当消费者见到或想到某个酒店的产品时，能立即联想到该酒店产品的某种独到个性特点；反之，当消费者想到该类产品的某个个性特点时，也能立即联想到某个特定的酒店。

3.酒店产品定位的方法

突出酒店产品符合消费者心理需求的鲜明特点，确立该产品在市场竞争中的方位，促使消费者树立选购该酒店产品的稳固印象的策略。其市场定位的方法主要有：

（1）市场定位。

市场调研是酒店企业开展营销活动的起点。酒店企业要在市场上开展营销活动，就要了解并准确把握市场的"脉搏"，探测宏观环境与微观环境的基本特点，在此基础上，科学确定营销计划。在市场调研的基础上采取两个方法进行市场定位：一是功效定位。突出酒店产品的特殊功能，使该产品在同类产品中有明显的区别和优势，以增强选择性要求。比如徐州辣汤起源于彭祖创制的雉羹，其美味度明显优于番茄蛋汤。二是品质定位。突出酒店产品的良好的具体品质，口味、口感、功用等方面与同类产品相近时，突出强调该产品廉价的特点。这是在同质同类产品竞争中击败对手的比较有效的方法。

（2）市场细分。

酒店必须对其所面临的市场进行科学的分析，根据宾客的爱好、需求、购买行为、地域分布等因素，寻找适合购买本酒店产品或服务的具体消费对象。找准对本酒店富有吸引力的某一（几）个客源市场，集中自身优势，充分满足选定客源市场的特定需求，使得本酒店"在一定的市场上获得最大限度的市场占有率"，并以尽可能小的代价，追求尽可能高的收益。

（3）市场选择。

酒店对各个细分市场进行"可进入性"分析，评估酒店的营销机会，从中选择适当的细分市场作为酒店营销的目标市场。酒店营销的目标市场选择大致上有三个：一是整体目标市场营销。酒店把所有细分市场都视为其营销目标，根据这一市场上绝大多数人的需求，设计出一套单一的营销策略。二是差异目标市场营销。酒店针对不同的细分市场制定出不同的营销组合策略，全方位地开展具有针对性的营销活动。三是集中目标市场营销。酒店将资源集中起来用于一个最具有潜力且最能适应酒店资源组合现状的细分市场，目的是在这一细分市场上取得绝对优势，实现"小市场、大份额"之目的。

4.酒店服务的市场空间类型

（1）商务、公务及旅游市场。商务考察、会议展览、公务出差、奖励旅游、培训研修、政务旅行等集团客户均是酒店服务的市场基石。

（2）休闲、观光及度假市场。著名旅游点、运动会、博览会和休闲节，均是形成酒店服务市场的要素。一些福利比较好的企业，也可能安排带薪休假和定点支付住宿费用等。

（3）本地消费市场。本地政府部门、商业机构和居民的会议、餐饮和康乐需求，给酒店业带来较大的市场。在一些城市，本地人入住酒店的目的并非会议住宿，而是个人康乐，如打扑克、打麻将之类。

【师傅提示】

这样划分酒店服务的市场空间类型，不见得很严谨。比如，接待公务出差的单位，往往要为外地出差人员支付较高比例的酒店费用，尤其是住宿费用。这可能涉及上述（1）和（3）两个市场。但这并非很要紧的事情，因为，酒店总是有人消费的，关键是支付费用的人是谁，有什么办法能够吸引他们来酒店消费。

【师傅讲授】

三、酒店市场营销渠道

在改革开放以来的四十年中，中国酒店业应用了由酒店集团控制的中央预订系统（CRS）；在过去的十年中，中国酒店业建立了面向国际旅游业的全球分销系统（GDS）；而在近十年中，携程（CRTP）、去哪儿（QUNAR）等新兴旅行服务商的出现，形成了第三方销售亮点。随着自主销售渠道控制权的外移和相关商业利益的分割，中国酒店业会寻求不同的销售渠道。市场上原有的渠道商也会通过技术创新和市场创新来提高其市场竞争能力。

目前，国内的酒店企业可以选择的营销渠道大致有以下几类：

1. 酒店直接销售

（1）现场直接销售。在酒店前厅总服务台接待住店客人、在餐厅接待就餐宾客、在康乐中心接待休闲客人等，是酒店最原始的销售渠道和销售方式，也是现代酒店不可忽视的销售渠道。

（2）人员推销。酒店派出销售人员直接销售酒店服务。

（3）电话推销。酒店销售部门通过电话直接销售酒店服务。

（4）网络推销。酒店设立网站，销售部门开展网络推销与预订。

2. 酒店预订系统

（1）专业酒店预订系统。通常表现为公司企业作为代理人，同时为许多酒店提供预订服务。

（2）大酒店集团预订系统。主要为本集团中的成员提供服务，也为其他酒店提供预订服务。

（3）特许经营预订系统。主要是酒店管理水平很高、酒店品牌张力很强的酒店，在全球、全国、全省设立特许经营权，为取得特许经营权的酒店提供预订系统服务。

3. 第三方销售

（1）旅游机构。旅游机构是中国酒店企业争夺得最激烈的销售渠道，分为旅游批发商和旅游零售商。旅游批发商专门从事包团旅游和销售活动，通过与航空公司、轮船公司、酒店直接谈判，安排组织各种不同时间、目的地与相应价格的包团旅游，再向旅游零售商或者旅客销售。旅游零售商向旅客提供咨询服务、导游、交通工具安排和吃、住、游。

（2）酒店代理商。作为专门为酒店推销并接受客人预订的中间商，熟悉市场情况并与主要客源市场联系密切，具备完善的推销系统，拥有经验丰富的推销人员。

（3）客运机构。许多航空公司、铁路列车、轮船公司、长途汽车公司除了向客人提供交通运输服务之外，还普遍以中间商的身份向客人介绍酒店和代酒店接受订房。

（4）会议促销机构。以组织会议为主的代理机构和销售组织，不但策划、组织会议、会展，而且把交通、住宿、旅游、娱乐等有机地融为一体。他们往往是酒店很重要的销售渠道。

（5）酒店协会和旅游协会。酒店协会和旅游协会不是酒店集团，不拥有也不经营任何酒店，但能够为酒店、旅游机构成员提供促销与预订服务。

（6）宾客促销。酒店宾客体验后，对于入住酒店的满意度很高，会不自觉地向亲朋好友推荐其消费过的酒店。这种口口相传的营销效果远比其他营销渠道效率更高。

【徒弟记忆】

熟记酒店市场定位的方法；熟记几种常见的酒店市场类型；熟记并能够了解酒店市场营销的渠道的建立方法。

【师傅讲授】

四、酒店市场营销的策略

目前，发展到现在的国内酒店业正处在一个最缺乏营销同时又最需要营销的时代，很多酒店的市场营销仍然停留在模仿的盲目经营和经验型的松散管理的初级阶段，使酒店经营成效很低，举步维艰。酒店业者，特别是高层管理者想要提升营销能力，研究酒店的营销策略是十分重要的。新形势下酒店营销策略有以下几个需要重点学习的方面：

1. 酒店营销的"三个关注"策略

（1）关注宾客。酒店营销的第三渠道就是宾客渠道，而酒店经营的核心就是为了入店宾客服务，全面推行"宾客至上"的经营宗旨，时时处处以宾客为中心，宾客的需求得到满足后，其入店体验成为酒店营销的最好依据。因此，关注宾客的营销策略实质上

是对外营销的一个有力武器。

（2）关注员工。关注员工其实就是对内营销策略。酒店营销策略的核心内容就是"宾客至上，员工第一"。没有一流的员工，就没有一流的服务。没有满意的员工，就没有满意的客人。员工是酒店的宝贵财富和资源，酒店管理者要善待员工，使他们具备良好的素质、丰富的知识、娴熟的技能、规范的举止礼节、忠信的道德修养和热忱的工作态度等。

（3）关注市场。其实质是抓住市场，增加市场份额。酒店营销策略强调以市场为中心，以市场为导向。市场经济条件下，酒店经营必须遵循"以销定产、以需定产、产销结合、适销对路"的原则。"以销定产"即看准销路、行情，什么菜系流行就经营什么，要赶上潮流和时尚，要不断推陈出新。"以需定产"则强调以需求为导向，要善于预测和把握客人的消费需求发展趋势，有所前瞻和准备，有灵活经营的适应能力。以市场为中心就是要遵循市场规律，不能想当然和"闭门造车"，要随市场的动态变化而有目的地调整酒店营销策略。市场经济是残酷的经济，竞争无时不有，无处不在。与其逃避竞争或被动竞争，还不如主动参与竞争，要在竞争激烈的市场中获胜，必须先练好内功，把酒店企业内部各方面的改革推向深入，才能增强经营实力，才能在变幻莫测的市场中游刃有余。

2. 酒店产品的创新开发营销策略

近年来酒店产品竞争愈演愈烈，老套的、雷同的、千篇一律的、百店一格的产品已经远远跟不上时代的发展，满足不了宾客的消费需求。随着消费者需求的多样化，促使酒店产品也必须多元化。硬件产品，不能一味攀比豪华、气派、大而全，而应该立足于在有限的投资中尽量设计出各自不同的风格、品位、气氛和文化特色。产品项目和功能力求有实效。一旦跟不上酒店行业市场上这种开发创新步伐，就会被消费者无情地遗忘或抛弃。

做好酒店产品开发和创新，必须掌握相应的产品开发技术以及产品营销策略。这就必须做到以下几点：第一，做好市场渗透。即让已有的宾客消费已有的产品。对老宾客要给予更多的关照、尊重和优惠，不断让其尝到消费带给他的愉悦。"给别人一点甜头，自己才会有赚头。"老宾客消费老产品，要在消费过程中不断创造新意，否则宾客的忠诚度就会降低。第二，做好市场发展。即让新宾客消费已有产品。产品不能变，就要想办法争取新宾客的加入，增加销量，把客源市场做大。加强宣传促销，拓展新的细分市场，扩大销售面。第三，做好新产品开发。即让已有宾客消费新产品。比如，定期换菜系、换口味。营销的灵魂就在于新产品开发。无论哪个行业，都必须不断开发新产品，否则就会失去生命力。要留住宾客，产品就必须有变化、有更新、有创意、有突破。产品创新依靠观念的更新和有创意的新点子。设计构思新产品，就是不断否定自己、提升自我的过程。新产品开发的前提是深入细致的市场调研预测，开发的方法是引进、节俭、改造、更新并以局部性开发为主。新产品开发必须与"四个新"（新技术、新设计、新潮流、新需求）相联系，同时依靠科技"顶天"，市场"立地"。第四，做好多元化发展的主题。即让新宾客消费新产品。这是成熟期酒店的发展出路，一业为主，多种经营。或搞管理输出，或发挥酒店硬件、技术之优势，对外拓展业务，分散冗员，广开财路增加经营项目。比如，干湿洗、租车、烹饪、地毯清洗、演艺、插花、装饰等业务的对外经营服务。

3. 针对酒店内部全员促销策略

酒店内部促销即全员促销。内部促销有着四大优势：第一，内部促销是面向已有的住客或宾客进行的促销，对内总比对外容易和方便。第二，内部促销不需要专职人员，从总经理到清洁工，从前台到后台，人人都可参与。酒店全员都是产品义务推销员，只要把积极性、主动性调动起来，再适当地掌握一些方法和技巧，就会形成强大的推销实力。第三，内部促销不需要专门的经费投入，它不像广告、公关等要有专项的预算，经费开支大。内部促销是在完成本职工作的同时，不失时机、恰到好处地推销，只需多一些灵活多变的方法、语言和形式而已。因而是成本最低，见效最快的促销手段，何乐而不为呢？第四，内部促销没有时限性，一年365天，每天24小时，随时都可进行。所以，内部促销做好了，它是外部促销的继续和深入，也是外部促销的基础和保证。内部促销取得成效的关键是优质服务，只有优质服务才会令客人满意，才能让客人乐于消费、多消费、再次消费。内部促销还取决于酒店内部竞争、激励机制的建立健全，从上到下要树立全员营销意识，对在内部促销方面成效显著的个人或部门实行奖励，只有管理制度过硬了、兑现了，才能使内部促销工作落到实处。

4. 酒店产品经营推广活动策略

酒店经营推广是酒店为了促使目标市场的消费者尽快购买、大量购买自己的产品和服务而采取的一系列鼓励性的促销措施。酒店通过产品的直接销售而进行促销宣传的活动。适用于一定时期、一定任务的短期特别推销，目的是在短期内迅速刺激需求，取得立竿见影的效果。比如，各种庆典打折活动、节假日促销活动、主题参与活动、文化体验活动、美食品尝活动、康体竞赛活动、展览展示活动等都是经营推广活动常见的形式。通过活动，可集中宣传企业，展示企业形象。如近年来山东济南舜和国际大酒店在不同时节、不同阶段隆重推出的"民间菜美食节""海鲜美食节""婚礼服演艺""德国啤酒节""海鲜及爵士乐演奏"等丰富多彩的活动，每次活动都产生了轰动效应，成为新闻焦点，引起了较好的市场反响，获得了丰厚的收益。文化品位高、艺术氛围浓、内容新颖独特、形式健康活泼的经营推广活动不仅能直接增加销量和收入，更能扩大酒店知名度，为树立良好的酒店声誉、营造企业文化内涵、塑造产品品牌起到推波助澜的作用。精心策划组织的活动，能使旺季更旺，淡季不淡。各家酒店的促销活动新招迭出，令消费者目不暇接，成为社会公众关注的焦点。

5. 综合媒体营销宣传策略

传播媒介作为现代化的信息传递工具，在这个信息时代里，发挥着重要的作用，人

们无时无刻不受到媒体的影响。手机App、社交媒体、自媒体、网络、电视、杂志、宣传册（品）、户外广告、流动交通广告等众多媒体和宣传途径，往往让酒店无所适从，难以选择。即便有的酒店经常在媒体上露脸，但策划得有创意、能给企业带来实效的却不多见，花了不少冤枉钱，投入很大，收效甚微。多数酒店的广告还停留在初级的商业性广告阶段，注重介绍酒店位置、环境、产品结构、功能、价格等，却没有突出宣传本酒店的个性和特色，更多的是落入俗套，宣传的是共性的、雷同的行业性产品内容，这样的广告宣传绝不会给人留下深刻印象。不能抓住受众视听的广告，必然是失败的。即便能抓住视听，但不能诱发好奇和欲望的广告，也算不上是上乘的。酒店宣传在经过必要的商业广告的铺垫后，就应该进入高级的公关性广告阶段，侧重宣传企业宗旨、理念，树立鲜活的企业形象。广告是块市场"敲门砖"，能敲开市场大门，赢得短期市场效应，建立知名度，形成品牌，增加销量。但广告并不是万能的，它的作用是有限的，广告做得再多再大，也不能建立美誉度，更不能吹出名牌来。所以，酒店在广告的投入上应适度、适量、适时。众多媒体，不可随意滥用，要加以选择决策。应针对不同产品、不同时节、不同经营周期，恰当地选择相应的媒体进行宣传策划。力求在整合应用媒体途径和宣传手段的基础上，达到综合实效最大、最佳的结果。

6. 酒店的品牌形象策略

酒店的品牌形象是酒店在市场竞争中的一张王牌，形象塑造与形象管理已成为现代酒店营销策略之一，也是酒店营销策略的生命之所在。酒店的品牌形象塑造和形象管理涉及的面非常广泛，包括酒店外观建筑设计、内部装修布局、装饰点缀；广告招牌、图文标识、产品名称；色彩、灯光、声控艺术；店旗、店徽、店名、店歌、店服设计；也包括酒店经营宗旨、酒店的管理理念、企业文化、企业精神、规章制度和行为准则等。酒店企业形象是一项庞大的系统工程，既包括有形的与无形的、有声的与无声的、动态的与静态的，又包括物质的与精神的内涵。酒店在科学地实施"CIS（企业形象识别系统）"战略的同时，应高度浓缩企业的形象，明确企业的定位，充分利用酒店内外大大小小一切可以利用的形象资源，以最迅速、最直接、最鲜明的方式传递给消费者，给消费者留下难以忘怀的印象。然而酒店形象的塑造并非一日之功，一人之力。它需要长期的积累，不断地修正、完善以及合力地维护和科学的管理，还需要全体员工的参与和齐心协力。酒店员工都应像珍惜自己的生命一样爱惜和珍视酒店的品牌形象。

7. 建立良好的社会职能关系策略

酒店生存在市场之中，市场不仅包括酒店自身、消费者和同行，还包括供应商、中间商、公众、媒介以及社会各种职能部门与机构。所以，酒店要生存发展，首先要协调好方方面面的关系，必须研究和分析酒店行业政策与变化趋势，协调、和睦社区关系，顺应市场，适者生存。我国的诸多职能部门（如工商、税务、物价、公安、防疫、消防、环保等）的执法行为本身也还不够规范，造成酒店的生存环境很不宽松，酒店受到的行政干预和职能部门的干扰太多，导致酒店运营管理中需要花很多的精力。当然，酒店自身首先应该遵纪守法，规范自己的经营行为，做到合法经营。酒店只有置身于社会，才能回报于社会，只有处理好各种社会职能关系，才能够为酒店的成功营销建立必要的保障。

8. 建立网络联合营销渠道策略

随着现代科学技术在酒店业的广泛应用，网络营销以其难以想象的发展速度成为酒店营销策略，而且是最有效、最经济、最便捷的营销手段。近年来，世界四大国际酒店集团：亚高、富特、希尔顿、斯特伍德联合组建了网上合资公司，这是继欧洲多家酒店网络公司之后亚太地区的第一家，它必将促进亚太地区酒店业的迅速发展。目前，网上"酒店平台"也在发挥着积极的作用，它的总部位于香港，是具有革命性的酒店销售管理系统，优势在于：A. 可显著降低销售成本。B. 可有效管理销售过程。C. 可建立酒店良好的信誉。D. 可提高酒店的收益管理水平。因而由此掀起了酒店业的一场销售革命，向传统的酒店销售方式提出了严峻的挑战，迫使国内酒店企业尽快赶上时代发展的进程，提高经营管理的科技含量，用先进的网络技术来武装自己，尽早进入现代化企业营运的行列。随着世界经济一体化和企业全球化进程的加快，外国酒店管理集团倚仗其雄厚的资金实力、庞大的销售网络、系统和科学的管理优势，对国内酒店业形成了较大的威胁，已经向国内酒店行业发起了人才掠夺和信息资源垄断的进攻。国内酒店企业一定要在网络联合经营和网络销售战略上加快发展步伐，行业内各酒店要彼此做联合经营的忠诚伙伴，学会双赢或多赢，变你死我活的竞争为协同发展竞争，这才是新形势下酒店业的发展途径，也是大势所趋。

【师傅提示】

很多资料上谈到酒店的营销策略总是会介绍很多价格策略，而本书所罗列的几点酒店营销策略，均为非价格竞争策略，其目的在于避开单一价格竞争的误区，打开思路，开阔眼界。酒店业应该全方位、多触角地广泛应用多种酒店营销策略，以求达到增强竞争实力、提高经营能力和管理水平的目的。

【徒弟拓展】

酒店营销策略既是科学的酒店经营管理方法，又是艺术的酒店经营手段。行业中酒店的营销策略及方法林林总总，各有千秋，期待大家充分利用网络媒体的工具，多多收集有效而又创新的酒店营销策略，为今后的酒店企业发展打下良好的基础。

【徒弟记忆】

熟记本书罗列的酒店营销策略，尤其是注意理解三个关注的深刻内涵。

【师傅讲授】

五、现代酒店营销的管理

营销作为酒店的一项管理活动，应是建立在全员营销的基础上的，是由专业营销和酒店各部门员工行为效果营销组成。专业营销就是由市场营销部进行酒店整体营销，员工行为效果营销是通过全体员工良好的服务态度和服务质量，增强了顾客的满意度，使之成为酒店回头客从而达到营销目的。对于酒店来说，其产品的生产与消费的不可分割性决定了员工行业对营销效果的重要影响作用，因此形成营销管理的重要组成部分。专业营销是现代酒店对外营销的主要方式，但若脱离了员工行为效果营销，其营销效果将大打折扣，这是酒店产品的特点所决定的。

酒店市场的营销应树立创新的观念，这种观念不仅来源于外部市场的压力和顾客需求的变化，而且也来源于内部经营利润的驱动。创新的范围很广，大到营销体制的变革，小到一些服务细节的改进，只要能给顾客以新的感受，做自己和别人没有做过的事情都是营销创新的内容。

（一）现代酒店营销管理的主要工作

1.营销计划的制订

酒店营销计划是酒店经营活动面向未来的决策，营销计划不仅为酒店经营活动指明了方向与目标，而且也为实现这一目标规定了应采取的方法与措施。营销计划是一个由多个步骤组成的过程，这一过程主要包括以下几方面：市场机会分析、选择目标市场确立营销目标、制订营销方案、推出营销活动。

2.市场机会分析

从严格意义来分析，计划始于目标的确立，而营销目标确立的基础是市场分析。酒店处于激烈的市场竞争之中，复杂多变的市场环境不断为酒店提出新的机会与威胁，酒店必须增强识别市场机会的能力，并采取有力的措施避免威胁。市场分析应包括：

（1）竞争对手分析。比如，与本酒店形成竞争关系的酒店经营状况，通过分析了解竞争对手的特点与弱点，寻找自身的经营机会。

（2）酒店产品分析。主要了解酒店自身产品和服务的特点及发展潜力，从而为更好地实现营销目标寻求优势。

（3）客源市场分析。主要了解顾客的消费需求的变化情况，从而不断寻求新的方法来满足顾客的需求变化。

（4）选择目标市场。酒店不可能全部满足顾客的需求，因此必须研究整个市场并选择适合自己的细分市场。第一，要预测需求。对酒店将要开发的新产品的可能市场进行市场潜力估计预测，以确定此市场空间的大小。第二，要进行市场细分。通过预测的结果，寻找进入市场的切入点，酒店营销的任务就是要了解市场的结构，并决定哪个细分市场能提供实现酒店目标的最佳机会。第三，要选择目标市场。对细分市场进行评估后便可结合酒店自身的实力和需求潜力选择进入一个或多个细分市场。第四，确立酒店产品市场定位。就是要在目标消费者心目中为酒店产品巧妙地安排，以占领比竞争产品更为清晰、明确、有利的地位。而要实现这种有利的市场定位就必须实现营销产品的差异化，如提供差异化服务、建立差异化的品牌和企业形象等。对酒店确定的市场必须投入力量去将其传达给消费者，通过有效的营销方案支持这一市场定位的实现。

（5）确立营销目标。营销目标与酒店目标不同，营销目标是在酒店目标指导下为实现酒店总目标而制定的分目标。通过分析，确立了酒店在一定时期的营销目标后，要对目标进行详细的说明，并做出局布规定，包括营销效果、效果的标准及时间限制等。为了使目标更符合实际，酒店必须经常密切注意市场的变化，并对目标进行必要的修改，因为酒店的营销活动要不断地受到市场和环境的影响。

（6）制订营销方案。根据目标制订实现目标的发展与实施方案。

（7）酒店市场营销活动的组织与执行。制订好营销计划与方案只是营销工作的开始，好的计划并不代表好的结果，虽然好的计划是做好工作的重要一步，但如果计划的组织执行不力，仍然达不到计划的目标。所以营销管理就是要把计划化为行动，以达到目标，它是要解决由谁来做、哪里做、何时做、如何做的问题。酒店营销业务牵涉到酒店各个部门及时对顾客服务的各个环节，因此在酒店营销管理工作中应注意各部门各环节合理科学的分工。

【师傅讲授】

产品是酒店发展的基础，没有适应市场需求的产品，再好的营销也难以达到理想的效果。因此，酒店应在产品的更新换代上下功夫，跟上时代发展的步伐，努力发掘自身的特点，形成与众不同的风格，才能进入实力营销的行列。

【师傅讲授】

（二）酒店市场营销中科学化的管理方式

（1）市场营销工作是一项要求人和社会沟通的工作，特别是对于酒店管理人员来讲，需要营销人员具有很好的沟通能力、协调能力和团队合作能力，做好市场营销策略中经济运用状态，营销人员还要具备一定的专业知识，做好酒店管理中的营销策划、市场开发和销售服务工作，酒店要建立非常完备的市场营销模式，提升营销人员专业文化素养，提升营销人员专业化水平，不要一味模仿外国酒店的管理模式，要根据自身实际情况制订出非常合理的专业化和科学化市场营销方案。

（2）完善营销制度利于酒店信誉塑造工作，不断增加顾客流量和客户诚信度，制定良好的酒店管理营销资源整合工作，实现对于资源优化配置，建立非常完善的营销策划制度，维护客户资料。同时建立非常详细的客户档案管理，提高客户满意度提高，为客户提供全面合理的个性化服务，客户对于酒店满足要从住宿和饮食两个方面服务，增加客户对于酒店依赖度和信任度，同时酒店要及时建立客户档案管理信息库，对于客户满足度做好分析，开发潜在客户群体，不断扩大经营人群范围。

（3）还要注重品牌化市场营销策略，做好酒店管理保障工作，提升酒店品牌核心质量，形成自己的酒店管理新模式，在差异化竞争中实现对于酒店品牌的优化管理，不断吸引客户对酒店量化管理。在酒店管理中要形成非常合理的经营思想，鼓励酒店管理者提高创新能力，树立品牌化文化，打造自己独立的品牌形象，实现酒店优质服务和社会信誉的提高。同时还要选择合适的媒体，利用广告给消费者做推广，让消费者能够很好听地到自己的心声，很好地发挥酒店管理目标群体媒体宣传力度。

（4）随着人们生活水平的提高，外出旅行越来越多，酒店是外出旅行最重要的旅游服务方式，在酒店激烈竞争中需要不断提高酒店品质和经济效益，制定非常完备的经营措施，对于存在的问题要及时解决，酒店营销形式不是单一的，会随着市场不断波动，酒店营销中、旅游中必不可少住宿条件，也就是说酒店营销需要很好地配合旅游发展需求。

（5）酒店服务具有一定的无形性，大部分酒店管理中消费者都要对市场进行合理的调查，消费者在酒店产品管理中要实现合理评价管理，酒店市场竞争非常激烈，使得酒店营销不断吸引广大消费者，需要合理地对酒店经营定位，从根本上实现酒店管理营销方案高端化和亲民化相互结合。

（6）在科技信息逐渐发展的当今社会，酒店营销管理要符合酒店产品推广，需要在互联网推动下实现旅游行业酒店发展延伸，同时做好酒店的良性管理。

【师傅讲授】

（三）酒店营销管理的组织机构设置以及岗位工作职责

现代酒店企业组织管理中，在机构设置方面都会设立市场营销部。这是酒店企业组织管理部门中一个十分重要的职能部门。

1.酒店营销部具体职能及作用

（1）营销部是酒店龙头部门、核心部门，承担着酒店市场分析、计划、执行与控制工作，负责酒店的产品组合、产品销售和销售回收款等经营重任。因此，营销部的运转水平和营销经理的工作质量的好坏，直接关系到酒店的营收水平。

（2）营销部是与各个部门沟通、协作最多、最直接的部门，因此对营销部和营销经理的综合素质、专业素养要求很高，这也意味着，营销部和营销经理不能离开其他部门的协作与支持而独立工作。因此，营销经理要了解相关部门的规章制度和基本运行情况，本着理解、包容、互助的精神，妥善地解决问题。

（3）营销部是对外开展业务、进行社会公关活动的一线部门。因此，营销经理的一言一行都代表着酒店整体职业素养和形象。酒店宾馆是服务行业，所出售的也就是服务品质，营销经理也是服务人员，只不过服务的形式与其他岗位有所不同而已，因此要求营销经理与其他员工一样须以绅士淑女的风度为绅士淑女提供充满人情化、专业化的服务。可以说，营销经理是酒店的脸面，是酒店精神面貌的直接体现。

（4）营销部是酒店信息中心、参谋部，营销总监就是酒店的参谋长，担当着营销调研、了解市场状况、预测市场走势、制定酒店营销战略和计划、确定酒店的目标市场、制定酒店 4P 组合策略、对外进行社会公关、树立酒店良好形象的部门。因此，营销部是酒店经营战略的规划部门，营销部也是酒店的千里眼、顺风耳，营销经理就是一名白（领）骨（干）精（英）。

（5）营销经理的工作价值就是通过良好的售前、售中、售后服务展现酒店的服务理念并创造利润，所以营销经理不仅是销售好手还是对酒店其他产品相当熟悉的人。因此，营销经理应该是一位酒店管理专家，在酒店中营销经理也是最容易得到提升的人，而营销部也被誉为"酒店的黄埔军校"。

2. 酒店销售部主要的工作内容

（1）开展市场调研工作，重点收集酒店市场及客源动态信息，了解竞争对手销售活动和价格情况，预测和分析客源市场的规模和特征，并定期编制酒店销售趋势报告和市场分析报告。

（2）制订市场营销战略和计划，确定酒店的目标市场，并计划组织整个销售推广活动。其中包括：①有计划、有组织地对潜在客户和重点客户进行销售访问，向客户介绍和推销酒店产品，征询客户对酒店的意见和建议，争取达成交易，签订销售合同。②制订酒店的广告促销计划，包括酒店各类对内对外宣传品和促销活动宣传资料，选择媒体，设计广告宣传平面。③与酒店其他相关部门一起策划特别促销活动，如美食节、情人节、圣诞节、春节，客房包价以及其他主题促销活动，并组织实施。④制定酒店客房的标准价格、组合产品价格、长包房价格、特殊活动的促销价格、折扣政策、价格的调整、预订金和协议价格的支付方式等政策性事物。⑤根据市场状况和宾客意见，指导餐饮改进、调整、开发新产品和提升服务质量水平。

（3）开展对外公共关系活动，负责与新闻界、地方政府、职能部门的联系，组织和安排各种店内外大型活动，与酒店高层一起处理各种突发性事件，并收集有关酒店形象方面的信息，为管理者提供决策，以树立和维护酒店良好的形象，为酒店创造和保持"人和"的经营环境。

（4）负责日常性的销售工作，处理业务往来函件、传真、电话和来访，回答客人关于酒店产品、价格、优惠等相关事宜。

（5）负责各类会议／宴会／旅行团队的接洽工作，这项工作拓展得是否有力，直接关系到酒店营收水平的高低。

（6）酒店营销管理工作。负责酒店所制定的营销政策的分析、计划、执行和落实工作以及各部门促销活动的政策性、可行性的监督工作。

（7）参与对客服务工作。

3. 酒店营销部门员工的基本素质要求

（1）思想品德与职业道德方面。

①有强烈的事业心、责任感，善于社交，待客热情有礼。②工作认真负责，注重调查研究，善于捕捉信息，勇于开拓，敢担风险，肯于负责。③作风严谨、求实，以身作则，不谋私利。④保守酒店的商业秘密。

（2）知识水平方面。

①专业管理知识：熟悉酒店销售学、酒店管理学，掌握旅游经济学、旅游心理学、公共关系学方面的理论知识。掌握旅游市场动态、特点和发展趋势，熟悉与各部门沟通联系渠道。了解各酒店的竞争手段、价格水平、客户状态、客人的需求。熟悉涉外工作的礼仪、礼节。②政策法规知识：熟悉国家和酒店有关销售价格调控和工商行政管理的法规和政策。掌握酒店对外销售的方针、政策，了解主要客源国的旅游法规，熟悉合同法和有关旅游法规。③其他知识：熟悉酒店产品的特点，了解酒店业的依附性和客源市场需求的多变性，了解主要客源国的经济、政治、历史和风土人情等知识。

（3）工作能力方面。

①分析、判断能力。根据酒店对外销售的总方针、总政策和总经理制定销售策略，根据市场情况和客源变化不断进行分析判断，提出适合酒店的销售计划，并有针对性地提出具体客源市场的销售措施，以保证酒店的最佳开房率和收益。②开拓创新能力。根据客源市场变化的情况，不断巩固传统市场及客户；积极开发新市场，新客源，提出有利于酒店销售的新设想、建议，发展多层次的市场销售渠道。③组织协调能力。有效地组织和调动部门内员工的积极性和创造性，积极开展销售工作；能协调酒店各有关部门的关系，妥善解决工作中出现的问题和业务难题。能同各有关业务部门保持良好的沟通和交流，得到客户的信任和理解。④业务实施能力。能按照酒店经营的总方针，积极开展宣传促销工作，对市场和客源的变化做出实事求是的分析，提出可行的销售计划，监督和保证酒店销售计划的实施。具有较强的控制能力和个别指导能力。⑤社会活动能力。具有较强的社交能力，善于市场调查和信息沟通，能在各种场合与不同层次人员进行交谈，能圆满解决客人的要求，取得客户的信任，能争取各有关方面的支持和帮助。⑥语言文字表达能力。能起草销售部的业务报告、销售计划，草拟部门的管理制度和工作程序，撰写专题报告、工作总结。熟练掌握一两门外语，能熟练运用外语与客人交谈、谈判和进行业务工作，阅读有关业务书信、资料。

（4）学历、经历、培训与身体素质。

①学历：具备大专以上学历。②经历：从事前台或销售工作五年以上。③培训：经过本岗位资格培训，取得"岗位培训证书"。④身体素质：仪表端庄，精力充沛，体魄健壮。

4.酒店营销部一般性的人员组织架构

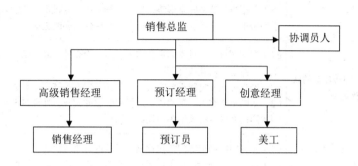

5.酒店营销部各岗位职责描述

（1）销售总监。其岗位职责是全面负责主持销售部日常工作，协助上级制定符合酒店营销决策，带领部门实现酒店产品的最佳出租率与最大销售利润目标，树立酒店的市场形象。

销售总监具体的工作内容表

职责	标准与要求
负责制订本部门年度、季度、月度销售计划并组织实施	（1）每年（季、月）末制定下年（季、月）度及单项销售计划； （2）每项计划注意与本地旅游的淡平旺季相结合，提高预测的准确性； （3）销售计划报上级批准后实施，实施中随时掌握计划执行情况，实施后有总结。
负责制定和督导执行酒店及部门的各项规章制度，建设精干有序的销售队伍	（1）制定和确立本部门各岗位职责、工作标准、程序和制度，合理定岗定员； （2）根据相关部门与客户信息反馈，检查督导本部门员工履行职责的情况，维持日常工作秩序和纪律，每周部门例会中应有提示与反映； （3）负责下属的每月、季、年的考核、评估及落实奖惩； （4）关心员工思想动态与实际困难，创造和谐的工作气氛和团队精神。
负责酒店市场销售网络的构建、维护、发展	（1）对旅行社、写字楼公司、政府机构、商社、社会团体、商务散客、中介等进行归类建档，组织建立和拓展渠道； （2）定期安排走访客户，把握市场动向，及时调整销售策略，适应市场需求； （3）协调与各组织机构的关系，保持长期友好往来； （4）了解掌握所有下级销售网络的建设情况，予以必要的指导，常抓不懈。

职责	标准与要求
负责组织开展销售活动，在实施过程中进行监控	（1）每月末组织制订下月计划，下月初进行召开总结； （2）每月末督促下级排出下月客户预订表并及时跟踪确认落实； （3）亲自跟办重要会议的房间比例分配及与相关部门的协作，防止客户投诉； （4）执行酒店的房价政策，使团队、散客的构成及经济收益达到最佳； （5）根据当地淡、旺季形势，组织市场调研，分析市场竞争态势，对酒店每月平均房价、出租率和客源结构提出针对性建议和改进措施。
负责酒店重点客户（VIP）的联络、沟通、促销及服务	（1）定期亲自拜访重点客户、客人、市场中介等，联络感情、征求意见、完善服务，并适当赠礼或宴请； （2）亲自确认或过问重要客人、团队的日程表、订房、变更及取消事宜； （3）陪同重要客人参观酒店，进行跟踪服务，及时处理客户投诉； （4）商谈并签订有关销售协议或合同。
优质高效完成日常行政事务	（1）每月组织制订部门工作计划，月末进行总结提高； （2）每月末在分管副总主持下召开酒店销售分析会，汇报总结当月工作和市场情况，提出促进销售建议； （3）每日出席酒店晨会，召开部门例会，上传下达； （4）审核、签批部门的有关文件、单据、报表等，2日内批复； （5）接待来访客户，妥善处理投诉和意见，维护酒店声誉，满足客户需求； （6）负责协调本部门内外关系，为下级创造良好的工作条件。
主持及参与重大宣传促销活动的策划和组织	（1）根据节庆有利时机，组织大型策划酒店活动，扩大酒店的社会知名度，树立良好形象； （2）根据市场动向，选择有效媒体，策划广告方案，联系有效的酒店广告业务推广； （3）对酒店的形象不利因素，及时设法消除，配合总经理办公室着手落实。
负责本部门的业务培训工作	（1）主持本部门员工培训需求分析，并制订业务培训计划； （2）必要时亲自进行部门业务课程的培训； （3）与人力资源部密切配合，支持培训工作，按时呈报计划，接受检查，进行评估总结。
勤于钻研业务，拓展思路，勇于创新	（1）订阅有关杂志、报刊、书籍，与销售人员交流探讨，鼓励下属学习提高； （2）每月（季）与酒店同行定期互访交流、相互借鉴； （3）针对销售工作中存在的不足之处，思考完善并改进； （4）不定期向上级提出市场营销工作的新举措、新建议，每年至少提出五条有效建议。
完成上级交办的其他工作	按上级要求办理交办的工作。

（2）高级销售经理。高级销售经理的岗位职责是：协助总监管理部门的日常工作，并主要负责某一客源市场营销管理工作。根据上级安排开展销售工作，保证销售指标的完成，建立良好的客户网络，协调好客户与酒店的关系。

高级销售经理的具体工作内容表

职责	标准与要求
具体负责开展授权分管之销售业务，走访客户	（1）执行酒店销售政策，具体负责与商务公司、会议或旅行社的直接联系； （2）每月制订协议单位走访计划，联系促销，保持良好的公共关系； （3）每月按指标完成新开拓、签订协议公司或商务散户数。
做好分管业务的市场调研	（1）每季度进行市场调研，了解市场行情与动向，完成调研报告供上级参考； （2）每月底总结工作进展，及时向上级提供重要信息，为酒店的销售策略调整提供依据。
负责所主管市场的客户联络、销售及推广工作	（1）划分客户等级，保持定期联系，扩大酒店影响； （2）销售推广，签订客户租房协议及写字楼出租协议，完成任务指标； （3）及时了解客户动态。
接待重要客户参观酒店，推介服务功能及设施	（1）根据客户需求，妥善安排酒店的参观活动，做到事先准备，事后反馈，客户的合理要求及时向上级汇报； （2）参观过程中，向客人介绍酒店特色、服务功能和重要先进设备； （3）掌握客户心理，恰当促销。
负责指导和培训销售人员	（1）整理销售部的有关销售知识、技巧及工作程序，对新员工进行培训； （2）根据工作进展及存在问题，及时对销售人员给予指导。
收集市场信息，追踪客户情况，以便分析调整销售策略	（1）对招徕的客户进行追踪，提供售后服务，获得客户的信任； （2）收集市场信息，对市场的动向和走势进行分析，为上级提供重要信息，为酒店制定经营策略和调整房价提供依据。
协助总监处理日常事务	（1）出席每日部门晨会，协助总监落实工作事务； （2）参加每月销售例会，提出市场分析和具体的营销思路； （3）总监不在时，协助处理日常重点客户接待工作。
完成上级交办的其他工作	积极协助经理工作，服从上级指挥，完成交办工作。

（3）销售经理。销售经理的岗位职责是：在部门经理领导下，积极推广、销售本酒店产品，按计划完成客源指标任务。

销售经理的工作内容表

职责	标准与要求
根据授权，积极建立、开拓客源渠道	（1）建立目标客户、人员名录与客户档案，定期根据客户变更情况增删修改，使之准确； （2）进行定期拜访、联络和产品推广； （3）每月向上级汇报原客户最新变化和新开发客户情况； （4）想方设法追踪高质量客源，针对客户心理开展竞争，吸引客户。
做好团队预订入住协调手续，做好售后服务	（1）收取团队住房及相关服务预订，及时礼貌给予回复或确认； （2）制作月度团队预抵计划表及会议通知单，提前向相关部门通报信息，安排协调； （3）团队抵店前一天应再次确认，尽可能完善准备工作； （4）做好团队抵店期间的接待联络及跟踪服务工作，随时与领队或地陪联系，了解客人接待情况，协调确保承诺兑现，预防并处理投诉； （5）团队离店应掌握客人用餐及离店手续办理时间、要求，必要时现场监控，及时处理意外问题； （6）团队离店后征求接待社意见，总结反映意见和建议。

续表

职责	标准与要求
做好协议单位商务散客的销售服务工作	（1）寻找高质量商务客源，争取回头客； （2）节假日及客户的重要日子以电话、信函、礼品等方式，进行情感服务拜访，追踪销售； （3）积极联系有关企业、社团，保持良好公共关系； （4）主动追踪客户意见，及时反馈。
负责团队/会议客人消费意见的收取	（1）每次接待均要了解客人意见，填写报表； （2）对每次投诉事件进行记录、分析，并提出改善措施； （3）每月末参加销售分析会，总结所接待团队/会议的经验； （4）建立客人档案并进行跟踪推销。
处理客人计划外服务要求和委托事项办理	（1）尽可能答应客人的要求，协调提供服务，方便客人； （2）计划外服务应向上级请示后适当收费； （3）不得违反店纪店规； （4）限于条件的要先想办法克服，的确无法办理时要向客人说明原因，请其谅解并记录后考虑日后更好的处理办法。
进行市场调研，提出合理化建议	（1）根据上级指示，适时进行市场调研，提交调研报告； （2）调研应涉及客户、中介商的要求、旅游形势最新变化、竞争对手的价格、竞争手段、增长率等方面的内容； （3）提出酒店销售新策略与措施。
完成上级交办的其他工作	文员休假时兼顾办公室工作，参见文员职责。

（4）客户关系协调员。客户关系协调员的岗位职责是：协助销售人员做好各项行政事务、客户管理、业绩考核统计和访问接待工作。

客户关系协调员工作内容表

职责	标准与要求
负责部门所有客户/客人资料的建档和管理工作	（1）建立客户档案，及时收存每位新入客户/客人的资料，定期整理； （2）按部门要求合理分类，便于查寻； （3）注意保密。
接待和处理客户预订，为部门人员提供售后相关服务保障	（1）接听电话，值守办公室，礼貌接待来访客人； （2）灵活接待和回答客户问题，及时登记和转交上级或相关人员处理； （3）各类预订经理审核后，印发会议通知，并协助跟催落实情况； （4）解答来电咨询，协调、转送相关服务单据。
部门业绩统计、汇总和报表制作	每月末统计销售人员当月工作量、销售业绩，要求准确、便于分析；
负责部门考勤记录	（1）做好每位人员的姓名和有关资料登记，建立部门人员档案； （2）认真考勤，每月末完成考勤表交给人力资源部。
负责各项办公室日常事务	（1）接转并处理各种电话，做好重要事项留言； （2）及时收取、发送、报批各种内外文件报告、批文单据等； （3）起草打印有关文件、报告、请示和合同等； （4）及时归整档案，按部门规定分类和保管； （5）每日检查网上预订信息，及时提供电脑房有关资料以便更新； （6）负责办公环境整理和文具的申领、发放、控制。
完成上级交办的其他工作	按上级要求办理。

（5）预订经理。预订经理的岗位职责是：负责预订部整体工作，把握预订信息，控制客房销售情况，掌握预订规律，最大限度地提高开房率。订房部应具备丰富的预订经验和良好的判断能力，要具备较好的英语水平。

预订经理的工作内容表

职责	标准与要求
统计预测住房率，关注市场动向，提前做好房控	（1）关注住房率，及时通知酒店各相关部门，中央预定、分销商有关订房情况（包括可售与不可售日期）； （2）每周预测未来一周酒店的售房情况，每月预测未来三个月酒店的售房情况，给有关部门参考； （3）了解近期的预订情况及动向，随时留意了解各种房间的售卖及走势。
对房态随时进行监控，并根据房态做好及时房控	（1）通过电脑系统监控酒店的售房情况，特别应该清楚了解各类房间的可出售情况； （2）留意特别团体动态，如出现不寻常情况，影响住房率，应及时向销售总监汇报； （3）掌握订房的状况和对比其他竞争酒店的预订走势； （4）及时与中央预订、分销商沟通，做好房控。
关注订房客人的需求	（1）检查所有的订房要求，留意并亲自处理特殊的预订； （2）跟进一些特别团体、重要客人的特别要求和安排。
房间销售量的统计及价格控制	（1）每月报告全年累积房间销售量情况； （2）保证每日散客及团体的订房记录准确无误，并对房间销售价格按照政策销售； （3）跟进特别的合同价格，以及客房协议单位选择无误。
跟进各渠道的销售预订，并与各渠道分销商保持良好的关系	（1）协助推动酒店的房间促销计划，与中央预订、分销商、旅行社等保持良好的沟通关系； （2）对房间销售进行及时进行系统预订，并对客人的要求做好备注。
预订部督导工作	（1）督促预订员处理好所有的订房，包括输入电脑、确认并发出订房确认，以及健全所有的订房记录； （2）随时检查有关旅行社及商务客户的订房情况，每月按时印出报表； （3）回复客人的订房传真、电传及电子邮件； （4）检查所有的订房是否有重复预订的错误； （5）留意订房是否超过实际数量。
预订的其他相关工作	（1）定期对员工进行业务培训，对员工的工作表现进行评估，向销售总监提出具体的奖罚建议，保证部门的工作质量和服务质量达到标准； （2）完善订房部的工作程序和员工的工作职责和内容； （3）预订部的其他相关工作及销售总监安排的相关工作。

（6）预订员。预订员的岗位职责是：做好房控销售，完成每日的预订更改和取消工作。

预订员的工作内容表

职责	标准与要求
负责酒店的客房预订工作	（1）接听及处理客人的预订电话； （2）处理客房预订及发出确认传真； （3）把订房资料输入电脑，完成每日的预订更改和取消工作。
控制房态及房价	（1）关注网上预订和中央预订系统，及时做好房控； （2）留意订房是否超过可供售房的实际数量； （3）核算旅行社散客和团体的订房配额情况； （4）负责各种团队留房的管理，及时与销售联系沟通控制团队订房； （5）严格按照酒店价格政策执行。
预订员其他日常事务	（1）检查每日的房间状态，完成相关报表制作，日报表、周销售报表、每月客源分析、散客业绩统计等； （2）负责预订部各种资料的整理、保存及单据的分发。

（7）创意经理。创意经理的岗位职责是：为酒店拟订切实可行的销售方案，通过广告宣传，提升酒店知名度和经营业绩。

创意经理的工作内容表

职责	标准与要求
酒店广告宣传	（1）拟订酒店开业计划、开业庆典方案及流程，并督导酒店方案的顺利实施； （2）拟订酒店宣传计划及销售方案，并对设计品的督导设计及制作进行宣传； （3）与媒体保持联系并建立良好关系，酒店推出宣传活动时，及时进行发稿报道； （4）对酒店各区域宣传品印刷、摆放进行审核监督，确保印刷品的质量符合集团要求。
销售活动策划	（1）拟订酒店年度宣传计划及预算，对全年的重要假日提前做好销售促销方案； （2）负责酒店节假日、庆典活动的方案设计，并对方案的实施进行协调、监督执行； （3）根据酒店的经营情况，为酒店拟订切实可行的销售方案，并组织实施。
美工工作的督导	（1）督导美工的设计工作，严格按集团统一 VI 标准执行； （2）对酒店的宣传设计品进行监督，要求酒店设计品美观，符合酒店集团标准； （3）配合各部门宣传品制作，督导美工宣传品的设计完成。

（8）创意美工。创意美工的岗位职责是：负责酒店的广告设计制作，确保酒店对内对外形象的一致性。

创意美工的工作内容表

职责	标准与要求
各类宣传品的设计和制作	（1）负责酒店指示牌、说明牌、各营业区域设计品的设计制作，符合酒店及各部门的制作要求； （2）根据会议预订要求，制作各类横幅、告示牌、席签牌、广告等相应工作； （3）负责酒店的服务指南、酒店宣传册、广告画面、菜谱、请柬、明信片、酒店画册等设计制作； （4）与广告制作公司保持友好的联系，确保宣传品的质量和及时送达完成。
酒店活动的协助	（1）负责酒店一切纪念活动、重要活动、庆祝活动的摄影工作。对于需要收集整理的文字资料应注意收集、整理并按要求分类归档； （2）协助完成节日、营销活动等酒店或会议场所的布置美化工作。
其他相关工作	认真、及时完成临时委派的相关任务。

【师傅讲授】

　　高端酒店的营销部工作规范化与标准化十分重要，规范化管理是酒店企业的生命线。所以本书摘录融合了国信云台大酒店以及海澜集团下属马儿岛酒店的市场营销部工作程序与标准，供读者借鉴。

工作项目名称：公关销售人员工作程序与标准

工作程序	标准	核查媒介	注意事项
开拓市场，争取客源	（1）通过走访、电话、电子邮件等方式，介绍酒店产品和服务，有目的地对客户进行拜访，收集市场客户资料，征求意见，改进工作； （2）有计划地走访政府部门、大中型企事业单位、旅行社及其他第三方代理单位，争取团体及散客的入住； （3）明确拜访客户的目的在于建立并维护客户的合作关系，经过分析并筛选出优质客户群，后期成为酒店的消费主体。	《客户资料档案》	有计划的，详细做出各区域的《开发方案》收集信息的目的、渠道范围和方法
热情接待，周到服务	（1）接待客户，有礼貌、有耐心地做到全程服务、全方位服务； （2）注意形象和仪表，创造优雅舒适的氛围； （3）针对客户的需求进行服务，最大限度地满足客户的精神和物质需要。	《客户资料档案》	
掌握信息，灵活推销	通过各种渠道了解和掌握市场信息，为上级提供全面、真实、及时的信息，以便制订营销策略和灵活的推销方式。	《竞争对手调查报告》	销售人员的业务开发过程均须记入客户资料档案。
密切合作，主动协调	市场营销涉及酒店所有部门和每个员工，他们的服务优劣直接或间接影响到酒店产品的质量，关系到酒店的形象和信誉。因此，市场营销部要根据客户的需求，主动与酒店其他部门密切联系，互相配合，充分发挥酒店整体、全员促销的优势，实现最佳效益。		

工作项目名称：会议销售业务程序与标准

工作程序	标准	核查媒介	注意事项
外出联络	（1）根据分管市场的范围、客户情况、市场信息，主动上门联系推销； （2）选择有意在本店举办会议的客户推销酒店产品，达成意向； （3）汇集对外推销过程中得到的信息反馈。	《客户资料档案》	销售人员应在权限范围内洽谈价格，超出权限应及时请示上级，并将会议销售的过程详细记入《客户资料档案》。
接待顾客	（1）对主动上门联系的会议客户要主动、热情地迎接，了解客户意向和要求，带领客户参观酒店设施； （2）主动推销服务项目，达成意向。	《客户资料档案》	
签订会议协议	（1）与已经达成意向的客户具体协商，明确会议时间、人数、用房数量、用餐标准、接待要求等，使推销工作得到具体落实； （2）签订《会议协议书》。	《会议协议书》	RBO单的信息务必准确、及时更新客人提出的新的需求，及时下发到各部门。
安排各部门的接待任务	（1）详细了解会议主办单位、会议名称、人数、会期、食宿要求以及会议的特殊安排，填写《会议通知单》； （2）将《会议通知单》发到各部门，并请各部门经理签署《收发文记录》； （3）会议前，对照《会议通知单》详细落实及监督会议准备情况。	《会议通知单》《收发文记录》	会议细节务必详细记录。
全程跟踪会议过程	（1）会务组抵达酒店后，征求对客房、会场、餐饮安排的意见，及时给予调整； （2）根据《会议通知单》的要求，检查落实各项接待工作； （3）在会议接待过程中，及时解决各类突发事件； （4）详细核对会议账目，请客户查阅账单，并结清账款； （5）将会议接待过程中客人的特殊要求、《会议通知单》等记入《客户资料档案》。	《会议通知单》《客户资料档案》	销售人员在会议跟踪过程中，需积极推销酒店各类服务项目。

工作项目名称：长住客房销售业务程序与标准

工作程序	标准	核查媒介	注意事项
掌握长住客户的用房需求	（1）客户提出长期租用酒店客房，由销售代表负责接待，了解客户单位名称、租房用途、期限、信誉以及客户对房间布局、设施的要求； （2）销售代表需向客户说明酒店的付款要求和规定，记录客户的联系地址、电话和联系人，以便联系； （3）双方经过协商，达成租赁意向，销售人员与客户洽谈租赁协议。	《客户资料档案》	销售人员应在权限范围内洽谈价格，超出权限应及时请示上级，并将销售的过程详细记入《客户资料档案》。

续表

工作程序	标准	核查媒介	注意事项
签订租赁协议	（1）《长住客房协议书》的内容必须认真填写，注明有效期、房间种类、房号、租金、保证金和付款方式等条款； （2）协议由销售人员同客户协商明确后签订，报上级领导批准后实施； （3）协议经双方签字盖章复印 3 份，分别送前厅部、客房部和本部门存档，协议原件由财务部存档。	《长住客户协议书》	销售人员应与客户保持联系，及时解决客户提出的各种问题。
做好租赁准备	（1）由市场营销部填写预订单，注明从何时开始封锁客人所要的房间，预订单送前台； （2）正式通知前厅部、客房部、餐饮部和工程部等有关部门，在客人入住酒店之前将客房准备好； （3）合同要注明时间、房号和预付金额，并在客人进店之前把合同正本交给财务部； （4）财务部根据租赁协议规定，按期结算客户在店消费，收缴部分押金、客房租金、电话费押金等。	《散客预订单》	在签订长包房合同时，必须按照治安、消防规定，同时签订《治安防火责任书》作为合同的附件。入住前办理押金手续。
客户入住接待	（1）客人入住前一天销售人员下发《长住客入住通知单》给相关部门； （2）销售经理迎接客人入住，引领客人到前台办理入住手续，行李员帮助搬运行李及设备； （3）客人入住以后，市场营销部应建立长住客户档案，详细记录客人的姓名、性别、年龄、生日、特殊爱好、公司名称、公司地址、护照或身份证号等内容，以便为客人提供个性化服务。	《长住客入住通知单》《客户资料档案》	
有关财务问题	（1）协助财务部共同催收欠款； （2）经常与财务部保持密切联系，随时掌握客户的费用和结账情况； （3）如客户已超期一个月未交房租，应立即与客户联系，向客户说明酒店规定，催收欠款，如发现客人可疑应与房务部和保安部联系，随时注意客人的动向，避免酒店受损失。		在长包房合约期满前一个月，市场营销部应及时与客人联系，或续签合同，或将确切离店日期及时通知各相关部门。

工作项目：销售合同制度

工作步骤	标准	核查媒介	注意事项
合同签订	（1）有关销售方面的如客房价格的信函和合同均由市场营销部经理签名并加盖酒店市场营销部公章。在经理不在场的情况下，可由经理指派的销售人员代签名。 （2）除销售合同外，其他合同的签订必须经过合同会签程序，具体操作程序参照酒店财务部相关合同印章政策与程序。		除销售合同外，其他合同必须由总经理签订并加盖酒店公章。

续表

工作步骤	标准	核查媒介	注意事项
协议书的内容	（1）销售人员必须遵循的正规销售合同，在日常的接待工作中的合同尽可能避免使用"合同"两个字，而用"预订协议书""确认协议书"或"协议书"等表达方式。随正规合同附上简短的基本信件。 （2）协议书的事项如下： ①客户的准确名称和文件号； ②客户提供的准确会议名称； ③酒店：具体酒店名称、地址和电话号码； ④日期：注明会议举行的具体日期、星期、时间； ⑤与会人数； ⑥房间安排：房号、房间类型； ⑦房价：注明预订房间的价格、消费税、税务费，并注明将会根据经济情况和酒店服务情况对房价作相应调整； ⑧预定的到/离方式：酒店必须预计客人的到/离方式。了解客人是个人结账还是需要提供总账； ⑨退房时间：按酒店常规或销售部门的执行准则； ⑩预留限期：指定具体日期，并说明住房、预订、订金、抵押金及在限期后才预订或改变预订安排的有关规定； ⑪付款方式：说明关于现金或信用卡的付款规定； ⑫附上合同所述的具体服务事项的日程安排。		酒店和客户双方的签字、日期协议表应预先打印好酒店所有相关的规则和程序。表格还须提供足够的书写位置。当然，有时要附加某些具体声明，但尽量缩简文字陈述。

工作项目：商务公司合约

工作步骤	标准	核查媒介	注意事项
明确商务合约的含义	商务合约是指酒店与有潜在生意业务往来或已经给酒店带来经济效益的商务公司签订的客房及餐饮优惠书。		
调查所需签订合约的公司	希望与酒店签订商务合约，享受酒店提供的优惠价格的公司，需事先经销售人员调查后，经市场营销部经理同意后方可签订商务合约。		需事先经销售人员调查后，经市场营销部经理同意后方可签订商务合约。
了解公司等级	商务合约将根据商务公司在酒店的客房产量划分为以下几个等级： 商务公司A最高年产量； 商务公司B中等年产量； 商务公司C低产量。		商务合约的签订人为市场营销部经理。
注意调整合约和价格	每年都需要根据各商务公司在酒店的消费及用房情况进行合约的调整和价格的调整。		
明确签订合约的目的	与商务公司签订商务合约的最终目的为争取回头客，占据最大的商务市场。		

工作项目：市场营销部计划制订

工作步骤	标准	核查媒介	注意事项
营销计划拟订； 营销计划内容构成	（1）营销计划由市场营销部经理负责制订，经总经理批准后成为酒店营业计划的一部分。 （2）营销计划的主要内容与格式如下： 酒店使命描述 酒店定位描述 ①市场综述 a. 形势综述 b. 地理环境综述 c. 客户分析 d. 需求分析 ②产品综述 酒店位置 娱乐设施 客房 餐厅 酒吧、茶座 宴会设施 大堂 附近景点 总结 ③竞争分析 a. 产品对比 b. 住房率 / 平均房价对比 ④客源构成分析 a. 来源国构成 b. 客户细分 ⑤经营战略 a. 战略目标 b. 价格体系： c. 销售预算 　每月销售预算 　客户细分预算 d. 客户细分战略 ⑥销售与营销活动 a. 日常管理 b. 销售活动 c. 出差计划 / 参展计划 d. 直接邮寄 e. 培训 f. 广告与公关活动		

【师傅提示】

　　酒店营销部是一个非常重要的部门，酒店营销人员与酒店内部各部门、外部各层级社会人士都有着千丝万缕的工作关系，酒店销售目标、产品定价、接待方案等内部机密

资料和 VIP 客户、关系客户、合作单位、协议单位等外部很多资料都需要归类整理与保存，需要发挥这些资料的最大价值。因此，酒店营销部的规范化管理、规范化工作程序以及规范化的各种资料标准都必须得到严格的遵守，最终使得酒店企业达到增强竞争实力，提高经营能力和管理水平的目的。

【徒弟拓展】

酒店营销策略、方法和规范化的工作程序与标准还有很多，需要读者自己做一个有心人，能够尽可能多地收集整理各大品牌酒店与自己工作的酒店资料，加以学习、分析并改进利用。要求读者在学习完本项目后，自己整理出一整套酒店营销部各岗位的工作标准流程与营销业绩计算办法。

【徒弟记忆】

熟记本项目罗列的酒店营销管理方法、原则与管理技能，重点注意理解酒店营销部门的各种国内工作程序与工作标准的深刻内涵。

项目四　酒店宾客关系管理

【企业标准】

本项目重点介绍了酒店宾客关系管理的基本知识。熟知宾客关系的类型，处理宾客关系的原则，并掌握能够合理地处理宾客关系的方法，为宾客提供更好更优质的服务。

【师傅要求】

1. 熟知宾客关系管理的含义以及重要意义。
2. 了解与宾客交往的心理以及处理宾客关系的方式。
3. 熟知酒店公共关系管理的含义与重要意义。
4. 了解宾客关系与酒店公共关系的联系与区别。
5. 掌握沟通的基本原则与技巧。

【师徒互动】

宾客关系管理是现代酒店资源的重要组成部分，是酒店经营管理的核心内容，良好的宾客关系是酒店求得生存与发展的重要资源。酒店如何实现令顾客满意的宾客服务、酒店内部统一的管理，就需要有一套完整的宾客关系管理的理论与技术手段来实现内部统一的管理，提高宾客满意度，改善宾客关系，从而提高酒店的综合竞争力。

【师傅讲授】

一、酒店宾客关系管理基础理论

有人说，宾客是决定一个企业成功与否的决定性因素，无论是哪一行哪一业，只有做好了宾客关系管理，才能增强企业的竞争优势。就酒店行业而言，因其宾客消费的特殊性、零散性以及酒店产品与服务销售的捆绑性特点使得宾客关系更为重要。可以说宾客关系是酒店的生命线一点也不为过。

1. 酒店宾客关系的概念

酒店宾客关系显然是指酒店企业与其宾客的关系。就一般性的定义而言，宾客关系是酒店产品与服务的销售对象与消费者与酒店企业的关系。因为酒店行业的特殊性，酒店的宾客关系显然复杂得多，主要体现在：第一，酒店产品与服务的消费关系；第二，酒店企业与其他企业的大宾客关系；第三，酒店员工与宾客之间的服务关系；第四，酒店员工与宾客之间的人际关系；酒店宾客关系甚至还应该涉及酒店宾客与宾客之间的关系。

2. 酒店宾客关系管理的概念

酒店宾客关系管理是指酒店企业运用现代信息技术，识别有价值的宾客，了解他们的行为、期望、需要，并进行系统化的分析和跟踪研究，在此基础上进行"一对一"的个性化服务、与酒店建立良好的关系并对宾客关系管理的过程。

宾客关系管理（CRM）的概念最早是在20世纪90年代被提出来的，被人们所普遍接受的是Gartner Group提出的：企业运用市场营销策略和提供创新和人性化的服务以及相对合适的信息系统或信息系统数据等方式来保持企业与宾客更稳定长远的关系，来支持企业的成功管理以及促进和顾客间更融洽的关系，最后提升企业形象。吸引到更多的新宾客、保持常客的忠诚度、采取各种方式来调和企业与宾客的关系等都是宾客关系管理在企业运作流程中所要达成的目的。后来，随着酒店业的发展与管理技术的进步，宾客关系管理的概念逐步引入到了酒店宾客管理之中。

3. 酒店宾客关系管理的重要性

宾客是酒店的服务对象，良好的宾客关系是酒店无形的重要财富，宾客被称为酒店的"衣食父母"，没有宾客，酒店就难以生存和发展。这是相当简单的道理。酒店的经营特点决定了酒店必须要有良好的宾客关系。美国酒店管理先驱斯塔特勒说过一句名言：酒店所出售的东西只是一个，就是服务。酒店要有良好的宾客关系，首先必须在经营管理观念上树立"宾客至上，服务第一"的思想，使酒店的一切活动都以宾客的利益和要求为导向。

酒店业的市场竞争，也决定了酒店要有良好的宾客关系。随着市场经济的建立和发展，酒店业的市场竞争日益激烈。酒店业市场从过去的"卖方市场"形式，转变为今天

"买方市场"形式,在经营管理上,各酒店都在千方百计地争取客源,扩大客源。酒店竞争实质上已经上升为宾客服务质量的竞争。宾客关系管理的重要意义具体说来有以下几个方面。

(1)培养忠诚顾客。

在如今酒店企业同质化泛滥的时代,宾客成为酒店发展最重要的资源之一,宾客的选择决定着酒店的命运,酒店在市场上的竞争,其实质就是对顾客的争夺。酒店通过满足不同顾客的个性化需求来使顾客满意,同时酒店通过加强宾客关系管理,吸引、培养大批宾客,使满意宾客转型成为忠诚宾客,从而与宾客间建立长期稳定的关系,形成酒店独特的资源优势和竞争优势,这种资源优势很难被其他酒店模仿复制或轻易夺走,从而可以确保酒店拥有稳定的市场地位。

很多宾客流失是因为酒店对他们的关怀和重视不够。对于宾客来说,酒店提供的竞争性价格和高质量的产品与优质的服务绝对是很关键的,但宾客更看中的是酒店对他们的关怀和重视程度。酒店对宾客的关怀程度可以在很多业务操作细节上体现出来。通过宾客关系管理,酒店可以挖掘宾客的潜在价值,提高宾客忠诚度,掌握更多的业务机会。CRM 对于挖掘宾客的潜在价值,提高宾客忠诚度,进而拓展销售市场起到一定的关键性作用。

(2)酒店运营管理降低成本。

酒店为了发展新宾客,在搜集信息、谈判、履约等方面花费的成本较高。通过实行宾客关系管理,容易使酒店与宾客之间建立良好的信用关系,培养稳定的宾客群体。有研究表明,宾客保持成本仅为新宾客获取成本的 10%～20%,宾客关系管理的实施,可以大幅度降低广告宣传、促销等营销成本的同时老顾客可成为酒店无形的宣传员,从而使酒店整体交易成本降低。

CRM 能提高业务运作效率,降低成本,提高酒店经营水平,主要表现在以下两个方面:

一方面,通过对宾客信息资源的整合,在酒店内部不同部门之间达到资源共享,从而为宾客提供更快速周到的优质服务;另一方面,宾客的价值是不同的。酒店 80% 的利润来自 20% 的价值宾客,已是众所周知的实践真理。宾客关系管理通过对宾客价值的量化评估,能够帮助酒店找到价值宾客,将更多的关注投向价值宾客,提高酒店的经营水平。

(3)提高酒店和顾客的沟通效率。

提高酒店与顾客的沟通效率,主要是通过建立 CRM 系统呼叫中心,实现宾客投诉处理、消费预订、业务受理的自动化,为宾客提供通畅的沟通渠道,搭建和宾客平等沟通的平台,向宾客提供直通车式的一对一服务,提高宾客满意度,真正体现以宾客为中心的经营理念,让宾客价值在超值的服务中得到增值,实现宾客价值的最大化。另外,Front Office 自动化程度的提高,使得很多重复性的工作(如批量发传真、邮件)都由计算机系统完成，工作的效率和质量都是人工无法比拟的。

（4）增强酒店的核心竞争力。

现代酒店竞争的根源就是对宾客的争夺与占有，谁能比竞争对手先行一步谁就会与宾客建立良好的双向互动关系，一旦宾客获得了高度的满足，他们就能放心地在这里购买酒店产品与服务而不会被竞争对手"挖走"，可见，宾客关系管理已成为酒店的竞争优势之一，可以帮助酒店在竞争中脱颖而出，永远立于不败之地。酒店与宾客之间的关系越牢靠，酒店的地位也就越稳固。此项要求与第一项培养忠诚宾客不谋而合，宾客的忠诚度提高了，相应的酒店核心竞争力也会提高。自然酒店效益也会随之而来。这样也就达到了酒店使用 CRM 系统的终极目的。

4. 宾客关系管理包含的内容

第一，如何建立宾客关系：对宾客的认识、选择、开发（将目标宾客和潜在宾客开发为现实宾客）。

第二，如何维护宾客关系：对宾客信息的掌握，对宾客的分级，与宾客进行互动与沟通，对宾客进行满意度分析，并想办法实现宾客的忠诚。

第三，在宾客关系破裂的情况下，应该如何恢复宾客关系，如何挽回已流失的宾客。

第四，如何建设、应用 CRM 软件系统，如何应用呼叫中心、数据仓库、数据挖掘、商务智能、互联网、电子商务、移动设备、无线设备等现代化技术工具来辅助宾客关系管理。

第五，如何进行基于宾客关系管理理念下的销售、营销，以及宾客服务与支持的业务流程重组，如何实现 CRM 与其他信息化技术手段（如 ERP、OA、SCM、KMS）的协同与整合。

【徒弟记忆】

熟知宾客关系管理的概念以及重要性是学习宾客关系管理的基础。

【师傅讲授】

二、酒店宾客关系管理的方法

宾客关系管理是一种旨在改善企业与宾客之间关系的新型管理机制，目标是通过提供快速和周到的优质服务吸引和保持更多的宾客，提高宾客忠诚度，以使这些宾客在任何时候、任何地方都会选择在同一家酒店进行消费，最终为酒店带来利润增长。

1. 酒店宾客分类及管理

根据宾客在酒店的消费金额用"宾客金字塔"法来分类，将宾客群分为 VIP 宾客、主要宾客、普通宾客与小宾客 4 种。

VIP 宾客：是金字塔中最上层的宾客，是指在特定的时间段内，消费金额最多的前1% 宾客。

主要宾客：是指宾客金字塔中，包括 VIP 宾客，消费金额最多的前 5% 宾客。

普通宾客：是指包括 VIP 与主要宾客，消费金额最多的 20% 宾客。

小宾客：指除上述三种宾客外，剩下的 80% 宾客，这部分宾客对饭店的贡献不大，可以忽略。

用以上方法分析和掌握了宾客层级的分布之后，酒店的营销部门就可认真规划，根据宾客不同的价值制定相应的关怀和优惠措施；一方面可留住有价值的老宾客，另一方面可提高这些宾客对饭店的满意度和忠诚度；吸引他们多来消费，保持或升级成为金字塔的上层宾客。

2. 酒店宾客忠诚度管理

宾客忠诚度是指宾客因为接受了产品或服务，满足了自己的需求而对品牌或供应（服务）商产生的心理上的依赖及行为上的追捧。培养宾客忠诚度有利于企业核心竞争力的形成，对企业业务流程和组织结构将产生重大的影响，有利于提高企业员工的凝聚力，有利于推动社会的"诚信"建设。

（1）以宾客为中心，最大限度地满足宾客需要。

①早发现宾客的需要，从细节入手，满足宾客需要。如酒店的标牌、告示牌的摆放，标志指示是否明确等。②建立完善的宾客档案，提供个性化服务。如宾客在饮食方面喜甜怕辣，那么服务员在推荐菜肴时推荐新鲜偏甜的食品；宾客不善饮酒，在服务过程中要有针对性地给予照顾；宾客睡觉有偏头痛，便提前在床头备用一个药枕；宾客喜欢吃苹果，在配送时就多放些苹果等，从细节之处温暖宾客的心。

（2）与宾客建立并保持伙伴关系。

①酒店高层领导要认同这种关系的重要性并承担一定的责任。②不直接与顾客打交道的非销售服务部门也要对伙伴关系的成效承担责任，所以建立与宾客的伙伴关系要依靠酒店全体员工的共同努力。

（3）扫除建立顾客忠诚的障碍，加强宾客沟通。

①酒店应有计划地同宾客接触、经常倾听顾客的意见，并努力让他们知道酒店为之做出的努力，以达到酒店和顾客的双向交流。②鼓励顾客提出意见，如设计宾客意见征询表、建立顾客意见箱、配备专职搜集宾客意见的岗位和人员等，有利于对不满和抱怨迅速处理，并采取补救措施，恢复宾客对企业的信任。

（4）开展有利培养宾客忠诚的活动。

①要常拜访、常走动。酒店销售人员和顾客要经常联系，保持良好的关系，拉近与宾客的距离。②要建立宾客信息网络。

（5）以良好形象培养忠实顾客。

①品牌视听识别体系的建设包括品牌名称、品牌标志、品牌口号、品牌形象使者、

品牌象征性的图画、录像、主题音乐及产品的外形、包装设计。②品牌文化内涵的建设，酒店要通过公共关系工作在社会上塑造企业的良好形象，如利用媒体展开形象宣传，抓住特殊时期特殊事件展开公关活动等，提高酒店在社会的知名度，增加品牌价值，让顾客记住酒店，让酒店融入社会，得到社会和顾客的普遍了解和认同。

3. 酒店宾客满意度管理

在服务经济时代，酒店服务成为酒店之间竞争的焦点，提供令顾客满意的优质服务便成为酒店成功的关键；提供优质服务、满足宾客的需求，在市场竞争中处于优势，是酒店管理者的基本追求。

（1）加强员工管理与培训。

①员工培训，只有将技能培训与知识培训有机结合，才能真正全面提高员工的素质与技能，才能真正提升其服务品质。②提高员工满意度，酒店要适当提高员工薪酬，改善员工的工作、生活环境，为员工制订个人职业发展计划，从而对员工队伍稳定和团队精神建设都有帮助，进而对酒店服务质量管理带来正面促进作用。

（2）满足顾客需求，提高顾客感知价值。

酒店需要及时了解顾客的需求变化，才能针对顾客的需求，开发出符合市场和令顾客满意的服务项目。比如，在客房中增加网络设备，提高顾客对信息需求的方便性。

（3）加强酒店内部管理。

①提升部门间的协调性，可通过各种集体活动来促进酒店内部沟通，如管理人员与服务人员一起用餐、设立员工意见箱、轮换岗位等方式都可以实现内部有效沟通。②推行岗位轮换制度，酒店属于劳动密集型企业，很多岗位的工作重复劳动量非常大，很容易导致员工出现过度疲劳，需要管理者采取岗位轮换的方式进行有效调节。③培育企业文化，企业文化是一个企业的灵魂，是企业凝聚力的最重要内涵和外延。好的酒店文化能够提升员工的服务意愿，发自内心为顾客服务，消费者在接受这种服务、感受这种企业文化的同时会提升对酒店服务质量的认同感。

4. 酒店宾客投诉管理

宾客投诉是消费者对酒店的产品质量或者服务问题、服务态度等各方面的原因，向酒店主管部门反映情况、检举问题，并要求得到相应补偿的一种手段。

（1）耐心细致地认真聆听宾客的投诉内容。

①接到宾客的投诉，主管要亲临现场。首先要耐心、细致、全神贯注地倾听宾客的投诉，切记千万不要解释，此时做任何解释只能引起宾客的反感。了解宾客投诉的原因，掌握被投诉问题的原因。②让宾客在讲述过程中不断宣泄自己的情绪。③耐心听取，表现出高度的负责态度，代表酒店向宾客表示歉意与感谢。

（2）酒店店员工一定要保持冷静，仔细判断。

①如宾客情绪激动，要有技巧性地将宾客请到合适的地方进行交谈。②在听取宾客投诉时，要保持头脑冷静，在没有查明事件原因及经过的情况下，不可随便代表酒店承

担责任，待弄清事情原委后，再做出判断。③迅速判断被投诉问题的性质，及时做出工作权力范围内的解决方法。④对超过权限或解决不了的问题，要及时与上级领导联系以得到指令，不能无把握、无根据地向宾客提出任何保证，以免妨碍事务的进一步处理。

（3）对待投诉的宾客表示同情及道歉。

真心实意地对宾客表示同情，要让宾客感受到你的同情心，并真诚地向宾客道歉。

（4）给予投诉宾客最大诚意的关心。

在倾听宾客讲述事情经过时，要给予全部的注意力，要让宾客感觉到你认为他所讲诉的是唯一正确的答案。

（5）真诚地感谢宾客。

要代表酒店对宾客表示万分的感谢，感谢宾客提出的宝贵意见。

（6）针对投诉的内容提出解决方案。

针对宾客投诉的内容仔细分析，及时制订并提出相应的解决方案，争取解决方案能够取得宾客的谅解，令宾客满意。

（7）在征得投诉宾客的同意之后即可开始实施解决方案。

①把将要采取的措施告诉宾客并征得宾客的同意。②把解决问题所需要的时间告诉宾客。③按酒店的程序，为宾客解决所投诉的实际问题，尽量让宾客感到满意。

（8）处理投诉的主管人员跟进解决方案实施的进度。

①认真跟踪解决问题的全过程。②如当时无法解决宾客的不满，应记录投诉宾客的姓名、地址或联络电话，以便做好善后处理工作。③如宾客要求酒店做出书面解释或承诺（除经酒店行政当局同意并指定外），书面解释或承诺应统一由酒店发出。

5. 酒店 CRM 系统的安装与使用

酒店宾客关系管理软件系统集前台酒店客房管理系统（酒店客房管理软件）、酒店员工管理系统、酒店宾客管理系统、酒店物品管理系统、酒店订房系统等强大功能为一身，可提高业务操作效率与利润增长。

（1）CRM 系统能够提高服务质量。

①强大而方便的快速预订、前台接洽、账务等批处理功能减轻您的工作负担。②完善的酒店客房状态管理、预订管理，详细的预订状态报表，为您的预订销售做出权威指导。③强大的客史管理：包括回头客自动识别及客史资料的调用。④先进的多条件资料查询：操作员只需输入符合某个条件的关键字，系统即可自动匹配，快速调出相关资料，让操作人员为顾客提供更好的服务。⑤入住登记简便化：无须手工填写资料，可将宾客资料直接输入电脑，自动打印入住登记表或预付金收款单，简化入住登记手续，缩短宾客等待时间。⑥退房程序的智能化：前台收银可通过前台及客务中心进行电脑上的联系，只需按照提示点击"是"或"否"，简化操作，缩短宾客离店等待时间。⑦酒店内的签单消费：住店宾客可在酒店内多处消费、总台统一结账，不仅大大方便了宾客，也提高了酒店的服务档次。⑧电话费自动计费及电话开关控制、叫醒服务设置（需要电

话交换机支持这些功能）等，使话务员从烦琐的话务台管理中解放出来，有充足的时间为宾客提供优质服务。

（2）CRM系统能够提高工作效率。

①快速、简捷的操作：界面直观，操作使用简捷、明快，快速开房只需三分钟。②夜审功能：系统的夜间稽核产生的报表功能完备，为管理层提供决策数据，彻底结束手工报表的历史。③强大的分类统计：系统可按各条件的分类，让销售部及管理层随时可以得知回头客、协议单位的入住情况。④消费排行：单次入住排行和宾客入住总排行显示回头客入住情况，可根据具体情况给予宾客一定优惠，或赠送会员卡、打折卡，鼓励宾客消费。⑤详尽的房态信息：多达8种房态，且都有图标相对应，为相关部门提供详尽、明了的房间信息。

（3）CRM系统能够提高经济效益。

①订房控制：完善的散客和团体预订功能可防止有房不能出租或满房重订的情况出现，可随时提供准确和最新的房间使用和预订情况，从而可提高客房出租率。②营业收入的自动统计：收入汇总表，使酒店管理层清楚地知道各时期客源变化与收入结构变化，及时调整经营方式与策略。③电话控制：电话自动计费及电话开关控制，可杜绝话费的跑账、漏账，并可防止服务员私打电话。

（4）CRM系统能够加强酒店管理。

①授权控制：严格控制房价，不同的房价必须有不同的折扣授权，并有房价折扣授权；并可以报表的形式进行监控及查核。②收银入账的管理：收银入账均只能红字冲销，不能修改当前记录，符合财务做法。③对电脑权限的管理：各项功能均有严格的权限控制，保证各类数据不被无权过问的人观看和操作。

【徒弟记忆】

酒店宾客关系管理涉及宾客分类及管理、宾客忠诚度管理、宾客满意度管理、宾客投诉管理和CRM实施五个部分，通过对五部分的细分管理，可逐渐提高酒店行业的利润，提高宾客忠诚。

【师傅讲授】

三、酒店员工与宾客之间的交往关系处理

现代酒店服务是以宾客为中心的多项目、多层次的服务。能否在激烈的市场竞争中赢得宾客的青睐，获取更大的利益，主要取决于酒店服务质量是否更好地满足了宾客的需求以及宾客对服务的满意程度。因此，酒店员工与宾客之间的交往是酒店服务工作中人际交往最典型、最有价值的交往。

宾客与酒店、酒店员工之间的关系，由于各自在社会与经济中的角色特征，宾客与

酒店就存在丰富的多元关系，这些关系也从不同的角度丰富地阐释了酒店对宾客应当承担的责任。

1. 宾客与酒店员工的关系

（1）选择与被选择关系。

现代酒店市场竞争非常激烈，对于宾客来说，选择机会非常多。宾客选择酒店都不是盲目随意的，而是有着自己的选择标准。例如，酒店的地理位置的适宜与否、酒店员工的服务态度、酒店所提供的服务有无特别之处等。

（2）宾客与主人关系。

相对于宾客来说，酒店就是主人，但酒店这个概念是非常抽象的，酒店的建筑物不可能被视为主人；酒店经营者、管理者虽然是酒店的法人代表、实际的投资者和最高的决策者，但在酒店服务中，他们一般并不直接出面，而只是负责一些重大事件的决策和处理工作。因此，在实际工作中宾客便会把在酒店为他们提供服务的员工视为酒店的当然主人。

（3）服务与被服务关系。

宾客到酒店所要购买的是酒店的服务产品，他不仅为得到这一服务产品对酒店进行了成本补偿，而且还为酒店利润的获得奠定了基础。酒店作为对宾客的回报的唯一途径就是为宾客提供质优价宜的服务产品。宾客购买酒店的服务产品就是为了在酒店获得需求的满足，并且这种满足是高要求的，宾客需要的是高素质、专业化、规范化的服务。而这种服务是通过酒店员工提供的，一般无须宾客自己动手。这种服务是人与人的接触，宾客在得到服务时要得到精神上的舒畅满足，通过服务感到自己是酒店最为重要、最受欢迎的宾客。

（4）朋友关系。

宾客在入住酒店的过程中，酒店与宾客双方通过相互间的理解与合作、一段时间的相处，很容易在彼此之间留下较为深刻的印象，容易结下友谊。宾客不仅是酒店的消费者，也是酒店的朋友，酒店的新、老朋友多了，酒店的经营就有了非常坚实的基础。

2. 酒店员工与宾客之间的交往关系的处理方式

酒店员工与宾客之间的关系既简单又复杂，说简单是指二者仅仅是服务与被服务的关系；说复杂，可以说上文仅仅对二者关系进行了归类，其原因还是源自人类的交往本身就是十分复杂的心理活动过程。处理好酒店员工与宾客之间的关系，首先是树立正确地对待宾客的意识。

（1）宾客就是上帝。

"宾客就是上帝"的含义是宾客在酒店中享有至高无上的地位。时代在变，"上帝"的需求也在不断变化，"上帝"对酒店的左右力量也变得越来越强大。酒店只有在对"上帝"进行深入调查研究的基础上，深深把握宾客的需求规律，并辅之以独到的营销策略，才能吸引"上帝"，得到让"上帝"满意的机会。

（2）宾客永远是对的。

在酒店服务中强调"宾客永远是对的"，强调的是当宾客对酒店的服务方式、服务内容产生误会或对酒店员工服务提出意见时，酒店员工首先站在宾客的立场上看问题，从理解宾客、尽量让宾客满意的角度来解决问题。另外，强调宾客总是对的，主要是指酒店员工处理问题的态度要委婉，富有艺术性，当错误确实是在宾客一方，或宾客确实是对酒店员工的服务产生了误会时，酒店员工应当通过巧妙的处理，使宾客的自尊心得到保护，特别是有其他宾客在场时则更要如此，不能让其他宾客觉得某一位宾客判断力有误或是非不明。当然，如果宾客出现严重越轨或违法行为，这一原则就不能适用了。

要采取正确地对待宾客的服务方式。在酒店服务中，有几个简单的方式能够帮助员工理解自己所处地位和对待宾客态度的重要性。酒店员工应当认识到自己在酒店所扮演的重要角色，而不能把自己仅当作一个普通的员工。

①每个员工的良好形象＝酒店整体良好形象，即 1=100

这一方程式所表示的是，酒店的任何一个员工都是酒店形象的代表，酒店员工对待宾客的一言一行都代表着酒店的管理水平、全体酒店员工的素质、酒店的整体服务水平。

②酒店整体良好形象－一个员工的恶劣表现，即 100-1=0

这一方程式的含义是酒店的服务形象是由一个个员工共同来决定的，即使其他员工表现出色，但只要其中任何一个员工表现恶劣都会使酒店形象受到严重损失。

③宾客满意＝各个服务员工表现的乘积

在这一方程式中，酒店员工表现出色，服务优质，其得分为100，表现恶劣，态度极差，得分则为零。酒店的形象并不是每个员工的表现简单相加的结果，而是一个乘积。酒店服务人员不能只是将服务简单化，而是应将服务做到更深的层次——优质服务，让宾客感到满足基本要求的同时，还要让其感到高兴和愉快。

3. 酒店员工与宾客交往的原则

通过以上对酒店员工与宾客交往的形式的分析，人们可以发现，人际交往中起主导作用的是二者中的一种心理状态。当一个人接到信息后，若按照对方的期望做出反应，那么这种人际交往关系就属于"平行性"或"对等性"，交往就比较顺利；如果这种反应出乎对方的预料，这种交往关系就属于"交叉性"，从而导致交往关系出现误会、紧张、中断，甚至冲突。所以我们在交往时应当有意识地去了解对方的心理状态，保持平行性交往，避免交叉性交往。此外，人的心理状态在受到外来影响时会发生改变。如果一个人能以成人型心理状态来控制和调节自己，也会产生引导对方逐步进入成人型心理状态的作用，从而保持人际互动关系的持续进行。因而，力求以成人型心理状态来要求自己，是人际交往中的重要原则。根据相互作用分析理论，以下重要的原则需要谨记：

【徒弟记忆】

（1）保持平行性交往的原则。

在服务工作中，宾客就是"上帝"，要使宾客有"宾至如归"的感觉，就应注重在双方的交往中，使宾客处处感受到酒店员工的热情和周到，使宾客心情愉快，留下美好的回忆。如果宾客在就餐或住宿期间与我们的交往是交叉的，就会使宾客产生不满，导致交往关系紧张、恶化，从而影响酒店的声誉。作为服务人员，应当在日常服务工作中，细心观察宾客的言行和表情，通过听其言，观其行，准确地判断宾客的心理状态及心理需求，努力使自己的心理状态与宾客的心理状态相呼应，保持与宾客进行愉快的平行性交往。

在服务工作中，宾客如果处在家长型的心理状态，采取命令式的行为，这种责骂、支配、专制作风的行为，常常使服务员难以接受，感到自尊心受到了伤害，令人生厌。宾客如果处于儿童型的心理状态，采取自然式的行为，这种感情用事或者对服务员的嘲笑、戏弄同样容易令人反感。而只有以理智为特征的成人型心理状态，能够使交往双方相互尊重，平等相处。因此，在服务过程中，当宾客表现出家长型命令式或儿童型自然式的行为时，服务员应首先保持平行性交往，满足其心理需求，然后再引导其进入成人型交往。

（2）满足宾客需要，方便宾客的原则。

需要是宾客来酒店进行消费的原动力，酒店的一切设施、一切工作和一切工作人员都是为了满足宾客的需要而设定的。宾客只有在生理上、心理上、物质上和精神上得到充分满足，交往才有良好的情境条件。

（3）尊重宾客，理解宾客的原则。

宾客受到尊重，得到满足，感到满意，就会对酒店及工作人员产生好感。这样，双方便会形成和谐、友好的交往气氛。

（4）对待宾客热情、礼貌的原则。

"礼貌待人是交往的名片"。服务员热情、礼貌，宾客就会从内心感到温暖、愉快、满意，从而对服务人员产生信任，这是双方交往取得成功的重要手段。

（5）酒店员工服务主动、高效的原则。

服务人员在为宾客服务过程中，不仅应主动而且要高效，使宾客对服务员产生一种精明、业务素质高的印象，促进彼此之间交往的顺利进行。

（6）员工对待宾客诚信、宽厚的原则。

诚信不仅是个人品德的基石，而且也体现了酒店的信誉度。诚信、宽厚是服务交往取得满意结果的基础，也是服务应具备的特殊心理品质。

（7）依据宾客心理特征区别对待的原则。

宾客个性的差异要求服务员对不同类型的客户采取不同的交往方式。例如，对慎重型宾客，服务员应采取温和态度，耐心回答询问；对怀疑型宾客，服务员态度应真诚、耐心，以取得宾客的信任；对挑剔型宾客，服务员应宽容，多听取意见，避其锋芒，解释应婉转。

（8）酒店员工的仪容仪表、言谈举止要得体的原则。

那些仪态端庄、着装大方、谈吐文雅、举止得体的服务员，无疑会使宾客产生良好的第一印象和吸引力，容易使宾客产生好感，利于双方的交往。

（9）酒店员工掌握倾听和微笑的技巧。

在与宾客交流时，要注视对方，集中注意力，认真倾听，切不可左顾右盼，心不在焉。既不能总是沉默不语，又不能随意打断对方的谈话。在谈话中，要尽量做到设身处地地替对方着想，要引起对方的同感，引起对方感情上的共鸣。此外，要学会微笑。微笑可显示出你为人热情，富有修养。自如的微笑可以打破僵局，轻松的微笑可以淡化矛盾，坦然的微笑可以消除误解。

【徒弟拓展】

四、酒店公关人员的工作程序与标准

工作项目名称：公关人员工作程序与标准

工作程序	标准	核查媒介	注意事项
开拓市场，争取客源	（1）通过走访、电话、电子邮件等方式，介绍酒店产品和服务，有目的地对客户进行拜访，收集市场客户资料，征求意见，改进工作； （2）有计划地走访政府部门、大中型企事业单位、旅行社及其他第三方代理单位，争取团体及散客的入住； （3）明确拜访客户的目的在于建立并维护客户的合作关系，经过分析及筛选出优质客户群，后期成为酒店的消费主体。	《客户资料档案》	有计划地详细做出各区域的《开发方案》收集信息的目的、渠道范围和方法
热情接待，周到服务	（1）接待客户，有礼貌、有耐心地做到全程服务、全方位服务； （2）注意形象和仪表，创造优雅舒适的氛围； （3）针对客户的需求进行服务，最大限度地满足客户的精神和物质需要。	《客户资料档案》	
掌握信息，灵活推销	通过各种渠道了解和掌握市场信息，为上级提供全面、真实、及时的信息，以便制订营销策略和灵活的推销方式。	《竞争对手调查报告》	销售人员的业务开发过程均须记入《客户资料档案》
密切合作，主动协调	市场营销涉及酒店所有部门和每个员工，他们的服务优劣直接或间接影响到酒店产品的质量，关系到酒店的形象和信誉。因此，市场营销部要根据客户的需求，主动与酒店其他部门密切联系，互相配合，充分发挥酒店整体、全员促销的优势，实现最佳效益。		

【徒弟记忆】

五、处理宾客的工作程序与标准

工作项目：顾客投诉处理跟踪程序

工作步骤	标准	核查媒介	注意事项
了解客人投诉内容	（1）接到客人的投诉或意见时，应有礼貌地仔细倾听，不时点头以示理解； （2）如果必要或可能的话，请客人到静处个别交谈，以免影响其他客人； （3）必要时可礼貌地询问客人一些情况，但切忌随便打断客人的讲话。		仔细倾听投诉缘由，及时解决问题。如果比较棘手，应上报销售部经理，以免对客人的承诺超出自己的能力范围外，引起客人对酒店的质疑。
做好记录	以书面形式把问题记录在《顾客投诉记录表》里，并报知相关部门。	《顾客投诉记录表》	记录要准确，详细
处理投诉	（1）无论是错在酒店或部门或个别的员工，还是客人的误解，销售人员应对客人产生的不快表示歉意； （2）及时通知相关部门领导了解或调查此事，尽快为客人排忧解难。但不陈述相对理解的细节或对无法做到的事做出承诺； （3）随时关注督促有关部门对客人投诉问题的处理。		面对客人指出的、不可推卸的错误，必须做到不厌烦、不狡辩、不推脱。尽快设法解决客人提出的问题。注意平息客人的怒气，不与客人争辩。
档案记录	把客人的投诉和意见记入《客人投诉处理表》电脑客史中，以防日后旧事重犯。	《客人投诉处理表》	

【拓展应用】

（1）怎样维护酒店中的宾客关系？

（2）宾客关系维护对酒店的意义。

（3）宾客关系融洽在实际中的表现。

前厅服务心理实践

项目一　前厅宾客心理需求

【企业标准】

　　熟知前厅部在酒店运营管理中的地位，熟知前厅部影响宾客心理活动的基本原理，了解宾客在前厅部活动的基本的心理需求，掌握最基本的前厅操作标准。掌握酒店员工根据宾客的心理需求做好前厅接待服务工作的技巧。

【师傅要求】

　　（1）熟知前厅部在宾客消费心理活动中的重要影响作用。
　　（2）熟知宾客对前厅部员工服务的心理反应规律。
　　（3）掌握观察宾客行为与其心理活动关系的规律。
　　（4）熟知依据宾客在前厅部的心理活动应对的服务策略。

【师徒互动】

　　前厅部（Front Office）又称客务部，俗称"前台"，是酒店负责招徕并接待宾客（组织客源）、销售酒店客房商品、组织接待和协调对客服务、销售餐饮娱乐等服务产品、沟通与协调酒店各部门、为宾客提供各种综合服务的对客服务部门。前厅部是每一位宾客抵达、离开酒店的必经之地，是酒店对客服务的开始和最终完成的场所，也是宾客形成对酒店的第一印象和最后印象之处。前厅部是整个酒店服务工作的核心。

【师傅讲授】

一、前厅部的作用

前厅部是酒店业务活动的中心，也是酒店管理机构的参谋和助手。因其主要服务部门总服务台通常位于酒店最前部的大堂，因而称为前厅部，俗称前台。前厅部是酒店销售产品、组织接待工作、调度业务以及为宾客提供一系列前厅服务的综合性服务机构。前厅部接触面广、政策性强、业务复杂，在酒店中具有举足轻重的地位。以酒店管理的角度而言，前厅部还是收集关于酒店经营管理的各种信息，并整理和仔细分析信息每日或定期提供的数据和报告酒店管理机构酒店管理的真实反映。前厅部亦定期向酒店管理机构提供意见，作为制订和调整酒店计划及管理策略的参考。总之，前厅部是酒店的重要组成部分，是加强酒店管理的一个重要环节。

1. 前厅部是酒店的营业橱窗，反映了酒店的整体服务质量

前厅是酒店最先迎接宾客和最后送别宾客的地方。前厅服务是使宾客对酒店产生第一印象和留下最后印象的服务。宾客总是带着第一印象来评价酒店的服务质量，而最后印象在宾客的脑海里停留时间最长，留下的记忆最为深刻。所以说酒店服务质量和档次高低，从前厅部就完全可以反映出来。

2. 前厅部的销售业绩，直接关系到酒店的经济效益

前厅部的经济作用体现在它控制着酒店产品的销售，是酒店收入的焦点与核心。具体说来：一是前台通过预订、接待住店宾客，推销客房及其他服务设施，达到销售的目的；二是前厅部的问询处、大堂服务处，通过回答宾客的问讯，介绍酒店的设施，提供优良的服务，实现扩大销售，促进宾客消费的结果；三是前厅部员工通过和宾客的直接或间接接触与酒店服务的对象建立起广泛的联系，从而了解许多客源信息，为酒店制定销售政策和为酒店其他部门的销售提供重要的依据和条件。

从前厅部的工作内容来说，它不仅可以通过提供旅游、餐饮、客房，以及出租车服务等，直接取得经济收入，销售工作的好坏直接影响到酒店接待宾客的数量，而且前厅部的服务质量在宾客心理的反应结果还间接地影响着宾客的二次消费以及口碑，进而影响着整个酒店的信誉。

3. 前厅部的协调作用

对内，前厅部犹如酒店的大脑，在很大程度上控制和协调着整个酒店的经营活动。比如，餐台预订、调房换房等。对外，前厅部必须有效地开展预订服务，组织客源，做好接待工作；必须和旅行社、协议单位、政府机关以及各种国内外商业机构、机场、车站、码头及旅游景区等保持联系，也必须同旅游团的导游等建立良好的关系。

4. 前厅部的工作有利于提高酒店决策的科学性

前厅部是酒店的信息中心，它所收集、加工和传递的诸如市场信息、营业情况、客户档案等信息是酒店管理者进行科学决策的依据。酒店管理工作的质量和效率，很大程度上取决于传递信息的数量、有效性、及时性和准确性。

5. 前厅部是建立良好宾客关系的重要环节

在市场经济条件下，顾客就是"上帝"，酒店是为宾客提供食、宿、娱乐等综合服务的行业，酒店服务质量的好坏最终是由宾客做出评价的，评价的标准就是宾客的"满意程度"，建立良好关系有利于提高宾客的满意程度，争取更多的回头客，从而提高酒店经济效益。

6. 前厅部的工作内容贯穿宾客消费的全过程

前厅部在宾客消费的整个过程中扮演着重要的角色，前厅部工作始于宾客最初与酒店接触，贯穿于宾客住进酒店及其整个逗留期，直至宾客结账离店以及其后的处理工作，这是酒店其他任何部门都不可替代的。

【徒弟记忆】

熟记前厅部的重要作用：

（1）前厅部是酒店的"窗口"，反映了酒店的整体服务质量；

（2）前厅部是酒店信息中心和对客服务协调中心（决策作用、协调作用）；

（3）前厅部是酒店的代表，是建立良好宾客关系的重要环节（公关作用）；

（4）前厅部是酒店的门面，对于宾客及社会公众形成深印象起着重要作用（社会作用）；

（5）前厅部的销售业绩，直接关系到酒店的经济效益（经济作用）。

【师傅讲授】

二、前厅部服务在宾客心目中产生的心理效应

前厅位于酒店门厅处，俗称"大堂"，包括酒店正门、门前廊车道、大堂和总台。高端酒店一般还包括礼宾台或者金钥匙服务台和大堂吧，因其位置和业务均处于前沿，因此称前厅。其服务内容有销售、寄存、接待、收银、问讯、票务、预订等；工作职责有门卫、迎送岗、行李运送、商务中心、电话总机及总台接待员工。

前厅既是宾客步入酒店接受服务的起点，又是宾客离开酒店脱离接触的终点，被称作酒店服务工作的窗口，是酒店的核心部门之一。它在宾客的心目中，能引起诸多的心理效应。

1. 前厅部给宾客带来的首因效应

首因效应又称第一印象。它是指人们对外界事物形成的最初印象。这种最初印象不但印象深刻，而且会对以后的知觉、思维、情感、意志等心理活动带来指导性影响。一般来讲，首因效应容易出现两极性。良好的首因效应，使人产生满意感，宾客愿意下榻

酒店进行消费，内心感到愉快，旅途疲劳也容易消除。在以后的接受服务过程中愿意合作，投诉概率减小，成为回头客的可能性大。不好的首因效应，使人产生后悔的感觉，宾客不愿意住下，并可能向外传播不满的情绪。宾客即使勉强住下来，那么在其住店期间就容易对酒店挑剔，稍有不如意之处就产生激愤、逆反情绪，甚至与酒店发生冲突；这样，不仅失掉客源，而且损坏酒店声誉。酒店前厅的环境、服务人员素质等都是宾客产生首因效应的因素。

案例分析：

案例陈述：1月20日18：20，920房间的宾客詹先生致电宾客关系经理称自己女儿和儿子生病了，问宾馆能否提供退烧药。当班宾客关系经理询问病人的情况后，建议其去就近医院治疗。因为要过年了，身体不适会影响全家人的心情，于是宾客接受了当班宾客关系经理的建议。

由于詹先生一个人无法照顾两个孩子，宾客关系经理立即安排人员叫车并让礼宾部的主管和员工前往房间将生病的孩子背到大堂，并安排一名礼宾员陪同宾客前往医院就诊。

当班宾客关系经理安排完孩子就医后，想到詹先生在入住时同行的还有他近七十岁的母亲张女士，现已到用餐时间，詹先生照顾孩子估计暂时无法回来照顾他的老母亲。随即宾客关系经理来到詹先生的房间，将老夫人带到咖啡厅用餐。

在就餐中，宾客关系经理发现老夫人忧心忡忡的，于是致电礼宾员询问孩子们的现状。礼宾员告知孩子们目前在打点滴，医生说没有什么大问题。得知此情况，宾客关系经理又嘱咐礼宾员，当孩子的点滴快结束的时候，询问一下两个孩子是否要吃点什么，便于提前准备。当宾客关系经理将两个孩子看病情况告知老夫人时，老夫人终于放下心来，安心吃饭了。

在詹先生的孩子们点滴快结束时，礼宾员来电话告知："点滴快要结束了，两个孩子想吃白米粥。"宾客关系经理立即通知餐厅准备。晚上九点，礼宾员带着詹先生一行回房，刚进房间，餐厅员工就送上已经准备好的白米粥，詹先生非常感动。

次日上午詹先生全家退房时，已经没有什么大碍的女儿和儿子到大堂感谢昨晚给予帮助的两位哥哥。詹先生也再次对昨晚给予帮助的两位小伙子表示感谢，称如果不及时去医院肯定今天好不了，过年全家都会不开心，临走的时候还将昨晚给予帮助的当班宾客关系经理和礼宾员姓名记录下来，称有机会一定当面感谢。

案例评析：本案例中员工的服务得到了宾客及他的孩子们的认可。前厅是宾馆的接待窗口，服务宗旨是用心极致，满意加惊喜。要时刻为宾客提供高效、准确、周到、完美的服务，倾尽全力将卓有成效的服务体现在酒店员工所做的每一项服务工作中。为宾客解决难题，带来满意加惊喜的服务感受，是服务工作者时刻都不能忘怀的职业使命。员工要通过专业的服务让宾客深深地记住酒店，前台员工的所作所为要成为云台宾馆的服务名片。

【师傅讲授】

2. 前厅部给宾客带来的晕轮效应

晕轮效应又称光环效应。它是指人们将知觉对象的某种印象不加分析地扩展到其他方面的一种心理现象，是一种主观较强的以点概面的反应。晕轮效应很容易导致宾客对酒店产生片面的知觉。

依据晕轮效应的两面性，酒店前厅部服务工作的晕轮效应也表现在两个方面：一是遮掩性，即宾客对酒店前厅如果有非常好的知觉和印象，有可能掩盖其对酒店其他方面的全面了解。比如，房间价格、餐饮风味特色、文化娱乐设施、服务质量等。二是弥散性，即宾客对酒店前厅的整体印象无论好坏都会扩散到后续他们在酒店其他方面的活动及消费。比如，客房、餐厅、购物、康乐、旅游等。前厅的装饰陈设、员工的相貌、仪表、态度、谈吐、举止，前厅的整体形象等都具有晕轮效应。与首因效应相同，若是前厅部的服务工作有瑕疵，也会导致宾客对酒店的其他服务失去信任，进一步的是宾客产生抵触情绪而影响后面的消费。

3. 前厅部服务工作的示范效应

前厅部的接待宾客的前置性显示出其服务工作的示范效应，其主要表现在以下几个方面。

前厅部的设计、装饰与环境展现出酒店的级别和档次。前厅的设计、装饰等标准，能够显示出酒店的级别和档次。中国制定的旅游酒店星级的划分及评定标准中，规定三星级酒店的前厅装修应"美观、别致"。四星级酒店的前厅装修应"风格显著、气氛高雅"。五星级酒店的装修则要求"具有独特风格和豪华气氛"。宾客踏进酒店前厅，便可从前厅的装修水平上知晓酒店的级别和档次。

因为首因效应和晕轮效应的产生，前厅部员工的服务质量基本上被宾客认定为酒店的服务质量。前厅的业务包括预订、接待、问讯、行李、订车、订票等商务活动以及旅游、结账、投诉等众多专业技术性强的服务业务。这就要求前厅的所有员工不仅要形象外观条件好，文化知识和专业知识功底深厚，而且需要反应灵敏，观察力和判断力强，有较高的语言交际能力等。宾客从酒店前厅员工的精神面貌、办事效率、服务态度、服务技巧和组织纪律等方面可以窥见酒店的服务质量。

因为前厅部的重要性也预示着前厅部的管理代表着酒店的管理水平。宾客从机场、车站、码头等地到酒店下榻后，酒店能否维持酒店大门内外秩序，能否及时处理宾客突然出现的困难、宾客的各种询问，及时提供商务、通信、网站服务等。诸如此类的服务看起来似乎是酒店员工的业务能力及素质问题，实际上标志着酒店的管理水平。

【师傅提示】

前厅部的工作体现了"宾客至上"的服务宗旨。大堂是宾客入住酒店的第一个活动

场所，在感觉上必须让宾客耳目一新，不仅环境要宽敞、明亮、通风、舒适，而且接待要友善、好客、周到。使宾客踏入酒店就感到宽心惬意，宾至如归。

【师傅讲授】

4. 前厅部的纽带与沟通效应

前厅部是酒店的"神经中枢"。前厅部的工作不仅需要沟通、协调酒店内部各部门之间的关系，而且需要沟通、协调酒店与宾客之前的关系。前厅部汇聚了酒店经营的外部市场信息，诸如旅游业发展状况、国内外经济信息、酒店的客源地、宾客的人均消费水平、年龄构成等；前厅部也汇聚了酒店运营与管理的内部管理信息，比如，开房率、营业收入、宾客投诉、表扬、宾客住店、离店、预订以及消费情况等。对于以上内外部信息，前厅部门员工不仅要及时收集，还要对其加工、整理，传递到酒店经营管理各部门。各部门依据这些信息进行科学决策。比如，早餐的备餐数量的主要依据就来自前厅部分发给厨房的宾客入住信息。另外，宾客的需要和投诉往往首先向前厅反映，前厅如能妥善处理，有利于提高宾客的满意程度，减少服务交往矛盾的发生，从而提高酒店的社会和经济效益。

【师傅讲授】

三、宾客对酒店前厅服务的心理需求

宾客选择入住酒店，在踏入酒店的时刻基本上都是风尘仆仆、舟车劳顿、身心疲惫地期待着踏入家门一样的感觉，因此宾客步入前厅部不仅期望酒店员工们的热情接待，自己的人格、习俗及信仰得到尊重，而且期望在办理住店、离店手续，解决休息、饮食等问题时快速高效，实现高兴而来，满意而归的愿望。

（一）宾客心理期待的"养眼"——前厅的环境与接待员工仪容仪表

无论是何种类型的宾客，其入住酒店的时间都不会很长，往往在前厅接待服务中产生深刻的"首因效应"还未消失时，又带着"末因效应"离店了。因此，酒店企业都十分重视前厅服务工作中，宾客产生这两种效应的巨大心理影响作用。

1. 优雅整洁的大堂环境是宾客"养眼"的第一关

酒店前厅大堂作为宾客记忆的表象能够在宾客心目中保留很长时间。大堂环境是一种对宾客的"静态服务"，通过环境设计、色彩图画、绿植布置等静物景色给予宾客赏心悦目、愉悦身心的感觉。前厅环境主要包括布局、装饰和陈设等。前厅布局应合理。一般说来，停车场与大堂的距离不宜太远；外币兑换处醒目方便；休息区面积大小适应，相对安静并且不受干扰，具有优雅的光源格调，以产生一种凝聚的心理效果，使人乐于在此休息交谈。休息区可以略高于大堂的其他部分，选择大方别致的沙发茶几、特别的地毯和绿色植物等，以形成人为的空间感。很多酒店的大堂都是按照功能实施分区化设置，主要区域包括休息、餐饮、购物、娱乐等不同功能的小空间，给入店客人一种自由感和新奇感。有的酒店前厅非常宽敞，可以安置观光电梯、假山、喷水池等动态景物，使静止的前厅产生缓缓的动感。

大堂的装饰和陈设应依据酒店的文化、风格营造意境美，即前厅的装饰、陈设要有自己的个性特色，做到形神兼备，情景交融，使宾客触景生情，产生联想，享受美的乐趣。选择大堂的装饰和陈设宜采用大效果的观赏性作品，宾客只需大致浏览，就能产生深刻印象。另外，前厅的装饰和陈设，无论是采用传统的民族风格，还是采用简洁大方的现代风格，或者采用庭园绿化风格，都要保持与酒店的总体格调和谐一致。

在前厅部的大门内外适当的位置应设置醒目的指示标志牌，以方便宾客，在前厅如入口处、总台两侧、休息区、洗手间、中庭、电梯间摆放适宜的观赏植物，以创造室内自然环境。为了减弱大堂的噪声，还可以播放音乐背景。这样，经过精心设计和巧妙布局的前厅，给宾客的视、听、嗅、触等感觉均能形成舒适美好的感知觉，无疑会使宾客留下良好的第一印象和最后印象。

2. 端庄大方的员工仪容仪表是宾客"养眼"的第二关

宾客步入酒店时，首先为其提供服务的是前厅部的礼宾员。当宾客离开酒店时，最后一个为他提供服务的也是前厅部的员工。在宾客心目中，最终留下的酒店形象实际上是前厅的印象，其中就包括前厅部的员工的形象。由此可见，前厅员工对宾客第一印象和最后印象的形成关系极大。这就要求前厅的所有工作人员，一进入工作岗位就要进入各自的"角色"，以自己端庄大方、精神饱满、自然礼貌的仪容仪表感染宾客，努力营造一种值得宾客信赖和亲近的心理效应。宾客在这些着装整洁、举止大方、态度可亲的员工服务工作中，会感受到自己是一位高贵的受欢迎的宾客，内心充满自信和愉快，对酒店留下良好的印象。由此可见，前厅员工的仪容仪表直接体现了对宾客是否尊重和礼貌。

3. 礼貌而又悦耳的服务语言是宾客"养眼入耳"的第三关

众所周知，语言是人们沟通信息、交流思想感情的媒介。语言不仅以语音的方式与别人进行交流，而且其语调、语速、响亮程度等都是表达说话人情绪情感的媒介。因此，前厅部员工的语言方式、语音语调、语速音节等都会直接影响宾客的心理感受。员工的服务用语既能令人欢喜，也会招人厌恶。前厅从门卫到大厅、从总台到行李运送、从电梯到电话的员工应主动热情地说好第一句话，先声夺人，使服务工作在良好的气氛中进行，让宾客产生亲切、愉快的感觉，留下良好的印象，为以后的服务打下良好的基础。前厅员工的语言在内容上应简洁明确、充实，在语气上应热情、诚恳、有礼，在语言语调上应清晰悦耳。

【师傅提示】

前厅部员工要尽可能多地掌握几种外语与方言，尤其是本酒店常住宾客所在国的语

言或者所在地的方言。外语在前厅部的重要作用是显而易见的。在规范用语中，目前国内酒店业流行在接待中杜绝"四语"，即蔑视语、烦躁语、斗气语、否定语；在接待服务工作中要有"五声"，即欢迎声、问候声、致谢声、道歉声、告别声。这些都是酒店员工使用语言的规范。

【师傅讲授】

（二）宾客心理期待的"养心"——前厅接待员工娴熟的服务技能

酒店宾客风尘仆仆、身心疲惫地踏入酒店，总是希望尽快休息，希望行李搬运安全平稳迅速，验证手续办理得准确、快捷。这就要求前厅工作人员有娴熟、快捷的系列化服务技能。许多酒店规定总台服务员必须在1分钟之内问候宾客，2分钟之内为团队宾客开好房间。除了态度和善、语言热情、手续办理快捷高效以外，总台服务员还应具备验证、登记、住房分配、客流统计、财务计算、电脑操作、解答询问、代理服务等系列化技能。例如，总机话务员必须在铃响3次之内接听电话，熟悉酒店主要管理者的声音，对常用电话号码的查询应对答如流，熟练操作转接、留言、叫醒、免干扰等系列化服务。商务中心员工不仅应掌握传真的发送和接收，而且还应具备外语听、说、译的能力，并能熟练进行电脑打印、排版和电子信箱服务技术。前厅工作人员只有具备了娴熟的服务技能，才能消除宾客心理的焦虑，满足宾客对前厅服务方便、快捷、准确的心理需求，形成"酒店是我家"的温馨感。

【师傅讲授】

（三）宾客心理期待的"养情"——前厅员工需要具有强烈的服务意识

酒店宾客期望受到员工的热情接待，看到周围酒店员工的笑脸，听到他们礼貌友好的语言，以及自己的消费需求在入住期间能够得到满足。这就要求前厅员工有强烈的服务意识。

酒店服务意识体现在以下几个方面：一是前厅部员工要主动、殷勤、微笑服务。所谓主动就是向宾客提供的每一项服务要在宾客要求之前进行。比如，员工见到宾客进入前厅时要主动打招呼，遇到宾客有困难时要主动协助解决，对宾客的提问要主动回答，服务工作发生一般失误要主动承担责任等。殷勤就是热情而周到地关心宾客，嘘寒问暖，关怀备至，积极为宾客提供"满意加惊喜"的服务。微笑是服务工作的"活广告"，也是酒店工作人员必须具备的职业情感和体态语言。事实证明，没有微笑的酒店员工就没有微笑的宾客。这是因为微笑不仅体现了酒店把宾客当作"上帝"的服务宗旨，表现了员工友善、热情的好客精神，而且代表了酒店的管理水平和服务员良好的职业素质。同时，在人际交往中，微笑还起到营造缩近心理距离、增强友好、融洽气氛的催化剂作用。要做到主动、殷勤、微笑服务就需要前厅部员工具备强烈的服务意识。

二是建立客史档案，提供个性化服务。客史档案记载了常住宾客的个人情况，例如，姓名、职业、籍贯、出生年月、通信地址、爱好、生活习惯、忌讳、特殊要求、投诉情况等。这些资料是酒店向宾客提供个性化服务的主要依据。个性化服务不仅使宾客感到自己在酒店受到尊重，自尊心得到充分满足，而且有利于酒店公关营销策略的实施，起到扩大客源市场空间，树立酒店形象的作用。

三是大堂值班经理和"金钥匙"的服务必须高效、完整。大堂值班经理又称大堂副理，职务相当于前厅部副经理。其工作岗位设置在前厅，直接面向宾客，代表酒店全权处理宾客投诉、保护宾客生命安全和财产安全等复杂事项。

【师傅提示】

"金钥匙"本来是前厅部礼宾服务，目前已经成为现代酒店一条龙服务的延伸。它是指酒店通过掌握丰富信息并通过构架服务网络，为宾客提供个性化服务的委托代办个人或协作群体。金钥匙组织是国际酒店的民间服务专业团体，其成员遍布全球。金钥匙服务哲学理念是：先利人，后利己，用心极致，满意加惊喜，在客人的惊喜中找到富有的人生。因此，有许多人认为，金钥匙服务是酒店个性化服务发展的高层次，发展的空间非常广阔。宾客在酒店内遇到困难或者有什么特殊要求，自然会想到大堂副理或"金钥匙"，并期望他们提供高效、准确、周到、完美的服务，给自己解决难题，带来惊喜。

另外，由俏江南餐饮连锁酒店济源董事长杨秀龙先生等人组织发起的中国服务联盟也提出个性化、网络化的为酒店宾客展开一条龙服务的理念，展示了中国当代酒店餐饮业优质服务的风采。

【徒弟记忆】

宾客到酒店的目的是享受服务，宾客更喜欢得到优质贴心的服务，因此酒店提供服务的时候要给予宾客一定的亲切感，从宾客内心的心理需求出发。

【师傅讲授】

四、提升宾客对前厅服务心理满意度的策略

上文针对宾客对前厅部软、硬件设施设备的第一印象、对前厅服务人员的仪容仪表以及对前厅服务工作的感受产生的心理现象进行了详尽的分析，分析表明了前厅部对酒店宾客产生的巨大影响及重要作用。既然如此，重视提升前厅部的方方面面的质量及在宾客心目中的形象，提升宾客对前厅环境及服务的满意度就显得十分重要。一般说来酒店必须采取以下措施：

（一）重视前厅布局设计，美化前厅空间环境

首先映入酒店宾客眼帘的是酒店前厅部所属的大门、大堂等空间布置。因此，酒店要给宾客提供良好的感知形象，必须做到建筑形式具有鲜明的特征，内部陈设具有优美的装饰，各种器具、服务工作台、宾客活动区域等一定要现代化、艺术化，并带有浓郁的酒店特色。

酒店大门和庭院可结合区域特色布置草坪、花圃、喷泉、水池等，使人觉得环境清新优美，心旷神怡。提供宾客服务区域的布局要简洁合理，并设立醒目易懂的标志，使宾客一目了然。装饰上要突出酒店文化特色，如悬挂名家书画作品、选用地方文化式样的灯饰、摆设本地特色花草和地毯等，给人以新鲜之感。

【师傅提示】

关键是前厅部所属范围内所有环境设施一定要始终保持高度清洁卫生、宁静幽雅，设施用具也要具有现代化水平。

【师傅讲授】

1. 前厅装饰需体现意境美

环境布置的意境也是审美学的范畴，是中国特有的美学范畴。对意境的追求历来是中国文学艺术构思极为重要的方面。作为酒店门面的前厅，也应该追求意境美，给宾客以回味无穷的审美效果。比如，在太湖岸边的黄金水岸酒店大厅的意境，是通过两架徐徐转动着的风车，映照着波光粼粼的太湖，使人联想到吴越文化的意境，一股强烈的地方和民族气息迎面扑来，给宾客留下的印象极深。

2. 前厅的布置需体现整体美

前厅布置需要通盘考虑，整体协调。无论创造什么样的意境，都应特别注意整体美的效果，草、藤、竹、柳条编的家具织物，放在格调为乡土味浓厚的民宿山庄和林间度假型酒店大厅里显得非常得体，而放在豪华的都市中、奢华酒店的大厅中就会显得格格不入。恢宏高大的水晶装饰顶灯，挂在西式风格的大堂处，可以说是锦上添花，但如果把它挂在简朴风格的、江南民居风格的苏州南园宾馆的前厅中，就明显感到突兀。为了取得大厅整体美的效果，应注重色彩的统一基调，色彩的使用忌五彩缤纷，各自为政。大厅色彩的基调要明朗、热烈，具有较强的吸引力，但也应注意与酒店整个的室内装饰色调基本保持一致，创造出一种和谐统一的环境气氛。

3. 前厅的陈设装饰需体现整洁卫生

前厅是酒店人群汇集与疏散的功能厅，也是最容易受到脏污之处，加上前厅人流频繁，来去匆匆，不做过多的停留，因此，装饰陈设宜采用观赏型的简洁而又方便清洁的装饰与陈设为宜，使得宾客只需通过大致浏览，既能产生良好的印象，又能快速清理各种污渍。

【徒弟记忆】

无论陈设采用何种格调，无论装饰具有何等的艺术特色，都必须时时刻刻注意大厅的清洁卫生，大厅若是脏、乱、差，再优雅的意境、再协调的陈设也将被淹没，不可能给宾客留下美好的印象。

【师傅讲授】

（二）重视员工的工服设计以及仪容仪表整理

任何酒店，尤其是豪华奢侈型酒店对员工的仪容仪表都会有严格的要求，酒店员工要身材挺拔、五官端正、面容姣好。酒店要给员工设计富有特色、美观实用的工服，员工的发型要统一，要经常梳理，指甲要修剪，切忌不修边幅，男员工的胡须要刮净。员工的举止要有风度，站有站相，坐有坐相，落落大方。

仪容仪表可以反映一个人的精神面貌，是对宾客形成良好印象的重要条件，酒店作为高级消费场所，在接待服务过程中必须十分重视工作人员的仪容仪表，特别是对前台接待员工的要求更高。以下概括地介绍一些员工仪容仪表方面的要求：

1. 前厅员工的衣着打扮要求

对前厅服务人员要求讲究个人卫生，衣着服饰，一般要求得体庄重，与环境和谐，这样可以突出服务人员的形体美，反映服务人员的文化修养和精神面貌，给宾客留下美观、舒适、优雅大方的感觉，给人以良好的视觉印象。

2. 前厅员工的形体动作要求

前厅员工在宾客频繁出入地大厅工作，几乎所有宾客出入酒店都会或多或少地观察前厅员工的仪容仪表、行为姿势，因此，前厅员工类似于演员在舞台上表演，必须注意自己的形体动作。这些员工应该做到热情好客，从容镇静，举止大方，风度翩翩，不能表现出懒散笨拙的样子。站姿要优美而典雅，不靠不倚，不背朝宾客，不窃窃私语；坐姿要优美而端庄，不前俯后仰，不侧身对宾客，不摇腿跷脚；走姿要正确而富魅力，不过快过慢，左右摇晃。与宾客交谈时，更应注意自己的身体姿态与形体语言。

前厅部门从迎宾员开始，都要热情主动地为宾客服务，接待的各个环节的员工都要端庄有礼，必须站立服务，要使宾客一进大门就受到热情的、殷勤周到的服务，酒店有专人带领宾客到柜台去办理登记、兑换外币等手续，电梯管理人员也应衣着笔挺，彬彬有礼地为宾客提行李进出，为了方便宾客可以改变先登记后进客房的做法，当宾客先进客房安顿好后再办理登记手续，这样使宾客感到方便、放心和满意。

3. 前厅员工的语气、语态及语言要求

前厅员工特别需要重视第一次和宾客接触，主动热情地说好第一句话，先声夺人，

使服务工作从开始就在良好的气氛中进行，就能给宾客留下愉快亲切的感觉，赢得宾客的好感，为此后提供优良的服务打下良好的基础。

语言要求主要是指语气诚恳谦和，语义确切、清楚，语音动听，语速快慢相宜。要熟练地使用礼貌用语，但要适度，不能矫揉造作，避免使用宾客礼仪所忌讳的词语。员工还应掌握多种简单的酒店常用外语和方言，这不仅是为了工作方便，也是为了使宾客感到亲切，增加对宾客的相似性吸引力，异乡遇乡音使宾客体验到一种亲切感。现代化酒店都高度重视员工的语言迎接技巧并且专门组织学习与培训。前厅员工使用语言时必须注意以下方面：

（1）用字浅显，尽量使用宾客可以听懂的语言，不要使用酒店的专业术语，尽可能用宾客所讲的语言与宾客沟通，宾客用英语我们就用英语，宾客用汉语我们就不要用英语，避免造成沟而不通，有讲没有懂。

（2）复述确认宾客要求。不仅是前台员工，酒店各岗位员工都必须要清楚地了解宾客所要陈述的要求，并且简明扼要地重复宾客所提的需求重点，如此一来可降低宾客所提的事项与员工因认知上的差距而造成的误解，遇到不懂时，可请对方重新再说一次，直到听懂为止，特别是碰到外国宾客时。

（3）确认沟通效果。在对宾客做出任何解释及说明时，最后一定要记得询问对方是否理解，让对方有发问的机会，尤其是对不明白的事项继续做询问。员工耐心而细致的讲解可以协助生疏的宾客了解酒店情况。尤其是员工在表达有问题时，语态和善和善意的建议可以软化爱挑毛病宾客的脾气。

在语言沟通时，有时会因语气、声调、音量、音质及口头禅等的影响最后无法实现有效的沟通，应当尽力避免以下几种情况：

（1）语气的平顺单调，常会让人有不被尊重、不理不睬的感觉。声调的抑扬顿挫能使宾客从中体会到你们的诚意与善意。

（2）当与人讲话时会因为声音太小，使对方听不见而需重复数次，或因声音太大使宾客以为服务人员在和他们吵架而非沟通，声音以对方可以听清为宜。

（3）话语中的口头禅如："这个吗""哎呀""噢噢"会让宾客以为服务人员很不耐烦，不愿意静下心来听宾客的陈述。口语的干扰不易从我们的谈话中除去，但不断的练习和自我的提醒可以减少次数及发生的频率。

4. 前厅员工的面部表情要求

前厅员工在与宾客进行交流和沟通时除了使用具体的口头语言之外，还需要借助非口头语言的沟通形式，如生动的面部表情和恰当的手势。

（1）员工的视线角度要求。俗话说眼睛是心灵的窗户。在与宾客接触和沟通时，双眼直视着对方的额头到下巴之上这个区域但绝对不要盯着对方的眼睛，专心聆听对方的陈述，是一项基本礼貌。从眼光的接触中双方可以了解到，是否对方用心在听，以及说话时是否很自信地在交流。心理学研究表明，若说话者在说话时眼神不敢看对方，对方可能会认为你在说谎和在敷衍了事。

（2）员工的面部表情要求。在和宾客沟通时宾客与员工要注意观察对方的面部表情，从面部表情中能够看出今天宾客的心情如何。同样，宾客也会观察员工的面部表情，当员工进入酒店工作状态时，主管都会要求员工见到宾客便要微笑，因为从面部表情中，微笑传递给宾客的信息是，他们是非常乐意为宾客服务的酒店专业人员。微笑服务也要注意场合，当宾客碰到问题，抱怨或者不小心出丑时，他们的心情一定很糟糕，如果员工脸上还保持微笑的表情，恐怕宾客会认为是在取笑他，而此时则要求员工的面部表情应该很真诚且严肃，要仔细倾听宾客的阐述。

（3）员工的肢体语言要求。心理学研究发现很多人在沟通时都会加上手势等肢体语言，包括谈话时，手的挥动、耸肩等来辅助沟通效果的实现。适当的肢体语言能够活跃谈话气氛，增强谈话效果，在与宾客沟通时特别是当与外国宾客沟通不是很顺畅时，就特别需要借用手势的动作实现沟通的目的。

【徒弟记忆】

使用肢体语言时一定要注意各客源地宾客的手势与姿势的忌讳。

【师傅讲授】

（三）前厅员工提供的服务需主动、周到而及时

前厅员工不仅需要在宾客心目中有良好的感知形象和热情的服务态度，还必须有娴熟的服务技能。尤其是前厅的服务项目繁杂而琐碎，这就要求前厅员工要做到细致入微，主动快速，干净利落地执行每一个工作流程。比如，总台接待员的技能主要包括：检验证件、分配和登记住房、多项代办服务和财务结算；礼宾员的技能就是运送行李、咨询、开车门等。这些服务都要求处处准确、熟练、高效，而有些工作更是需要熟练地运用计算机操作才能够完成。只有熟练地掌握各种服务技能，百问不倒，百问不厌，而且行动敏捷，不出差错才能使宾客很快办完各种手续，得到休息，否则，环境布置得再好，态度再热情有礼，也无法得到宾客的认可与满意。

在为宾客办理各种手续和提供各种服务时，员工要善于察言观色，从宾客的表情和神态中了解其要求，处处为宾客着想，尊重宾客心理，考虑问题全面周详，每一项工作办成以后认真检查核对，避免出现疏漏与差错，保证宾客能够满意。

另据统计，前台员工面临最多的是各种问询，因此，这就要求前台接待员工必须有足够的耐心与稳定的情绪，在面对宾客的问讯，需做到百问不厌，有所准备，虽然由于分工的不同，前台服务人员对超出自己工作范围的事不可能都知道，但前台员工应该尽快通过向相关人员了解询问，把不知道变为知道，给宾客一个答复。这样做，即使员工的回答不够理想，宾客也会感到满意。但是假如员工开口就说不知道，把宾客拒之于千

里之外，会使得宾客感到非常失望，当然就无法给宾客留下满意的印象。

【师傅提示】

前厅部员工完成及时、准确而便捷的服务，就必须严格按照服务质量标准和操作规范进行。比如，为每位宾客办理开房、下榻、房间迁入登记、所用的时间不能超过3分钟；办理好入住手续后，必须向宾客提供酒店各项服务及地理位置的确切方向，同时向宾客提供免费地方交通图；宾客办理了入住登记手续以后，其所需的额外用品要在15分钟内送到，酒店的大堂内要设有专门的服务指南及酒店各项活动信息揭示栏；服务人员要熟知酒店各项经营预定程序及其预订系统，精通迁入迁出登记程序，以及总服务台的整个接待程序，熟悉电话的服务程序，能够掌握酒店所有客房的相关情况，掌握酒店的客源市场以及营业结构，等等。

【师傅讲授】

（四）前厅员工提供的服务需灵活多变，具有针对性

前厅部是酒店的窗口，担负着为宾客提供各项服务的任务。宾客来自五湖四海，不同的文化背景、地域范围、宗教信仰等造就了宾客不同个性心理。这就要求前厅部的员工一方面一定要学会观察宾客，了解宾客，另一方面也要熟知酒店产品与服务。只有这样才能够为不同的宾客提供不同的产品，使得所有宾客能够各取所需，皆大欢喜。

第一，了解宾客。酒店生存的命脉在于宾客，而是否能保有宾客以及开发新宾客，为酒店全体从业人员共同努力的方针。宾客对于酒店如此重要，说明员工越了解宾客，就越能够提供他们想要的东西，才越能使得他们获得满意感。而宾客对员工的印象与认知是帮助他决定是否在酒店消费的最主要因素。因此，前厅员工应该不断花心思在宾客的身上，尽可能多地了解与掌握宾客的心理，有效地引导宾客做出决定，让宾客有更好的感觉，愿意不断重复地跟酒店继续往来消费或介绍其他宾客入住酒店。要做到这一点，员工必须站在宾客的角度思考问题。比如，宾客的处境是什么？宾客自己的看法是什么？宾客所认知与陈述的需求或没有说出来与潜在的需求是什么？宾客的好恶是什么？宾客同意哪些，又反对哪些？以宾客的眼光来看酒店的竞争对手是谁？对宾客而言理想的解决方案是什么？宾客喜欢什么样的人？什么样的情况能赢得宾客的信任？等等。

第二，熟知酒店产品。身为总台人员最应当熟知酒店的位置，前厅部的员工在服务过程中经常会遇到宾客询问如何抵达酒店，最常遇到这种情况的人员多为总机及前台单位的服务人员。因此，前厅员工必须要知晓酒店的基本情况，酒店共有多少间房间，房间的位置与房号的配合，房间形态，房间的视野，床铺的大小，房内附属的家具，甚至装潢以及其他特色等。若前厅部员工连酒店产品本身都认识不清就不可能为宾客安排符合宾客消费需求的产品，也无法阐明产品特色向宾客做详细的介绍，甚至还有可能安排

错误造成宾客抱怨。

第三，前台员工能够综合酒店宾客的需求及酒店产品的认知，为不同的宾客提供个性化、差异化的针对性服务。

【师傅讲授】

五、提升酒店前厅服务质量的策略

假日酒店公司创始人凯蒙斯·威尔逊的名言是："优质服务是构成最终胜利的因素。"国际酒店业巨子拉马达公司总裁杰里·马尼昂曾说："向客人提供卓越的服务是拉马达公司未来成功的关键所在。"客人入住酒店，购买的不仅是设施，客人来酒店就餐，购买的也不仅是饭菜，更重要的是购买优质周到的服务。因此，酒店的使命就是为客人提供优质服务，满足客人的需求。如何提高酒店服务质量，使酒店在激烈的市场竞争中处于优势，是酒店管理者的共同目标和基本追求。

（一）酒店服务质量内容

酒店服务质量的内容。根据酒店服务质量的定义，酒店质量实际上包括有形产品质量和无形服务质量两个方面。

有形产品质量。首先，酒店设施设备的质量。设施设备是酒店赖以生存的基础，是酒店各种服务的依托，反映了一家酒店的接待能力，同时也是服务质量的基础和重要组成部分。其次，酒店实物产品质量。实物产品满足顾客的物质消费需要，通常包括菜点酒水质量、客用品质量、商品质量、服务用品质量等。最后，服务环境质量。通常要求是整洁、美观、有序和安全。

无形服务质量。其是指酒店提供服务的使用价值质量，也就是服务质量，包括礼节礼貌、职业道德、服务态度、服务技能、服务效率及安全卫生等。

（二）影响前厅服务质量的因素

1. "重硬件，轻软件"不良倾向

我国酒店服务质量离国际先进水平尚有较大差距这一事实，已被认为是我国旅游业发展初期重设施建设、忽视人才培养倾向所导致的必然结果。从业人员素质、质量管理及服务水平落后于同行业的国际水准。这一问题在我国酒店业中一直以来十分突出，不少酒店的设备、设施高档豪华，但服务水平不尽如人意。毕竟，硬件设施满足的主要是宾客物质上的需要，只有人员服务才能给予宾客更高层次的精神享受和满足。

2. 服务质量管理效率低下

质量的基本要素是一致性，而对服务人员的行为进行规范和控制是提高服务质量可靠性、一致性的根本途径。制订科学的服务质量标准和服务规程，并以其对员工的工作

行为进行控制是保证酒店服务质量稳定性的主要手段。比如，在国际上，效率的具体化就是明确的数字概念，上菜、饭菜温度等都有着定量的服务标准。而我国部分酒店还未树立服务效率的意识，在最需要体现效率的地方往往是通过模糊的概念来表达的，诸如用"差不多""马上""很快"之类的不确定时间用语来表达。

3. 酒店从业人员素质落后

酒店从业人员的基本素质包括外在和内在两个方面。外在素质指从业人员的仪容仪表、行为举止的职业化。内在素质指酒店员工的人文素质和职业素质，即员工的文化水平、文明程度、道德修养以及专业知识、服务意识、服务技巧等。酒店服务作为一种无形的商品销售，酒店从业人员的内在素质是其价值所在，如长沙的"好食上"，在员工的招聘和管理上就很有研究，女服务员身高160厘米以上，头发统一梳娃娃头，眼影统一用蓝色等这些都体现了一个酒店高质量的服务标准。

4. 员工流动率高

只有拥有相对稳定的员工队伍才能确保服务质量的稳定。我国酒店业因员工流动率过高从而影响服务质量水平已引起业界和研究者的重视。一项统计表明，北京、上海、广东等地区的酒店员工平均流动率在30%左右，有些餐厅甚至高达45%。导致我国酒店业人员流动过于频繁、员工队伍不稳定的首要因素是酒店员工职业满意程度低。员工流动率过高对酒店服务质量稳定性的影响也是显而易见的。员工流失同时也会影响士气，对其他在岗人员的情绪及工作态度都将会产生不利影响。

5. 各部门之间协调性差

由于酒店内部协调性差而导致宾客不满的现象在我国酒店中屡见不鲜，酒店部门协调性差的首要原因在于员工缺乏协作意识、部门之间缺乏良好沟通。如果酒店所有员工，无论是前台服务人员还是后台服务人员，都能够以"全心全意满足宾客需要"为指导思想，酒店的内部协调度将大大提高。员工不了解其他部门的工作程序和规范是影响酒店内部协调性的又一原因，轮岗和交叉培训是解决这一问题的有效措施之一。

（三）提升前厅服务质量的对策要素

1. 强化服务的规范性与可靠性

香格里拉酒店的一个服务特色是：真诚质朴、彬彬有礼、温良谦恭、乐于助人、自豪而不骄矜。香格里拉营运部门在集团内部倡导的"客人与总经理对话"沟通模式，是目前全球酒店业唯一的模式。因此作为一个酒店，只有注重细节，才能更好地提高服务质量。

服务的规范性与可靠性体现在准确、可靠、按时、保质、保量、规范地向宾客提供所承诺服务的能力。这一能力更多地来自酒店及其部门的规章制度、服务规范和服务程序。完善的程序和制度可以规范员工的服务行为，保证服务质量的规范和统一。例如，前厅接待程序中规定了接待员办理宾客入住登记手续时所应遵循的标准、规范化与服务语言标准化、服务步骤及标准化服务时间，这样就确保员工能够遵循服务程序向宾客提供高质量、标准化的服务。

2. 强化服务意识，增强服务的主动性

员工为宾客提供优质服务的主观意愿和主动态度就是服务的主动性。在员工具有高度主动性的情况下，即使完成服务的客观能力存在不足，仍然能够使宾客对服务过程产生美好的印象。具体到酒店前厅部工作中常常会发现这样一个现象：缺乏熟练业务技能和服务经验，但笑容满面、主动热情的员工比业务技能熟练却对宾客冷若冰霜的员工更受欢迎，这一现象很好地说明了为宾客提供优质服务的主观意愿对宾客对服务质量的感知有着很大的影响。

3. 提升员工综合素质，端正员工的服务态度

酒店员工的综合素质影响服务质量的方面是员工完成各项服务所需的业务技能与同宾客之间的有效沟通的能力；员工的服务态度对服务质量的影响是指员工对宾客的礼貌和尊重以及对宾客利益的关心等。二者皆是影响员工服务质量的内在因素。因此，应该培训前厅各岗位员工掌握熟练的业务技能、热情的服务态度、高效率地为宾客提供客房预订、入住登记、问询、查询、行李搬运、商务等各项前厅服务能力。

4. 倡导对客服务的具体化与个性化

服务是无形的，但是无形的服务总是附着在具体的事物或者产品之上，服务过程中服务总是体现在具体可见的人员、设施、设备环境等诸多因素之上。在服务过程中，影响服务质量的要素大多数是宾客无法直接认知的抽象因素。也就是说，一个初次住宿酒店的宾客在决定消费之前，无法直接感知和体会到酒店服务的可靠性，服务人员的服务意愿、业务技能和对宾客的感情投入。宾客对该酒店服务质量的印象和判断通常来自对酒店的硬件条件和环境以及员工的仪容仪表、礼貌礼节等具体可见的直接感受，酒店和前厅部员工的服务则是通过先进的硬件设施和优美的环境布置给宾客一个良好的第一印象。

【徒弟记忆】

前厅部是宾客第一个接触的部门也是最后一个接触的部门，在心理学中最后印象和第一印象同样重要。前厅服务人员首先必须了解宾客的需求，让宾客能享受酒店更精致的设备与其他服务，借此提高宾客的满意度并且提高酒店的收入。

前厅心理服务策略有美化前厅环境，重视服务人员仪容仪表，服务周到、迅速。

【拓展应用】

（1）在了解了前厅服务心理的情况下，组织模拟前厅服务操作。

（2）在实际操作中，还应该注意哪些心理技巧？

项目二　前厅服务实践操作

【企业标准】

　　通过本项目的学习熟知根据房态的状况进行客房预订的受理的技巧；能够熟练填制前厅客房预订业务表单；能够有效地开展预订推销；能够灵活处理客房预订中的各种纠纷；熟练做好宾客抵店前的各项准备工作。

【师傅要求】

　　（1）熟知预订工作的准备及要求。
　　（2）掌握客房预订的渠道、方式和种类。
　　（3）掌握客房预订操作方式及程序。
　　（4）熟悉客房预订中常见问题及处理。

【师徒互动】

　　前厅部是客人首先直接与酒店接触的场所，涉及酒店提供对客服务的各项内容，是酒店对客服务开始和最终完成的场所。首先，前厅部通常位于酒店主要入口处，是客人入住后获得信息的主要场所。其次，对于酒店来说，前厅部是酒店组织客源、销售客房、组织接待和协调对客服务，并为客人提供各种综合服务的部门。最后，前厅部就像酒店的门面，从每一位客人抵达酒店到最终离开，其所享受到的服务都与前厅部的工作密切相关，都直接关系到客人对酒店的第一印象及服务满意度。酒店服务质量直接关系到酒店的生存与发展，前厅部对此起着至关重要的作用，前厅部的服务质量以及管理决策水平会直接影响到酒店的市场形象及行业竞争力，从而影响到酒店的经济效益。因此，前厅部是现代酒店管理中各部门运营中的关键所在，作用十分重要。鉴于前厅部具有如此重要的地位，几乎所有的酒店都特别重视前厅部的操作规程与规范。本项目融合了国信云台大酒店和海澜集团大酒店的前厅部服务规范，并加以介绍。

【师傅讲授】

一、前厅服务的基本准则

（一）引领入住标准

言语礼貌、动作迅速、服务周到、举止大方、仪表端庄、态度热情（见图3-1）。

图 3-1 前厅迎宾员站姿示意图（桃园山庄）

【徒弟操作】

（1）遇宾客进店，应主动上前帮忙提运行李，并询问客人是否住店或用餐。

（2）引领宾客至服务总台登记，双手背后站立于宾客右前方 1.5 米处，帮助宾客看管行李。

（3）宾客办完入住手续后，应立刻引领宾客至电梯口。

（4）若遇电梯比较忙碌，应让宾客稍等一下（先生／小姐，电梯马上下来，请您稍等一下），同时向宾客解释并报以微笑。

（5）电梯到达后，一手挡好电梯门，并让宾客先进电梯（先生／小姐，您先请进）。自己最后进入电梯，并站立在右侧的电梯口，及时按下电梯号。

（6）在电梯中与宾客适当交流（先生／小姐，人多时可称"各位"，与宾客介绍酒店餐厅时间等）。

（7）待到达目的地楼层时，自己先出电梯，左手扶好电梯门，请宾客先出（先生／小姐，×楼层到了，您先请）。

（8）客人全部出电梯后，马上追到客人的侧前方，进行引领，一边走一边口中要说：您这边请！并配以指引的手势。

（9）到达房间门口后，先放下手中的行李，问宾客取房卡（先生／小姐，我能用一下您的房卡吗？我来帮您开门）。房门打开后，马上将房卡进行取电，将房门推好固定，自己退至门口，以手势请客人进房（先生／小姐，您请！）。

（10）将行李送入房间，并告知客人共送了几件行李，询问是否放在行李架上。（先生／小姐，一共是×件行李，帮您放在这里好吗？）注意：行李摆放的是客人最方便取物的方向，特别是箱包之类的行李，开口必须朝外。有易碎品的行李还要注意小心轻放和"向上"放置！

（11）放置好行李后，要询问宾客是否还有其他需要（先生／小姐，请问还有其他需要吗？），确认宾客无其他需要时，应说：好的，先生／小姐，如果您还有其他需要的话，您可以拨打×××，我是礼宾××，我将竭诚为您服务，祝您过得愉快！

（12）如果宾客对酒店设施和情况不太了解，应及时给宾客做出准确的解释，如宾客对房内相关设施不太了解，须向客人简单介绍房内设施。

①宾客提出对房内设施进行介绍，由里向外首先介绍自动窗帘，告知宾客开关在床头柜上。②然后介绍办公桌，指出服务指南和房内用餐单的位置，介绍办公桌上的插座功能，告知酒店覆盖网络情况及网络密码。③介绍房间数字电视的开关方法，并介绍节目单。④介绍电视柜下的小冰箱，告知有偿消费。⑤带宾客到小酒吧介绍各种酒水和零食，告知烧水壶和冰桶的使用。⑥打开更衣柜，向宾客介绍并演示保险箱的使用方法，告知洗衣服务的程序和洗衣袋和洗衣单的使用，并告诉宾客需要洗衣服务时须打开门口的洗衣灯。⑦带领宾客到卫生间，告知宾客一次性洗漱用品和吹风机的放置位置，并告知宾客110V低压电源的位置。⑧客人无其他需求，告别并离开宾客房间。

【师傅讲授】

（二）来宾行李搬运服务规范

言行礼貌、动作迅速、服务周到、举止大方、仪表端庄、态度热情。

【徒弟操作】

（1）接行李入住。

①行李员迅速准确、轻拿轻放，与宾客确认件数后，引领宾客到总台办理入住登记。②宾客登记完毕，行李员走在宾客身后方1~2米距离。③进入房间后与宾客确认完毕行李件数。④适当介绍客房设备及操作方法，向宾客表示入住愉快。⑤后退三步后，询问宾客是否需要关门后离去。

（2）收取行李服务。

①复述宾客要求，确认房号、行李件数、收取时间。②用语要清晰，简明扼要。③进房前先敲门，自报家门，问清宾客是否需要搬运行李？④请宾客在一式两联的行李牌上签名，给宾客一联，提醒宾客保留好，至行李台取行李。⑤将宾客行李搬上车，为宾客打开车门，向宾客道别，目送宾客离开。

【师傅讲授】

（3）行李寄存。

①了解宾客寄存要求，询问是否有贵重物品或需特殊处理的物品，如有应建议宾客做特殊处理。②收寄宾客行李，应对行李外观做检查，如有破损应立即向宾客说明。

③清点件数，并报宾客确认。④填写行李寄存卡，注明寄存人姓名、房号、行李件数、行李特征，在寄存卡上写上日期、时间等。⑤请宾客确认寄存卡上填写的内容是否正确，并请宾客签字，最后签上行李员姓名。⑥将行李卡提取联交给宾客，将寄存联拴系在行李上，并将行李存放在行李架上。⑦如寄存易碎物品应放上"小心轻放"字样，对集中存放的寄存行李用绳子系好。

【师傅提示】

①如宾客要求长期寄存行李（指寄存时间超过24小时以上），则应单独存放。②如宾客提出寄存物品由他人代领时，要请宾客将代领人的姓名、单位或地址写清楚，并且写上委托提取字样。③填写"行李存放情况"报告。

【师傅讲授】

（4）行李提取。

①宾客提取行李，须凭寄存行李的提取联。②根据提取联核对寄存联，并注意检查寄存联上有无记载其他的注意事项（如宾客结账后又产生费用或宾客有留言、信件等），然后将宾客行李交付宾客，并请宾客签字。③在行李寄存卡写上日期、时间并签上经手人姓名（见图3-2）。

图 3-2 迎宾员为顾客搬运行李示意图

【师傅提示】

①若是代领宾客寄存物品者，须请来人出示证据，并核实宾客所留姓名。②如宾客丢失行李寄存卡，则要求宾客说出姓名、房间号码、行李件数和特征，如与所要取的行李及行李卡上的记录无误，再请宾客拿出身份证件——如护照或身份证等，并要求宾客

在相关单据上写上签收，然后才把行李交给宾客。③经手人签名、写上日期后，应将行李单上联和"复印件"装订在一起留存。④"行李存放情况报告"上注明提取日期、时间以及受理者姓名。

【师傅讲授】

（三）送客行李搬运服务规范

（1）礼貌地接听电话。

（2）仔细听清宾客要求，并将房号、行李数和宾客姓名记下。

（3）重复信息。

（4）告知客房部该房宾客准备结账离店。

（5）在三分钟内到达宾客房间，到达房间时按门铃或敲门表明身份。

（6）待宾客开门后，向宾客问候，和宾客一起确认行李件数，并帮助宾客检查是否有遗留物品，如发现直接还给宾客。

（7）小心搬运行李，乘坐电梯下楼。

（8）如陪同宾客一起到前台，途中可询问宾客是否满意。

（9）如不陪同宾客一起下楼，则告知宾客会将他们的行李保管好，直至他们离店。

（10）确认宾客已付清全部房费，办理完手续后将行李搬到车上，在搬上车前与宾客核实行李件数。

【师傅提示】

（1）为宾客打开车门，请宾客上车。

（2）有礼貌地谢谢他们并祝旅途愉快，需要时应与宾客招手"再见"。

【师傅讲授】

（四）开关车门规范

（1）宾客到达前，提前在门口等候。

（2）车辆到达时，及时走近车门边，按照先主宾后陪同、先女士后男士的原则，为其打开车门。

（3）开门时，应站于前后两车门之间，左手拉开车门，右手护住车顶，将车门打开约60°，并向宾客礼貌问好。

（4）待宾客下车后，关好车门，并提醒宾客不要遗留随身物品。

【徒弟操作】

（1）宾客将要离店，车已停在酒店门口时，礼宾员应及时站在车前等候。

（2）先打开贵宾位车门，右手护顶，请宾客上车；待宾客上车后，适度用力关好车门（见图 3-3）。

（3）再为其他宾客打开对应车门，并和宾客挥手道别。

图 3-3　迎宾员为宾客打开车门示意图

【师傅讲授】

（五）登记入住标准

（1）宾客走近服务台时，工作人员应立即礼貌问候，并与宾客保持目光交流、微笑。

（2）未预订客房宾客，登记入住手续 3 分钟内办好；已预订客房宾客，登记入住手续 1 分钟内办理完成。

（3）如果宾客曾住过酒店，可查询相关资料与宾客直接确认，确认后认可宾客是回头客。

（4）确认、核实宾客姓名拼写、房型、床型、房价和离店日期，特别确认吸烟（无烟）房。如可能应确定退房时间。为保护宾客隐私，应小声与宾客交流。

（5）如需宾客较长时间等候客房，应安排宾客到舒适的地方，提供免费的饮料，并为宾客保管行李和外衣。一旦房间安排好了，应立刻通知宾客（或事先告知等候时间，请宾客休息后直接上楼）。

（6）VIP 宾客由客户关系主任陪同送进房间。

（7）TOP VIP（最少 V2、V3 级的宾客）应在房间内办理登记手续。

（8）如没有行李员送宾客进房，或没有房锁使用说明，前台人员应告知部分设施使用说明。

（9）在登记入住时应提醒宾客离店服务的相关信息。

（10）提供行李服务。

【师傅提示】

（1）如果宾客没有由行李员送到房间，前台人员应告诉宾客清晰的房间位置及酒店的有关概况。

（2）办理登记入住时，应最少称呼宾客姓名一次。

【师傅讲授】

（六）离店结账服务标准

（1）结账过程中应最少称呼宾客姓名一次。

（2）员工应微笑地与宾客保持目光交流，称呼宾客姓名而不只是房号。

（3）结账时询问宾客是否用过小酒吧。

（4）呈交宾客账单，请宾客核查后再结算。

（5）接待员应在 5 分钟内办完结账手续；如结账宾客较多需等候，GRO 应帮助进行宾客疏导分流，同时征求宾客意见，缓解宾客等候时的焦虑心情。

【师傅提示】

（1）可以询问宾客是否需做返回预订。

（2）必要时提示一下宾客机场税。

（3）可以询问宾客住店是否愉快，感谢宾客下榻本酒店，同时期盼宾客很快再次光临。

【师傅提示】

（七）贵重物品寄存操作程序

（1）当宾客办理入住登记时，前台接待应礼貌地提醒宾客将贵重物品放入客房保险箱或前台贵重物品寄存室内。

（2）遇有宾客至前台提出要寄存贵重物品时，前台接待应陪同宾客当面检查寄存物品的内容与数量，并在贵重物品寄存单上填写清楚。

（3）宾客在贵重物品寄存单上签名确认后，前台接待陪同宾客将物品锁入贵重物品保险箱内，并将钥匙交与宾客。

（4）如遇有宾客不愿透露贵重物品的具体情况，则须让宾客填写寄存证明书并亲笔签名以示认可。

（5）当宾客需要提取寄存的贵重物品时，应先核对宾客身份并请宾客出示房卡和钥匙，然后由前台当班接待陪同开启保险箱，并与宾客当面点清物品，请宾客在贵重物品寄存单上签名确认。

（6）当遇有宾客丢失保险箱钥匙，应立即通知大堂副理和保安部，由他们陪同宾客共同检查宾客的贵重物品寄存单，核对无误后通知工程部当面打开宾客保险箱，并请宾客当面点清物品后在贵重物品寄存单上签名确认；最后，委婉地向宾客提出对丢失保险箱钥匙进行赔偿，并在物品赔偿单上签名确认。

【师傅讲授】

（八）电梯服务规范

（1）在得知宾客要使用电梯时，应主动、及时将宾客引领到电梯前（见图3-4）。

（2）按下电梯后，判断将要打开的电梯；如电梯暂时繁忙，应向宾客表示歉意，并请宾客稍等。

（3）电梯打开后，应以手挡住电梯门，请宾客先行。

（4）如需进电梯引领宾客时，而电梯内宾客超过两人，应询问宾客能否同乘电梯；如宾客行李有大件、多件，或者同行有行李车的情况下，应请宾客先上楼，并告知宾客行李随后送到房间。

图3-4　引领员引领宾客进入电梯示意图

（5）如与宾客同乘电梯，应在电梯内与宾客做适当交流。

（6）电梯到达相应楼层时，应告知宾客楼层已到达，并以手挡住电梯门，请宾客先出电梯。

【师傅讲授】

（九）委托代办服务规范

接受委托代办服务时，前厅员工应该：言行礼貌、动作迅速、服务周到、举止大方、仪表端庄、态度热情。

【徒弟操作】

（1）仔细接听电话并做记录，如有疑问马上提出，并向宾客复述一遍。

（2）遵循"先店内、后店外"的原则，凡酒店内备有的物品一律在店内购买。若确需外出，必须向领班或大堂副理汇报，由其安排人员外出办理。

（3）服务应做到诚信、守时、快去快回，不得向宾客漫天要价，一经发现有虚报价格者，酒店将以索要小费为由对有关服务人员进行处理。

【师傅讲授】

（十）行李寄存规范

前厅服务员在提供宾客行李寄存服务时，要做到：言行礼貌、动作迅速、服务周到、举止大方、仪表端庄、态度热情。

【徒弟操作】

（1）请宾客到行李台处办理相关手续（如有特殊要求可到房间为其办理）。

（2）询问有无易碎、易燃、易爆物品，并根据情况先向宾客做出解释。

（3）检查物件有无破损，并核对行李件数，如遇破损应向宾客说明，并在行李寄存卡上注明。

（4）在行李寄存卡上填写日期、经手人、行李件数、宾客房号、提取日期等，并在备注破损栏内注明有关情况。

（5）撕下下联并请宾客妥善保存，到时须凭卡取物。

（6）将行李寄存卡上联挂于行李显眼处，两件及两件以上行李须拴在一起，并一起存放于行李房内。

（7）将存放时间、行李件数、经手人等登记在行李寄存登记簿上。

【徒弟记忆】

前厅服务的基本原则就是以客户满意为核心，注重服务的人性化与科学化，了解客户的基本心理需求，明确基本的服务注意事项，以便提供更优质的服务。

【师傅讲授】

二、前厅的工作——客房预订

客房预订是指在宾客抵店前对酒店客房的预先订约。即宾客通过使用电话、传真、书信等各种方式与酒店联系预约客房，酒店则根据客房的可供应状况，决定是否满足宾客的订房要求。这种预订一经酒店的确认，酒店与宾客之间便达成了一种具有法律效力的预期使用客房的协议。

【师傅提示】

宾客通过电话与酒店联系预订客房是比较普遍的一种预订方式。这种预订方式的优点是简便、快捷，而且便于宾客与酒店之间进行有效沟通，清楚地传递双方的信息。宾客可以通过电话了解酒店是否有符合自己要求的客房；酒店则可以清楚了解宾客的订房要求、付款方式、抵离时间等信息，并可适时进行电话营销。但由于受到语言障碍、电话清晰度和听者听力水平等因素的影响，电话预订也容易出现差错，这就要求预订人员对于宾客的预订信息要认真记录，并在记录完毕后，向宾客复述一遍，得到宾客的确认。

【徒弟记忆】

客房预订是指在宾客抵店前对酒店客房的预先订约。

【师傅讲授】

要使预订工作能够顺利、有条不紊地进行，预订员在为宾客提供预订服务的前期，要做好相应的准备工作。具体包括以下几个方面：

（1）掌握酒店已经预订的客房数量，对预订报表和相关的统计表要熟悉，这样在为宾客做预订的时候才能准确。

（2）随时关注电脑中的相关记录，掌握酒店可预订客房的数量及具体房间是否有宾客入住或离店，防止在预订中出错。

（3）酒店的预订工作采取的是轮班制，认真做好上下班的交接工作，如有特殊情况一定要认真告知下一班次的预订人员。

（4）工作前准备好相关的预订资料表格及其他用品，保证预订渠道畅通，使电脑处于待工作状态，及时查询房间预订的相关信息。

【师傅提示】

第一，除了预订之前的准备工作之外，在宾客抵达之前的预订核对也非常重要。一

般酒店要先后进行三次的客房预订核对，以保证预订工作的准确性，为宾客到店后能及时准确进房做好准备。具体核对时间和内容如下：

（1）宾客抵店前二十天，通过预订单和相关资料，用电话或其他方式与宾客取得联系，核对宾客的各项预订要求，包括入住时间、离店时间、房间类型、订房人数等。如果预订信息有变化，必须及时将新的预订信息记录下来并输入电脑，在预订单上加盖"第一次核对"的印章或做相关的标注。

（2）宾客抵店前七天，对当日需要核对的预订单进行查阅，看有无明确的抵店日期，与宾客取得联系，对更改的预订信息进行修订更新，并在预订单上加盖"第二次核对"的印章或做好相关的标注；除此之外，对于VIP宾客的预订、重要团队预订、会议预订要提前做好电脑封房处理，与前厅沟通告知在宾客抵店日期必须留出房间。

（3）宾客抵店前一天，找出预订资料再次进行仔细核对。具体内容如下：

①核对所有预订资料与预订单的内容，以免有误。

②对于非保证类预订，与订房宾客联系，确定其具体到店时间。

③核查VIP预订单，与前台沟通再次确认封订客房，保证宾客能及时入住，根据VIP宾客的接待标准核查各部门准备情况。

④对于签订合同的团队或会议预订，与销售部沟通，核对预订和电传内容是否与协议房价一致。

⑤完成相应表格的填写。

第二，预订服务要求。是否能为宾客提供优质的预订服务关系到宾客对酒店第一印象的好坏，并为以后的对客服务奠定了基调。所以对于预订服务必须要达到一定的标准要求，具体内容如下：

（1）预订员在上岗前要仔细检查自己的仪容仪表，着工装，调整到最佳的工作状态，预订过程中需要使用的各种资料和设备要提前准备好。

（2）预订员要充分熟悉酒店客房及其他产品的特点、价格和相关的销售政策。

（3）对于宾客的预订，应尽快详细地了解宾客订房的要求，如抵离时间、房间类型、数量、特殊要求等，根据宾客的需要为其做预订。

（4）接受宾客电话预订客房时，应使用规范的服务用语，做到语气柔和，音量适中，吐字清楚，礼貌回答宾客的问题。

（5）宾客通过信函、电报或传真方式预订客房时，应经领班或相应主管的批复，并及时通过同样的方式回复给宾客。

（6）对于团队或会议订房，要详细地询问订房人有关订房的相关要求。

（7）预订单是宾客预订的原始资料，它决定着以后工作的准确性，所以预订员要认真详细地填写预订单，书写规范。

（8）对于宾客想要更改预订，应结合酒店实际情况尽量去满足宾客的要求。准确填写"订房更改单"，并及时更新电脑信息和存档。

（9）对于宾客要求取消预订，预订员应按照酒店要求立即为宾客取消。

（10）对于不能满足宾客订房要求的情况，预订员要学会用建议代替婉拒，礼貌地说明原因，给宾客一些建议或是推荐其他酒店并帮助宾客联系。

预订服务需要预订人员的细心和认真，使宾客在与酒店接触的最初就留下一个好的印象。符合标准要求的预订工作，既能为宾客提供满意的订房服务，又能增加酒店客房的销售机会。

第三，客房预订中常出现的问题。在为宾客提供预订服务的过程中，酒店都力争满足宾客的合理要求，把服务做得尽善尽美。但在日常工作中，由于各种原因也会或多或少出现一些问题。其中常见的问题如下：

（1）订房信息记录出现错误。

在做预订记录和做预订确认时，对于宾客抵离的日期时间、预订天数、客房类型、客房数量、房价、宾客人数和姓名等记录不正确，造成排房失误或宾客抵达酒店时对酒店所提供的客房产生异议；由于酒店没有设立客史档案或以往的客史档案记录不准确、不完整，使酒店的一些常客或重要宾客没有得到应有的待遇，从而让宾客觉得未被重视；对于宾客的其他要求，如用车、订餐、订票、订会议室或其他酒店设施项目等没有记录或记录错误。

（2）预订信息没有及时、准确地传递。

宾客订房信息没有及时、准确地传递到前台接待处，造成前台接待处没能及时安排客房或分房不当；宾客的其他预订要求，如订餐要求、用车要求、订票要求等未能及时、准确地传递给酒店的相应部门，造成这些部门没能为宾客及时准备或准备失误；宾客的客史档案信息没能及时、准确地传递给相关部门，造成这些部门不能为宾客提供有针对性的服务。

（3）旺季时酒店涨价，涨价幅度过大或不能为宾客保留客房。

在旺季时，酒店未事先通知预订宾客而提高房价，或者已经预先告知宾客，但因涨幅过大，使宾客无法接受；在旺季，因为客房紧张，未能为宾客如约留房，特别是对于保证类预订的宾客没办法给宾客提供房间。

（4）将某些房价泄露给宾客或给宾客承诺房号。

酒店与旅行社、会议组织或其他一些订房代理商之间通过合同所定的房价，由于某种原因让宾客知道，引起宾客异议，从而影响了各订房代理商的客源，也间接影响了酒店的客源；酒店在为宾客预订时，为宾客承诺房间号，使酒店在排房过程中受到限制缺乏灵活性，难以做调整和更改，或者因为无法为宾客提供事先承诺的房间号，失信于人，影响了酒店的声誉和形象。

（5）酒店未能将预订的有关规定细则以书面形式告知宾客。

酒店对预订客房的留房截止时间没能事先告知宾客，造成宾客过了时间来到酒店却没有房可住的情况，引起不满和纠纷；对于预订订金收取的相关规定，酒店未能事先以

书面形式告知宾客得到宾客认可，造成没收宾客订金时，引起宾客的不满和投诉。

（6）其他情况。

预订员对房价变更以及有关的销售政策缺乏了解，从而产生在预订中为宾客提供的承诺和酒店的销售政策不一致甚至相悖的情况；预订部门因与前台接待处、销售部沟通不良，客房状态显示不正确，造成预订客房出现差错；酒店其他部门的服务人员在与宾客的接触过程中，留给宾客的印象不佳，从而使宾客不愿意订房或取消预订；预订人员因工作疏忽而忘记宾客在预订时提到的某些特殊的要求，造成宾客抵店时不能兑现，引起宾客的不满；预订人员对宾客的更改或取消预订没有及时进行处理而出现的纠纷；未能准确预测未来一段时间可销售客房的数量，造成超额预订的数量过多或过少。

【徒弟记忆】

在宾客抵达之前的预订核对也非常重要。一般酒店要先后进行三次的客房预订核对，以保证预订工作的准确性，为宾客到店后能及时准确入住做好准备。

【师傅讲授】

三、电话预订服务流程（见图3-5）

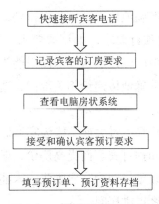

图3-5　电话预订服务流程

【师傅提示】

1.快速接听宾客电话

受理预订时，必须在铃响三声以内接听电话，主动问候宾客"您好"；报酒店名称及部门：预订处或总台；电话要轻拿轻放；在接听电话时，语气委婉、语音清晰、语速适中；运用礼貌用语，培养礼貌待客的良好服务意识。不要让宾客等候时间过长。如果遇到暂时不能立即答复的问题，应请宾客留下联系方式，待查清后再与宾客取得联系。近年来，随着受付电话（Collect call）业务和免长途市话业务的迅速发展，电话预订成为国际和国内酒店进行促销、扩大预订业务的重要订房方式之一。如 800 免费预订热线、400 市话预订热线，都为宾客提供了更省时、快捷并减少费用的预订渠道。

2. 记录宾客的订房要求

主动向宾客推介酒店客房产品；礼貌地询问宾客姓名（中英文拼写）、用房日期、预订数量、房型等；询问预订代理情况。

3. 查看电脑房状系统

了解客房状况：如果客满，向宾客表示歉意，婉拒并推荐附近同档次酒店；如果现有空房不符合宾客要求，推荐不同种类客房；如果现有客房符合要求，接受预订。

4. 接受预订

明确答复宾客接受预订；并询问付款方式、航班、车次到达时间等；再次向宾客说明客房保留时间，或建议宾客做保证性预订等。

5. 确认宾客预订要求

复述宾客的预定要求，并请宾客确认。

6. 填写预订单

清楚记录宾客到店时间、房间类型、房价及数量等；记录宾客预订种类、付款方式、特殊要求等；内容正确，字迹工整清晰。

7. 向宾客表示感谢

向宾客致谢，恭候宾客光临。

8. 预订资料存档

将宾客预订信息录入电脑；将所有的预订资料整理存档。

【徒弟记忆】

电话预订服务流程。

【师傅讲授】

四、电话预订操作标准

电话预订服务操作标准

流程	操作标准
快速接听宾客电话	（1）铃响三声之内接听；（2）问候语：您好！（3）报酒店名称及部门：预订处或总台；（4）提示：电话要轻拿轻放；在接听电话时，语气委婉、语音清晰、语速适中；运用礼貌用语，培养礼貌待客的良好服务意识。
记录宾客的订房要求	询问宾客姓名、用房日期、预订数量、房型等。
查看电脑房状系统	了解客房状况：(1) 客满：向宾客表示歉意，婉拒并推荐附近同档次酒店；(2) 现有空房不符合宾客要求，推荐不同种类客房；(3) 现有客房符合要求，接受预订。

续表

流程	操作标准
接受预订	（1）明确答复宾客接受预订；（2）询问付款方式、航班、车次到达时间等；（3）向宾客说明客房保留时间，或建议宾客做保证性预订。
确认宾客预订要求	复述宾客的预定要求，并请宾客确认。
填写预订单	（1）记录宾客到店时间、房间类型、房价及数量等；（2）记录宾客预订种类、付款方式、特殊要求等。提示：内容正确，字迹清晰。
向宾客表示感谢	向宾客致谢，恭候宾客光临。
预订资料存档	（1）将宾客预订信息录入电脑；（2）将所有的预订资料整理存档。

【师傅提示】

客房预订的其他方式是传真预订（Fax）、信函预订（Mail）、口头预订（Verbal）、合同预订（Contract）、互联网预订（Internet）。

酒店宾客订房方式比较

主要方式	预订方法	主要特点
电话订房	宾客直接给酒店打电话预订客房，酒店公布和向客户通报电话号码。	（1）联系方便快捷，可直接对话，落实宾客具体要求；（2）通话语言要准确礼貌、规范、简洁；（3）预订处有电话记录，信誉要求较高。
传真订房	宾客通过电传、传真或电报向酒店订房，酒店用同样方式回复确认。	（1）联系方便、快捷，信息准确；（2）电传、传真、电报均有文字可查，可以立即确认，操作方便；（3）需要配相应设备，有一定费用消耗。
信函预订	宾客用信件提出订房要求，酒店回复确认。	（1）信息准确，要求清楚，处理方便；（2）联系回收时间长，现已较少被采用。
口头预订	宾客或托人到酒店直接提出订房要求，酒店预订处酌情处理其预订。	（1）当面交流、询问沟通方便，有情感交流；（2）多为亲朋好友为他人预订，信息准确性较低；（3）大多需经多次询问核实。
合同预订	宾客与酒店通过签订合同的方式预订客房。	（1）大多是和旅行社、专门的订房机构以及团体等组织签订订房合同；（2）一般是长期使用客房；（3）对双方预订行为有所约束，利益有所保障。
互联网预订	加入国内外集团预订网，设立网站、设计网页。宾客直接在网上订房或订餐。	（1）订房联系方便快捷，处理及时；（2）可在网上做宣传广告，图文并茂，形象具体，也可在网上交流、确认、核对；（3）电子邮件收发准确、及时。

【徒弟记忆】

电话预订操作标准。

【师傅讲授】

五、订房纠纷的处理方法

在酒店日常的经营过程中，常常会出现一些订房纠纷。针对不同的原因，酒店应该采取不同的处理方法，妥善解决，挽回酒店的形象，将酒店的损失降到最小。

（1）酒店收到宾客的预订文件，但由于宾客信息不全，没有留下订房人的通信地址，酒店无法及时告知宾客客房预订已满的情况。

（2）宾客以信函方式预订，但酒店已经客满的情况。

（3）宾客由于航班或车次变化等原因，抵店时间已经超过规定的留房截止时限，而事先又未和酒店进行联系，造成抵店时酒店无法为其提供客房的情况。

（4）酒店接受了宾客的电话预订，但并未给宾客邮寄预订确认书，宾客抵店后，无法为其提供客房的情况。

（5）宾客抵店后称自己已经做了客房预订，但前台接待处却找不到该宾客的订房资料的情况。

（6）宾客因为不了解酒店的有关政策或行业惯例而产生不满和抱怨的情况。

（7）与客户面谈订房事宜时应注意：仪表端庄，举止大方，讲究礼节礼貌，态度热情，语音、语调适当，婉转。把握客户心理，运用销售技巧，灵活地推销客房和酒店其他产品。必要时，还可向宾客展示房间及酒店其他设施与服务，以供宾客选择。受理此方式时，应注意避免向宾客做具体房号的承诺。

【师傅提示】

受理信函订房时应注意：及时复信。越早让宾客收到回信，越能赢得宾客好感。回信要亲切，避免给宾客留下公函式信件的印象。复信的格式必须正确，注意中英文书信格式的差异。复信的内容明确、简洁且有条理。复信的地址，日期要书写完整、准确。注意信纸、信封的质量，邮票的选择及复信者的亲笔签名。

总之，客房预订工作所涉及的环节较多，并且过程较复杂。为了能使客房预订有效开展，这就要求预订人员在工作中认真细致，严格按照服务程序和标准完成工作，处理好每一个环节的问题，尽量减少订房失误和纠纷的出现。

【徒弟记忆】

预订人员在工作中认真细致，严格按照服务程序和标准完成工作，处理好每一个环节的问题，尽量减少订房失误和纠纷的出现。

案例分析

案例 1

2016 年 2 月 6 日，原告王女士受朋友之托在中农公司所属三星级宾馆预订了标准客房一间。当时双方约定每天的房费按 398 元一晚结算，入住日期为 2016 年 8 月 16 日至 24 日，并要求原告付 100 元订房押金以保证住房，其余房款入住时再付。2016 年 5 月 6 日，王女士带着房款准备提前付费，此时，中农公司明确告知原告王女士，客房已全部包出去了，酒店无法继续履行合同。王女士遂诉至法院，要求判令中农公司赔偿原告的住房损失 100 元，并双倍返还定金 200 元。

庭审中，被告中农公司称，王女士当时预订了客房，但有旅行社包了一个月的客房，公司不可能因为原告一个人就将房间空着。2016 年 5 月 6 日，公司通知王女士房间订不成了，合同无法继续履行。被告中农公司同意双倍返还订金，但不同意赔偿王女士经济损失。

北京市海淀区人民法院经审理后认为，双方签订的客房预订合同合法有效，均应严格按照合同全面履行义务。在合同履行过程中，中农公司明确表示不能继续履行合同，已经构成违约，应当承担相应的违约责任，并赔偿由此给王女士造成的经济损失。最后，法院判令中农公司赔偿原告损失 10064 元，并双倍返还定金。

【师傅提问】

（1）本案例中，酒店方出现的问题有哪些？
（2）应如何避免这样的问题的出现？
（3）发生这样的问题，如不诉诸法院，酒店应该如何补救？

案例 2

2015 年圣诞前夕的下午，南京天京大酒店公关销售部李经理正在大堂忙忙碌碌地张罗圣诞节的环境布置，只见一位身穿西装的先生带着一位身穿夹克衫的男子急匆匆地走到他跟前，轻轻地对他说："李经理，有件事跟您商量一下。我是北京 ×× 公司的总经理，这几天和另一位同事住在贵店，开了一间房。这位先生是我的南京客户，刚才和我一起吃完饭，多喝了点酒，我想给他另开一间房，让他休息一下，晚上住一宿，顺便谈点生意。可总台服务员说我已经开了一间房，不能再开了。而这位客户正好没带身份证，也不让登记，这就麻烦了。李经理，您就帮忙再开一间房吧。您看，这是我的身份证。"他边说边递上身份证，下面还衬着一张没有填写的住房登记表。"李经理，您就行个方便呢。"旁边那位男子也递上名片求情。

此刻，李经理感到很为难：这位北京某大公司的总经理是该酒店的常客，他的要求应该尽量满足，如果处理不当，就会失掉一个很有潜力的常客，但如果答应让其客户无身份证入住，又不合酒店住宿的一般规程。他试图找到一个变通办法，便询问那男子："您有没有证明您身份的其他证件？"男子摇了摇头。"那可不行啊。"李经理显得无可奈何。那位先生有点急了，赶紧说："这是特殊情况嘛，请允许我用我的身份证来担保他入住吧。""好，就这么办吧。"李经理略一沉思，下了决心答应下来。两位宾客喜出望外，连声道谢，表示今后有机会一定再住天京大酒店。

李经理领两位宾客到总台办完入住登记后，又给楼层服务台挂了个电话，向值台服务员介绍了那位新入住宾客的特殊情况，请她特别多加注意。

【师傅提示】

以上李经理对宾客特殊要求的特殊处理，既拉住了一个重要客源，又确保了酒店安全无恙。

第一，李经理照顾的宾客是一个熟悉了解的信得过的大公司总经理，此事的基础是稳妥可靠的。

第二，公司总经理以自己的身份证担保客户入住的安全，并办理了有效的登记手续，就正式承担了相应的责任，有据可凭，有案可查。

第三，李经理最后又请楼层服务员对新入住宾客特别多加注意，再增加了一条保险措施，可以说是慎之又慎，万无一失。

案例3

三月初的一个夜晚，正值我做MOD，凌晨两点左右，一名醉醺醺的宾客在一位衣着十分暴露的小姐陪同下乘的士回到酒店。就在宾客到达所住楼层，尚未开门之时，值班保安及时赶到。保安："小姐，请问是一起的吗？"小姐："是。"保安立即致电前台查询2712房间宾客登记情况，保安："小姐，对不起，您不可以入住？"吴先生十分不高兴，可那位小姐并没吱声，反倒有点紧张。保安十分客气地说："先生，真对不起，您只登记了一人，不可以男女二人同住的，这是公安部门的规定，请谅解。"这时吴先生更恼火了。

这时，大堂副理面带笑容来到他们面前，对那位小姐说："小姐您好！您没有履行登记手续，可否拿您的身份证或其他有效证件登记一下吗？"那位小姐一看难以蒙混过关，便立即说道："对不起，我只是看他喝多了，才送他回来。"说完便把钥匙塞给吴先生，溜之大吉了。可这时的吴先生却着急地大喊道："我的钱！"保安见状立即呵斥道："小姐请留步！"只见那位小姐三步并着两步返回，将一叠百元钞票塞到吴先生手里，急忙离去了。

次日早上9点，吴先生刚一开门，楼层服务员满面笑容地走过来对着他说："早上好！吴先生，请您稍等，我们经理要见您。"酒店经理带着客房部经理捧着一束鲜花笑盈盈地走过来，握着吴先生的手说："请您能够理解，这是我们送给您自助餐厅的免费早餐券，希望您到广州能够常住我们酒店。"这时的吴先生才恍然大悟，笑着对二位经理说："不好意思，不好意思。一定，一定。"

【师傅提示】

这个案例是酒店接待过程中经常遇到的现象，处理起来比较棘手，尤其是那些不讲

道理的宾客，无法理解酒店的善意劝导，有些甚至闹得很厉害。

作为酒店，既要为宾客提供满意的服务，又不能违法经营，更不能使宾客在酒店内受到伤害或财产损失。所以处理的方式方法尤为重要，既要给宾客耐心讲清道理，进行劝阻，又不能伤害宾客的自尊心。

【徒弟记忆】

本案例同时告诉我们，经营酒店要遵纪守法，不可以为了追求经济效益而置法律法规而不顾，只有守法经营，才能给宾客提供一个安全舒适的商务休闲之处，才能赢得市场客源。同样，只有遵纪守法的宾客才是酒店最受欢迎的宾客。

案例 4

模拟对话：

散客电话预订

预订员：您好，这里是天宇大酒店客房预订部。

客　人：我想订一间客房。

预订员：好的，我们这里有标准间，每晚人民币 680 元，商务房 880 元，标准套房 1280 元，商务套房 1580 元，豪华套房 1880 元，每一种客房都有大床和双人床两种，商务套房配有 INTERNET 插口，豪华套房配有按摩浴缸。先生，请问您需要哪一种客房？

客　人：我想订一间标准间，要大床的。

预订员：先生，请问您在什么时间需要？住几晚？

客　人：下周五，住两晚。

预订员：下周五是四月二日，住两晚，您将在四月四日离店，对吗？

客　人：是的。

预订员：请问您是自己订房还是代人预订？

客　人：我是自己订房。

预订员：请问只有您一人住吗？

客　人：不，还有我太太。

预订员：先生，请问您的全名可以吗？

客　人：我姓王，叫王明，明天的明。

预订员：王先生，请问您是乘飞机来还是坐火车来？我们宾馆有穿梭巴士往来于机场、车站和宾馆之间专车接送。

客　人：好啊，我和我太太将乘坐从上海发往长春的 148 次列车抵达。

预订员：王先生，请问您是用现金结账还是用信用卡结账？

客　人：我用现金结账。

预订员：王先生，请问您是否需要担保您的客房预订？您知道，现在是旅游旺季，对于普通订房我们只负责保留到抵店当日 18 点，您可以先用信用卡担保，再用现金结账就可以了。

客　人：不，不用了，我和我太太下午四点就能到。

预订员：王先生，请问您的电话，以便我们随时与您联络。

客　人：我的电话是88854321，传真是88854322，区号是021。

综合能力评价表

徒弟姓名		班级		学号	
师傅姓名		时间			
上课地点		小组成员			
徒弟自评	（1）学习态度：优（　）良（　）合格（　）不合格（　） （2）参与讨论活动情况：优（　）良（　）合格（　）不合格（　） （3）掌握知识情况：优（　）良（　）合格（　）不合格（　） （4）能力提高程度：优（　）良（　）合格（　）不合格（　） 不足及改进：				
	自评成绩	优秀	良好	合格	不合格

	出勤情况	请假		迟到		早退		缺勤	
	分类	评价内容		分值	得分	评价			
师傅评价	学习态度	考勤纪律情况		5					
		学习适应能力		5					
		虚心好学态度		5					
		任务完成能力		5					
		自我管理能力		5					
		自我学习能力		5					
	专业能力	专业知识情况		5					
		专业技术能力		5					
		知识应用能力		5					
		独立操作能力		5					
		专业学习能力		5					
		发现问题能力		5					
		观察判断能力		5					
		操作技能水平		5					
	方法能力	组织策划能力		5					
		团队协作能力		5					
		沟通交流能力		5					
		解决问题能力		5					
		语言表达能力		5					
		随机应变能力		5					

续表

合计						
成绩评定	优秀		良好		合格	不合格
师傅签名			日期			

预订员：谢谢您，王先生，请允许我核对您的订房细节，您预订的是一间标准大床间，房价是每晚人民币 680 元，您和王太太将乘坐从上海发往长春的 148 次列车于 4 月 2 日抵达，住两晚，4 月 4 日离店，不需要接站。您的结账方式是现金结账，您的电话是 88854321，传真是 88854322，区号是 021，请问对吗？

客　人：是的。

预订员：谢谢您，王先生，抵店之前如有变更请随时联系我们，我们将期待您的光临。

客　人：谢谢您，再见！

预订员：再见！

电话预订技能评价表

考评人		被考评人	
考评地点			
考评项目	电话预订技能		
考核内容	考核要点	分值	得分
快速接听宾客电话	铃响三声之内接听	4	
	问候宾客	3	
	报酒店名称及部门：预订处或总台	3	
记录宾客的订房要求	询问宾客姓名、用房日期、预订数量、房型等	10	
	聆听宾客的预订要求。耐心、认真、仔细并伴有回应语	10	
查看电脑房状系统	了解客房状况：并能迅速做出接受或婉拒的预订要求	10	
	客满时向宾客致歉或推荐同档次酒店	5	
	接受预订	5	
接受预订	明确答复宾客接受预订、付款方式、航班、车次或接机服务等；做好记录并复述	10	
确认宾客预订要求	全面、准确复述宾客的预订要求	10	
填写预订单	预订种类、付款方式；内容正确、全面，字迹清晰、整齐	15	
向宾客表示感谢	向宾客致谢，恭候宾客光临	5	
预订资料存档	将宾客预订信息录入电脑	5	
	将所有的预订资料整理存档	5	
总评		100	

【扩展提高】

一、选择题

1. 在宾客抵店之前，酒店要先后进行（　　）次客房预订的核对工作。

A. 1　　　　　　　B. 2　　　　　　　C. 3　　　　　　　D. 4

2. 酒店一般会将客房为宾客保留到当天（　　）点，这个时间也被称为"留房截止时限"。

A. 14：00　　　　B. 17：00　　　　C. 18：00　　　　D. 20：00

3. 对于保证类预订，酒店必须为宾客将客房保留到（　　）。

A. 第二天中午 12：00　　　　　　B. 当天 18：00

C. 当天中午 12：00　　　　　　　D. 第二天 18：00

4. 按照国际酒店的管理经验，一般情况下，酒店将超额预订率控制在（　　）为宜。

A. 2%~10%　　　B. 5%~15%　　　C. 5%~10%　　　D. 10%~15%

5. 在未来一段时间内，某酒店的客房预订中，团队订房的比例大于散客订房的比例，这时，该酒店在确定超额预订的数量是应该（　　）。

A. 大一些　　　　B. 小一些　　　　C. 为零　　　　D. 无法确定

二、填空题

1. 客房预订的主要方式有_____、_____、_____、口头预订、_____、_____。

2. 合同预订是酒店与_____、_____以及其他团体之间通过签订_____，以达到_____出租客房目的的一种订房方式。

3. 确认预订的方式有_____和_____。

4. 保证类预订可以通过_____、_____和_____进行担保。

三、名词解释

1. 客房预订　2. 确认类预订　3. 保证类预订　4. 超额预订

四、简答题

1. 客房预订工作对酒店的意义是什么？

2. 简述客房预订的程序。

3. 为宾客更改或取消预订时应注意什么？

4. 客房预订政策应包括哪些内容？

5. 由于超额预订过度而引起的订房纠纷应如何处理？

五、计算题

某酒店有客房 400 间，根据资料统计分析，9 月 3 日预计续住房间数为 130 间，预期离店房间数 65 间，根据总台预订历史资料分析，预订不到及临时取消、变更的比率为 12%，提前离店率为 5%，延期住宿率为 4%，问预订处 9 月 3 日可接受多少超额订

房？超额预订率是多少？

六、思考题

小周是杭州某酒店的前厅接待员。国庆节期间，杭州城几乎所有酒店客房都已经爆满，而且节日期间各酒店房价飙升，10月1日晚11：00左右，小周在工作繁忙之时接到一位潘先生预订客房的电话。当时还剩下一间标准间，刚好留给潘先生，并与他约好到达酒店时间是11：30。潘先生是该酒店某位已签订协议单位的老总，也是常住客，所以小周格外小心。在等待潘先生的半小时期间，有许多电话，也有许多宾客亲自来到酒店询问是否还有客房，他都一一婉言谢绝了。但一直等到11：40，潘总还未抵店，小周心想：也许潘先生不会来了，因为经常有宾客订了房间后不来住，如果再不卖掉，12：00以后就很难卖了，为了酒店的利益，不能白白空一间房过夜。于是，到了11：45时，小周将最后一间标准间卖给了另一位正急需客房的熟客，晚12：00左右潘总出现在总台，并说因车子抛锚、手机无电之故未能事先来电说明。当听说房间已卖掉后，他非常恼火，立即要求酒店赔偿损失，并声称将取消协议，以后不再安排宾客来住这家酒店了。

问题：如果你是小周，你将如何处理这起事件？给你四个备选方案，请选择你认为的最优方案并说明理由。

备选方案：

（1）向宾客解释，指出是潘总未按约定时间抵达酒店，我们没有责任，无论潘总如何气愤，只表示爱莫能助。

（2）向值班经理或大堂副理汇报，将矛盾上交领导处理。

（3）害怕事情闹大，酒店老总知道后被炒鱿鱼，干脆自己掏腰包赔偿损失。

（4）向宾客致歉，尽量在酒店内部挖掘潜力解决问题，酒店内部解决不了则立即打电话联系其他酒店，为潘总重新预订一间同档次的客房，实在不行，则向宾客表示无能为力，并立即向大堂副理汇报，建议日后写一封致歉信给潘总。

餐饮服务心理实践

项目一 餐饮宾客心理需求

【企业标准】

通过本项目的学习，了解宾客在用餐过程中的心理需求，了解宾客对餐饮服务的心理需求。

【师傅标准】

1. 餐厅服务在酒店宾客中的心理效用。
2. 宾客用餐的心理过程。
3. 宾客对餐饮服务的心理要求。
4. 提高餐饮服务质量的策略。

【师徒互动】

一、餐厅服务在酒店宾客中的心理效用

【师傅讲授】

酒店的餐厅除为住店客人提供日常饮食外，还为住店客人和其他宾客提供交际应酬、喜庆宴会、家庭聚餐等服务。宾客通过品尝美酒佳肴、风味小吃，不仅得到生理上的满足，还可以从中领略当地的饮食文化，精神上得到享受，艺术上受到感染。

（一）物质效应

宾客在餐厅用餐的物质效应，包括对用餐环境和设施的要求以及餐饮品种形式和内容的要求。

对餐厅环境和设施的心理要求，主要是针对餐厅布置、陈设和餐桌上的器具等而言的。首先，餐厅装饰的整体气氛要富有艺术性，以营造一种独特的境界，使宾客进入餐厅后感到温馨浪漫，或典雅古朴，或自然清新，或具有异国情调，再配上柔和的灯光和舒缓的音乐，宾客用餐更会感到轻松、亲切、惬意，得到美的享受。其次，餐厅装饰与灯光、桌椅，菜肴与餐具，桌布与餐巾，酒水与酒具等，应色调一致。再次，餐厅的空气应清新宜人，注意保持适宜的温度，不能有厨房的油烟味或其他异味。最后，餐厅应尽量减少噪声干扰。除门窗要隔音外，可播放轻松优美的音乐，为宾客用餐创造听觉美的氛围，改善宾客的消极情绪。

餐饮品种形式和内容的心理要求，主要是指菜肴的色、香、味、形、器等方面。第一，菜肴品种要丰富，能满足宾客不同的口味要求。既有本地特色菜品，又有外地代表品种；既有我国传统风味，又有西餐风格；既有经典品种，又有流行品种。第二，菜肴色彩要搭配美好，以刺激宾客的视觉神经，产生强烈的消费欲望。第三，造型优美，使宾客在食用的同时，能感受到艺术魅力。第四，菜肴味道可口，有风味特色。这是客人评价菜肴质量优劣的关键。第五，注意器皿的选择搭配，做到美食配美器。第六，菜肴的命名要力求贴切，名副其实，同时要做到雅俗共赏，寓意良好，让人产生美的遐想。

（二）经济效应

餐厅是酒店获得经济效益的重要部门之一。我国旅游酒店的餐馆收入一般要占酒店收入的30%~40%。在旅游淡季，客房利用率较低时，餐饮部的经济效益更显得重要。餐厅的经济效应首先表现在餐饮部收入是一个伸缩性较大的变量。它随着服务技能的熟练程度而增加日接待人数和人均消费。其次，餐饮产品的市场价格有较大波动空间，可以为酒店多增加收入。再次，餐饮中的事物产品，可通过降低原材料消耗和其他费用开支来增加利润率。餐厅服务员在接待宾客就餐时，应以主人翁的精神，利用促销技巧，推销各种美味佳肴，耐心解答客人的提问，提出合理的饮食消费建议，能很大程度地产生经济效应，扩大餐厅营业收入。

（三）精神效应

餐厅的精神效应主要是指餐厅服务员的服务态度、服务方式、服务技术及服饰等方面使就餐客人产生的心理感受。服务态度是指服务人员对服务环境中的服务对象和服务工作的认知、情感和行为倾向。服务态度的优劣，直接影响宾客的消费情绪和消费决策。主动热情的高质量服务会营造出门庭若市、财源广进的效应，而冷淡消极的服务，只能导致冷落萧条，使企业在竞争中处于不利境地。

服务技术要求餐厅服务员除具备食品营养学、卫生学、烹饪等方面的知识，还必须具备娴熟的服务技术。如果服务员没有过硬的基本功，服务的技术技巧不高，工作中动作迟缓，或轻佻毛躁，或笨拙呆板，那么，即使你的服务态度多好，微笑多甜，语言多美，宾客也会心生不快，甚至拒绝你的服务。

服务员的服饰要整洁、合体、美观、大方，给人清新明快、朴素稳重的视觉印象，使宾客产生信任欣慰感。通常人们所讲"秀色可餐"就是指服务员个人形象对客人心理的一种效应。反之，穿着皱褶不堪、油迹斑斑、邋邋遢塌、不修边幅，会令宾客产生厌恶感。既抑制就餐动机，也丑化企业形象。服务员的服饰还要与餐厅的装饰风格和经营的菜品相协调。例如，餐厅经营的是宫廷菜式，服务员服饰就应反映出历史朝代宫廷宴会的服饰方式和穿着特点；餐厅经营的是清真菜式，服务员就应穿着相应民族的服饰；西餐厅就要穿西服。这样，宾客不但品尝了异国异地风味，也从中领略到异国异地情调的饮食文化，得到视觉和味觉的统一。

（四）文化效应

地方菜系同当地的服饰、古迹、历史、习俗、方言等一样，属于文化遗产的范畴。宾客在餐厅用餐，可在品尝菜点的同时，感受到当地的这一文化气息。因此，吃是一种社会文化行为。首先，餐厅服务员不仅要了解各民族的餐饮特色和餐饮文化，不断推出不同风格的餐饮服务，而且对餐厅的环境布置、服饰仪表、礼仪礼貌、菜式品种等也要根据服务模式配以不同的格调，渲染民族特色。其次，要善于古为今用。随着市场经济的变化和人们饮食水平的提高，人们的饮食要求、品位特点和用餐方式都会随之变化。在弘扬中华民族灿烂的烹饪文化艺术之时，餐厅服务员要不断吸取历史文化的精华，并使之与现代烹饪文化艺术有机结合。再次，积极传播烹饪文化。餐厅服务员不仅要为宾客提供整洁、舒适、安全、优雅的就餐环境，而且还要通过向宾客介绍、讲解、答疑等措施，使宾客品尝异域风味的餐饮品种。

【徒弟记忆】

通过宣传促销、增加服务项目、推出新品种等策略，能扩大销售量，增加收入。

改善服务态度，提高服务质量，对餐厅经营是十分重要的。

领略异域情调的烹饪文化，从中受到艺术感染，加深对异国、异地烹饪文化艺术的了解，从而增进友谊，增加客源，促进交流。可以这样讲，材料不能包揽全部食客，而文化却能包打天下。

二、宾客用餐心理活动过程

【师傅讲授】

宾客在用餐之前一般要经过寻找、观察、比较、选择、评价等心理活动过程。

（一）寻找

宾客为了满足自己对菜品、酒水、饮料、设施和服务质量的需求，用餐前首先要寻找一家能满足自己上述需要的餐厅。自己以往的用餐感受、友人的推荐、广告媒体的宣传，都会对寻找过程造成心理影响。

（二）观察

寻找到合适目标后，客人还会对餐厅的环境、装饰、卫生条件、交通状况、菜品价格和质量、服务水平等进一步产生消费欲望。

（三）比较

比较就是将观察到的诸多因素与自己的期望和体验过的餐饮消费经历，进行有意识或潜意识的对比。当对比觉得符合自己的期望时，便会产生兴趣，并强化消费动机。当对比觉得不好时，就会产生失望心理而另行寻找餐厅。

（四）选择

经历比较过程，只有内心产生兴趣，才会乐于接受决定消费。反之，就会转移目标，寻找另外的用餐地方。因此，选择过程是寻找、观察和比较的结果，是消费动机转变成消费行为的结果。

（五）评价

在餐饮消费的服务过程中，只有实现了菜品质价相称、可口，服务及时周到、安全卫生、舒适方便、接待热情、质价一致，客人的消费才能真正满意，愿意成为回头客。否则，即使这次实施了消费行为，下次也会转移目标，寻找新的餐厅。

【徒弟记忆】

了解用餐的基本活动过程。

三、宾客用餐的一般心理需求

【师傅讲授】

宾客用餐有不同的动机，对餐饮服务也会有不同的心理需求，但基本需求却是共同的。

（一）质价一致

宾客用餐是通过支付价格而获得饮食产品和服务价值的。这种价值不仅包括产品和服务本身的使用价值，还包括宾客某种情感认知的价值，即心理价值。

质价一致是宾客的心理价值的一种具体表现。当酒店能满足宾客预期感觉中的价值时，宾客就会认为该项服务的价值较高，物有所值，而愿意支付较高的价格。如果酒店无法满足宾客预期的价值，即使价格较低，宾客也不愿意消费。因此，酒店应充分考虑宾客感觉中的价值，然后据此来制定价格。许多酒店没有理解宾客的价值要求，任意定价，难以符合顾客的心理需要。事实已经证明，这种没有全面理解宾客价格／价值观念的随意定价，不仅不能提高酒店的长期利润，还有损于酒店的形象。

（二）方便快捷

宾客到餐厅就餐都喜欢高效快捷。他们刚进餐厅就希望很快找到座位点菜，要求按客人到店的先后顺序供应食品，希望自己的要求立即得到服务员的重视，并尽快给予解决。有急事的客人都想被优先照顾，并希望用膳后能迅速结账等。因此，服务员动作要迅速、准确、快捷。第一，要准备好充足的快餐。例如，现成的凉菜和快熟食品，随到随上桌。第二，及时安排座位。若来不及上菜，可进行"缓冲服务"，如先上茶，或送上热毛巾，递上菜单，让客人边喝边点菜等候。这样，客人就不会觉得服务太慢。第三，服务员要掌握好服务的节奏、上菜的顺序及时间的控制。客人点的菜，如制作复杂，烹调时间较长，应事先给客人说明。第四，客人吃完饭后要及时送上账单，也可在客人吃完甜点时送上，以免等候。如果用完餐不能及时结账，客人最易恼火。

（三）安全卫生

清洁卫生。清洁卫生是宾客在餐厅就餐时的首要心理需要，它是安全需要在就餐时的反映。它包括环境卫生、食品卫生、餐具卫生及服务员个人卫生等方面的内容。

环境卫生。良好的卫生环境给人以舒适、安全、愉快的感觉。因此，服务员应在客人到达前全面搞好餐厅环境卫生，做到空气清新，地面洁净，墙壁无尘、无污染，门窗明净，桌椅整齐干净，台布、餐巾洁净无瑕，物品摆放整齐有序，厅内无蚊、蝇。即使在宾客满座、生意红火的情况下，也要严格按照卫生要求一丝不苟地做好卫生清理工

作。只有这样，才能使客人放心就餐，赢得宾客的信赖。

食品卫生。在餐厅服务中，食品卫生特别重要，它关系到宾客的身心健康。为此，餐厅的食品要保证原料新鲜，严禁使用腐败变质物品。同时，在加工过程中要烧透蒸熟。制作凉拌菜时，一定要将原料洗净，并用经过消毒处理的工具制作，做到生熟分开，科学配制。酒水饮料要确保质量，以保证客人的身体健康。

餐具卫生。餐厅的餐具为公共用品，难免被某些病菌和病毒污染。为此，餐厅必须配备与之营业性质相适应的专门消毒设备，还要有足够数量的餐具，以保证餐具全部消毒和正常的周转使用。这样，客人进餐时才会放心、舒心。

服务员个人卫生。餐厅服务员的个人卫生对宾客的食欲有重要影响。服务员如果体弱有病，精神萎靡不振，头发散乱，或服饰不整，满身油污，都会影响客人的就餐情绪。因此，餐厅服务员必须体格健康，精神饱满，衣着整洁，操作规范。这样，才能给宾客健康安全的心理感受，满足清洁卫生的心理需求。

按卫生操作规范提供服务。餐厅人员在餐台布置、餐具准备、餐中上菜、分菜和斟酒等方面都应按卫生操作规范提供服务。上菜时手指切忌触碰食物。不然会使客人心里产生不卫生感甚至厌恶感，降低食欲。

（四）受到尊重

客人到餐厅就餐，希望自己受到欢迎和尊重，得到热情接待。不希望受到冷落和嘲笑。

在引领和安排座位时要满足客人的自尊心。客人一进餐厅，服务员应热情引座，切忌无目的地带客人乱转，使客人留下被怠慢的"第一印象"。服务时应先照顾女士、老人和儿童。落座时，要讲究艺术。当一对夫妇或青年情侣来餐厅就餐时，应把他们引领到餐厅的角落或安静的桌旁。如果是生日聚餐的客人，应把他们领到餐厅的中央位置就座。如果是穿戴漂亮时髦的女性客人，应把她领到比较显眼的位置，以满足其炫耀心理，同时也可使餐厅产生一种华贵的气氛。当生理上有缺陷的客人进来时，应该领他们到易于隐蔽缺陷的位置就座。例如，没有右臂的客人进来时，要把他引导到右墙边的位置就座，使其他客人不易看到他的缺陷，保持他的自尊心。

【师傅提示】

防止引起误会。客人点菜时，服务员应介绍哪些是零点菜，哪些是筵席菜，哪些菜已经售完，避免客人点菜后没有或无法供应而引起的不满。服务中还应避免"错""漏""急"。所谓"错"，就是上错菜、斟错酒、找错钱等。所谓"漏"，就是忽视独自就餐的客人，让客人坐冷板凳或漏菜等。所谓"急"，表现在上菜动作重，不文雅，客人还未用完餐就开始收拾桌子，下班或换班时，急于打扫卫生或办理交班手续，将客人置之度外等。这些都会引起客人的反感，是不尊重客人的表现。

注意尊重客人的生活习俗和禁忌。国外客人都有自己的饮食习惯，服务员应掌握这些基本知识。国内宾客也是如此，不同民族、职业和地区都有不同的饮食习惯和禁忌。例如，有海员就餐时，不要将他们正在吃的鱼翻转。因为海员常年漂泊在海上，最担心的莫过于翻船，"翻"是最忌讳的。客人举办婚宴或寿宴时，一定要谨慎小心，不要打碎器皿，讲话不能说"倒霉""死""完了"等不吉祥的话。

（五）美感强烈

宾客在餐厅用餐是一项综合性的审美活动，主要表现在以下几方面：

餐厅形象美。餐厅的形象是人们视、听、嗅觉组合的结果，常以视觉为先导。这就要求餐厅的内外环境舒适美观、优雅大方，给宾客提供一种视觉形象美。例如，餐厅的招牌和门面、餐厅内部的装饰与陈设、菜单设计等。在视觉基础上还要注意听觉形象美，例如，服务员语言的表达和背景音乐的配置等都要给人以听觉美。此外，还要注意餐厅中空气的调节和温度的控制，以增强餐厅的嗅觉形象美。餐厅人员形象美。服务员的形象美应特别强调三点：一是无传染性疾病，特别应注意手部的卫生、保养和美观，保持健康美。二是服饰洁净，化妆适当，给人以淡雅美。三是服务操作熟练得体，呈现姿态美。

饮食产品形象美。中国饮食制作不仅注重形式美，而且注重内容美，常以名寓意。注重造型，利用烹饪中精湛的切、雕、摆制、烹等技艺，在餐桌上展现造型优美的菜肴艺术，使其宛如一幅立体画，一首无声的诗，一支优美的乐曲，令人不忍下箸又垂涎欲滴，期盼品尝。中国菜不仅讲究色泽，并且注意色彩的对比和协调。

客人在获得了视觉美的良好感受下，再通过食品自然散发的香气激发客人的嗅觉，诱发人们的食欲，从而调动就餐者的审美动机，构成正式品尝菜肴的重要心理前奏。古人云："闻香下马，知味停车。"可谓言简意赅。餐厅中饮食产品创造形象美的最终目的是以食用为基本前提，一道菜的好坏关键在于味道好坏，故产品的形象美中更应注重味觉美。总之，宾客在餐厅用餐，应从产品的形象美上得到视觉、味觉、嗅觉的美感享受，从而产生心理上的惬意感、满足感。

【师傅提示】

中国宴席无论大小、何种规格和形式，自始至终充满着美的内容。例如，宴席的主题和设计，时间与节奏的掌握，服务手段的应用，环境的布置，餐桌台面的布局和摆放，乃至餐巾叠花及陈列等无不应用着美。以中餐摆台为例，其基本要求是有主有次、匀称优美。就构图形式而言，好的席面每时每刻都必须在布局上做到主次分明，才不会显得琐碎而影响审美。周围一圈围碟，成为大盘的陪衬，再外围是宾客各自的专用食具，形成一个个独立的构图单位。单位虽小，仍有主有次。食具多以托碟为主，筷、勺、杯、碗为次，排列于托碟四周。由这样的小单位围成一圈，产生一种匀称优美的旋

律，烘托了席面中心的菜肴，菜肴中又以副菜烘托主菜，形成整体构图重心，望之节奏分明，秩序井然，给人以舒适之感。

（六）好奇求新

凡是新奇的事物，总会引人注目，激起人们的兴趣，引起人们的欲望。宾客在某一餐厅用餐，若菜单变化过少、口感不佳，还会产生厌腻感，极有可能造成转换餐厅消费的后果。而对于风味奇特、花样新颖、造型精美或从未品尝过的饮食产品，则会产生新奇感，迫切期望亲身体验品尝。为适应客人的这种好奇求新心理。餐厅应做到以下三点：

创立特色饮食品牌。餐厅的经营应在特色上做努力，创建本地、本餐厅的特色食品和名菜、名点，引导宾客慕名而来，食之有趣、有味。

提供菜肴图片资料。服务人员在出示菜单时，应将菜单中最能刺激就餐欲望的菜品言简意赅、绘声绘色地表达出来，满足宾客的欲望，促使客人产生浓厚的兴趣。菜单的设计上除有食品美妙的名称和价格外，还可以配上主要菜肴的图案照片，使客人眼见为实，满足求新奇的心理。

介绍相关知识和典故。客人来餐厅品尝美味佳肴、风味特产，希望了解相关的知识。因此，服务员上菜时，应报出菜名，然后根据客人的需要说明其寓意、来历、典故、传说，介绍一些菜肴的营养价值、特色用途。对有兴趣的客人，甚至可以介绍该菜肴的用料及烹饪方法，使客人不仅食之有味，而且满足其求知的心理欲望。

（七）追求时尚

时尚是指社会上相当多的人在较短时间内，同时模仿和追求的某种风尚。餐饮品种也具有消费流行心理，不少宾客用餐的动机就是追求时尚。产生消费流行现象的原因大致有两方面：一是餐饮业为了推出自己的产品，有意制造出吸引客人消费的气氛，诱导消费者进入流行的节奏中。二是由于消费者具有某一共同的消费心理，自愿地追求某种餐饮食品。例如，许多酒店流行广式早茶就是受到广东、香港饮食消费的影响。又如目前盛行的绿色食品，也是因为环境污染日益严重，促使人们形成新的消费意识。

【师傅提示】

宾客用餐的心理需求还有求气派、求情调、求实惠等。宾客的这些心理需求不是单一出现的，它们往往错综复杂地交织在一起。

四、宾客对餐厅服务的心理要求

【师傅讲授】

餐厅服务人员直接接触宾客，对客人进行面对面的服务，一举一动、一言一行都会在宾客心目中留下印象。餐厅的装饰、设施、陈设等都处于静态，唯有身着端庄漂亮工作服的服务人员呈现动态，而动态的事物最容易引起人们的注意。

（一）服务态度良好

宾客对餐厅印象的好坏，重要的依据之一就是餐厅服务员的服务态度如何。即使餐厅装饰豪华，菜品质量可口，如果服务员态度不佳，宾客仍然不会感到满意。餐厅服务员良好的服务态度体现在以下四个方面：

首先，做到主动服务。这体现了酒店"宾客第一"的服务宗旨，也表达服务员欢迎宾客光临、感谢惠顾的深情厚谊，促使服务环境和服务交往气氛温馨、融洽。

其次，做到服务热情。就是要求餐厅服务员对宾客有持久的职业情感，做到对宾客进餐厅与离开餐厅态度一个样，生客与熟客态度一个样，外地客人与本地客人态度一个样，高消费与低消费态度一个样，客人提表扬与提批评意见态度一个样。

再次，做到服务周到。餐厅在服务项目和服务内容方面要细致入微，处处方便客人、体贴客人，认真实现客人就餐要求。

最后，做到服务耐心。要求餐厅服务员无论在何种情况下，不急躁、不厌烦，始终为宾客提供优质的服务。餐厅服务人员，每天要面对面地为宾客服务。服务再好，也难免让宾客产生误会，常常要听取客人的各种抱怨，甚至近于吹毛求疵的质问和粗暴的态度。即使这样，餐厅服务员也不能不予理睬，而应妥善处理、倾心倾听，并区别具体情况分别对待。若"小不忍"，则会"乱大谋"，就会影响餐厅以致整个酒店的声誉。

（二）服务技能娴熟

餐厅服务要求的技能较多，如端托、摆台、斟酒、折花、插花、分菜、促销等。这些技能不仅手工性强、程序性高，而且有统一标准，是保证餐厅服务质量和工作效率的决定因素，也是优质服务的基础条件，需要每个服务员都熟练掌握。

（三）言行举止得体

餐厅服务与宾客接触很频繁，稍不注意，就可能对客人自尊心造成伤害。这就对餐厅服务员的言行举止提出了较高的要求。例如，迎宾入厅时，迎宾员或领台员要热情迎上前，并致以亲切问候。见到年老体弱的客人，应主动上前搀扶，细心照料。引客人入座时，要根据不同的客人存在的心理需求做恰当的引领和安排。在拉椅、送茶水时，动作要轻，"请"字当头。请客人点菜时，递送菜单应适时、恭敬、耐心，不能流露出丝毫催促、嫌弃的情绪，回答客人问话要亲切、委婉，音量和语速要适中，注意身体姿势。在推销饮食品种过程中，要察言观色，不要勉强和硬性推荐。服务用餐时，注意客人的招呼，及时提供个性服务和超常服务。斟酒时要防止洒漏，上菜时要留神汤汁流淌，点烟时要防止火苗烧烤客人，上菜时应报菜名，并扼要介绍其特色。结账时，要用

托盘递送账单，客人付账后，应表示感谢并为起身客人拉开座椅，提醒客人不要遗忘随身物品，送客至餐厅门口时，要友好并躬身施礼，目送离去。这些得体的言行举止，不仅满足了客人的自尊心理，而且充分展现了服务员的高尚职业素质。

（四）专业知识丰富

餐厅服务项目多，知识面涉及广，这就要求服务员必须具有丰富的专业知识。

首先，服务员要熟悉酒店的有关知识。这既可以满足宾客对酒店的了解和要求，使宾客对酒店产生信任感，乐于接受酒店服务，又可以达到向宾客宣传酒店的目的。酒店知识包括酒店的历史、在同行业中的地位、经营方针、组织机构、规章制度、接待能力和服务项目，以及餐厅各部门职责、业务特点等。

其次，掌握酒店餐厅的产品知识。餐厅服务员虽不是厨师或调酒师，但应掌握菜品的主要原材料、烹饪方法、口味特点、菜系及代表品种，菜品、酒水的价格，菜品的主要营养成分，某些病人对菜品的特殊要求，各种酒水饮料的质量鉴别知识等。在餐厅服务中，宾客往往对价格高或自己感到新奇的饮食产品提出询问，服务员若能准确无误地予以解释，则不仅推销了饮食产品，还传授了饮食知识，客人会感到精神上的满足。

最后，服务员要了解市场知识。市场是酒店的基本舞台。了解酒店行业的现状和发展动态，向餐厅有关部门反映饮食消费需求，是每位餐厅服务员的职责之一。服务员每天接触大批客人，在接待交往中只要留神，就可以了解许多市场信息。例如，菜品的流行趋势、饮食价格的变化情况、服务项目的具体内容、用餐客人的消费水平、客人对餐厅的反映和评价等。了解市场知识是餐厅经营获得成功的重要条件。

【徒弟记忆】

服务员要知晓相关知识。除知晓与餐饮服务相关的宾客消费心理、主要客源的饮食习惯等知识，餐厅服务员还要多知晓历史、地理、法律、核算、旅游、外语、礼仪等相关知识，以全面提高自己的文化素质。

五、宴会服务心理

【师傅讲授】

宴会是餐厅服务的一个重要内容，根据宾客对象的不同，宴会可分为政府部门宴会、商务宴会和个人宴会等几种。宴会的对象不同，宾客的消费心理也不相同，餐厅服务员采取的心理服务方法也应不同。

（一）政府部门宴会服务心理

这类宴请规格层次较高，宴会气氛浓重，客人常是国家首脑或来自异国他乡的国际友人。因此，宴会中不能出现有损国格之事。对这类重大的正式宴会，可采取如下方法满足主宾的心理需要。

充分准备。餐厅应清楚主办单位的具体要求，包括贵宾的背景、宗教信仰、饮食习惯、生活风俗及所属国家地区等，资料应尽可能详尽，做出宴会接待计划，包括场地、菜谱、服务程序、卫生安全等验收准备工作。宴会准备就绪后，在宴前邀请主办单位前来餐厅检查、验收。发现问题及时纠正、补充，以求万无一失。

宴会过程。要绝对保证宾客安全，服务周到，彬彬有礼，以充分表达对主办单位的友好之情，显示中华饮食文化的魅力，使宾客有亲切、高贵之感。

（二）商务宴会服务心理

商务宴会不同于其他宴会，宾客希望达到其商务目的。生意顺利的人会不惜重金宴请对方，借宴会厅的布置、规格、酒店的档次、菜肴的名贵及优质服务，来显示自己的地位和身价。承接这类宴会时，宴会厅的布置应高雅、舒适、气派。服务人员一定要记住宴会主人的姓，以便宴会的客人来尊称他"先生""老板"，让他的客人感到他对宴会餐厅的环境和服务人员都很熟，像是经常光临此处的宾客似的。在上菜时有意暗示菜肴的名贵，使参加宴会的宾客感到宴会的档次很高，以赢得主客双方的心理满足。

生意不顺利甚至亏本的主人，应酬常表现为勉强。这类宴会主人的心理特点是既要讲体面又不愿花钱太多。宴会通常不很高档，但又不愿让对方看出。餐厅的服务人员应理解主人这种心态：一方面要为他们节约开支，另一方面又要为他的撑面子。例如，上菜时对一些菜价作特别介绍，使被邀请赴宴的客人感到宴会是相当丰富的。这样，他们对餐厅必然产生好印象，一定会再次光临。

【师傅提示】

近年来，去酒店餐厅办婚宴、生日宴和节日宴的人日渐增多。他们的共同心理是图吉利、求实惠，也有团聚心理和攀比心理。因此，餐厅应在气氛、饭菜花色外形上多下功夫，为他们提供录像、卡拉OK、烛光等服务。服务中还要严防打破杯碗的"不吉利"现象，多说吉利、吉祥语，使全体宾客尽兴。

六、提高餐厅服务质量的心理策略

20世纪90年代以来，我国餐饮市场的竞争日益激烈，国内几大菜系各擅其长，"洋"快餐风靡各地，各种特色宴席不断面世，新潮食品层出不穷，酒店采取心理策略来提高服务质量和探求制胜的途径已经刻不容缓。

【师傅讲授】

（一）环境策略

创造良好的服务环境是刺激饮食消费的重要手段。环境策略包括餐厅所处地点、餐厅名称、装饰布置、服务设施、卫生及安全状况等要素。

首先，餐厅要根据其所处的地点确定客源市场。例如，地处交通要道，人流量大，经营品种应以中低档为主，提供风味多样的快餐食品，满足用餐客人求方便、求快捷的心理。地处居民社区的餐厅，应供应早点和风味小吃，价格以低档为宜。地处商业闹市及星级酒店的餐厅，则应以中高档为主，提供多种菜系、风味各异的餐饮品种，装饰高雅，设有较多包厢雅座，用餐面积要大，能容纳较多客人用餐。地处旅游区的餐厅，应突出本地风味，品种要有特色，以满足旅游者求新好奇的饮食需求。

其次，创立优质品牌，树立餐厅形象。餐厅要想吸引客源，就必须形成自己的特色与个性，向市场推广自己的优质品牌。例如，我国餐饮行业获国家和国际 ISO 9002 体系质量认证证书的"扒猪脸"就是北京"金三元"餐厅的优质品牌。原料虽很一般，但它通过科技化的 12 道工艺加工，酱制成鲜亮酥烂的可口食品。肥而不腻，瘦而不柴，脂肪含量高，具有美容、健脑等保健功效。不仅菜品受到消费者欢迎，而且餐厅也随之扬名。又如我国的药膳，不少餐厅都是将中药投放到菜品中，既无定量标准，又影响菜品整体风味。北京"同仁堂药膳"利用现代科技手段，把中药提纯为无色无味的液体，使其溶入菜肴食品中，形成独特的品牌，餐厅名声大振。一个餐厅要想什么品种都优质是难以做到的，但确定一定数量的优质品牌是办得到的。这种优质品牌一般具有不易模仿性，因而可以为餐厅创造良好的经济效益，也为餐厅形象增添光彩。

最后，突出广告效应。餐厅要引起宾客的注意和兴趣，除应考虑菜肴品种、价格及质量等因素外，还应突出广告宣传。例如，利用店堂、橱窗布展、餐厅取名突出企业文化，在餐厅醒目处设置名人字画、诗词和悬挂有影响力人物的用餐照片，参加社会公益活动，举办美食展、技术表演和比赛等。在广告宣传时，应注意扬长避短，突出本餐厅特色。广告宣传要有长期计划，每次应突出不同主题。在选择广告媒体时，还应考虑媒体的针对性和覆盖面，以取得良好的广告心理效应。

（二）接待策略

第一，餐厅接待设施完美配套，包括餐厅的设计、造型、装饰布置、餐桌、餐椅、餐具、酒具、灯具及电气设备和织物用品等。设施完美是划分酒店等级的标准，也是满足宾客审美需要的一种手段。餐厅设施要适用性强，即设施的数量与摆放间距应合理。设施性能完好，背景音乐音量适中，所用设施应配套洁净、卫生、无破损。

第二，附属服务设施齐全，即餐厅应有中餐厅、西餐厅、吧台、音响、洗手间、电话、小卖部、展台等附属服务设施。

第三，具有相应性，即餐厅设施与餐厅档次相应。档次高，而设施低档，会给人简陋的感觉。档次低，而设施豪华，又会使客人产生惧怕消费心理。同时要求服务员具有灵活多样、积极主动的促销技巧。例如，采取店内外全方位促销，节假日开展主题促销，实行会员制、优惠卡等让利促销等。为了满足客人求新求奇的需要，当前许多酒店的餐厅实行了酒店质量承诺、电视现场播放菜肴制作过程、选择厨师制作等特色服务。大酒店放下架子做小买卖，特色点心、卤菜对外出售。把餐车推到居民社区已成为酒店餐饮中一道诱人的促销风景。

此外，餐厅服务员在接待中的语言艺术、服务方式方法及服务技能，对提高接待水平有重要意义。

（三）价格策略

餐饮价格不仅是餐厅唯一获得利润的手段，直接影响着利润状况，它又是宾客的有形依据之一，对宾客传递着服务质量的信息，影响着酒店的声誉。一方面，在宾客心目中，餐饮品种价格是否合理，多是以自己能否接受为基点的。宾客只有认为菜品价格合理时，才会实现消费，否则，就会拒绝消费或寻找价格适宜的餐厅。另一方面，饮食服务价格制约着宾客消费兴趣和欲望。有的宾客为了自我表现，会追求高消费，如果价格偏低，反而会不满意。有的宾客用餐时求廉心理突出，十分注意价格，价格偏高就会抑制他们的消费欲望。有的客人来酒店餐厅用餐是为了满足享受心理，他们对餐厅环境、设施、菜品、服务等非常注意，而不过分计较价格的高低。

心理价位策略。心理价位是指客人由自身消费观念和消费心理影响而形成的一种消费承受能力的水准。餐饮的价格是以成本为基础，加上一定毛利率而决定的。低于成本价，意味着做亏本生意；超越客人的心理价位，意味着产品卖不出去。例如，一听雪碧饮料加上 71.3% 的毛利率，定价为 8 元，客人能够接受。然而一瓶"五粮液"加上 60% 的毛利率定价 700 元，客人就难以接受。因此，心理价位就是采取低成本高毛利率的方法，让各种档次的客人都容易接受。

竞争价位策略。市场的竞争往往是通过价格竞争来表现的。一般低价位具有较强的吸引力和竞争力。作为酒店餐饮部门，在放下架子、面对大众、经营薄利产品的同时，还应注意以优质服务和品牌优势争取客源。适当的高价位，不仅能获得较高利润，而且能树立自己的品牌形象。

折扣优惠策略。折扣优惠是顺应市场需求变化而采取的一种让利销售行为。例如，在餐饮市场疲软时期、原料旺季、节假喜庆日以及对经常光顾餐厅的回头客人等运用折扣策略，往往能够吸引客人、扩大销售，实现薄利多销。

（四）品种策略

推陈出新。推陈出新就是注重挖掘传统食品，加以新的面貌，让传统菜点焕发新姿。例如，享有盛誉的江南饮食业开发的"乾隆宴""西施宴""二泉宴""梅兰宴"；湖南饮食业开发的"毛泽东家宴""马王堆菜单""竹简实单"；少数民族地区开发的野菜系列、山菌系列；江湖地区开发的"全鱼宴""全鸭席"；寺庙开发的斋宴等都已成为酒店餐饮的特色品牌。

联手创新。随着全球大市场、大流通的形成，中国烹饪各大菜系南北交汇，中西并举，相互交融，一个菜系统治一方的时代早已过去。不少新潮菜、特色菜应运而生，迎合了餐饮消费客人的求变、求新心理。酒店餐饮部门要敢于引进、善于改进，做到古为今用、洋为中用、取长补短，不断丰富自己的品种。

追求时新。餐饮品种不能一成不变，应随季节和市场需求的变化而变化。除固定菜单外，可增加循环菜单、季节菜单、每周新菜、每周特别介绍、星期美点等，以迎合一些食不厌精的客人的需求，不断培养新的消费市场，引导饮食消费潮流。

以奇求新。首先，要大胆选用烹饪原料。例如，用虫草、药材、蛇蝎、花卉等做原料，让人有新、奇、险之感，食后回味无穷并引以为傲，乃至终生难忘。其次，采取奇特的烹制方法，让用餐客人产生一睹为快的心理。例如，采取桑拿法、火焰法等。最后，是采取"精料粗做"和"粗料精做"。例如，日常见到的土豆、南瓜、红薯、高粱、荞麦、玉米等原料，经过厨师的精心制作，可以成为高档宴席的精美点心，让食者赞不绝口。

提高餐厅服务质量的心理策略，除上面介绍的几种，还有管理策略、人才策略、多种经营策略等。不论采用何种心理策略，都应立足于以质取胜、以严取胜、以开拓取胜、以降低费用取胜的原则。

【徒弟记忆】

创造良好的服务环境是刺激饮食消费的重要手段。

为了满足宾客对餐饮服务价格需要的差异，餐厅应采取一些切实可行的价格策略。

酒店所提供的诸多产品与服务中，餐厅产品的可变性和可塑性最强。在激烈的酒店业竞争中，突出产品特色、不断更新品种是一种切实可行的心理策略。

【拓展应用】

（1）影响宾客餐饮心理的因素分析。

（2）宾客对酒店服务的满意度表现。

（3）还有什么可以提高餐饮服务质量的因素？

项目二　餐饮服务实践操作

【企业标准】

通过本项目的学习，旨在掌握餐饮服务的基础实践，对餐饮行业的一些专业技巧有一定的把握，并能够根据实际情况，制订出符合客户要求的服务方案。

【师傅要求】

（1）餐厅服务心理策略。

（2）满足宾客的求知心理需求。

（3）了解餐饮服务的基本准则。

一、餐厅服务心理策略

【师徒互动】

饮食反映了一个国家和地区的人民传递的信息特征，饮食也是一种社会文化行为，地方菜系是美食学的方言，各地的宾客都能够明白，把地方产品加工后提供给旅游者，是餐桌上表现的一种迎宾活动。

【师傅讲授】

一个地区的资源、特点、处世哲学首先是通过烹饪具体表现出来的。地方菜系的菜谱同习俗、服饰、古迹、方言、历史的见证一样属于文化遗产宝库。宾客可以在饭店、餐厅中感受到当地的这一文化遗产。旅游与美食常并驾齐驱，但是美食的主体是人，即人的状况影响到美食的效果。再好的菜点虽然能使用考究的材料，餐厅装潢也不错，但是没有一种好客的气氛，宾客在餐厅就餐是不会感到满意的。不论什么样的产品，只有营造热情、接触、交往的条件和氛围才能吸引宾客前来用餐，我们必须真正使宾客在餐厅中得到一种心理上的惬意感。餐厅中服务的价值是人所公认的，并且日益受到重视，餐厅可以在既有吸引力又有安全感的前提下，去发展服务接待的观念，在法国某地区进行的一项调查中有 60% 的宾客认为去餐厅本身的目的就是寻求欢乐。

【师傅提示】

餐厅的服务人员不仅向宾客提供优质的产品，而且向宾客提供优质的饭菜，让餐厅始终洋溢着一种欢快的、好客的气氛，同时，还要注意餐厅的外观、招牌、装潢、鲜

花、桌椅的摆设等环境因素。

【徒弟记忆】

在餐饮业的服务过程中要想获得成功必须以服务质量求生存，而服务质量的高低常常以服务人员提供服务时的行为、态度，及宾客在享用服务时获得的感受和满意程度为衡量标准，饭店员工的服务行为与客人的行为是相互关联、相互影响、相互作用、相互转化的。

二、营造雅静、清洁、舒适的餐饮环境

【师傅讲授】

餐厅的外表备受瞩目，首先映入眼帘，在视觉印象中存留。因此，餐厅与酒楼通过自然与人工装饰等艺术手法，使餐厅的内外环境舒适、美观、优雅、大方，达到统一的和谐美，树立起餐厅的形象美。餐厅的招牌和门面的艺术设计构想体现了餐厅的建筑外观美与名称美，从餐厅内部环境的装饰材料，墙面的书画，天花板的造型、灯饰、窗帘的图案、地毯上的花纹，屏风的浮雕、彩绘，到餐厅内部形态优雅的陈设，以及光线、照明、色调甚至一张别具一格的菜单，都会给人提供一种视觉形象的享受，体现餐厅的内部形象的营造，一种舒适休闲的内部视觉感受会吸引宾客前来用餐。当然，餐厅是人们的进食之处，整洁卫生的形象能引起人们对饮食安全可靠的联想，它也是餐厅整体形象美的一部分，餐厅的形象在视觉的基础上应注意听觉的树立，优美的听觉形象不仅来自服务人员的语言，而且来源于音乐的配置。现代心理学的研究表明：音乐对人们的情绪、身心具有特殊的调节机制，优美的听觉形象可以促进食欲，调节宾客的心境，使人感到轻松愉快。例如，在朋友聚会的宴席上配上《友谊地久天长》的歌曲，可能让客人触景生情，使客人在餐厅充分体味饮食文化的形象之美。

【师傅提示】

在视觉听觉形象美之外还应注意餐厅中空气的调节、温度的控制，对客人可增强嗅觉的形象美，也是树立餐厅整体形象的一部分，具体做法如下：

（一）地理位置的选择

餐厅主要是为客人提供餐饮服务的场所，在位置的选择上，要研究客源市场和宾客流动规律，选择合适的地理位置，以满足和方便宾客进行就餐活动。当然，由于旅游区、中心城镇的土地资源珍贵，在无法选择建造新饭店的地理位置或者饭店已经建造完毕处于营业之中的情况下，就要根据饭店的现有条件来进行旅客市场分析，创造条件，弥补饭店地理位置不利的因素，以满足不同旅游动机的宾客不同审美心理的需求，保证充足的客源。持有不同就餐动机的宾客对餐厅的地理位置有着不同的心理需求。

对观光型宾客而言，旅游景观的因素是吸引并可产生旅游动机并做出旅游决策的首要因素，景观就是客源，因此，饭店要吸引客人就必须依赖周围的景观，即"借景引客"。因此，以游览观光为目的的餐旅宾客，尤其是年老体弱的客人喜欢选择离游览景点较近或与几个游览景点距离适中的饭店住宿，以节省路途往返时间，避免由于过多的乘车赶路而产生的时间上的紧迫感与生理上的疲倦感，从而有更多的时间仔细观赏游览；商务型的宾客，以外出洽谈、办公、购物、贸易为目的的宾客，喜欢选择处于市中心交通便利、离办事地点较近的饭店，以便掌握信息，便于交往，尽快完成公务活动，在公务之余凭借便捷的交通游览重要景点。

（二）餐厅建筑造型

1933 年，由匈牙利人邬达克设计的"四行储蓄会大楼"即后来的国际酒店，以 83.3 米的高度，雄居上海半个世纪而无人超越，它的外形模仿美国摩天大楼，采用直线条的建筑艺术手法，挺拔雄伟。20 世纪 70 年代以来，上海宾馆的高层建筑雨后春笋般拔地而起，造型各异，瑞金大厦呈方形、新锦江呈圆形、城市酒店呈锯齿形、虹桥宾馆和银河宾馆是三角成对型、扬子江大酒店是几何斜面型等，都以柔的流线、刚的挺拔、方的规划构成美的时代交响曲，给客人以无限美的享受，宾客住进这些现代化宾馆、饭店既能得到高档享受又能满足他们显示自己地位和声望的心理需求。

（三）满足宾客对餐饮设施的要求

任何宾客都需要就餐的餐厅为他们提供舒适方便的就餐环境，宾客在餐厅就餐时处处感到方便，在心理上就会得到安慰，产生的愉快舒适的情绪可消除旅途的疲劳和种种不安。如果感到很不方便或不太方便，心理上会产生懊丧不满的情绪，最后导致赶快离开的心理和行为，这是任何餐饮企业都不愿发生的事。为满足宾客舒适方便的心理需求，餐厅要求环境安静舒适，宾客在餐厅进餐既是生理上的需要也是心理上的需要，宾客在进餐时得到休息，并相互交流思想和情感，所以餐厅环境要安静，餐桌的造型结构都要符合人体工程学的要求，高度要适中。

【师傅提示】

餐厅的色调、灯光一定要反映出餐厅的类型和特色，同时天花板的色调要与餐厅的整体装饰相称。再则，餐厅的餐桌、座椅均要符合餐厅装饰色调。

餐厅的标识要明显，在饭店，每个餐厅的宾客进入的正门要悬挂餐厅的标牌，表示餐厅类型及营业时间。

餐厅装饰的体气氛应该富有艺术性，他的装饰、灯光、色调要活泼、典雅，富有节日的气氛，使宾客感到舒适、愉快、欢乐。中餐厅是酒店最富性格特征的地方，朱红

的圆柱、雕花彩漆的宫灯、典雅挺秀的仿明式家具、雕花屏风，创造出一个喜气洋洋的欢庆场面，宾客在品尝美酒佳肴的时候还能领略中国传统文化，西餐厅的设施和环境布置，应从欧美人进餐的心理出发来考虑，光线应偏暗，餐桌摆着烛盏，可点蜡烛配以西式家具，创造适于人们休息交谈的宁静气氛，令人感到温馨和松弛。

宴会厅是餐厅最主要的宴饮场所，是重点装饰对象，晶莹华贵的灯具、均匀柔和的反射光，营造出辉煌华美的空间气氛，宴会厅主墙面上大都以壁画装饰。例如，上海宾馆宴会厅"嘉会堂"，大幅壁画"华堂春晓"呈现汉代画像的古朴风格，金底黑画闪闪发光，十分雍容华贵。壁画正中描绘的唐代官员会见外国使节形象，取材于唐章怀太子墓室壁画礼宾图，揭示了我国自古就是友谊之邦。720平方米的大平顶饰以商周青铜器上飞鸟走兽纹样，体现博大、深沉、凝练、庄重的华夏民族气质，给人以富丽高贵、气魄宏大的感受。

风味厅是体现鲜明的地方特色的餐厅，如广州花园酒店"荔枝湾"风味小食亭，入口处是由水乡乌篷船的桨组成的隔断，柱子上挂着红色的葫芦酒幌，方形的八仙桌，长板凳和汽灯式风趣吊灯，这种以白描手法来表达一种朴实无华的、带有浓郁江南水乡格调的小食亭，很容易让人联想到鲁迅笔下的咸亨酒店。

【徒弟记忆】

餐厅的形象是人们视、听、嗅觉等各方面的组合结果，常以视觉为先导。

建筑是一种凝固的音乐，饭店餐厅建筑外观的高度、造型、色调、材料等诸多因素的合理配合，能形成其独特新颖的建筑风格和艺术形象，从而诱发宾客的丰富联想，产生独特的美感。

三、提供货真价实的高质量的餐饮产品

【师傅讲授】

中国的烹饪技术堪称世界一绝，中国饮食的色、香、味、形、器、名俱佳，驰名中外，因此，在饭店的餐厅中创造中国饮食产品的形象美，可谓至关重要。中国地广人众，各地的地方特色、风味佳肴，品种繁多，美不胜收，极富特色。中国饮食文化源远流长，不仅可作为餐厅饮食产品形象美的基础，而且可以作为旅游资源加以开发，增加餐厅的吸引功能。

例如，许多外国旅游者慕名而来"一饱口福"以满足其心理需求。餐厅的饮食产品以菜肴为主体，中国菜不仅注重形式美，而且注重内容美。例如，中国菜常以名寓意，注重造型，利用烹饪中精湛的技术，在餐桌上展现造型优美的菜肴艺术，犹如一盘立体画，一首无声的诗，一支优美的乐曲，令人不忍下箸。中国菜不仅讲究色泽，而且注意色彩的对比和谐而形成强烈的色彩美效应，宾客在获得了视觉美的良好感受下，再通过

食品自然散发的香气激发宾客的嗅觉，诱发人们的食欲，调动就餐者的审美动机，构成正式品尝菜肴的重要心理前奏，古人讲的"闻香下马，知味停车"可谓言简意赅。餐厅中饮食产品创造形象美的最终目的是以食为基本前提的，故产品中的形象美应该注意味觉美。一道菜的好坏关键是在味道的好坏上，出色的餐厅厨师不仅提供和创造出本餐厅的产品，而且还会烹制出外宾能够欣赏的中国风味菜以满足不同宾客的需求。

宾客到餐厅一般都要求食物适合自己口味，吃顿满意的饭菜，我们在工作中要注意总结经验，归纳各国宾客的饮食习惯，在这些客人到来时，服务员可以主动介绍本餐厅适合他们食用的菜肴。

日本人餐前餐后都喜欢喝一杯茶，特别喜欢喝绿茶，在日本客人来进餐时，就可以先上一杯绿茶给他们品尝，他们早餐喜欢吃粥，晚餐喜欢吃点小菜，他们喜欢吃海鲜，一般不喜欢吃内脏，他们吃西瓜时喜欢在瓜上撒些盐等。美国人饮食保守，喜欢吃口味清淡的牛排、猪排、鸡蛋，喜欢吃烤、煎、炸等酥脆的食物，他们对鱼类及山珍海味不大喜欢吃。

【师傅提示】

我们在接待中就应根据他们的需求，推荐适合他们口味的菜肴，让他们吃得好，同时我们还要注意记住客人对食物烹调的不同具体要求，以适应客人的口味。如同样要一盘牛排，有的外国客人可能要两分生八分熟，有的则要八分生两分熟。一般华侨既有祖籍地的饮食特点，又有居住国的饮食习惯，港澳同胞比较喜欢新鲜的海鲜、蔬菜。国内的宾客来自全国各地，我们应掌握他们的饮食习惯，让他们在餐厅能吃上合口味的菜式。

四川来的宾客我们介绍他们吃上一盘"麻辣豆腐"，他们一定很高兴。国内宾客中不同民族对饮食也有不同的要求，不同年龄对饮食也有不同的要求。年纪大的由于消化能力弱、食量小，他们喜欢吃软质、精细易消化的食物；青年人喜欢香脆、酥焦的食物。不同职业的宾客也有不同的要求，一般从事脑力劳动的科技人员、教师、文艺工作者多数要求饭菜味道清鲜、精细，从事体力劳动的工人、农民、业务旅行的公差人员，多数要求菜肴味道香浓，经济实惠。不同性别的宾客有不同的要求，女士要求食品少而精，男士食量大，要求食品分量足、吃得饱。

【师傅提示】

服务员应当根据宾客的具体情况热情地提出建议，为他们当好参谋，选菜、配菜尽量做到搭配合理。

四、提供一流的服务

在餐厅服务中，服务人员应当为宾客提供一流的服务，那么究竟什么是服务，饭店服务具有哪些特征呢？

【师傅讲授】

（一）饭店服务的无形性

饭店服务是抽象的、无形性的，既没有一定的状态，又不可触摸，虽然绝对的无形服务是很少的，因为大多数饭店都要利用有形设备的支持才能完成服务的过程，但它们只是作为饭店提供服务的条件而存在，宾客真正感觉、评价和衡量饭店的服务质量来自和服务人员的互动。

饭店服务与制造业物质产品之间最本质的区别就在于服务的无形性，由于服务的无形性，不能申请专利，竞争者容易模仿；由于服务的无形性，宾客在购买前难以评价服务质量，增加了宾客的购买风险；由于服务的无形性，企业服务的单位成本很难确定，价格与质量的关系变得更为复杂。要消除饭店无形性带来的负面影响，可以采取无形服务有形化的策略，通过有效的有形展示将服务的无形性变得可以感知，从而减少宾客购买的风险。

（二）同时性

饭店服务的提供必须以宾客的到来为前提，没有宾客的参与，饭店服务就不可能发生，当宾客的消费过程结束时，饭店服务的过程也自然结束，生产与消费的同时性给饭店的经营活动带来许多不便。对有形产品而言，宾客只会评价其性能而不会考虑生产的过程，而饭店服务由于宾客要参与生产过程，因此以什么样的方式和程序进行生产就会直接影响宾客的利益。

【师傅提示】

例如，饭店选择什么时间清扫客房就是一个较为敏感的服务问题，由于宾客参与了服务过程，因此如何引导宾客的行为也将对饭店服务产生重要影响。再比如，宾客在餐厅点菜，服务人员要善于与他们交流，帮助他们获得必要的服务知识，保证他们点菜和选择的成功。由于宾客个人的经历和经验的差别，他们在与服务员工互动过程中对服务的要求也不一样，这就需要员工有提供个性化服务的能力。

（三）不可储存性

饭店服务是在生产中被消费的，其使用价值往往都有一定的时间限制，因此宾客从服务中所得到的好处不能像物质产品那样储存起来，也就是说饭店服务质量的回收是通过划分不同的时间段来体现价值的。例如，饭店的客房、餐厅的餐位都有它们特定的时间价值，若不能在有效的时间中销售出去，则同一间客房、一个餐位这次的服务价值就不能体现，即使下一次的价值可以得到，但上一次的价值就流失了，饭店服务的不可储存性对企业的经营活动构成了很大的威胁。饭店服务的不可储存性带来了供需之间的矛盾，这就需要饭店企业采取相应的措施来改变这种局面。

（四）不可转移性

物质产品在生产出来以后需要经过一定的流通环节到达宾客手中，表现为实物形式的流动。因为饭店服务必须以一定的建筑设施为基础，而饭店的建筑不可能发生空间的移动，这使饭店服务呈现出不可转移性。另外，饭店服务的不可转移性还表现在所有权不发生变更，物质产品在进行交换活动时伴随着所有权的转移，而饭店服务则不同，宾客购买饭店产品时只能拥有饭店设施的暂时使用权，而不是所有权。例如，宾客下榻饭店，在饭店的两天他只是拥有两天客房的使用权，而不是所有权。

【师傅提示】

饭店服务的不可以转移性给饭店企业的经营带来极大困难，一方面，饭店企业要加大宣传推销的力度，把最新的服务信息及时、准确地传递给消费群体和潜在消费者，通过强大的信息流刺激宾客的流动。另一方面，饭店企业要在日常经营中树立良好、可信的服务形象，从而形成一种服务消费的无形推动力。

（五）不稳定性

饭店服务特有的属性使饭店服务质量呈现出一定的波动性，由于生产与消费的同时性不可避免会造成服务质量的差异性以及生产过程的可变性，因为不同的宾客对服务的要求、参与提供服务的程度都有很大不同，对质量的评价也不同，另外，服务是人来执行的，会受到许多有关人员自身因素的影响和制约。宾客自身的消费行为、其他宾客消费行为的影响及员工素质，都会对质量产生很大影响。

【师傅提示】

在了解服务的基本特性之后，作为酒店的服务人员，应该在具体的服务中能够扬长避短，针对自己所处的具体的环境，为客人提供有针对性、规范、灵活的服务。在餐厅服务当中，餐厅环境、产品质量和服务人员的劳务质量是相辅相成的，优美的用餐环境、可口的饭菜必须依靠服务人员的具体劳动，才能使客人得到优质的服务，满足客人的心理需求，因此服务人员应该做到如下几点：

1. 强烈的服务意识

服务意识是服务态度的本质表现。服务态度所要求的主动、热情、耐心、周到，都根源于服务人员本身的服务意识是否强烈，它是充分发挥餐厅职工主动性、积极性和创造精神的思想根源。饭店饮食服务的特点是劳动强度大、工作时间长、情况变化快、技术要求高，如果没有强烈的服务意识，主动、热情、耐心、周到的服务态度就不能表现

出来。只有具备了强烈的服务意识，才能充分发挥主人翁的责任感，发挥餐厅现场服务的作用。在饭店服务中，如服务人员具有强烈的服务意识，其服务就会有创造性，就会超越宾客期望。

【师傅提示】

有的客人在进入餐厅订餐的时候，服务人员会详细地询问客人订餐的时间、请客的人数，所宴请宾客的类型，主要客人的姓名、职务以及特殊的要求。这样，在客人进入自己所订餐房间的时候，他所需要的各种各样的物品已经一应俱全，并且在客人进入酒店时，服务人员就会直接主动称呼出他的姓名和职务，给客人心理上极大的满足感。这些细小的事情，虽然对服务人员来说只是举手之劳，但是带给客人的心理上的舒适感和满意程度是无法形容的，就是在这些强烈的服务意识当中，服务人员就为酒店赢得了客人，创造了无穷的利润。

2. 助人为乐的精神

助人为乐是服务的根本要求，客人前来用餐，对餐厅人员、环境、饮食产品都不太熟悉，客观上要求服务人员能够给予帮助。有了助人为乐的精神，就能有针对性地提供优质服务。当客人对菜单及其风味感到陌生时，能够主动介绍餐厅饮食的品种及其风味特点；当客人要求时间比较紧张时，也能够根据具体情况提供快速的服务；当客人感到孤单时又能用亲切的语言主动同客人交流，这些都是饮食服务质量标准的具体反映。

3. 良好的纪律修养

作为一名服务员，要有自知自律的习惯，服从领导、服从分配、遵守餐厅劳动纪律、严于律己、宽以待人。服务过程中不许怠慢、冲撞客人，更不能和客人发生争吵，应自觉地遵守劳动纪律，提高服务质量。

4. 仪表端庄，操作规范

餐厅服务过程中，服务员同客人第一次见面，首先给客人留下的第一印象就是仪容仪表，他将会影响客人对你和餐厅的观感。所以服务员必须注重仪容仪表，要做到制服合体合身，款式高雅，与餐厅的装饰气氛相协调，衣服要保持整洁，不能佩戴过多的首饰，不能使用过多的化妆品，要做到整洁、大方、得体，身体不能有异味，要重视个人的卫生。

餐厅就餐的客人首先感受到的是服务员热情的服务，微笑迎接常使空腹的就餐者心情平和，感到自己备受重视，如果有较多的客人同时到达，服务人员不能一一迎接，在展现亲切的微笑时，眼睛最好成"散光"状态面向所有的客人，使每个人都感受到尊重，不至于顾此失彼。

宾客到餐厅用餐，服务员上前引领入座应注意宾客的特征，因人而异，例如，有生理缺陷的人总有自卑感，特别是在公共场合，他怕别人看不起他和触及他的缺陷。例如，一位右臂残缺的客人应被领到右侧靠墙的位置用餐，使他的右臂不易被人触及观察到，在他用餐时，他的自尊心就会得到满足，一定会非常感激服务人员的悉心照顾和尊重他的心理需要，会再次光临该餐厅。这类宾客的自卑感往往是人的尊重长期得不到满足而形成的，也是挫折感的表现，他们若再受到嘲弄，就会采取报复行为。另外，服务人员对进入餐厅的恋人、老人、儿童等在领位时也要尊重他们各自的需要，并进行服务。做好接待服务的第一步是餐厅是否满足宾客心理需求的首要措施。

【徒弟记忆】

服务操作程序要规范，要根据餐厅服务程序做好工作，切实提高服务质量。例如，端菜上台时，要先把台面上原有的盘碟位置移好，留出空位再上菜，一定要注意不要把菜汁洒在客人身上和台面、地上，端菜的手指只能靠在盘边，切不可沾到菜汁和汤水中，以免引起客人反感。替客人斟茶水、斟酒，需要拿杯时，切记只能拿杯的下半部。同时，斟茶、斟酒，一般只能斟至八成满。服务人员操作好，也可以使客人体会到自己是受尊重的，满足客人的自尊心。服务员送食物上桌时，一定要做到轻放，不要发出响声，否则客人会十分反感。

【师傅提示】

在分菜、斟酒时，应当先客人后主人、先老人后青年、先女后男。要注意尊重客人的生活习俗、禁忌。例如，穆斯林不吃猪肉，并且不喝酒。国内的佛教徒少吃荤腥食品，它不仅指的是肉食，而且包括葱、蒜、韭菜、芥末等气味刺鼻的食物。一些信奉观音的佛教徒在饮食中尤其禁吃牛肉，这点要招待港澳台及海外华人同胞时尤要注意。

我们可以通过某饭店餐饮部西餐服务规范来了解规范化服务的重要意义：

（1）餐前准备：每餐正式开餐前，餐厅卫生整洁干净。台型设计美观，台面摆放整齐，横竖成行，餐具布置完好，整洁大方，环境舒适，有利于客人用餐。

（2）客人订座：客人订餐、订座，服务热情，彬彬有礼，迎接、问候、操作语言运用准确、熟练、规范。询问客人订餐、订座内容、要求用餐时间及复述客人订餐内容具体明确，记录清楚，事先做好安排，确保无差错发生。

（3）迎接客人：领位员熟知餐厅座位安排、经营风格、食品种类、服务程序与操作方法。客人来到餐厅门口，微笑相迎，主动问好，称呼先生、太太或小姐，常客、贵宾要称呼姓名或后缀尊称。引导客人入座，先尊后长中青，先女士后男士，西餐座席以女主人（或主人）近侧为尊次，遵守礼仪顺序。订餐、订座的客人按事先安排引导，座位安排适当。老人、儿童、伤残客人照顾周到，客人有舒适感。客人入座，主动拉椅，交桌面服务员照顾。

（4）餐前服务：客人入座后，桌面服务员主动问好，递送餐巾、香巾及时。询问客人用何种餐前鸡尾酒、饮料或冰水，服务操作主动热情，斟酒、送饮料服务规范，没有滴洒现象。双手递送菜单及时，照顾客人准备点菜。

（5）开单服务：桌面服务员熟悉菜单，熟知产品种类、品位、价格、做法及营养价值，掌握服务技巧。能熟练运用英语提供桌面服务。客人审视菜单并示意点菜时，服务员立即上前询问客人需求，核实或记录点菜内容，客人所需饮料上桌准确及时，注意客人所点菜肴与酒水匹配，善于主动推销，主动介绍产品风味、营养和做法。

（6）上菜服务：客人点菜后，按面包、黄油、冷菜、汤类、主菜、旁碟、甜点、水果、咖啡、红茶顺序上菜。先上鸡尾酒或餐前饮料，二十分钟内送上第一道菜，十分钟内菜点出齐。菜点需要增加制作时间，告知客人大致等候时间。各餐桌按客人点菜先后次序上菜。上菜一律用托盘，热菜食品加保温盖。托盘走菜轻稳，姿态端正。菜点上桌介绍产品名称，摆放整齐，为客人斟第一杯饮料，示意客人就餐上菜过程中把好质量关，控制好上菜节奏、时间与顺序，无错上、漏上、过快、过慢现象发生。

（7）看台服务：客人用餐过程中，照顾好每一张台面的客人。客人每用完一道菜，撤下餐盘刀叉，清理好台面，摆好与下一道菜相匹配的盘碟刀叉，服务操作快速、细致。符合西餐服务要求，每上一道菜，为客人分菜、派菜主动及时。分派操作熟练准确，斟酒及时，上客人需要用手食用的菜点，同时上洗手盅。客人用餐过程中随时注意台面整洁，及时撤换烟缸，烟缸内的烟头不超过3个。上水果甜点前，撤下台面餐具，服务及时周到。

（8）结账清台：客人用餐结束示意结账，账单准备妥当，账目记录清楚，账单夹呈放客人面前，收款、结账准确无误。客人结账后，表示感谢。客人离座，主动拉椅，微笑送客，征求意见、欢迎再次光临。客人离座后，清理台面快速轻稳，台布、口布、餐具按规定收好，重新铺台、摆放餐具，3分钟内完成清台、摆台，准备迎接下一批客人。通过这样一系列规范性的服务，客人会满意而去。

5. 服务要热情、周到

客人进入餐厅时，服务员应站在门口迎候，并且还要说相应的问候语，如早上好、下午好、晚上好、欢迎光临等。要主动帮助客人拿雨伞、脱外衣，并把这些东西放在合适的地方。当餐厅不是很拥挤时，要征求个人的意见安排座位。如果是吵吵嚷嚷的大批客人，应当安排在单间或餐厅里面的地方，避免干扰其他客人。老年人或残疾人可能希望坐在离门口较近的地方，这样他们就会感到比较方便。如果是情侣或夫妇，则应安排在比较安静的只有两个座位的餐桌。服饰漂亮的女客，应安排在餐厅中心的位置，以满足她引人注目、被人欣赏的心理。对带着孩子的客人，把他们安排在孩子的声音影响不到其他客人的餐桌比较合适。点菜时，要注意菜单必须是清洁的。递菜单时，要向客人介绍餐厅供应的特色菜点，耐心回答客人的询问，这样有助于客人与服务员之间建立融洽的感情。送好菜单后应有时间让客人从容地选择，不要显示出不耐烦或催逼客人点菜。

【徒弟记忆】

服务人员要真诚为客人着想，这样才有利于招徕更多的客人。服务员要随时准备向客人提供所需的信息，当很多客人同时到达，坐满几张台时，服务员应给正在等待的客人以热情愉快的微笑，在经过他们的桌旁时说一声"我马上就到你们这里来"。这样做的目的是使他们在等待的时候，不会觉得自己被服务员忽视和怠慢。

6.服务人员要尊重生理上有缺陷或出现差错的客人

对有生理缺陷的客人应当特别尊重，热心去帮助他们，让他们吃好饭。例如，有一位断了双手的外国游客，随旅行团到一个餐厅吃饭，服务员看到这位游客手不方便，就马上细心照料他，用汤匙喂他吃饭。这位游客吃着吃着，感动得流下热泪，周围的宾客都被服务员的精神所感动，禁不住热烈地鼓起掌来，以表达他们的敬意。在进餐过程中，客人不小心打翻酒杯，打碎餐具，是常有的事情。碰到这种情况，服务员应马上去帮助客人摆脱困境。

【师傅提示】

特别在宴席上，客人不小心碰翻了酒杯，会觉得很尴尬。这时很可能参加宴席的客人都看着他，让他手足无措，不知如何是好。服务员在这时候出现，说些安慰的话，同时清理好桌面，帮助客人恢复常态，客人心里一定会十分感激。广东宴席中，吃螃蟹时，一般会在餐桌上放一个盛着菊花水或茶叶水的洗手盅，供客人用手拿食品后洗手指用。一般送上桌时，应清楚地向客人交代它的用途，如果我们看见有的客人将其错当茶水喝下去时，千万不能发笑，最好的做法是假装没有看见，悄悄地将其撤下，尽量不要惊动周围的客人，以免造成客人的尴尬。

7.服务员应有丰富的饮食知识

为满足客人求知的需求，服务人员应具备丰富的饮食知识和文化知识，可以为客人提供其所需要的知识内容。例如，本餐厅的特色菜肴，其名称和主要制作工艺，当地的风味小吃，当地的风土人情，当地的民风民俗，具备这些基本的知识，既可以加强与客人之间的交流，增进与客人的感情，更多的是体现了一个服务人员的素质。

为满足宾客求知的心理需求，餐厅食谱的设计，不仅要注明食品名称、价格，还应配上主要食品的彩色照片和图案，其排列顺序要从低档、中档到高档，以此指导不同层次食客的选择。

【徒弟记忆】

服务人员在介绍菜品的时候，能够言简意赅、绘声绘色地表达出来，使客人产生浓厚的兴趣和对菜品的选择，要求服务人员对每道菜名称的意义、来历、典故和传说、营养价值、用料及烹制方法等都熟悉，并根据需要娓娓动听地讲述出来。

8.服务人员应为客人提供快捷的服务

为了满足客人求快的心理，对一些急于就餐的客人，服务人员可以向他们介绍一些现成的菜品或快熟的食品，在客人到来后，若来不及上菜，可以先献茶，让他们边喝茶边等待，这样客人就不会觉得服务太慢，由于这样的茶有安顿客人的意义，所以又名安客茶，当然喝茶的时间也不可以过长。为了保证旅游者在餐厅能够得到快速的服务，我们应该尽量简便手续，反应迅速，及时结账。

【徒弟记忆】

宾客一进餐厅，服务人员应及时安排好座位，并递上菜单，反应要快，在客人用餐时及时发现客人的需要，及时准确地满足客人的需要和客人求快的心理，宾客用餐完毕，账单应及时送到，如果因付账而等待，也许刚才吃得很愉快的那种美好情绪完全遭到破坏，甚至激怒客人，所以为满足客人求快的心理，既不能让客人饿着肚子等，也不能让客人吃饱了等。

9.“请”字不离口

在餐厅服务中过多用“请”字，往往使客人感到受到尊重的满足。例如，客人光临，服务人员主动招呼“请进，欢迎光临。”进门后服务人员引领客人到位后说：“请坐，请点菜。”上菜前可先用“请用茶”。当一盘菜上桌时招呼：“请用餐，菜马上上。”若有宾客感到菜淡或要辣味时，服务人员就应立即取来调料，并说：“请自己适量添加。”

【徒弟记忆】

客人进入饭店餐厅，若服务员“请”字不离口，宾客进餐一次便使用了若干个“请”字，这样的饮食、精神双“饱”正是客人所渴望的。

五、创造良好卫生条件，满足宾客需求

宾客在餐厅用餐，十分注意饮食卫生。基于宾客对卫生的需要，必须做好环境、食品、餐具及服务的卫生工作，以保证宾客在餐厅用餐的安全，不要出现卫生不达标而造成卫生事故的情况，这样会对餐厅造成不良的影响。

【师傅讲授】

（一）环境卫生

前面我们提到餐厅环境卫生整洁的视觉美，可以使人联想到餐厅产品的卫生，卫生感又可为宾客带来舒适感和安全感。餐厅应随时注意环境卫生保持，地面清洁无污垢、杂物，走廊、墙壁、门窗、服务台、桌椅应光洁，灯光明亮无尘土，物品井然有序，空气清新，无蚊蝇等害虫，客人用餐后应及时清桌、翻台，保证客人用餐环境的卫生。

（二）产品卫生

它是防止病从口入的重要环节，餐厅提供的产品不论生食、熟食，应是卫生安全的，特别是凉拌菜要用专门消毒处理过的工具制作，防止生、熟、荤、素菜间的交叉污染，有条件的餐厅可以设冷拼间、专用冰箱，并配有紫外线消毒设备，以确保客人进食产品卫生。

（三）餐具的卫生

餐厅是公共用餐的场所，客人来自四面八方，客人用过的餐具、酒具，难免污染上病菌和细菌的，因此，餐厅必须有与营业相应的专门消毒设备和足够周转使用的餐具，以保证件件消毒，或是使用对环境无污染的一次性餐具，以满足客人卫生的需求，放心用餐。

（四）按卫生操作规范提供服务

餐厅人员在餐台布置，餐桌准备和餐中的服务上菜、配菜、倒酒等方面，都应按卫生的操作规范提供服务。如上菜时手指切忌触碰食物，不然容易引起客人的不卫生感，甚至产生厌恶感，降低食欲。

六、满足宾客的求知心理需求

【师傅讲授】

（一）创立餐厅的特色地方食品、名点、名菜

餐厅的经营在特色上做努力，创建本地本餐厅的特色菜品和名菜、名点，引导宾客慕名而来，食之有趣、有味，满意而归。例如，南京的板鸭，北京全聚德的烤鸭，新疆吐鲁番宾馆餐厅的维吾尔风味的抓饭、拔丝哈密瓜等。

（二）主动介绍食谱、提供艺术菜肴的图片

服务人员在出示食谱和介绍食谱时，应将食谱中最能刺激宾客就餐欲望的食品，言简意赅、绘声绘色地表达出来，满足宾客求知的欲望，促使宾客产生浓厚的兴趣和对食物的选择。食谱的设计上除有食品美妙的名称和价格外，还可配上主要材料的图片和照片，中国菜可谓世界烹饪艺术园地里的一枝奇葩，那灵秀精巧的艺术拼盘，精雕细刻的造型工艺，色、香、味、形、器、名浑然一体的和谐美，充分展现了东方饮食文化艺术的魅力。菜肴摆上宴席常令海外宾客惊叹不已，既供食用而又具有很高的观赏价值，令人不忍心马上食入腹中，希望摄影留念。为满足客人的这种心理，对名菜、名点、特色菜的优美造型图案，餐厅应备好有关图片或代为拍照留念，以满足客人求知的心理需求。

（三）介绍菜肴的相关知识与典故

宾客来餐厅品尝美味佳肴、风味特产，作为美食的旅游项目当然希望了解相关的知识。因此，服务人员上菜时应报出菜名，然后根据客人的需要说明其寓意、来历，甚至典故、传说，介绍一些菜肴的营养价值、特色用途。对感兴趣的宾客甚至可以介绍一些菜肴的用量及烹饪方法，使宾客不仅食之有获，而且满足其求知的心理欲望。

【师傅提示】

例如，在鲁菜中有一道名菜叫"九转大肠"。据说"九转大肠"是清光绪年间，由济南"九华楼"首创。这家店主在济南开设了九座店铺，所有店铺都冠以"九"字。他对烹调猪肠、肝、肚、腰等下货菜煞费苦心，打破了下货菜不上席的旧习，赢得了食客的赞誉，其中"红烧大肠"更为出名。一次宴席中，有位文人为了取悦店主喜"九"之癖和盛赞厨师的精湛手艺，当即起名"九转大肠"，寓意道家"九转"炼丹之妙，从此"九转大肠"扬名鲁地，誉满中华。

【徒弟记忆】

宾客常将品尝美味佳肴及中国传统的地方特色食品，作为旅游活动的一部分。求知、求新也是宾客到饭店餐厅进餐的心理需要之一，心理学的研究指出，凡是新奇的事物总是引人瞩目，激起人们的兴趣，引发人们的求知欲，对此，餐厅可利用宾客求新猎奇的心理需求提供本地特色餐食服务，满足宾客的这一心理需求力争留下更多的旅客在本餐厅消费。

七、餐饮服务技能

【师傅讲授】

（一）中餐摆台标准

1. 台布标准
（1）台布中凸缝向上，正对正副主位。
（2）台布的十字中心位于餐台的正中。台布四角下垂均匀。
（3）台布表面平整、洁净、无破损。

2. 摆台标准
（1）展示碟距台边1.5厘米，放上垫花，骨碟在其上。
（2）汤碗摆放于骨碟的左前方，距展示盘边1.5厘米，汤勺柄统一向左。
（3）筷架摆放于展示盘右侧，距离1.5厘米。

（4）筷子放于筷架中心，筷子底端距桌边1.5厘米，席面更与筷子平行，牙签套放于席面更与筷子中间且底端与席面更在同一直线上。

（5）三套杯放于展示盘正前方，成45°斜线。红酒杯对准骨碟中心，分酒器侧放于白酒杯上方。

（6）烟缸放于两餐位之中，火柴靠于烟缸前方且商标向上，温馨提示牌放于烟缸后面，与转盘距离2厘米。

（7）口布花放于骨碟正中（见图4-1）。

图4-1　中餐摆台标准示范图

（二）中餐茶水服务标准

（1）服务员应该在客人点单后，2分钟内将客人所点茶水送至客人面前。

（2）在备餐间泡茶水时，必须保证水温在80℃以上。

（3）冲泡茶水前需将茶叶清洗一下，以保证茶水泡出的质量。

（4）按照女士优先、长者优先、儿童优先的顺序提供服务。

（5）上茶水前需明确茶水服务对象，避免在台面反复与客人核对。

（6）服务茶水时，左手托盘应保持在客人的侧后方，以不妨碍客人的行为为准。

（7）将茶杯放在筷架的正上方3厘米处。

（8）服务员随时观察客人需求，及时为客人服务。

（三）中餐酒水服务标准

（1）开瓶时，要把冰镇时产生的水擦去，开盖后要擦净瓶口，若瓶口开破不要拿给客人。

（2）汽酒类开瓶前不要摇晃或倒提。

（3）开启瓶盖时，瓶口不能对着客人。

（4）名贵的酒在开启前要用左手把住瓶底，右手的食指、中指压住盖顶，把商标给客人看并说出酒名（产地），客人认可方可开启。

（5）姿势要讲究优美自然，站在客人右侧，左手用托盘托酒水（或持餐巾）；右手持瓶，身体向左微转，上身向右前方微倾，尽量使商标朝向客人斟酒。

（6）斟酒要讲究礼节，一般从第一主宾开始，按顺时针方向，绕台依次斟酒，如有两个服务员应分别从主宾及主宾的右侧开始斟。

（四）托盘服务标准

（1）左手臂自然弯成 90° 角，手肘离腰部约 5 厘米。

（2）掌心向上，五指分开，用五指和掌根部位托住盘底。

（3）手掌自然形成凹形，掌心不与盘底接触，平托于胸前，距胸部 15 厘米为宜。

（4）手指随时根据托盘的轻重变化而作相应的调整，以保持托盘平稳。

（5）手托托盘要灵活，左臂可行动自如，不得将右臂紧靠身体。

（6）托托盘行走时，头要正，肩要平，身体要直，脚步要轻而稳。

（7）托托盘时，动作表情要轻松自如，上身保持正直，行走自如。

（五）大型宴会餐桌摆台标准

（1）台布：台布凸缝朝上，在主人与副主人间成条直线，台布四角距离地面相等。站在主人处将台布朝副主人方向抖铺，有破洞和污渍的不用。

（2）围椅子：主位面对门口椅子间距离相等，椅子边离餐桌的距离是以与垂下的台布正好接触为标准。

（3）转芯：放于餐桌的正中心，无污渍。

（4）汤碗：摆在骨碟的左上方，与骨碟边最接近的地方距离为 1.5 厘米。

（5）味碟：摆在骨碟的正上方，汤碗、调味碟、骨碟之间的距离为 1.5 厘米。

（6）摆汤勺：放在汤碗内，勺柄指向左侧。

（7）摆筷架：放在味碟的正下方，在味碟、汤碗的中心部位横向摆放。

（8）摆筷子：放在筷架上面，距桌边 1.5 厘米，与骨碟边平行。

（9）摆葡萄杯：放在骨碟的正上方。

（10）摆烟缸：放在主人及副主人右上方，距转台边 1.5 厘米各 1 个，烟缸缺口 1 个向上，2 个向下，另外 2 个烟缸均匀摆放在转台两侧，从整体看为四边形。

（11）摆牙签：放在筷子与席面更（勺）中间，与席面更（勺）柄底平行，店标朝上。

（12）摆菜单：放在主人正上方，距转台 1.5 厘米处。

（13）摆口布：完全打开，漏边的面朝里，摆在骨碟的正中央。

（六）会议茶水服务标准

（1）会议开始前 30 分钟，将杯中倒入 1/3 开水。

（2）会议开始前 15 分钟，将茶水冲至八成盖好杯盖。

（3）倒茶水时，站在客人右侧进行。

（4）左手持壶。

（5）右手中指与无名指向上夹住杯盖，拇指和食指拿起杯柄。

（6）身体向左稍转，将壶水倒入杯中（八成满）。

（7）轻轻将杯子放入原点，盖上杯盖。

（8）退步离去至下位。

大型会议会场布置示范图如图 4-2 所示。

图 4-2　大型会议会场布置示范图

（七）中式摆台标准

（1）台布铺放端正、中凸缝向上，台布四角下垂均匀。

（2）台布表面平整、洁净、无破损。

（3）牙签盅、椒盐盅、装饰品（花瓶）、纸巾盅由高到低竖直摆放整齐。

（4）餐垫放置在餐位的正前方，与餐位平行。

（5）主餐叉摆在餐垫左侧，距餐垫边 2 厘米处，叉柄距台边 2 厘米，竖直摆放。

（6）主餐勺摆在餐垫右侧，距餐垫边 4 厘米处，勺柄距台边 2 厘米，竖直摆放。

（7）筷子摆放在主餐勺右侧，并距主餐勺 2 厘米。

（8）餐巾纸折叠成大三角形，立放于餐垫中央位置，开口向上呈 45° 角，竖直摆放。

（八）西式摆台标准

（1）台布铺放端正、中凸缝向上，台布四边均匀下垂（台布表面平整、洁净、无破损）。

（2）按花瓶牙签筒、椒盐瓶（左盐右椒）、纸巾盅由高至低的顺序摆在餐桌正中平行位置。

（3）餐位正中摆展示盘，距桌边2厘米，左侧贴餐台边缘5厘米处摆放面包盘，面包盘下边离餐台边5厘米。

（4）面包盘上右侧四分之一处架放黄油刀，刀刃向左，刀柄垂直于餐位，距台边5厘米。黄油刀口正前方1厘米处摆放黄油碟。

（5）面包盘右侧2厘米处摆放沙拉叉，叉柄与餐位垂直，柄端距台边5厘米。

（6）沙拉叉右侧2厘米处平行摆放主餐叉，叉柄端距台边2厘米。

（7）主餐叉右侧30厘米处平行摆放主餐刀，刀刃向左，刀柄端距台边2厘米。

（8）主餐刀右侧2厘米处平行摆放汤勺，勺柄距台边2厘米，勺柄向上。

（9）汤勺右侧2厘米处平行摆放沙刀，刀刃向左，刀柄距台边2厘米。

（10）甜品叉位于主餐刀、主餐叉和展示盘正中上方，距台边23厘米，叉口向右，平行摆放。

（11）甜品勺位于甜品叉正上方2厘米，勺头向左。

（12）水杯置于主餐刀正上方1厘米处。

（13）口布立体放于主餐刀、主餐叉中间的展示盘上，可根据餐巾花而定（口布折口向内，成45°角）。

（14）餐椅两两对齐，椅面与台布紧贴。

（15）摆台保持身体正直，不发出大的声响。

（九）西式茶水服务标准

（1）服务员应该在客人点单后，2分钟内将客人所点茶水送至客人面前。

（2）在吧台泡茶水时，必须保证水的温度在80℃以上。

（3）冲泡茶水前需将茶叶清洗一下，以保证茶水泡出的质量。

（4）按照女士优先、长者优先、儿童优先的顺序提供服务。

（5）上茶水前需明确茶水服务对象，避免在台面反复与客人核对。

（6）服务茶水时，左手托盘应保持在客人的侧后方，以不妨碍客人的行为为准。

（7）台面上若无酒杯，将茶杯放在主餐刀的正上方3厘米处。

（8）服务员随时观察客人需求，及时为客人服务。

（十）西餐斟酒服务标准

1. 斟葡萄酒的服务标准

（1）斟酒时左臂自然弯曲，于小臂处搭放一条折叠成8厘米宽的口布。

（2）右手斟酒，在主人杯中倒入一盎司左右葡萄酒，主人许可后开始斟酒，从主人右侧按顺时针方向服务，女士优先，先宾后主。

（3）斟酒动作轻缓，稳健流畅，瓶口始终与杯口保持2厘米距离。

（4）每斟完一杯酒，须将酒瓶微微向顺时针方向旋转45度并顺势扬起，将瓶口在左臂搭挂的口布上擦掉残留的酒液。

（5）所有客人的酒斟完后，将酒瓶同酒篮摆放在餐位中间与餐位平行，切忌瓶口指向客人。

2. 斟白葡萄酒的服务标准

（1）斟酒时，服务员右手持瓶，从客人的右侧，按顺时针方向服务，女士优先，宾客优先，最后为点酒客人服务。

（2）酒标始终面向客人，瓶口与杯口始终保持2厘米的距离，斟酒动作平稳，酒液流出平缓流畅。

（3）酒至杯中2/3处时，将酒瓶按顺时针方向轻轻转动45度，并顺势扬起瓶口，终止斟酒动作，避免瓶口的酒滴落在台面上或杯外。

（4）每次斟酒结束后，服务员应将酒瓶举于自己体侧，不可从客人面前或头顶越过；然后侧步退离客人身侧，重新为下一位客人斟酒。

（5）为所有客人斟完酒后，将酒瓶轻轻放回冰桶内，用此口布搭盖在桶口。

（十一）西餐咖啡服务标准

1. 咖啡用具

（1）咖啡具必须配套使用。

（2）咖啡杯、碟、勺、奶盅、糖缸要经过高温消毒，干净无污，无破损，无水迹。

2. 准备咖啡

（1）将制好的咖啡装入咖啡壶。

（2）启开淡奶听，在奶盅中装2/3淡奶。

（3）准备糖缸、普通砂糖，以每人2袋的标准装入糖缸。

（4）咖啡、淡奶新鲜，咖啡温度在80℃。

3. 摆放咖啡用具

（1）咖啡碟置于客人正前方，咖啡杯反扣在垫碟上，杯柄朝右。

（2）咖啡勺置于咖啡碟内上方，柄朝右。

（3）奶盅、糖缸置于桌子中央，按每桌2~3人套摆放。

（4）摆放餐具时应使用托盘。

4. 服务咖啡

（1）翻开咖啡杯，右手持咖啡壶，从客人右侧将咖啡倒在客入杯中。

（2）服务顺序：先女士，先客人，后主人，按顺序时针方向。

（3）倒咖啡时，不可将咖啡杯从桌面拿起。

5. 添咖啡

（1）及时为客人添 1~2 次咖啡。

（2）第三次添加时需告知客人要追加订单。

【拓展应用】

（1）餐饮服务的基础操作你了解吗？

（2）说说你对餐饮服务的理解。

（3）餐饮服务还有哪些技巧？

（4）餐饮服务对酒店形象提升的意义。

模 块 五

客房服务心理实践

项目一　客房宾客心理需求

【企业标准】

通过本项目的学习，了解客房服务与宾客的基本心理，对宾客对客房的心理活动过程有一定的理解，并对简单的服务心理策略做简单了解。

【师傅要求】

（1）客户服务与宾客心理。

（2）宾客对客房服务的心理要求。

（3）客房服务营销的心理策略。

【师徒互动】

一、客房服务在酒店服务中的心理效应

【师傅讲授】

客房是酒店的主体部分，是宾客在酒店生活休息的主要场所。因此，客房服务工作直接影响酒店的社会效益和经济效益。客房服务在酒店服务中的心理效应主要表现在以下几方面：

1. 家庭效应

出门在外的人到达旅游目的地后，首先需要的就是尽快下榻一所酒店。在属于自己

的房间里，客人可以放松自己，得到良好的休息，消除旅途的疲劳。因此，客人会把所居住的房间当成自己临时的家，希望房间设施齐全、完好，使用方便、安全，希望有常用的生活、文化用品，以便学习、工作，希望有代客洗衣、缝补、送餐、托儿等服务项目，希望在自己有病时能有人代为挂号、请医生、帮煎药，希望房间使用权、个人隐私不受到干扰和侵犯。女性客人希望房间中衣橱大、衣架多，卫生间便于梳妆打扮。商务客人希望房间中有电子线路接口，以便随时通过国际互联网与自己公司保持联系。喜欢健身锻炼的客人希望房中有健身器材。喜欢音乐的客人希望能够听到自己喜欢的音乐等。总之，客人在客房居住就应感到家的安定亲切，享受到家的舒适温暖。

2. 主体效应

主体效应是指客房在酒店中的地位。从建筑面积看，客房一般占酒店总面积的70%以上。从人员投入分析，从事客房管理和服务的人员要占整个酒店从业人员的40%左右。从酒店设施用品的配备看，客房中的设备占据绝大多数。例如，空调、电视、家具等。从经济收入分析，酒店客房收入要占酒店总收入的60%以上。在国际酒店业中，也把酒店客房数量的多少当作酒店规模大小的标志。

3. 经济效应

酒店的收入有三个主要来源：客房收入、餐饮收入、综合服务收入。客房是酒店的主体，也是酒店出售的最大商品，且投资回报率高，是酒店收入的主要来源。在酒店商品中，客房虽在建造时投资大，但耐用性强，可以反复销售，客房再生产的成本低，创利润较高。客人的入住还会带动酒店餐饮、康乐等综合服务部门的经营收入。

4. 标志效应

客房是宾客临时的家。客人有60%以上的时间在客房逗留。酒店不仅要提供完备的物质条件，还要为客人提供优质的服务。例如，服务员的态度是否亲切，日常服务工作是否细致，对突发事件的反应是否敏捷，服务员的专业知识和操作技能是否符合要求等，客人都有深切的感受。客房清洁卫生、舒适方便，服务细致、周到、耐心是每位入住客人共同的心理需求。只有这些需求得到满足，客人才会认为客房服务质量优秀。客人往往通过客房服务水平直接评价整个酒店的服务质量和管理水平。

【徒弟记忆】

在宾客心目中，客房不仅是自己临时的"家"，而且是自己从事会客、公务、商务，进行聚会、用餐等活动的地方。

客房出租率是酒店追求的主要经济指标，也是衡量酒店经济效益的尺度。

客房服务质量是衡量酒店服务质量的重要标志。

二、宾客对客房服务的心理要求

【师傅讲授】

要做好客房的优质服务，关键是服务人员要掌握不同宾客在客房活动的规律和心理需求特点，采取有预见性和针对性的服务。宾客对客房服务的心理要求主要有以下几方面：

1. 生活起居方便

方便是指房间设施的实用价值及其完善的服务项目。如果宾客在客房中感到生活起居方便，心理上就会愉快，得到安慰，消除身心疲劳和不安，形成积极的消费态度。如果宾客在客房中感到生活起居不太方便，在心理上就会产生沮丧、不满的情绪，导致提前离店或投诉。

宾客对客房生活起居方便的心理要求，表现在以下三个方面：

设施齐全。客房设施是为满足客人需要而设计和配备的。虽然由于酒店的级别和档次不同，客房设施水平存在差异，但下榻酒店的客人都希望客房内生活用具齐全。例如，睡眠的家具、漱洗间的卫生用具、起居室的水瓶水杯等用品、书写间的桌椅及夹有文具的服务指南、贮存柜、存放行李衣物架以及保护客人生命安全的消防措施等。只有具备齐全的设施，客人才能正常生活、学习和工作。

服务项目完善。客房服务项目一般包括客房酒吧服务、洗烫服务、保姆服务、客房送餐服务、会客服务、会议服务、代办服务、团队服务、网络服务等。客房服务项目完善与否，是体现酒店服务周到与否的一个依据。

使用便利。客房设施不仅要齐全，还要保证质量，让客人感到便利。例如，调节水温、使用空调、观看电视、开启门锁、控制开关、开拉窗帘、拨打电话等活动。如果设施质量差或出现损坏，客人使用会感到不便。设施质量不好，客人还容易产生不公平的感受，心理难以平衡，容易出现投诉。

2. 住宿安全

宾客身在异地他乡，举目无亲，又多带有钱财和物品，在住宿中求安全的心理突出。第一，宾客希望人身安全有保障。例如，不发生火灾、触电、疾病、烫伤或其他意外伤害事故，能高高兴兴而来，平平安安而归。第二，希望财产不受损失。例如，不发生被窃、被损坏、被弄错等不愉快事件。第三，希望精神愉快。例如，人格受到服务员尊重，交往气氛好，隐私受到保护，没有外来人员和电话骚扰等。为了满足宾客的安全需要，在客房管理上首先应有安全管理措施作保证。例如，防盗措施、防火措施、财物保管措施等。有了措施和设施，客人才放心。要启迪客人心理上的安全意识，贵重的物品要登记，最好由酒店代为保管，以免发生意外。

【师傅提示】

同时，要让客人懂得发生意外事故时的应急措施，懂得防盗报警系统和防火报警系统的使用方法。客人有来访者，服务员应把来访者请到大堂休息区、咖啡厅或楼层休息接待处。一旦发现可疑人物，要立即报告安全保卫部。另外，服务员工作要细致。在收拾房间时，不能随便扔掉客人的东西，哪怕是一张小纸片。整理完房间后，要检查房间的安全情况，例如，电线有无外露、门锁是否牢靠、设备是否完好等。

客房服务要严格执行客房部安全工作条例，按条例规定处理一切有关事宜，确保客人的人身安全与财产安全。

3. 房间清洁卫生

客房清洁不仅指干净，而且包含安全、健康、美观等心理要求。客房清洁卫生的范围包括客房部的环境，如大厅、电梯间、走廊、房间、卫生间。房内所有设施清洁卫生，如电器、电话、茶具、衣橱、写字台、沙发、卧具和卫生洁具等。食品清洁卫生，如茶杯、饮料等。服务员个人卫生，如衣领、袖口、皮鞋、头发、口腔、手及指甲等。

保持客房的清洁卫生不仅是一个人生理上的需要，而且可使人在心理上产生一种安全感、舒适感，直接影响客人的情绪。美国康乃尔大学旅游管理学院的学生曾花了一年的时间调查了3万名旅客，其中60%的人把清洁卫生列为第一需求。

客房服务出售的是有形产品，其特点是循环使用和大众公用。使用者当中不可避免地会有病菌、病毒携带者。如果客房经他人使用后不做彻底的清洁和严格的消毒，就有可能产生某种病菌传染。因此，宾客对直接与自己身体接触的各种设施用品，如口杯、被褥、浴池、脸盆、毛巾、浴巾等特别敏感。尤其是卫生间的卫生状况，更是备受宾客的关注。欧美、日本等地的宾客都非常注意客房卫生的条件及其设备。

【师傅提示】

例如，卫生设备质量低档，会被认为不符合卫生条件。因此，客房的设备一定要高质量且清洁卫生。服务员每天应认真清理，丝毫不能马虎。否则，客人不仅会感到焦虑不安和厌恶，甚至会感到愤怒而提前退房。由此可见，清洁卫生是客房服务的一项既平常又意义重大的工作。清洁卫生的住宿环境，不仅使客人产生美好、舒畅的心情，安心、乐意住宿，而且使客人对酒店管理水平和服务员素质产生良好印象。这对于扩大酒店的社会影响和树立酒店形象非常有利。

4. 环境舒适

环境舒适是指客房的各种设施齐全、质量完好，给人一种美的享受。它包括以下内容：

房内装饰、家具陈设雅致，色调柔和、协调，布局合理，具有美感。

房内气温适宜。夏天保持24℃~26℃，冬天保持16℃~20℃，体感舒适。

照明亮度符合标准。房内没有不亮灯，房间灯光柔和，卫生间灯光明亮，视感不易疲劳。暗淡使人精神不振。

房内、卫生间和衣橱无异味，嗅觉愉快。

宁静。无水、电器的噪声，窗外噪声不传入房内，室内无虫干扰，服务员实行"三轻"服务，听觉清新。噪声使人丧失自控力，容易引起情绪波动。

门窗关闭严实，不泄露隐私，有安全感。

提供超常服务，能满足合理的特殊要求，自尊得到充分满足。

引入高科技产品。例如，使用电子磁卡钥匙、直拨国内外程控电话，计算机管理个人消费账单等，有时代感。

宾客在酒店生活期间，留在客房的时间较长，客人的各种感觉器官以及情感和意志等心理活动，会对客房内各种设施做出反应。当这些反应适应客人需要时，便会产生愉快、满足的心理，感到舒适宜人；反之，就会产生烦躁、不满，觉得不舒适，进而影响客人的情绪和消费行为。

5. 人格受到尊重

人格就是个人的尊严、价值、个性及在社会中的地位。尊重是人的一种较高层次的心理需要。宾客的人格受到尊重是指酒店的所有部门和所有员工，在所有时间和所有地点要绝对尊重每位客人，诚挚地关心和爱护每位客人。

【师傅提示】

尊重客人的风俗习惯、宗教信仰和隐私权。酒店的客人来自不同的国家和地区，各自有不同的生活习俗、宗教信仰和文化背景。例如，法国客人忌讳房内有黄菊花或纸扎的花，日本客人不喜欢房内有荷花，信奉基督教的客人每天做祈祷时反感服务员进房服务，信奉伊斯兰教的客人做礼拜时不能被打扰等。西方客人还忌讳"13"这个数字，不喜欢住进第13层楼或13号房间。客人的隐私指客人的生活秘密，包括私人信息、私人活动、私人空间等，如身高、身重、经济收入、私人电话、病史、两性生活、日记、通信、交友以及来当地的目的、客人之间的相互关系等。对上述种种要求服务员应予以充分尊重，不能歧视他们奇异的穿着，更不能嘲笑他们的举动。不然，就会引起客人反感，甚至愤怒而投诉。

使用尊称，不仅可以满足客人的自尊心理，还可以满足客人希望自己被接纳、受欢迎的欲望。称呼客人时，要称呼"先生""女士"，明确身份的要称为"太太"或"小姐"；对知道学位、职称、军衔、职位的客人要在"先生"之前冠以职衔；对大使和政府部长以上的贵宾，在官衔之后往往还加上"阁下"。

记住客人姓名是尊重客人的秘诀。随时使用名字去称呼客人，不仅让客人仿佛回到了家里或回到同事、朋友之中，感到特别亲切，而且加深了相互的情感，缩短了交往的心理距离。这样更便于服务工作进行，使客人有宾至如归的感觉。

【徒弟记忆】

尊重有生理缺陷和发生了严重过失的客人。一般有生理缺陷的人，往往对于他人对自己缺陷的反应很敏感，很注意别人对自己的评价和关注，所以自尊心和自卑感都很强。别人稍有怠慢，其感受要比一般正常人敏感得多。他们对嘲弄、冷落自己的人十分反感，甚至会采取报复行为。服务员见到有生理缺陷的客人，绝对禁止评头论足，私下议论。否则，不仅伤害了客人，也有损于自己的职业道德和人道主义精神。针对这些特殊的客人，服务员应细心、耐心地为其服务，处处为其提供方便。

【师傅提示】

有过失行为的客人，如损坏物品、烟头烧损地毯，一般自己都会有不安、内疚、失面子等心态，服务员首先要仔细检查，然后有礼貌地向客人指出过失之处，同时讲清酒店的制度。对于情节较严重的，应及时向有关部门汇报，然后再处理。不能当面指责客人，一味强调赔偿，更不能争吵，以免伤害客人的自尊心。这样做，一方面可显示酒店管理的严格，另一方面客人也得到了尊重。

接待好来访客人。不少华侨、港澳台同胞回国或回内地探亲住在酒店期间，会有很多国内的亲友到酒店探望。有时会有男女老少一大批人，还会有不少来自农村的亲友。对于这些来访客人，服务员都应当热情招呼，并礼貌地关照他们办好来访手续。一般应征得客人同意，才能带他们进入客人的房间。在来访的客人进入房间后，应当给来访者送茶，适当增加椅子，及时提供周到的服务，以示热烈欢迎。如果我们对来访的客人不尊重，会引起住店客人的反感，认为这是不尊重自己。

6. 提供超常服务

超常服务是指服务员向宾客提供细微的服务，或非一般性、例行性的服务。客房日常服务一般包括整理房间、洗衣、会客、会议、代办团队等服务内容。在大多数情况下，基本能满足客人的需要。但少数客人，在特定的情况下，会提出一些酒店尚未规定的服务项目，有些甚至是意想不到的服务内容。这就需要服务员向客人提供超常服务。

【师傅提示】

例如，客人生病，需要服务员及时联系医院就诊，并不辞劳苦地照顾客人。一旦客人发生意外伤害，更需服务员慷慨帮助。又如客人要寻找失散多年的亲人，需要服务员耗费许多休息时间千方百计帮助寻找。残疾客人行动不便，服务员需要提供多方面照顾。逢年过节时，要组织住店客人开展丰富多彩的活动，为过生日的客人送上一份小礼品。为住店女客人准备好美容用的黄瓜片……这些细微、特殊的服务超出了客房服务的内容，不是能用金钱就能衡量其价值高低的，但它更深刻地体现了宾客至上的服务精神，具有浓厚的人情味，更会使客人欢心。

三、客房服务营销心理策略

【师傅讲授】

客房的出租与提供相应服务是酒店工作的中心。然而，客房这种商品具有自己的特殊性，即它只是出租客房和提供劳务，而不发生事物转让。同时，客房价值周期只有24小时。它既无法保存，也无法升值。因此，如何提高客房出租率，就成为客房部工作的重点。下面介绍几种客房服务营销心理策略。

1. 网络营销策略

21世纪是高科技时代，信息网络将从更高的水准、更深的层次影响着人们的日常生活。利用信息网络进行客房预订和销售已经成为酒店业发展的必然趋势。大型酒店集团早在1965年7月就建立了自己的中央预订系统。中小型独立酒店也从20世纪90年代开始纷纷使用全球分销系统（Global Distribution System，GDS），我国大约17%的三星级以上酒店实现了GDS预订。首先，利用GDS预订，酒店可以综合运用各种多媒体手段，将自己的各种服务设施、设备通过GDS展现在宾客眼前，使远在世界各地的客人也能获得身临其境的感觉。其次，GDS的多媒体手段可以使酒店的无形服务变为有形，例如，酒店内部的环境气氛、礼貌周到服务等，便于客人在浏览网站时做出消费选择。再次，通过GDS与客人的活动连接，让客人用体验代替猜测和疑虑。这远远超过了一般的广告和宣传所产生的促销作用。

2. 个性化服务策略

个性化服务就是有针对性地满足不同客人合理的个别需求的服务。它包括超常服务、意外服务和心理服务。这几种服务又要根据不同类型的客人而采取不同的服务方法。

普通型。这类客人是酒店接待的主要对象。他们懂人情、讲礼貌，也要求得到物质和精神享受及高质量、高效率的服务，可按一般接待程序服务。

开放型。这类客人性格豪放，对任何事情无保留地形于言表，但并不轻易听别人的话，多见于欧美客人。他们一般比较富裕，所以服务时可尽量满足其需要。但和他们谈话要多听，不可随便答言。重要服务项目要在其情绪稳定时再谈。

急躁型。此类客人性情急躁，动作迅速，要求服务效率高，但生活马虎，以大中学生和年轻客人居多。为他们服务时，谈话要单刀直入、简明扼要，弄清要求后，要很快完成。否则，容易使他们急躁冒火，引起抱怨，影响服务效果。

健谈型。这种客人最喜欢聊天，天南海北，没完没了，似乎世界各地的事情他都知道。服务时不要追求好奇，听他海阔天空，避免和他长谈，但对于正确的意见和建议要耐心听取。

寡言型。这种客人平时言语不多，性格孤僻，但一般有主见。服务时一定要耐心听取他们的意见和要求，热情有礼，表示尊重，待明确其意思后，再按其要求保质保量地完成服务工作。照顾好这类客人，使他们对酒店服务质量留下深刻印象。回去以后，他们若向别人宣传，效果往往很好。

酗酒型。经常喝酒，每喝必醉，有的大吵大闹，有的乱吐乱扔，有的不省人事。在服务过程中，最好表现出不注意他，少和他交谈，也不要笑话他。发生醉酒时，要根据不同情况区别对待，并及时报告主管。如果损坏物品，弄脏地毯，要做好记录。有的要保护好现场，待其酒醒后再要求赔偿。

炫耀型。欧美一些国家多宣扬女权至上。一些女宾，特别是有身份、地位的女宾，多追求豪华、舒适的物质和精神享受。服务时要向她们提供高级客房和高档商品，包括各种美味佳肴。客房布置要富丽、雅致，要摆放鲜花和工艺美术品。服务过程中要特别注意讲究礼貌礼节，她们一般多与男人同行，在委托服务和客房用餐、购买商品时要求男人多征求她们的意见。她们外出活动多追求新奇和刺激。

社交型。这类客人常常出门在外，练就了一套应酬本领。平时交际多、见识广、善于辞令、老于世故。为他们服务时要特别注意，言谈举止要礼貌大方。平时不可和他们深谈，注意服务周到，以防发生意外。这类客人个个都是"小广播"。他们乐于谈论服务员的态度和服务水平。所以，如果给他们优良的服务印象，他们多是不需报酬的口碑，会出去宣传，提高酒店的声誉。相反，如果服务质量差，负面影响也大。因此，要特别注意服务的高质量、高效率、高水准。

排他型。这种客人不易和别人交往，个人观念很强，平时言语不多，但有主见，为了满足自己的需要，容易和别人发生矛盾。服务员最好不要和他闲谈，尽量按他们的要求完成接待服务。

3. 情感策略

情感有感染他人的心理效应。宾客既然把客房当成了自己的"家"，当然期望通过这个"家"感受到酒店对自己的一片深情厚谊。希尔顿酒店向每位住宿客人发送由总经理签名的致顾客卡。卡中写道："酒店是有感情的人的组织，不是赚钱的机器。这里是您的第二个家，是又一个驿站，希望您生活充实、快乐。祝福您一切顺利。"

"如果您将离开，那么祝福您一路平安。"这充满人情味的服务导语，能使远方来客备感温馨，与酒店的情感迅速拉近。在接待环节，可以采取对回头客实行优惠服务，例如，免收早餐费和服务费、赠送娱乐入场券等，还可以在大厅沙发上接待，边聊边办理住宿手续，以消除主客之间的心理距离。对落座大堂的客人，无论住店与否，都送上热毛巾和沏上一杯热茶。做"夜床"时，在床头柜放一块巧克力，结账时送客人小纪念品。客人生日赠送生日贺卡，组织客人参加由酒店主办的文化、游艺活动，如书法、棋类、球类、唱歌、节日联欢等活动，免费为送洗衣服客人熨领带，双人间用品分色配备等都是富有成效的感情交流活动。此外，为投诉客人设立热线电话、大堂副理每晚定时用电话问候住店客人并主动征询意见。天气变化时，服务员提醒客人外出多加衣服，对外出归房的客人问声"累不累"，与提早退房客人进行沟通并征求意见，等等。

4.价格策略

酒店服务的销售价格可根据市场需求状态分为淡季、平季和旺季。每季又分为上、中、下三个房价等级，使客房做到淡季不淡。对公务型房间可提供买三赠一，对团队和会议客人允许延迟退房，旺季对提前离店客人实行折扣价格，贵宾房客人享受餐饮娱乐、洗衣折扣，等等。

【徒弟记忆】

通过 GDS，酒店可以与每位上网的客人建立直接的联系。客人可以向酒店预先提出需求，酒店可以根据客人需求信息做出服务调整，以加深酒店与客人的情感交流，也为建立客户档案提供了第一手资料。

个性化服务就是有针对性地满足不同客人合理的个别需求的服务。

情感策略在客人心理上会引起一系列情感反应，效果非常好。

价格策略对客人的消费心理会产生积极影响。

【拓展应用】

（1）宾客还有哪些心理活动？

（2）你有过类似的经历吗？请与大家分享一下。

（3）酒店客房心理服务还应该注意什么？

项目二　客房服务实践操作

【企业标准】

客房服务与其他部门服务不同，是以"暗"的服务为主，在酒店中客房部就像客人的家，需要服务人员为其提供舒适、安全的环境。在本项目内容的学习中，要求掌握客房服务的特点及客人对客房服务的心理需求；并能根据客人的需求做好客房服务接待工作。

【师傅标准】

（1）客房服务在饭店接待中的重要地位。

（2）客人对客房服务的心理需求。

（3）客房服务心理策略。

【师徒互动】

一、客房服务技能

【师傅讲授】

（一）敲门服务标准

（1）服务员到房间提供服务时必须按规范敲门。

（2）敲门时应站立在门口适当位置，面对猫眼让客人能清楚地看到服务员。

（3）使用右手的食指与中指轻轻敲门三次，每次三下并自报身份，每一次敲门后要停留2~3秒静候反应，稍做等待后方可用房卡开门，确定未上安全链后，一边推门至三分之一，一边再报身份。

（4）确认没人后开启房门，如果房内有客人应征询客人意见才可提供服务。

（二）中式铺床标准

（1）理床：整理护垫、床垫位置，平整不移位，无毛发、无污渍。

（2）套枕头：四角饱满、外形平整挺括；枕芯不外漏；反面封口拉直铺平，整洁美观。

（3）铺床单：一次到位、正面朝上、中心线居中；四个角式样、角度一致，均匀紧密（外包直角，内含45度）；床头、床尾被单必须塞进床垫，紧密平整；床面平整、紧密；套被套时被子不可拖地；中心线居中；床面平整，床两侧及床尾被套下垂相等平整；被子折部分为45厘米、被子到头饱满、两边宽度一致；床尾两角对称、平整、美观。

（4）放枕头：与床两侧距离相等；枕头开口处与中间床头柜方向相反。

（5）整体效果：操作轻松、有节奏，没有跪床、跑床现象；整体平整、饱满，符合夜床服务标准（见图5-1）。

图5-1　中式铺床做夜床示范

【师傅提示】

（1）夜床服务的时间一般为 17：00~21：00。

（2）提供夜床服务前必须事先做好准备工作，在茶水车上备好工作日志本、报纸、茶具、烟缸、垃圾袋、抹布、备用布草、一次性用品、清洁桶等。

（3）必须按照进房程序进入每一个房间，关注客人动向，在客人外出时提供夜床服务。

（4）房间的窗帘必须充分拉闭合，不可有透光现象。

（5）房间只留床头灯、卫生间灯，其余灯全部关闭。

（6）客人衣物凌乱，应帮助客人折叠并摆放整齐。

（7）早餐牌放于床头柜处，晚安字样要朝外，天气预报放于便签本上，报纸摆放在欢迎夹上。

（8）床的反折部分打角标准为 45 度等腰直角形，反折角于床上一侧，直角边与被子中线重合，折角平整、自然下垂。

（9）地巾摆放于折角一侧，地巾靠床头边与被子反折 45 厘米边（靠近床头一侧）齐平。

（10）拖鞋摆放于地巾中间，便于使用。

（11）夏天时必须插上电蚊香器。

（12）卫生间地巾摆放于浴缸及淋浴房前，铺设平整。

（13）客人使用过的杯具必须帮客人更换，烟缸、垃圾桶必须清空，房间与卫生间清扫干净并确保无毛发、无灰尘、无污渍。

（14）所有物品整理整齐、宾客用品添补齐全。

（15）卫生间门打开 30 度角。

（16）工作结束必须在工作日志上做好记录。

（三）房间清扫工作程序

（1）按进房程序敲门、通报、确认无客人时进入房间开始打扫，如有客人应征求客人意见是否需要立即打扫；

（2）将工作车推至房门口，使车子紧靠房门，保持走廊畅通，打扫时要把门开着。

（3）拉开窗帘，开窗通风，关闭所有多余的灯以免浪费。

（4）取出所有垃圾，先把烟缸脏物倒入垃圾桶，再将垃圾袋取出丢入工作车上的黑垃圾袋内，不得将有水的垃圾袋、未熄灭的烟头直接丢弃，不得将烟头、茶叶等倒入马桶内。

（5）逐条撤出脏床单，撤时注意里面是否有东西，收下后不要放在地上，应放在工作车的布草袋里，同时带入相应数量的干净布草以便铺床。

（6）按规范进行铺床，注意布草不能有污渍和破损，先整理床护垫，铺床单时要求中心线居中，四角一致、均匀紧密、床头与床尾及两侧塞边紧而平，被套铺时要平整，反折部分标准为45厘米，枕头饱满摆放，两侧距离相等，开口反向床头柜。

（7）楼层服务员负责更换茶具。

（8）从房门开始，顺时针方向或逆时针方向抹房间浮灰，从上到下，从左到右，注意要干湿布分开使用。

（9）按规定补充房内物品，摆放要求符合规范。

（四）卫生间清扫工作程序

（1）打开照明灯，进入卫生间。

（2）恭桶冲水。

（3）取走用过的脏布件，放入清洁车布袋中。

（4）取走所有垃圾，冲洗垃圾桶。

（5）将清洁桶带到卫生间，先用清洁剂倒入脸盆、恭桶、浴缸上，然后用专用刷子刷洗脸盆、浴缸、马桶，冲洗干净并用专用布擦干；检查水龙头的冷热水情况和出水情况等。

（6）擦净镜面。

（7）擦净各种金属器皿、插座、电话机、墙面及所有配备的物品等。

（8）补充物品，按规定摆放好布草及客用品。

（9）擦净地面。

（10）环视一遍，确保无遗漏后关灯，并将卫生间门虚掩至30度角。

（五）房间擦尘程序

（1）房间擦尘需按顺时针或逆时针的方式进行，避免房间有擦漏掉的地方。

（2）擦拭家具须依家具的类别决定用干抹布或湿抹布擦净，且应注意时常清洁或更换抹布。

（3）擦拭门框上、下、里、外，擦拭门板前后、上下、左右，注意房号数字是否脱落，门前油漆是否裂开或脱落，检查门后紧急指示牌及猫眼是否固定。

（4）冰箱内外，上下及污处刷洗干净，检查冰箱内部冷度是否正常，是否符合酒店的标准，检查冷冻层是否除霜且运转正常。

（5）衣柜内逐个擦拭衣架、隔层，检查物品是否有补充，检查保险箱是否有遗留物品，擦拭外壳，检查浴袍口袋干净与否，关闭柜门后抛亮柜面镜子。

（6）按照由内而外、由上而下的方式擦拭行李柜，接着擦拭行李柜抽屉。

（7）擦拭书桌及抽屉，用干抹布擦拭电视，玻璃屏幕用柔软的净布按照先擦四角再擦中间的打圈的方式。

图 5-2　标准客房布置图

（8）用湿布擦拭窗台及窗户玻璃，再用干布擦干。

（9）逐个将柜面上的物品拿起抹尘，并擦净床头柜面后再将物品还原。

（10）擦拭柜子的两侧，开关面板并检查房内所有灯光是否正常，擦拭柜子抽屉按照先四角再中间的顺序，检查手电筒是否可用，擦拭电话簿。

（11）用干抹布擦亮台灯，擦拭完毕后由上往下检查灯泡及灯罩支架是否擦净。

（12）用干抹布擦亮擦拭壁画四周。

（六）房间铺床程序

（1）铺床前检查：床架与床褥是否吻合，床裙是否摆放好，护垫是否放平、卷角、干净等。

（2）站在床尾抛床单：A.将床拉出。B.床单正面朝上，不偏离中心线，一次到位，平铺在床上。C.将床单拉至床头下约30厘米，将床单塞入床褥与床架中间夹缝，两边包角90度，然后绕至床尾重复刚才动作，将床复位。D.力求床单四角一直均匀、紧密，两侧及床头、床尾塞进床垫部分均匀、对称、平整、无褶皱。

（3）先套枕头：将枕袋抖开放于床上，将枕头对折放在枕袋口对角塞进去，用力抖一下枕袋，将枕头抖平，然后放于沙发或椅子上面，站在床尾套被套：A.将被套抖开，要求靠口方向朝床尾。B.抓住被角，一次将被芯套入被套。C.将棉被均匀抖开，在床尾将棉被定位离地面约25厘米，棉被两边距离保持一致，并自然垂直。D.绕至床头将棉被拉平。E.棉被反折约45厘米。

（4）将枕头摆放在床头中间位置，与棉被折边处留出约5厘米，要求：枕头对口整齐，枕袋边平整无折角。

（5）床面保持平整，没有褶皱，中线对齐。

（6）最后，将铺就的床用小腿测步或蹲下以手轻推床的尾部，将床推移至床头板处，注意床与床板须吻合。

（七）开门服务规范

服务员接到客人的开门服务电话后，应问清房间登记的客人姓名，然后及时为客人提供开门服务。以下是开门服务常遇到的几种情况，应注意处理方式和用语规范：

1. 第一种情况：客人有房卡

（1）语言规范"您好，先生／小姐，对不起让您久等了，请出示一下您的房卡好吗？"当客人将房卡给服务员后，服务员应将房卡在房门上试一下是否能打开房门，如果可以，说明客人不会使用酒店的房卡，服务员应向客人示范房卡的使用方法。

（2）如果客人的房卡无法打开房门，服务员应问清客人的全名。语言规范，如"您好，先生（或小姐），您的房卡不能打开房门，您可以告诉我您的全名吗？谢谢"。如与登记的姓名相符，说明客人的房卡可能过了有效期，请客人有空去总台办理续住手续。语言规范，如"××先生（或小姐），您的房卡已过了有效期，请您抽空到总台办一下续住手续好吗？"服务员可帮助客人开门，让客人进房休息；如果客人的房卡无法打开房门，服务员应问清客人的全名，如与登记的姓名不符，说明客人有可能走错楼层了，服务员要马上让总台查看客人到底是住哪个房间然后告知客人。语言规范，如"对不起，您提供的姓名与总台登记的不符，您可能走错楼层了，需要我去帮您查一下您所住的房间号码吗？请您稍等""对不起，让您久等了，您住的房间是××××"

2. 第二种情况：客人无房卡

（1）语言规范，如"您好，先生（或小姐），对不起，让您久等了，请出示一下您的房卡好吗？"如客人没有房卡时，询问客人的全名，语言规范"我能知道您的全名吗？"如客人提供的姓名相符时帮客人开启房门。

（2）如是客人的朋友要求开门，应婉言拒绝客人，语言规范，如"真是对不起，我们必须得到客人的同意才可以为您开门"；如果客人还是执意要开门时服务员应问清客人的全名和开房人的姓名，语言规范"我能知道您与您朋友的姓名吗？谢谢，请稍等，我需要让总台与您的朋友联系后才可为您开门"。如未征得客人的同意则回答客人"真是对不起，没有征得您朋友的同意，现在不方便为您开门"。

（八）住客房清扫规范

住客房的清扫整理，一般在客人外出时进行，如果客人整天不出门，就要根据客人的方便，抽空打扫，也可根据上级指示或有关部门特别安排，决定何时清扫，对于常住房客人，应征得他们的意见，定时打扫。

（1）按照进房程序进房，房间有人时，等到客人同意方可进房打扫，门开后应礼貌地说"对不起，打扰了，我是客房服务员，请问现在方便为您整理房间吗？"

（2）将工作车停靠在房门口，房门要一直敞开。

（3）将客人的文件、杂志、书报稍加整理，但不要移动位置，更不准翻看。

（4）除放在垃圾桶内的物品，即使是放在地上的东西也只能替客人简单整理，千万不能自行处理。

（5）客人放在床上或搭在椅子上的衣物，如不整齐，要挂在衣柜里或帮客人折叠好，睡衣、内衣也要挂好或叠放在床上。

（6）客人用的化妆品，稍加收拾，但不要随便移动位置，即使化妆品用完了，也不能将空瓶或纸箱扔掉（客人自己的牙刷、牙膏要整理，不要自行处理掉）。

（7）要特别注意，尽量不触动客人的物品，更不要随意触摸客人的照相机、计算器、笔记本和钱包之类的物品。

（8）打扫住客房的卫生间用品的配备情况：牙具、剃须刀等两天换一次，客人用过后不丢弃、不配新的，浴帽、润肤露、香皂、梳子、拖鞋用完再配，以此做好客房的降本节资工作。

（9）清扫如遇客人中途回房，应主动向客人问好，确认客人身份后征求客人意见——是否继续打扫，如客人同意应迅速清洁好房间，离开时应礼貌道别："对不起，打扰了！"然后退出，轻关房门。

（10）客房一旦售出，客人有绝对的隐私权和使用权，为表示对客人的尊重和避免无端的误会，清扫过程中如电话响起也不应接听。

（11）服务员在清扫客房时应谨慎小心，不应移动更不能损坏客人物品，必要时注意轻拿轻放，在清扫完毕后仍将物品放回原位；如不慎损坏客人物品应马上向主管汇报，并主动向客人赔礼道歉；如是贵重物品，应由主管陪同前往，征询客人意见，如客人要求赔偿应根据情况由客房部赔偿。

（12）注意客人的习惯、爱好，并及时做好相关信息反馈，以便做好客史档案。

（13）每间住客房的整理时间应控制在 25~30 分钟，并不得在房间看电视、听音乐。

（14）房间整理完毕，离开房间时，如客人不在房间要关闭电源，锁好门；如客人在房间，要礼貌地向客人表示道歉，然后退出房间，轻轻关上房门。

（15）将相关情况记录在楼层领班查房本上。

【徒弟操作】

掌握基本的操作技巧，并实际模拟操作。

二、客房服务心理实践操作

【师傅讲授】

（一）搞好客房环境布置，配备优良设施

我国传统的室内设计很有特色，依靠家具、茶几、屏风、帷幕、帘幔等装饰与陈

设，将室内环境布置得丰富而有变化，优雅而又含蓄，形成我国独有的情调和气氛。为保证客人对客房环境和设施使用的方便，突出酒店的特色，服务设施是客房服务的物质基础，客房优质服务是以设施质量为依托的，俗话说：巧妇难为无米之炊，没有规格化的服务设施，提供优质服务就是一句空话，为保证为客人提供的服务，要做到以下几个方面：

1. 设施设备必须齐全

饭店客房属于高级消费场所，设施设备必须和饭店的等级规格相适应，从服务设施规格化的要求来看是基本相同的、设施内容很多，但是我们要做到设施设备齐全，适应客人多方面的需求。

2. 设施设备质量必须优良

饭店客房设施和设备就数量而言基本相同，但就质量而言，则因饭店等级规格不同而区别较大。设施设备质量优善的具体要求是：造型美观、质地优良、风格样式色彩统一配套，注意各种等级、各种房间的同一种服务设施保持一致，不能给客人东拼西凑的感觉，并以此反映客房的等级、规格。

3. 设施组合必须得当

客房的服务设施和设备大多是可以转动和变更的，设施组合是指各种服务设施配备齐全后，将它们组合成一个整体，使之形成建构图形，给客人以美感和使用方便的感觉。科学的设施组合要根据客房的面积大小、朝向、空间维护的具体结构而定。在总体设计的基础上，安排同一等级、面积和结构，客房的各种服务设施必须位置固定，各种设备之间必须保持适当的距离和通道，靠墙的床头柜、办公桌、写字台等，必须留出10厘米的距离，防止清扫卫生时擦脏墙面，各种设施的位置一经固定，形成的空间构图形象就不能随便移动。

4. 各种设施设备必须始终保持完好

客房设施设备是直接供个人使用的，设施完好率是提供规格化服务、标准服务的基本要求，因此平时必须注重加强保养，如有损坏要及时维修，服务员和管理人员每天加强检查，保证较高的设施设备完好率。

（二）服务态度优良化

服务态度是服务人员思想觉悟、服务意识和业务素质高低的集中表现，是优质服务的基本要求，根据客房服务特点和我国饭店业的长期经验，要提供规范化的服务，重点应该做到：主动、热情、礼貌、周到、耐心，具体来说表现在如下方面：

1. 主动

主动就是服务在客人开口之前，这是客房服务人员服务意识强烈的集中表现，主动迎送、主动问好、主动与客人打招呼、主动介绍服务项目、主动递送和保管钥匙、主动叫电梯、主动代客服务、主动引路让路、主动照顾老弱病残客人、主动征求本人意见。

例如，河南省有家饭店，在一个下着秋雨的半夜，一位住在2楼的客人突然呻吟不止，正在值班的饭店经理和服务人员闻讯后急忙送客人上医院，一连几天端茶送饭，直到客人痊愈，使宾客感动得热泪盈眶。

2. 热情

在客房服务过程中服务员要精神饱满，面带笑容，语言亲切，态度和蔼，举止大方，不卑不亢，乐于助人，不辞辛苦，为住客排忧解难，热情是服务态度的本质表现，是取悦客人的关键，不仅是服务人员的事，也是管理人员的事。例如，世界上最豪华的法国巴黎新花园饭店，每位客人入住时，都会收到一瓶香槟酒、一束玫瑰花和一封问候信，旅馆的经理还亲自来看望，这家宾馆不是以天数计值，而是以每小时145英镑收费，但仍然天天客满。

20世纪90年代末，受亚洲金融危机的影响．位于曼谷的香格里拉饭店，尽管是该地区最豪华的饭店，但营业状况依然非常严峻，在饭店的俱乐部服务的员工数量明显减少，员工们不得不加班加点来解决裁员所带来的人手短缺的问题，其中的一位员工在极度繁忙的情况下，抽出时间悉心照顾一位因患感冒而发烧的客人，他坚持每天将热汤端到客人的房间里，他说早晨喝了汤对客人尽快康复是很有好处的。每天早晨他总是为这位客人送去一份不同的热汤，直到这位客人恢复健康。由于有这种无微不至的关怀和照顾，宾客每天都受到感动，在香格里拉饭店度过了一段美好的时光。

3. 礼貌

客房服务人员要有礼貌礼节，例如，要佩戴饭店规定的名章，切勿打扮得比客人更高贵，在清扫房间和送物品到客房之前，要养成先想一想这位客人会处于什么状态（会客、睡觉还是洗澡）的良好习惯，使自己在心理上有所准备；要注意房门上是否会有"请勿打扰"的牌子；敲门时要一连轻敲三下，两次敲门之间至少间隔5秒，未经许可不要贸然入内；未敲门时从门缝往里看或发现客人用错房内设备时，还加以嘲笑等，都是对客人不礼貌的表现。

4. 耐心

工作繁忙时不急躁，对爱挑剔的客人不厌烦，对老弱病残客人照顾得细致周到，客人有意见时耐心听取，耐心处理投诉，客人表扬时不骄傲自满。

5. 周到

服务周到是赢得客人积极评价的有效途径之一，准确转达留言，按时叫醒客人，提供针线包、信笺、信封、墨水、圆珠笔、电话号码、预备电视节目单、就寝前开夜床等，都是服务周到的具体表现。现在不少酒店都准备了雨伞，并专设借伞处，以供旅客雨天之需，这算是周到服务的一例。但有的饭店不仅如此，若遇雨天服务人员在大门口迎候归来的客人，每人发一个塑料伞套，把收拢的雨伞装进套里，锁在一个类似圆形衣架的旋转架上，然后取下钥匙交给持伞人。除伞套外，还有鞋套，也是用塑料薄膜制成。进大门躬身一套，出大门随手一脱，简便得很。这两种套一用，避免了旅客把

水淋淋的雨伞提进客房，途中一路滴水，旅客鞋底的污物也不至于玷污走廊和房间的地毯。

饭店服务员在收拾酒店客房时，发现客人的湿衣服放在卫生间，于是主动将湿衣服拿出去晾晒，客人回来后发现衣服不见了，经寻找得知是服务员帮助做了好事，非常感动。饭店和服务员并不停留于这一层次，他们不断改进服务。为了使客人回来不致为寻找"失物"着急，帮助客人晾晒衣物时，在桌上放一张留言条"您的湿衣服，服务员拿出去晒了"。这种周到的服务给客人带来的心理感受是可想而知的。

（三）服务操作系列化

优质服务是以客人的来、住、走的活动规律为主线的，上面所说的主动、热情、礼貌、周到、耐心体现在客房服务的各个方面，为了满足宾客在客房的主要心理需要、提高客房服务质量，服务人员还要将操作形成系列，按以下八个字要求的心理策略努力。

1. 迎

迎客服务是客房接待服务工作的首要环节，热情大方、主动迎接既是对客人礼貌和敬意的表现，又是给客人留下良好印象的重要条件。例如，当客房部得到前台关于客情的预报时，应及时认真地检查准备接客的房间是否按照规定的标准及规格清扫、布置及配备用品的情况，检查所有的机器开关、抽屉、水管、喷头等是否完整无损，便于使用。

2. 问

对客人关心爱护，问寒问暖，像对待自己的亲人一般主动向客人问好，关心他们的生活、起居，身体状况，生活感受。对早起见面的客人要主动问好，这会使其非常高兴。寝室开灯做夜床也是一种"问"；每当傍晚，服务员即将客人所需住的床铺，上部的床单和毛毯掀开45度角，打开床头灯，以便客人就寝。这样就可以创造一种友好的气氛，使客人感到服务员已经向他道过晚安，已经向他致以亲切的问候了。

3. 勤

勤是客房服务人员事业心和责任感的重要体现：手勤，即及时准确地完成工作任务；眼勤，即努力观察客人的需求反应，有针对性地为宾客提供随机性服务；嘴勤，即主动招呼客人，主动询问需求，切不可遇到客人不言不语，低头而过；腿勤，即行动敏捷，不怕麻烦，提高服务效率。客房管理人员在做到以上四勤的基础上，还要求做到五勤：勤检查、勤巡视、勤观察、勤指导、勤补充。这样就会不至于造成服务工作的疏漏，就会给客人留下美好的印象。

4. 洁

整齐清洁是评价客房服务质量的起码标准。由于客房是通过反复出租来实现其价值的，所以保持清洁、严格卫生是十分重要的。客房服务人员要严格按饭店规定进行清扫、整理，做到窗明几净，地面、墙壁无灰尘，无污垢；菜具、用具、餐具以及马桶要严格消毒；床单、枕套、手巾、面巾、浴巾、脚垫巾每日更换。每次整理客房、卫生间、会客室、书房后都要做到清洁整齐，努力保证各种设施用品清洁、美观、舒适，每天都不能留下客人消费过的痕迹，这样，客人求卫生的心理需求就能得到极大的满足。

5. 静

静的要求是使客人休息好，要严格控制各种设备发出的机械噪声，如浴缸放水的声音、空调机的声音、窗帘启合的声音。要消灭四害，尽力排除蚊、蝇、老鼠等飞蹿客房的可能性。服务人员在打扫卫生、准备用具时要做到"三轻"，随时保持客房、楼道、工作间有一个肃静的气氛。客房服务人员都是年轻人，性格活泼好动，要做到以上要求，就必须努力加强职业训练，形成条件反射的"动力定型"也就非常自如了。

6. 灵

客房服务人员必须具有较强的应变能力，随时根据个人的心理特征与特殊爱好，采用灵活多样的服务方法。当初，为提高我国饭店服务水平，我们引进了国外先进的管理技术，同时也引进了规范化的服务，这为我国饭店业的服务水平尽快走上正轨起到了强化的作用，但是服务的对象毕竟是千差万别的活生生的人，而规范却是简单的，甚至是单一的，因此在规范化服务的前提下，一定不可忽视灵活多样的服务方法。

一个夏日的上午，一位美国女士来到巴黎希尔顿饭店，预订了一个豪华套间，办好手续后，便到室内观光去了。在美国女士离开之前，饭店经理注意到，这位女士穿戴极有个性；她身上穿的衣服、手上拎的包、头上戴的帽子，都是鲜红色，足见这位女士对红色特别偏爱。饭店经理灵机一动，马上召集服务小姐，让她们以最快的速度重新布置那位女士预定的豪华套间，将整个套间的地毯、壁毯、灯罩、床罩、沙发、窗帘等全换成美国女士衣着的那种鲜红色。晚上，美国女士观光回来，推开自己预订的套间的门，惊奇地发现整个套间的色调竟然都是自己喜欢的鲜红色，顿觉温馨无比，异常欣慰。第二天，美国女士面带微笑地交给服务人员一张支票，并表示以后再来巴黎，一定还住希尔顿饭店。

7. 听

"眼观六路，耳听八方"是服务人员的基本职业素质要求，客房服务人员要随时留心观察客人的情况，征求客人意见，随时发现服务过程中的不足和问题，一经发现就及时进行改进和弥补。

有一次澳中关系委员会主席罗伯小姐率团参观嘉峪关城楼，一位女团员不慎摔伤，而旅行团既不能久留，伤员又不能随行。宾馆经理听说后，诚恳地要求旅行团将伤员留下来养伤，同伴们还担心她留下来不方便。然而，在她留下来的那段时间里，服务员一日三餐送饭到房间，按时送她去医院治疗，还安排好就近参观，使她过得十分愉快。还有位客人，睡觉喜欢高枕头，但又不愿意麻烦服务员，只是在交谈中无意间流露出来，第二天下午，他的床上就多了一个枕头。

8. 送

送别客人，善始善终，让客人带走美好的回忆，下次还想再来。这项工作做好了，

既可弥补客人住宿期间的某些服务工作的不足，减少个人不愉快的心理，又可以提高客房服务质量和声誉。送客服务的内容有两个方面：一是客人离别前的准备工作；二是客人离别时的送别工作。在得知客人离店日期后，客房服务员要仔细检查该客人所委托代办的项目是否已经办妥，代办项目的费用是否已收妥，费用的账单是否都已转至前台收银处。对清晨离店的客人应提醒总机可提供叫醒服务，询问客人还需什么帮助；送别客人时，协助行李员搬运客人的行李，主动热情地送客人至楼梯口，代为按下电梯按钮，以敬语向客人告别。客人离店后，客房服务员应迅速入房仔细检查，如发现个人有遗忘物品，应立即派人追送。这项工作如做得好，会给客人带来极好的心理感受，会给饭店带来极大的社会影响。

　　香港有一位李先生，曾到深圳买卖房地产，离开他下榻的饭店时，竟忘拿余下的一笔巨款，服务员在清理房间时发现了，立即交给经理，经过不少周折，最后终于送到了这位李先生手中，李先生拿到失而复得的钱时，激动得一句话也说不出来，急急忙忙用颤抖的手从口袋里掏出几粒救心丸，连开水也不喝就吞了下去，并给深圳市市长写信，称赞拾金不昧的服务员是"特区人的美德，民族的骄傲"。

（四）及时、周到地清理客房

　　宾客住宿期间，服务员必须经常保持客房卧室和卫生间的整洁，并事先了解宾客的情况，然后根据饭店的档次和宾客接待规格进行清洁工作。服务人员进入客房以前尽量替宾客着想，不要因清洁工作而干扰宾客的生活习惯和休息，要询问宾客是否可以做清洁工作，或是什么时候来做清洁工作。在工作时必须严格按照一定的程序和规范，首先要整理床铺，这样客人一进房间就能显得较为整洁。清理卫生间也是很重要的，卫生间的浴缸、浴帘、墙壁、洗脸台、抽水马桶和地面，都要进行清理、擦洗、特别是洗脸盆、抽水马桶更要严格消毒，并用写上"已消毒请放心使用"字样的封条。服务员要全面细致地做好清洁工作，及时更换客房卫生间的用品，经常检查设备的完好情况，坏了要及时通知有关部门修理，让宾客始终有温度适宜、空气流通、设备完好的安静环境。例如，我们有一个旅游代表团到国外考察，住在一间现代化的高级饭店里，代表团的一位成员想检查一下客房卫生工作做的是否真的彻底，在外出之前故意在墙上放一根火柴棍，在浴缸边放上一根头发，等他外出回来一看，火柴棍和头发都不见了，可见他们十分注意搞好卫生，我们也应当有这种一丝不苟的精神。应严格按照操作规程，认真搞好客房的卫生，特别是与个人接触的用品，保证客人放心使用房间里的一切设备。

（五）保证客人的安全

　　服务员应当提高警惕，要配合保安人员防止不法分子进入客房偷窃客人的用品，在收拾房间时不能乱动客人的物品，除丢在废纸篓里边的东西，千万不能随便扔了客人的东西，以免误会。在发现客人喝醉酒时，必须要采取合理措施，不能将其关进房间里，否则如果客人在不太清醒的状态下躺在了盛满水的浴缸里，就有可能出现生命危险。当发现有病人时，一定不要随便用药，应联系和请示上级，送客人到饭店附近的医院诊治。在出现火灾等突发事件时，一定要先为客人着想，想办法送客人到安全的地方，保证客人的生命安全，饭店人员不能随便向外人泄露客人的情况，以免发生意外，我国总理访问英国期间，曾住在伦敦的饭店，当记者问及饭店经理我国总理早、午、晚餐吃些什么东西，起居生活如何时，饭店经理道歉地说："对不起，凡是客人的事情，我们都不能向外人说。"

客人要取遗留物：1994年夏天的某个下午，上海某旅游机构研究所的刘先生与一位同事，因组织一个全国性会议，入住山西太原一家大酒店，由于代表报到踊跃，报名人数一再突破，使本已排满的客房压力骤增，于是几位会务人员决定采取紧缩措施，一起搬出各自的标准房间，挤进一间套房凑合。由于那晚刘先生搬迁匆忙，把一双洗净的袜子遗留在客房卫生间里，第二天想起后便直奔房间去取，正好房客不在，这样他就只好请服务员帮忙了，当然他知道现在他已失去该房主人的身份，要取遗物并不那么简单，不过东西还是要取的，顺便也想体验一下服务员是如何处理这个特例的。他找到楼层服务员，请他打开房间，取出东西。只见服务员和颜悦色地点了点头，随即请他出示住房卡，刘先生连忙向服务员解释了原委，说明自己是昨天曾入住的会务组工作人员，服务员表示知道这件事，接着问清他要去取的是晾在浴巾架上的一双灰色丝袜后，便爽快地把他领到房间门口，打开房门后，刘先生试着想进那间房，立即被服务员礼貌地制止，请他在门外等候，接着她进房转进卫生间很快手拿一双灰色袜子出来，问他是不是这一双，刘先生一边称是，一边连声感谢。那位服务员将袜子交到刘先生手里后，只平静地说了声"不用谢"，随即出来关上门，道别后往服务台去了。

（六）尊重客人

为满足客人求尊重的心理，在为客人提供服务时着重强调以下几个问题：

（1）对客人要使用敬语。使用礼貌用语对客人，要称呼"先生""太太""小姐"，对知道学位、军衔、职位的客人要在先生之前冠以职衔，比如，"博士先生""上校先生""经理先生"等。当客人从前台到客房时，服务员应在楼梯电梯口迎接，并微笑地问好，表示欢迎，这样做既可以满足客人求尊重的需求，也可以满足他们希望得到容纳，希望受欢迎的社会交际需求。一般客人对服务人员的热情欢迎都会十分高兴，同样在迎面碰到客人时，要主动向客人问好，客人要乘坐电梯时，服务员应帮忙按电梯。

（2）表示对客人的尊敬之意，还要记住客人的名字，并随时使用名字称呼他们。我们都有这样的体会，一个人被别人经常叫名字的机会多数是在家中，在学校班级里的同学中，在工作单位的同事中，也就是在自己熟悉的环境之中，如果在异国他乡陌生的环境能听到别人称呼自己的名字，就会感到格外亲切，使人产生在家里、在老朋友和同事

之中的感觉。所以，服务人员要努力记住每个客人的名字，经常使用客人的名字和职称称呼他，客人是非常高兴的，这也是尊重他们的一种表现。世界上的一流饭店一般都要求每位服务人员努力记住客人的名字，并随时称呼。

在美国的五星级斯坦福饭店里，当宾客踏进饭店，迎接员立即说道："布朗先生，欢迎您到我们饭店，我带您去办理入住手续。"然后把客人介绍给前台服务员，前台服务员马上热情地说："欢迎您，布朗先生，请填写这张单子。"前台服务员把客人介绍给行李员："请带布朗先生到房间吧。""请允许我帮你提箱子吧，布朗先生。"服务员多次亲切地称布朗的名字，使布朗先生初来乍到的陌生感一扫而光，好像依旧生活在亲友之间。许多宾客说没有比听到称呼自己的名字更觉亲切的了。

（七）尊重客人对房间的使用权

宾客一般都这样认为的，房间是我花钱订的，在住宿期间，我对房间有使用权，我是房间的主人，房间就是我的家。如果谁要进房间应当得到我的允许。但是一些服务人员没有重视客人这方面的心理需求，他们认为自己是工作人员，是管理这些房间的，用不着谁允许，开门进去就可以了，所以有些服务人员没有打任何招呼就推门进房做事，这使客人十分恼火。北京某饭店开业后，英国金融时报刊登了一篇报道赞扬该饭店的服务员尊重个人对房间的使用权，深受客人的欢迎。同时还尖锐地指出我国的其他一些饭店的客房服务员经常在极不合时宜的时刻，不打招呼就闯进客人的房间，他们认为这是荒唐的做法。可见尊重客人对房间的使用权是十分重要的，服务员无论做什么事，要进房间都应当用手指在门上敲三下，两次敲门之间至少得间隔5秒。同时，客房服务员要尊重客人的喜好、生活习惯和习俗。客人的生活习惯、民族、职业、年龄和身份是各不相同的，我们应尊重客人的生活习惯。例如，新婚的客人要安排在干扰少、安静的"蜜月房间"，团体客人安排在同一楼层；妇女安排在布置漂亮的客房。

（八）加强超常服务，提供延伸服务

宾客对房间的一般功能性服务的提供，往往不屑一顾，反应不热烈，他们认为这是饭店客房应该提供的最基本的服务，但是他们对服务人员提供的超常服务及延伸服务却十分赞赏，因为超常的延伸服务是给宾客在核心服务和支持核心服务的促进性服务的基础上提供的一种额外超值服务。它超出了一般饭店客房功能服务的范畴，增加了核心服务的价值，使本饭店的服务产品区别于其他饭店，并且新颖独特，给宾客带来了超值的心理享受。

【师傅提示】

例如，客房提供用餐服务，客房酒吧服务，洗衣、熨衣、擦皮鞋服务，小孩及宠物照看服务，商务秘书、客房健身服务等，再如前面提到的服务人员主动、热情、亲

切耐心的情感服务，细致、周到的细微服务，如准确传达留言，按时叫醒客人，除提供针线包、信笺、墨水、电话号码、电视节目单以外，注意寝前开灯，掩床角等细小服务，雨天设有"借伞处"，发鞋套等，这些看似是小事却在细微之中见真情，真正体现了服务至上，宾客第一的原则。这使客房服务的范围不断扩大，从满足客人的基本需要发展到满足客人的多种需求，超过心理需求给客人带来意外的惊喜和充分的心理满足。

另外，延伸服务的另一方面来源于"静态接待服务"。众所周知的所谓客房"接待产品"如小块肥皂、恰如其分地摆在床头的小块巧克力，以及矿泉水、多泡浴液、洗发液、牙膏、擦鞋机、小盒火柴、茶叶、沐浴帽等日常用品。这些微小"接待产品"向每一位客人提供了日常生活必需的一些用品，增加了客房的舒适度，同时为客人居住生活提供了方便，使他们更舒心。它们可能使宾客高兴，在客人心目中甚至会因此冲淡和弥补客房服务某种项目的不足，树立饭店良好的形象。饭店的经营管理者也能重视加强超常服务，提供延伸服务，从而更能取得良好的成效。

【师傅指导】

饭店的总经理可向客人赠送生日卡、节日贺卡、鲜花礼品等超常服务。这方面已有成功的先例，世界最豪华的法国巴黎花园饭店的每位客人，进驻时都会收到一瓶香槟、一束鲜花、一封问候欢迎信，饭店的经理还亲自来客房看望。

三、酒店客房服务质量管理

我们在了解了客房服务心理和服务策略的基础之上，还应该了解作为一个酒店如何才能较好地控制饭店客房的服务质量。饭店客房服务质量的控制包括两方面的要素：一是技术性质量；二是功能性质量。

【师傅讲授】

（一）技术性质量

所谓技术性质量，是指饭店服务生产过程的结果，也称其为结果质量，结果质量是顾客在饭店服务过程结束后的"所得"，通常包括饭店服务设备、服务项目和服务环境这些构成了饭店服务质量的基本要素。

1.服务设备

饭店的服务设备是饭店赖以存在的基础，是饭店提供服务的依托，是饭店服务质量的重要内容，饭店是利用服务设施来为客人提供服务的，因此设施设备质量是服务质量的基础和重要组成部分。服务设施质量的实质一是设施设备的舒适程度，这是影响饭店提高服务质量的重要方面，饭店设施设备舒适程度的高低一方面取决于设施设备的配

置，另一方面取决于对设施和设备的维修保养。因此必须加强管理，确保设施设备的舒适才能为提高服务质量提供物质基础。二是设施设备的完好程度，这直接影响到服务质量。例如，客房马桶堵塞、空调失灵、电器损坏等，即使服务态度较好，提高服务质量也是一句空话；同样，餐厅服务员尽管笑脸相迎，但总是断水断电，桌椅残破，提高服务质量也是不可能的。所以随时保持设施设备完好率、保证各种设施设备正常运转、充分发挥设备设施效能是提高饭店服务质量的重要组成部分。

2. 服务项目

饭店服务项目大体上可以分为两大类：一类是基本服务项目，也就是在服务指南中明确规定的对每个顾客几乎都要发生作用的那些服务项目；另一类是附加服务项目，是只有客人及时提出不是每个客人必需的服务项目，服务项目反映了饭店的功能和为顾客着想的程度。因此，饭店服务质量管理必须结合各个服务项目的特点，认真研究服务方式，例如，客房预订方式、接待方式、餐厅销售方式等。

3. 服务环境

饭店的环境氛围是由饭店的装饰、环境、卫生及美化、服务设施的布局、灯光、音响、室内温度的适宜程度等。良好的服务环境能够给顾客提供舒适方便的食宿条件，在满足顾客物质方面需求的同时又满足他们精神享受的需要，对良好的服务环境的基本要求是整洁、美观、有序和安全。

（二）功能性质量

功能性质量是指宾客接受服务的方式及其在服务生产和服务消费过程中的体验，也称其为过程质量。过程质量说明的是饭店服务提供者是如何工作的，通常包括员工服务态度、服务效率、服务程序与服务技巧等，这些构成了饭店服务质量的主要部分。

1. 服务态度

服务态度是提高服务质量的基础，它取决于服务员的主动性、积极性和创造精神，取决于服务人员的素质、职业道德和对本职工作的热爱程度。在饭店服务实践中，良好的服务态度表现为热情服务、主动服务、周到服务和细致服务。

2. 服务效率

服务效率是服务工作的时间概念，是提供某种服务的时限。等候对外出旅行的人来说是一件头疼的事，因为等候使人产生一种心理不安定感，况且离家外出本身就存在不安全感，而等候则强化了旅游者的这种心理，所以饭店服务要尽量减少客人等候，讲究效率，把服务过程和时间联系起来，成为服务质量的又一因素。饭店服务效率衡量依据有三类：第一类是用工时定额表示的固定服务效率。例如，打扫 1 间客房用 0.5 小时，宴会摆台用 5 分钟。第二类是用工作时限表示的服务效率，例如，总台登记入住人员不超过 3 分钟，客人的衣服洗涤必须在规定时间内送回。第二类是有时间概念但没有明确的时限规定，是靠客人感觉来衡量的服务效率。例如，在餐厅点菜后多长时间上菜，设备损坏了报修后需要多少时间来修理，这一类服务效率在饭店是大量的，服务效率在饭店服务中占有重要的位置，饭店要针对三类不同效率，用规程和具体的时间来确定效率标准。

3. 服务程序

服务程序是以描述性的语言规定饭店某一特定的服务过程所包含的内容与必须遵守的顺序。首先，服务程序是从对服务作业的动作、过程、规律的分析研究中设计出来的；其次，服务程序的对象是每个具体的服务过程；再次，服务程序以强制性的形式规定了服务过程的内容与标准。要保证饭店服务质量，首先就要求有一套完整、适用的服务程序标准。

4. 服务礼仪

服务礼仪是以一定的形式，通过信息传递给对方表示尊重、谦虚、欢迎、友好等的一种方式。服务礼仪中的礼节偏重于仪式，礼貌偏重于语言行动。服务礼仪反映了一个饭店的精神文明和文化修养，体现了员工对顾客的基本态度，饭店服务的内容十分丰富，灵活性很大，主要表现在仪容仪表、沟通的话言谈吐、行为动作，具体来说要求服务员衣冠整洁、举止端庄、待客谦恭有礼，尊重不同客人的风俗习惯；坐、立、行、走、说都要讲究姿势动作优美，语言文雅动听，各种礼仪要运用得当，坚持微笑服务。

5. 服务技巧

服务技巧是提高服务质量的技术保证，它取决于服务人员的技术知识和专业技术水平，饭店服务员在为顾客提供服务时总要采用一定的操作方法和作业技能。服务技巧就是这种操作方法和作业技能在不同场合、不同时间对不同对象服务时，适应具体情况而灵活恰当地运用，以取得最佳的服务效果，熟悉业务、掌握服务规范和操作程序，不断提高接待服务技术，具备灵活的应变能力，才能把自己的聪明才智和饭店服务工作结合起来，体现在为客人服务的全过程之中，从而提供高质量、高效率的服务。

【徒弟记忆】

服务效率不仅是饭店服务质量的组成部分，还涉及店风和饭店的精神面貌，因而饭店对此应十分重视。

服务礼仪是提高服务质量的重要标准，饭店服务员是面对面地为客人服务，因而服务礼仪直接影响服务质量。

服务技巧作为服务质量的重要组成部分，关键是抓好服务人员的专业技术培训及基本要求，掌握专业知识，加强实际操作训练，不断提高技术水平，充分发挥接待的艺术性，包括接待艺术、语言艺术、动作表情、应变处理艺术等多方面的艺术，以提高服务质量。

【拓展应用】

（1）通过本项目的学习，谈谈你对客房服务的理解。

（2）客房服务的技巧有哪些？

（3）客房服务对服务人员的基本要求有哪些？

康乐服务心理实践

项目一　康乐宾客心理需求

【企业标准】

　　康乐、购物和商场是酒店的辅助部门，但服务质量的好坏也会影响到客人对酒店整体服务的评价，所以，掌握这些部门的宾客服务心理也是极为重要的。在本项目内容的学习中，要求了解康乐、商场服务的特点和作用；掌握客人对康乐服务、商场服务的心理需求，以及如何做好康乐与购物服务工作。

【师傅要求】

　　（1）客人对康乐服务的心理需求。
　　（2）客人对购物服务的心理需求。
　　（3）如何做好康乐服务接待工作？
　　（4）如何做好商场服务接待工作？

【师徒互动】

一、客人对康乐服务的心理需求

【师傅讲授】

　　康乐从字面上可解释为健康与娱乐，饭店的康乐内容主要包括运动和娱乐两类。运

动包含着健身及一般运动，这些活动大都在饭店室内进行，有的以现代化机械代替室外的运动器具，如室内跑步机、台球、保龄球、室内游泳池、自行车和各种现代化锻炼器械等，有的在室外，如网球、高尔夫球和屋顶游泳池和室外的露天游泳池，海水游泳、冲浪等，还有按摩室、桑拿浴室、理发美容室等。饭店娱乐的内容更为广泛，歌舞厅、电子游戏房、文艺演出等，所以一些高档的大城市饭店与海滨度假饭店都特别重视并不断完善供宾客锻炼、健身、娱乐活动的设施，国外有些饭店还配有按摩师、医生和其他经过训练的专业人员，对客人健身、康复、锻炼、减肥内容等提供服务，使宾客的身心得到极大的放松，从而满足他们休闲的心理和生理需求。

【师傅提示】

西班牙的夜生活、阳光、沙滩被誉为旅游业的三大支柱。西班牙的旅游部长认为文化旅游是 20 世纪 90 年代发展的方向，因此要投入 90% 的人力，鼓励着重推销文化绿化游。现在国外已经出现了地中海俱乐部等以体育与健身活动为特色的国际旅游。通过康乐活动能提高宾客的身体功能和精神素质，提高他们的上进心和自信心，对宾客起到一种激励作用。而从饭店经营管理的角度来看，有了康乐活动就能使饭店在宾客的心目中树立起完整、完善、舒适的形象，从而提高它的声誉和经济效益。

二、宾客对康乐部的心理需求

【师傅讲授】

（一）宾客对健身、健美的需求

宾客对体育锻炼的需求是多方面的，形式也是多种多样的，有一般运动与重点运动之分，一般运动指活动筋骨、做操、跑步等，重点运动指各项专门运动，如骑自行车、打保龄球、打高尔夫球等。健美也是现代文明的心理需求，它表现为形体健美、脸型健美、发型健美三种。体型健美可以在健身房中得以实现，脸型、发型健美则可以在按摩过程中加以实现。

（二）宾客对卫生和安全的需求

宾客为了达到自己健身的目的总是会尽情地运动和享受，所以安全是很重要的问题，运动场所是一个高雅、洁净的地方，其客源流动量较大，使用频繁，尤其是设备和器械经过许多宾客的抚摸，清洁卫生工作十分重要。运动器械的坚固、完好，设备和场所的清洁、高雅，不仅会给宾客带来舒心、愉快的情绪，而且会给他们带来宾至如归的感受。

（三）宾客对趣味性的需求

宾客对体育项目除了有多样化的要求外，还要求有一定的趣味性。欧美的项目明显与亚洲不同。例如，"围棋"是东方人喜欢的项目，而保龄球、高尔夫球则是西方人喜欢的项目。康乐活动则应让东方人和西方人都能享受到不同项目的乐趣，因此，活动的项目一定要丰富多彩。

（四）新异性的需求

新异性是指用以吸引宾客的事物或现象必须新鲜、奇异，有自己的特点。宾客身在异乡客地，希望能多欣赏到一些与本国、本地区所不同的风土人情的节目活动，可以刺激和松弛自己的神经，解除疲劳，在生活中保持旺盛的体力和精力。

（五）美观性、综合性的需求

宾客参加娱乐活动，观赏文艺节目，有追求艺术美的需要。他们要求环境高雅，设备现代化，期望在文艺节目中看到浓郁的地方特色和中国的民族特色，在生理上和心理上都得到美的享受。娱乐活动和宾客观赏的文艺节目应该是多种内容、多种形式的总和，这样能吸引不同类型的宾客。宾客要求娱乐项目要多样化，内容要丰富，形式要有变化、新奇，具有创造性的娱乐节目，才能满足宾客的总体需求。

（六）舒适方便的需求

各种游乐设施必须满足宾客要求舒适、方便的心理。设备和用具方便使用，较容易操作；租游艇、游览船、碰碰车的宾客，要求手续简便，尽量做到一次性收费，这样既方便了宾客，又免除乱收费的嫌疑；新奇的设施应有专人管理，负责教会宾客正确使用，让宾客感到亲切方便。

（七）经济性的需求

娱乐活动服务项目价格的制定基本上应本着"薄利多销"的原则。因为大多数宾客经济状况并不是特别的富有，他们希望娱乐活动项目的价格不要很高，对于另外一部分较为富裕的宾客，则要求做到物有所值，就是娱乐服务项目的质量与价格相符合。

三、宾客购物的一般心理需求

【师傅讲授】

在旅游服务体系的组成中，提供旅游商品的服务是必不可少的重要组成部分，组织旅游商品的销售对发展事业，特别是在增加外汇收入方面起着重要作用，在我国的许多

城市都设立了友谊商店、文物商店，一般的宾馆饭店乃至酒吧，以及风景旅游区都设立了商场和商品销售部，富有民族特色的旅游商品吸引了广大旅游者购买的兴趣，大大增加了旅游业的收入。旅游者在购物过程中会有以下几方面的心理需求：

（一）求纪念价值的心理

宾客希望在商场买到具有旅游特色和纪念价值的旅游商品，如他们对有保留价值的手工制作的工艺美术品，古董复制品等乐于购买。根据一些旅游商店的统计，一般商品价格在四五十元以下最受外国旅游者的欢迎，因为这些人多数是中、下层人士，他们购买这些商品主要有两方面的原因：一方面是为了留作纪念，很多客人都喜欢把在旅游纪念品店买的纪念品以及他们在旅游中的照片、录像带保存起来留到以后据此回忆他们难忘的旅游生活；另一方面是为了带回去馈赠亲友，并以此来提高自己在同辈人中的声望和社会地位。

（二）求新异的心理

旅游者这种心理的特点是非常重视商品的款式、追求时髦、新颖、相比之下不大重视商品的实用性，价格贵贱等。具有这种购物心理的旅游者，极易受到情绪的支配，广告宣传和社会潮流的影响，旅游者喜欢购买异国他乡具有新奇性的物品，比如，有些游客第一次登上长城就买一件印"我登上长城了"这种文字的文化衫穿起来，有的旅游者还喜欢买农村集贸市场的竹帽、竹篮、草鞋等。

（三）求实用的心理

这种心理的特点是特别注重商品的质量，经久耐用、使用方便，购买时不易受商标、包装和广告宣传的影响，挑选认真、仔细、精打细算。例如，不少日本宾客对我国的中药材及中成药十分喜爱，他们到中国旅游后喜欢买点六神丸、人参等中国药品回国；不少华侨与港澳台同胞更喜欢回内地买点价廉物美的中药材，棉织品、不锈钢制品、小家电等带回去。

（四）求知心理

这种心理的特点是通过购物获得某种知识，特别喜欢售货员和导游陪同能介绍有关商品的特色、制作过程、所用原料和历史年代、作者、逸事以及如何鉴别有关商品优劣等知识。这类宾客对现代画作和雕刻的旅游商品及其有关资料说明，特别感兴趣。

（五）求尊重的心理

这种心理与前面所讲到的在前厅、餐厅等处求尊重的心理的特点是一致的，他们希望受到售货员的热情接待；希望能够白问不厌、白拿不烦；希望售货员能热情回答提出的询问，希望售货员言之有理，尊重他们的爱好、习俗和生活习惯等。

四、宾客购物时的心理活动过程

宾客从进入商场到走出商场的整个购物过程中，其心理活动是异常活跃的，这是一个有机联系的过程，在他们走进商场时可能还有着各种各样的目的：有的已经想好要买什么；有的可能看看有什么适合自己购买的纪念品、土特产；有的则可能只是逛逛而已。

宾客步入商场，首先要环视商场，对陈列在货架柜台上的各种商品进行观察，有的人的观察可能是粗略的，有的人的观察则可能是仔细的，他们都希望在货架中发现适合自己购买的商品，在注意观察商品过程中，由于个人的主观要求不同，兴趣各异，以及商品的状况、设计、选用的原料等外部特征的不同，商品的价格不同，对各种客人的吸引程度是不一样的。有具体购买目标的客人可能很快看到自己满意的物品，他们心里可能会想我要买的物品有了，有些到了先看看商场有什么适合客人的，在看过商品后可能会有"这件商品真好""这件衣服质量挺好""这件瓷器颜色、造型、真美观""这些物品还可以"等的想法。这是客人对某种商品产生了兴趣，他们集中注意观察商品的同时，自然会产生各种联想：有的可能联想到自己戴上那条真丝领带，风度翩翩的样子；有的可能联想到物品送给儿女、妻子时他们高兴的样子；有的可能联想到这件古玩陈设在自己家中摆设，顿时生辉，亲戚朋友啧啧称赞的情形。随着联想的深入，旅游者便产生了购买物品的欲望，但是并不一定是要把某些物品买到手，因为在柜台里还陈列着更多的不同花色品种的商品，他们自然就有一个对商品进行比较、研究的思维过程。在众多的同类商品中最能满足自己需要、最美观、最适合自己使用和最适合送给别人的是哪一件，他们要从各个角度进行比较，如对不同花色、型号、价格等进行比较，在比较的基础上对某件商品产生了认为是最好的、最适合的信任心理，导致他们就可能会对售货员说我满意这件商品并采取相应的购买行为，最后他们对买到某件商品怀着满意心理，以及对售货员服务态度的满意而走出商场，或者到别的柜台去购买。总的说来，客人在购买商品时的心理变化过程可以简要地归纳为：环视—兴趣—联想—欲望—比较、研究—购买（信任）—满意。以上的过程大多在短时间内可连贯地表现出来。

【拓展应用】

（1）康乐心理的定义与影响因素分析。

（2）康乐心理的具体表现有哪些？

（3）康乐心理在酒店服务中的应用。

（4）实际工作中如何提高客户的康乐心理？

项目二　康乐服务实践操作

【企业标准】

在了解康乐服务概念的基础上，掌握酒店提高客户康乐服务的基础方法，提高酒店服务质量。

【师傅要求】

（1）康乐服务的提升策略。

（2）康乐服务的实践。

【师徒互动】

一、针对需求做好服务工作

【师傅讲授】

宾客需要体育锻炼，活动筋骨，饭店就要开辟专门的游泳池、健身房、网球场和高尔夫球场的场地和设施，其中网球、壁球、高尔夫球是运动量较大的体育活动，这要求服务人员的体力能力都较强。这三种球场应使宾客可随意进行健身的练习或比赛，也可以根据宾客的意见提供伴打服务，在这些区域场所的服务人员应对这些区域活动技术的运用熟练，应在必要时加以正确的指导。乒乓球、保龄球是运动量较小的体育活动，除了提供技术指导之外，服务人员还可以组织宾客进行随意性的比赛，以增加宾客的兴趣。宾客除了需要健身之外，还有对健美的需要，所以理发师、美容师应根据宾客的特殊要求，以自己高超的技术，让宾客满意而归。例如，上海新用场俱乐部桑拿浴室配备了现代化多功能桑拿房，除了可进行一般的干浴、湿浴之外，还可模拟大自然阴、晴、风，雨而创造出不同的环境，宾客不出户就能在室内享受悦耳的鸟鸣，隆隆的雷声和哗哗的雨声，感受到丰富而舒畅的户外活动。

二、环境设施清洁和安全

【师傅讲授】

服务人员要保持游泳池、健身房，各种球场等场所内的环境整清、洁净；各种宾客用具以及健身器械、用品整洁；保证各种家具、灯具和各种设备清洁、摆放整齐、美观；维护、保养、仔细认真检修，及时保证宾客安全使用。球类和棋牌类的服务人员要主动为宾客安排好场地和台桌，准备好各类用品，及时为宾客提供饮料，及时为宾客拾球、记分、陪打。

三、开发新的旅游项目

【师傅讲授】

首先开发要以宾客的审美心理及旅游欣赏趣味为依据，而不能以服务工作人员的情感好恶为转移。旅游设施应该是新奇的、有特色的。新颖、奇妙的事物会使人顿生兴趣。北京的老舍茶馆，宾客可以边喝茶边听相声、京韵大鼓、快板等演出。宾客反映道：我们通过喝茶欣赏中国乐曲，切身体会到了中国和中国人民的传统文化。娱乐活动要具有独特的美感，给人以多种美的熏陶，演出节目的剧场、门厅、休息室甚至于走廊都应考虑环境周边的设施和装饰的问题。凡是宾客接触的环境场合，座椅、用具都应以精细灵巧的装饰为主，不同场合应运用不同的装饰，以增添环境设施的艺术美感，并不使宾客感到单调乏味。

【师傅提示】

活动节目的安排可以反映出民族和地方的美学特色，强调因地制宜，突出地方特色和民族格调，一般可以收到较好的效果。中国的旅游饭店不仅要使宾客感到中国的温暖，还要使他们切身体会到异国情调，如桂林的漓江渔火、云南的泼水节、北京前门饭店梨园剧场的京剧、苏州的夜游网师园、太湖的夜间逍遥游、广州东方宾馆的音乐茶座、南京的双门楼、秦淮人家酒楼的歌舞厅等，它们均具有浓郁的民族情调，吸引了大量海外游客。

（一）舒适方便的设施和服务

娱乐活动场所的环境和设施要满足宾客的各种需要，使他们能够在舒适、方便、愉快的气氛中活动。例如，外国宾客观看武术表演是常事，但如果同时教会宾客一套简单的武术，吸引力就会大增。宾客在游览点照相，如果搞些有地方特色的艺术照、古装照、民族照，必定会使宾客兴趣倍增。剧场环境、设施，甚至座椅都应考虑到宾客的舒适和方便，例如，意大利维罗纳德阿雷纳剧场是一个古罗马时代修建的露天剧场，它演过各种剧目，不仅能买到德、法、英、意4种文字印刷的剧本，还可以临时租用坐垫，下雨可随时买到雨衣，演出结束后，住宿不在本市的观众，还有专车送往其他城市，旅游设施服务的周到和方便由此可见一斑。

（二）物有所值——合理的价格

在饭店竞争和营销战略中，适当的定价政策是制定正确价格，乃至成功的前提。定

价策略主要包括：定价的前期调查、研究，调研市场的供求情况，确定定价的原则和目标，依据某种方法制定价格等内容。

四、做好商品展示

【师傅讲授】

服务员向客人展示商品是为了使客人进一步用多种感官了解商品。因为客人在未接触商品前大多只是通过眼睛观察，接触商品后可以用手触摸，用鼻子闻，用耳朵听，这样使客人对商品的联想加强，引起购买欲望，产生对商品质量的信任，加快成交速度。一般商品展示应注意以下问题：

（一）做成使用状态给客人看

如果是领带，就贴近客人领口；如果是件外套就应搭在客人面前，这样可以通过客人的直观感知，促进客人的联想。

（二）尽量让客人触摸商品

除了食品、点心一类的商品，其他商品都应尽量让客人拿在手上，以此激起购买欲望。例如，日本的一些茶叶食品商店让客人品尝后再购买；广州的一些百货商店，超级商场让客人品尝酒品、凉果；一些商店出售化妆品，可以让顾客现场使用。这样做都是为了激起客人的购买欲望。

在充分揭示商品的特性时，要将商品的重要部位、优点和特点展示出来。要将商品的正面和商标朝向客人，这样做既让客人看清了商品的代码和特点，也表示了对客人的尊重。

（三）多种类展示，任其挑选

展示商品时要注意双手送到客人手中，而不能"抛"或"扔"，这样做是对客人不尊重的表现。给客人以选择的机会，是满足客人要比较研究后才决定购买的心理需求，是提高客人满足程度的不可忽视的重要因素。客人提出要求多拿几种同样的商品进行挑选时，服务员应尽量满足他们，做到百拿不厌。我们在前面分析宾客心理需求时谈到宾客有自尊的需求，当他们走进商场同样希望服务人员尊重他们，重视他们提出的要求，尊重他们的意愿。客人的要求提出后，服务员回答"好"，并马上照办，客人就会因为自尊心得到满足而产生愉快、满意的情感，这种积极的情感有助于客人采取购买行动。相反，如果服务员怕麻烦，对客人的要求不予理会，就会损伤客人的自尊心，产生不满的情绪，有时会因此与服务员发生口角，这样会影响客人的购买欲望，导致客人中止购买过程而离去。

（四）从低档商品到高档商品展示

当客人要求拿出同类商品看看时，服务员一般应当从低档向高档展示，先展示价格低的商品。这样做不但适合需要买便宜货的客人的心理，而且能促使需要高档商品的客人更自豪地说："还有更好的吗？"或者"还有比这更贵的吗"。如果服务员从高档的开始展示商品，需要低档商品的客人多次重复"还有再便宜的吗"这句难以出口的话，这样不但会损伤个人的自尊心，而且有的客人出于虚荣心不说这些，反而说出一些冠冕堂皇的理由，干扰了服务员准确探测客人的心理。服务员还可以采用拿出中档商品开始，从客人的情绪反应中看看他们的要求。

（五）介绍商品，促进信任

服务员要做好商品介绍就必须准确掌握客人购买商品的真正目的，并具有丰富的商品知识。一般商品介绍应在客人的心理处在比较、研究的阶段进行，介绍商品时除了讲清楚商品的一般特点之外，还应根据每位客人的心理特点进行有针对性的讲解。例如，一位美国客人要买玉器可能不用服务员过多的介绍就买了，但如果是澳大利亚和巴基斯坦的客人，可能就要求服务员作详细介绍。这时服务员就应当主动指点他们分辨玉器质量优劣的方法，介绍我国的玉器是按质论价和物有所值的，有的玉器便宜，有的价值连城等，要打消他们的顾虑，下决心购买。一般的中、老年客人都有求实的心理，服务员可以通过介绍商品使用方面的特点促进信任。年轻的客人一般都有求新、求美的心理，可以通过介绍商品新、美方面的特点促进信任。

【师傅提示】

例如，同样是一架宇宙飞船玩具，对儿童顾客可以说："这是世界第一快的宇宙飞船。"而对其母亲则要介绍这是智力玩具、安全玩具等以此促进信任。同时，在进行这些介绍时都应当实事求是，不能欺骗客人。

五、接待好不同购买行为类型的客人

【师傅讲授】

客人购买物品时可以表现出不同的行为类型，我们应当区别对待，一般客人的购买行为类型分为以下六种。

1. 习惯型

这类客人对某一个厂牌商标的商品十分信任，一般都对其较为熟悉，他们对这种商品质量的稳定体会深刻，形成购买习惯，他们到商场买东西只要这个牌子的商品，马上购买，不必经过反复挑选比较，购买行动迅速。服务员对他们不必多作介绍。

2. 理智型

这类客人购买过程比较冷静和慎重，善于控制自己的情感，善于比较和挑选商品，一般不轻易听信售货员的介绍，不受宣传和商品包装的影响。服务员应当少介绍，多展示商品，让他们比较挑选，做到百挑不厌。

3. 选价型

这类客人对商品价格更加重视，反应敏感，多数人以廉价为满足点，有的客人习惯挑选高档商品购买，服务员应针对不同需求介绍商品。

4. 冲动型

这类客人追求新潮产品，易受商品的外表、装潢设计的影响，不大讲究商品的性能、质量，受别人购买观点的影响较大。售货员在展示商品时应多作介绍，做好解释工作。

5. 想象型

这类客人想象力丰富，兴趣易转移，容易受情感影响，也容易提出一些不切合实际的要求，商品的外表、造型的颜色和商标对他们影响较大，服务员应多向他们介绍商品，耐心地解释。

6. 不定型

这类客人多数缺乏商品的知识，对商品没有固定的要求，购买心理不稳定，多是奉命而买或顺便而买。售货员应向他们详细介绍商品的特点，做好参谋，帮助他们选购商品。

【徒弟操作】

熟悉上述规范后，在小组内组织开展模拟实际操作，对客户的心理进行现场模仿，巩固记忆。

【徒弟记忆】

酒店康乐服务的心理策略：

（1）针对需求做好服务工作。

（2）环境设施清洁和安全。

（3）开发新的旅游项目。

（4）舒适方便的设施和服务。

（5）物有所值——在价格上做到客户满意。

（6）接待好不同购买行为类型的客人。

【拓展应用】

通过本项目的学习，谈谈对康乐服务的理解。

模 块 七

员工管理心理实践

项目一　员工的心理需求

【企业标准】

通过本项目的学习，对于员工来说，应明确和培养在服务工作中需具备的职业心理素质；对于管理者来说，在对员工心理分析的基础上，把握员工的个性差异，采取相应的不同的管理方法和策略。

【师傅标准】

（1）酒店服务工作对员工情绪、情感、意志、气质、性格、能力等职业心理素质的要求。

（2）酒店员工的个性心理——气质、性格、能力。

（3）酒店员工的群体心理——群体规范和压力、群体凝聚力和士气。

（4）酒店员工的挫折心理——挫折产生的原因、挫折的心理防卫机制、正确处理和预防挫折的方法。

（5）酒店员工的常见激励方法及其酒店管理者的具体应用。

【师徒互动】

管理是人类一种有组织、有目的、有领导的活动方式，是组织活动不可缺少的组成部分。管理中最基本的要素是人，以人为中心的管理是现代管理的主要特征。而在我国企业中，管理师为了最大限度调动员工的劳动积极性，培育共同的价值观念，形成企业

的凝聚力和创造力，以创造最大的经济效益。因此，管理必须研究员工的心理规律。管理心理学正是由管理学与心理学相互交叉而产生的一门应用学科，是研究管理过程中人的心理现象及其活动规律的科学，是心理学的一个重要分支。它的研究对象主要包括：研究个体心理，充分开发人力资源；研究群体心理，提高人际管理的艺术；研究需要、动机与激励，充分调动人的积极性；研究领导心理，提高领导者的影响力；研究组织心理，合理的设计和发展组织等几个方面。酒店管理心理是管理心理学在酒店管理中的具体应用。其研究对象主要可概括为两个方面：一是研究酒店员工人力资源的管理（包括员工个体心理差异与管理、员工群体心理与管理、员工挫折与管理等），目的在于做到知人善任，合理使用人才；二是研究激励问题，目的在于有效地调动酒店员工的积极性，使其能够持久地保持工作热情，热爱酒店，热爱本职工作，更好地为顾客服务。

【师傅讲授】

一、酒店员工的常见心理需要分析

（一）良好的沟通

如果作为一名员工，无论对上司、同事，想说的话都能够随意地讲出，对工作能够随便发表意见、自由讨论，而且不管说了什么，都绝对不必担心有人会责备他，如此便能很愉快地工作了。在沟通良好的组织，下属总会感觉，"在我们公司里，假定有什么不满意或想说的事情，我们可以直接跟经理讲，完全没有上司、属下、长辈、晚辈之分，可以自由地陈述自己的意见，他们能够参考我的意见，使我在此工作很有价值。"由此可知，无论何时，让你的员工能够自由、安心地发表意见，使他们有满足感和安全感之后，他们就不会觉得不满意了。

（二）工作自主性强

所谓工作自主性强，就是在没有一切外来的压制下，不被他人所压迫，可以配合自己的能力，按照自己的想法，做自己想做的事。

人能够照自我意志做事时，就有充实感、幸福感。比如，同样都是工人，有一种专门在星期天工作的工人，比起职业性的工人，他比较有充实感，比较乐于工作。因为职业性的工人有外来的压力，能够照他自己的意志做事的机会不多；相反地，在星期天工作的工人，完全是自由的，可以随自己的意志去做。因此，被压制着去工作的，则工作是主人，人被工作所支配；而照自己意志去做的，自己便是主人，由自己去支配事情，工作起来显然是有意义多了。完全自由做主随自己意志做事的人，有90%可以达到标准以上的成绩；感觉只有一半自由而达到标准以上的成绩者占40%；完全不能照自己意志做事而能达到标准以上者，不过占10%而已。

工作人员能否照自己的意志做事，关键在领导方法。领导者如果指手画脚，总是强迫他人工作，除了工作之外的事一点也不考虑，对下属的性情也不加以注意。他的部下就会感到有压力，想照自己的意志做事也不可能了。

（三）希望被授予重任

每个员工都喜欢有责任性的工作。为什么他们想负这么多的责任？最大因素是若负有重责则表示此人越有能力。不过，给了某人责任之后，相对地也要赋予相当的权限，在此权限内，可以依照自己的方法做事。低层工作人员或从事单纯、辅助性工作的人员，即使能圆满达成任务，总不觉得负有什么责任，这是因为他们不能依自己理想做事之故。

每个员工都有强烈的责任欲望，希望别人看重他，故想多负担一些责任。这种心理与立身处事毫无关系，因为负担了责任，自己就有了责任感。换句话说，给了某人责任与权限，他就可以在此权限范围内有自主性，以自己的个性从事新观念的工作，因此他就拥有了可以自己做事的满足感与成就感。

（四）意见被采纳

不论何人都希望自己的意见被接纳。员工虽不发言，但这并非表示他们没有意见。他们对于工作的分配也常有意见，会在心中嘀咕不已。领导者若能倾听工作人员的意见，他们心中就会有满足感，若是接纳了意见，他们当然更会拼尽全力做事。无论多么微小的建议，主管若能对他说："好！你的意见很好。"并接受其意见，则此人工作积极性必大为提高。

（五）希望业绩被人称赞

"不管我多么卖力工作，绩效多么优异，我的上司都只当作不知道，故我工作起来总觉得没什么意思。"

为什么大家都希望自己的工作被人欣赏呢？因为一旦完成某件事后，自己总有一份满足感，也希望大家都能一起分享你的愉快感；如果上司或同事赞美一句"你做得很好"，便会心花怒放，从此更加卖力工作。

但到底要别人如何赞赏你才能使你获得真正的满足呢？这因人与工作之不同而有所区别。一般说来，所谓的赞赏就是赞美几句或者致赠一些酬劳。而赞美时又可分为几种，如口头上一般的赞赏或者发自内心由衷的赞赏。赞美时须适当得体，赞美过度，反

令人不好意思。赞赏时也须注意勿伤害到他人的情感。有一种上司，他们对于身边优秀的人才赞赏不已，但始终将他留在自己身旁，阻碍了他们的前途。像这种情形等于扼杀了优秀青年的才能，也阻碍了他们谋求更进一步的发展。

【师傅提示】

不管你是口头赞赏或者以实际行动表示，大家都希望要有一个奖励的标准。如没这种标准，可能会产生偏差，即对于同一种好的成绩，有时赞赏，有时却毫无表示，这非常不公平。而且就工作人员来说，某人得了奖赏，自己却毫无所获，心中那份懊恼真是难以形容。

制定奖赏基准时一定要客观，然后依部属的行为、工作表现、业绩等，根据奖赏基准去奖励他们。若确实能做到此点，工作人员必定心服，再也不会产生"不公正"的心理了。

（六）学会更高深、更广泛的工作

年轻人都认为：任何一件事，上司若信任我们，可放手让我们单独去做，我必定会更加卖劲。这些人进入公司服务都一年多了，使他逐渐地学会了每一件事，新鲜感再加上丰富的经验，他越做越有味道。反之，若经年累月做同样的工作，时间一久他会觉得枯燥无味、单调无比，原先的工作热忱也渐渐消失了。故主管人员应依照员工们工作的熟练程度，由最基本的四级工作晋升做三级工作，再由三级跳到二级，如此一级级地赋予更高级的工作，他们做起事来也不致有厌倦感。

【师傅提示】

工作编排并不仅限于纵的方面赋予高级工作，有时也可以横的方面赋予范围更广的工作，这道理都是一样的。一步步学会了更高深、更广泛的工作，即表示累积了相当的经验，思想愈趋成熟、充实，做起事来也格外干劲十足。

（七）个性得以体现

个性有一种是与生俱来的，有些是长期受后天环境所影响的。有一个能表现个性的工作环境，那做起事来也倍觉驾轻就熟。在日常工作中总会听到他们说以下的话："要我好好工作，那就需要有一个能够表现个性的工作环境。""但若不讲求个性，工作起来不是更容易吗？"也有些人如此想法，他们希望大家保持风气，遵守规律，要求工作标准化，故若某人个性过于刚强，在公司中就容易惹人生厌。

公司要求表现个性，认为今后企业若专找些毫无个性，只墨守成规的人来工作，则业务不会有发展，故公司要求有创意、有个性、能推展企业的人。在我们工作人员看来，一方面要求我们不要有个性，另一方面却又要求我们有个性，这不是矛盾吗？所以上司应说明什么时候或什么性质的工作讲求个性，何时不需讲求个性，但上司却从未说过这些话。

【师傅提示】

从上面的心态中，领导者就会发现人人都希望发挥自己的个性，不过如果过分放任他们发展，也常会爆发不满，这也是事实。同时无法否认，领导与上司的态度常有矛盾之处，若无法令人发挥个性，人们就不会对工作产生兴趣，就只能应付差事。总之，现在已是一个注重个性表现的时代了。

（八）满足竞争意识

竞争心因人之不同而有强、弱的差别。竞争心微弱的人，表面上虽不易看出，但心中总潜在一份竞争意识。例如，看见邻居新购了一部手机，自己虽然经济拮据，但为了面子问题，也会用分期付款的方式买一部回来。在工作上也有同样的表现，如同期进入某公司的两个人，彼此也有不愿输于对方的观念，这都是因为竞争意识造成的。但如果没有强劲的对手，竞争心就会消失，做起事来也比较懒散。因此，若有了强烈的竞争心，则工作起来会更有干劲。

【师傅提示】

管理者利用人的竞争心，让部属作个人的竞争，这固然会使人有优秀的工作成绩表现。但过度的竞争，则会使彼此感情恶化，实非好办法。一个人在创造事业的过程中，如果人际关系不够好，则会事倍功半，故要使人竞争，那一定要在公平的情况下进行。

二、酒店员工的职业心理素质要求

【师傅讲授】

职业心理素质是指从业人员从事本职工作所必须具备的各种心理品质的总和。从事任何一种行业的劳动者，都须具有各种与其行业相适的、独特的心理品质，去调节、支配自己的心理活动和行为。一个酒店员工，只有具备良好的职业道德和心理品质，掌握高超和熟练的服务技能，才能更好地为客人服务，出色地完成本职工作。下面我们分别从情绪、情感、意志、气质、性格、能力等方面来分析酒店服务工作对酒店员工职业心理素质的特殊要求。

（一）酒店服务工作对酒店员工情绪、情感的要求

1. 要保持良好的情绪状态

在服务工作中，酒店员工首先要注意克服不良的心境，保持良好的心境，使自己处

于一种轻松愉快、心平气和、乐观积极的情绪状态之中。这样才能有助于提高工作效率，以良好的心境影响和感染顾客，使双方的交往顺利、愉快地进行。其次，酒店员工要善于控制自己的情绪，避免情绪所带来的消极影响，使自己失去理智，从而激化与客人之间的矛盾。此外，在面临突如其来的、意料之外的紧急情况时，要保持一种良好的应激水平，要做到临危不惧，急中生智，果断做出决定。

2. 要有正确的情感倾向性

人的情感的起因和指向反映了情感的倾向性。酒店员工应具有热爱酒店服务工作、热情为顾客服务、满足顾客的需要而努力工作的崇高情感，并将这种情感指向服务工作和顾客，并在实践活动中充分表现出来。对本职工作的热爱和对酒店客人的尊重与体贴，是酒店员工正确的情感倾向性的具体表现，也是成为优秀酒店员工的必要条件，它是驱使酒店员工长期刻苦钻研业务和努力提高服务质量的内在动力。

3. 要有深厚持久的高尚情感

高尚的情感主要包括道德感、理智感和美感。在酒店服务工作中，道德感就是要求员工自觉遵守酒店的各项规章制度和职业道德规范；理智感就是要求员工坚持真理，善于思考，对工作孜孜以求；美感就是要求员工培养正确的审美观点，仪容仪表、言谈举止要得体，要善于发现美、创造美。深厚而持久的高尚情感能深入渗透到人的生活与劳动的各个方面，起到积极的促进作用。一个优秀的酒店员工具有对本职工作和客人的深厚而持久的高尚情感，在接待工作中就会主动、热情，并能时时处处为客人着想，给予他们周到细致的服务和无微不至的关怀，用自己辛勤的劳动去满足客人的各种需求。

4. 要有促进行动的情感效能

情感效能是指情感在人的实践活动中发挥动力作用的程度。情感是人的行为的动力，但它的这种功能因人而异。情感效能高的人，能把自己的情感转化为行动动力，并付诸行动。而情感效能低的人只能停留在情感的体验上，很少或不能将情感转化为行动动力。酒店员工应努力将自己深厚而持久的积极情感与服务工作密切结合起来，把对本职工作的热爱之情，对顾客的关心、尊重之情转化为一种主动、热心、周到、细致的服务行为，带给客人有益的心理感受，使他们在获得物质满足的同时，获得最大程度的精神满足。

（二）酒店服务工作对酒店员工意志品质的要求

意志是指人自觉地确定目的，并调节、支配自己的行动，克服各种困难，以实现预定目的的心理过程。意志总是和行动联系在一起的。意志调节和支配行动，又通过行动表现出来。受意志调节、支配的行动叫意志行动。意志过程是在完成意志行动中实现的。意志行动的心理过程一般可以分为采取决定和执行决定两个阶段。采取决定阶段是意志行动的开始阶段，它决定着意志行动的方向和行动部署；执行决定阶段是意志行动的完成阶段，意志由内部意识向外部动作转化。人在社会实践活动中都离不开一定的意志行动，这是人和其他动物的根本区别之一。酒店服务工作是一种规范性很强的工作，要做到优质服务，让每位客人满意，困难很多，更需要具有良好的意志品质。它可以使员工根据某个动机来确定活动的目的，选择实现这一目的行为方式，并鼓励员工克服各种困难，经受住成败的考验，最终达到预定的目的。酒店员工良好的意志品质主要表现在以下几个方面：

1. 自觉性

自觉性就是在行动中有明确的目的性，能认识到行动的社会意义，并能自觉支配自己的行动，使行动服从于客观要求的意志品质，它是意志的首要品质。有自觉性的人，相信自己的目的是正确的，能把热情和力量投入行动中，千方百计地去克服困难；在行动中不轻易接受外界的影响而改变自己的目的、计划和方法，但也不拒绝有益的建议和意见，他们的思想和行动既有原则性又有灵活性。与自觉性品质相反的是暗示性和独断性。具有这种品质的人，容易盲目行动，固执己见。在酒店日常工作中，具有自觉性品质的员工，表现为对本职工作的意义和重要性有明确的认识，自觉为顾客服务；勤奋好学，不断提高业务水平；能正确对待自己的成绩和缺点，虚心接受别人的意见和建议；敢于战胜各种困难，勇于面对各种挫折。而缺乏自觉性的服务员在工作中则表现为忽冷忽热，朝三暮四，一意孤行，盲目从事。

2. 果断性

果断性就是明辨是非，能迅速而合理地采取相应措施并执行决定的意志品质。具有果断性的人，能够在深思熟虑的基础上，当机立断，敢作敢为，进退自如。与果断性品质相反的是优柔寡断和草率决定。优柔寡断是指做出决定时犹豫不决，顾虑重重，患得患失。草率决定是指对任何事物总是不假思索，凭一时冲动做出决定。酒店员工每天都要接触许多客人，也会遇到各种矛盾，甚至会碰上一些突发事件。这就要求员工明辨是非，反应机敏，当机立断，及时采取相应措施予以处理。缺乏果断性，表现出犹豫不决或草率行事，这样不仅难以解决问题，还会激化矛盾，甚至产生严重后果。

3. 自制性

自制性就是能够自觉控制自己的情绪，约束自己的言行举止的意志品质。具有这种品质的人，善于约束和调节自己的言行，有较强的组织性和纪律性；善于控制自己的情绪，表现出应有的冷静和忍耐。自制力薄弱的人，往往不能控制自己的激情，容易受外界的引诱和干扰，产生冲动行为。酒店工作的目标是为客人提供至善至美的服务，它要求员工不论与何种类型的客人接触时，或者无论发生了什么问题，都能够做到镇定自若，把握自己的言行分寸，谦恭有礼。遵守酒店的各项规章和纪律，也是自制性强的表现。反之，自制性差的员工，遇事往往图一时的痛快，感情用事，我行我素，往往与客人发生摩擦，以致造成客人的投诉。

4. 坚持性

坚持性就是为了实现行动目的，长时间保持充沛的精力和毅力的意志品质，也叫坚

韧性。具有这种品质的人，做事锲而不舍，不达目的誓不罢休。与坚持性品质相反的是顽固、执拗，缺乏韧性，虎头蛇尾，浅尝辄止，或一遇到困难就灰心丧气，半途而废。酒店服务工作很烦琐，劳动强度大，客人要求标准高，要始终如一地保持主动、热情、耐心、周到的服务态度。如果不具备充沛的精力、顽强的毅力和坚韧不拔的意志品质，就难以适应酒店工作的要求，更不可能做到优质服务。

（三）酒店服务工作对酒店员工气质的要求

气质是人的个性心理特征之一，是人的心理活动的动力特征。它主要由心理活动的强度、速度以及指向性、感受性、耐受性、反应的敏捷性、情绪的兴奋性、可塑性等特性表现出来。根据酒店服务工作的实际要求，酒店员工的气质应具有以下几个方面的特点。

1. 感受性、灵敏性不宜太高

感受性是指个体对适宜刺激的感觉能力；灵敏性是指个体心理反应的速度和动作的敏捷程度。由于服务工作的特殊性，服务员每天置身于复杂而流动的顾客之中，与各种各样的客人发生着频繁的人际交往。如果感受性太高，稍有刺激就会引起心理反应，势必造成精力不集中，注意力涣散，导致劳动效率的下降。如果感受性太低，对周围现象"视而不见""充耳不闻"，又会怠慢客人，导致服务冲突的发生。因此，为了保证服务员热情饱满的工作状态，其感受性不宜过高，也不宜过低。此外，如果灵敏性过高，也会给客人一种不稳重或慌张、急躁的印象，服务员本身也会感到疲劳和紧张。正常的灵敏性，应符合"接一顾二招呼三"的要求，并能根据客流量的情况，随时调节自己的行动。

2. 耐受性和情绪兴奋性不能低

耐受性是指个体在遇到各种刺激和压力时的心理承受能力。酒店服务工作是一种既单调又复杂的工作。同样一句话，同样一个动作，每天都要重复无数遍。而服务人员经过一天紧张、忙碌的工作，身心已十分疲劳，此时服务员的最后一句话、最后一个动作是否与第一句话、第一个动作具有同样的热情与认真，对服务工作来说是十分重要的。如果服务员的工作稍有松懈和差错，就会引起客人的不满。同时，在服务交往中难免会与客人发生一些矛盾冲突，服务员就应具备一定的心理承受能力、正确对待挫折和克服巨大心理负担的本领。我们常说在服务工作中服务员要"有理让三分"，实际上就是要求服务员要有一定的忍让精神。情绪兴奋性是指神经系统兴奋与抑制的平衡性，即个体碰到各种事情时，能否控制自己情绪的能力。如果能做到逢喜事不骄、不躁，遇挫折不忧、不馁，就表明情绪兴奋性高。

3. 可塑性要强

可塑性是指个体对外界环境中出现的各种情况及其变化的适应程度。由于客人存在个性差异，服务工作没有固定的模式，总是因人、因事情、因时而异，因此，要求服务员应具有较强的可塑性。只有具备一定的应变能力，对环境的适应能力才能适合工作的需要，干起工作来才会得心应手、井然有序。尤其是在接待安排各类不同顾客时，服务员头脑灵活、处事稳妥，就能恰到好处地做好服务工作，并赢得顾客的赞誉。

4. 正确认识自己的气质特点

知己知彼方能搞好服务工作。服务员不仅要了解客人的气质特点和规律，更应了解自己的气质类型，熟知自己的气质特点，并在服务工作中努力做到扬长避短，自我约束，克服不良的气质特点，不断完善自身的个性品质，这样才能做好服务工作。

（四）酒店服务工作对酒店员工性格的要求

性格是个性心理最具核心意义的特征，是个体对现实稳定的态度和习惯化了的行为方式的总和。它不仅能改造和掩饰一个人的气质，而且能促进能力的形成和发展。从性格的结构来看，酒店服务工作对员工的性格要求主要表现在以下几点：

1. 对现实态度方面的性格要求

对现实态度方面的性格要求主要表现在如何处理社会各方面的关系。在酒店服务工作中，要求员工关心集体，热爱本职工作，有强烈的责任心，工作勤奋认真，诚实正直，热情周到地为顾客服务，与顾客建立和谐的人际关系，助人为乐，勤俭节约，谦虚谨慎，严于律己，宽以待人。

2. 对理智、情绪、意志等方面的性格要求

个体在理智、情绪、意志等方面都有不同的性格特征的表现。在酒店服务工作中，要求员工善于观察，细心认真，勤于思考，勇于开拓创新；要心平气和，精神饱满，主动热情，开朗乐观；要有高度的自觉性和纪律性，不盲从独断，在紧急情况下镇定自若，果断勇敢，不屈不挠，坚持不懈。

（五）酒店服务工作对酒店员工能力的要求

酒店员工的能力不仅是完成日常酒店服务工作的前提，直接影响服务效率和服务效果，而且是影响酒店服务质量和水平的主要因素。职业心理对酒店员工的能力要求有以下几点：

1. 敏锐的观察力

观察是一种有目的、有计划的感知过程。观察力是指发现事物特征的能力。在酒店日常工作中，需要服务员用敏锐的观察力去了解和把握客人的需要、动机、气质、性格等心理特点，从而提供有针对性的服务。例如，从客人进店的举止上可以了解其住宿的要求，从穿戴打扮上可以了解客人的职业、身份和住宿标准，从客人神态表情上可以了解客人对用餐的心理感受等。培养敏锐的观察力，要热爱自己的专业，有浓厚的观察兴趣；要有持久、稳定的注意力；要主动认真思考，认真进行分析、综合，掌握其中的规律。

2. 良好的记忆力

良好的记忆力是优质服务的智力基础。酒店服务员在工作中不仅要记住所有设施设备的使用方法、服务工作的程序和规章制度、菜品的名称和特点，还要记住客人的姓名、相貌、个性特点，甚至应记住当地的主要旅游景点、风味餐馆、大型商场、重要机构的地址和交通路线等，没有良好的记忆力是根本不行的。培养良好的记忆力，要明确记忆的目的和任务，树立信心，扩大兴趣，多理解、多重复，掌握必要的技巧和方法。

3. 稳定而灵活的注意力

服务员在工作中，第一，应保持注意力的稳定性，将注意力相对集中在客人身上，随时提供优质服务。第二，应控制注意力的转移性，以提高工作效率，排除干扰，防止发生差错。第三，应根据具体情况，把握注意的范围。当客流量大时，要扩大自己的注意范围，以便随时掌握客人的动态；双向沟通时，要集中自己的注意范围，以便掌握客人的心理变化，及时予以合理满足。第四，在实践中，要加强注意力的合理分配，做到"一心多用"，培养自己"眼观六路、耳听八方"的职业习惯，以满足客人同时出现的不同要求。要形成稳定而灵活的注意力，首先要求服务员有强烈的事业心和责任感，把工作放在第一位。其次，要有坚强的意志，不断克服自身的分心和外来的干扰。再次，适当加强这方面的心理训练，如运用训练模板，进行"目视迷宫""映象采点"等游戏训练，不断提高良好的注意品质。

4. 严密的思维能力

在酒店服务工作中，出现了问题，不管是主观的，还是客观的；不管是客人方面的，还是员工方面的，都需要及时解决，这就需要酒店员工有严密的思维能力。

首先，要善于发现问题。在日常服务工作中，有些问题明显，容易发现和解决；有些问题不明显（如客人的身体状况、情绪变化、特殊要求等），需要服务员认真观察，独立思考，及时发现。其次，要准确分析问题，找出问题的关键。如发现了客人情绪不安，服务员就要判断是身体不舒服引起的或者是对服务不满意所致还是遇到了什么困难需要得到帮助等诸如此类的问题，只有分析准确才可能予以解决。再次，要提出解决问题的假设方案。解决问题的方法可能有多个，至于到底采取什么解决办法最好，就需要提出假设，包括解决问题的途径、原则和方法，从中筛选最佳方法加以实施。最后，在实践中去检验。提出的解决问题的假设方法是否可行？效果怎样？只能通过实践才能得到检验。如某客人反映晚上睡不好，服务员通过分析，认为是客人房间临马路边，晚上车辆噪声大所致，于是给客人换了一间背马路的房间，客人反映睡得好极了。这就证明服务员提出换房间的假设是正确的。

5. 较强的交际能力和语言表达能力

交际能力是指酒店员工综合利用各种能力进行人际交往的本领。根据酒店服务工作的特点，酒店员工交际能力主要表现在：一是注意自身仪表，做到体态容貌健康精神、穿着打扮美观大方、行为举止文雅庄重，这样才会给客人留下美好的第一印象，为交际创造良好开端。二是热情周到，微笑服务。三是妥善处理各种矛盾，做到既不损伤酒店声誉，又能维护客人情面，促进交际。四是通过交际，促使双方感情融洽，实现顾客重复消费。语言表达能力是指酒店员工在服务中运用言语、表情进行交流情感、传递信息的能力。它是酒店员工必须具备的重要心理素质，直接标志着一个酒店的服务水平和员工素质水平。

【师傅提示】

语言表达能力的心理效应主要表现在：一是文明礼貌、真挚和善的语言表达，能引起客人发自内心的好感，起到吸引客人的心理效应。二是简练明了、适当中肯的语言表达，能增强客人的信任感，起到说服客人的心理效应。三是谦逊亲切、生动优美的语言表达，便于与客人沟通情感，能激起客人的消费兴趣，起到感染客人的心理效应。四是适应对象、灵活变换的语言表达，能给客人以亲切感，起到争取客人的心理效应。要实现以上心理效应，酒店员工首先要有广泛的知识和丰富的词汇，这样才能随心所欲地驾驭语言。其次，语言表达要与面部表情和身体姿态适当配合，达到最佳效果。五是注意培养与语言表达能力密切相关的感知、记忆、思维、想象、注意等能力。六是注意语言的净化，纠正不良的说话习惯，做到"五不讲"：低级庸俗的口头语不讲；生硬唐突的话不讲；讽刺挖苦的话不讲；粗鲁侮辱的话不讲；不耐烦催促客人的话不讲。七是在坚持用普通话的同时，应努力学习外语、地方方言及哑语，使自己的语言表达更加丰富、完善，能适应顾客语种多、来源广的客观需要。

6.熟练的服务技能

技能是指通过练习而形成的一定的动作方式，它同知识、能力有密切的关系。能力是在掌握知识、技能的过程中形成、发展的；掌握知识、技能又以一定的能力为前提。服务技能是服务人员对服务操作技术、动作掌握的熟练程度，它同服务态度、服务言语和服务项目一样，关系到酒店形象，影响着顾客的消费心理。

【师傅提示】

服务技能表现在不仅要有娴熟的操作技巧、超群的服务技艺，而且还要有丰富的专业知识和相关信息。具备这样素质的酒店服务员，服务耗时少，效率高，指向性准确，动作近似自动化，对客人心理有较强的感染力，易产生惠顾消费的心理欲望。同时，熟练的服务技能还是一种无声的广告，对酒店的声誉起着宣传作用。

【徒弟操作】

通过网络等信息工具，查找更多的类似案例，并对其中对员工要求的内容进行简单分析。

【拓展应用】

（1）谈谈你对员工的基本心理需求的理解。

（2）员工的心理需求具体表现形式是什么？

（3）对员工还有哪些心理需求的要求？

（4）谈谈你对员工心理造成原因的见解。

项目二　员工激励实践操作

【企业标准】

通过本项目的学习，掌握实际工作中激励员工的大致方向和策略，能够对实际工作中员工出现的状况进行分析。

【师傅要求】

（1）了解员工激励的意义。

（2）掌握激励的原则。

（3）了解员工激励的主要方法。

（4）掌握不同员工的激励方法。

（5）了解激励过程中常见的问题。

【师徒互动】

激励的目的是调动员工的积极性、创造性，也就是要使下属满怀热情、干劲十足地去完成既定目标。那么如何才能这样呢？

一、激励的意义

【师傅讲授】

（一）调动员工积极性，提高工作效率

调查表明，实行计时工资能够提高工作效率20%~30%；实施激励则可以提高80%~90%。

（二）发挥个人潜能，提高员工素质

心理学家曾对人类大脑的潜能进行过研究，结果表明：一般人只使用了他思维能力的很小一部分，如果一个人能使大脑发挥出一般的能力，其就能迅速学会 40 种语言，学完 10 所大学的课程。

（三）形成良好的酒店文化

有效的激励可以增强酒店的凝聚力和向心力，有利于塑造良好的组织文化。

二、激励的原则

【师傅讲授】

员工工作效率和水平如何，取决于员工的工作能力和工作态度。工作能力可通过培训来提高，而工作态度只能靠激励来改变。如何达到有效激励，一般来说，要坚持以下原则：

（一）目标、需要、能力相结合原则

激励要把员工需要、能力与目标结合起来，要以员工需要与能力为前提，通过各种激励方式实现个人目标，同时实现前厅部以及酒店的目标。

（二）形式多样化原则

目前某些酒店仍实行单一金钱奖励的激励方式，这增加了酒店成本，忽视了员工需求的多样性，并不能有效调动员工的积极性，达不到管理者激励员工的目的。有效的激励必须克服单一化，坚持物质激励、精神激励相结合、内激励与外激励相结合、正强化与负强化相结合、情感与理性相结合。

（三）公正原则

激励是否公正会极大地影响激励效果。实施激励过程中要控制不公正性和非理性行为，避免"错赏一个人，伤害一大群"等类似情况的发生，增加员工的公平感。

（四）时效性原则

不同的情境下，相同的激励内容和激励方式效果大不相同。及时反馈、及时强化，在当时特定的情境下对激励对象才能产生巨大的心灵震撼，使激励的效果提高，达到四两拨千斤的作用。因此，不论是奖励还是批评都要紧跟事件发生时间，及时实施，避免"雨后送伞式"的"延期"激励。

（五）针对性原则

任何激励内容和激励方式都要针对员工个人的实际需要予以实施，通过满足员工需要来提高激励效果。为提高激励的针对性，现有的酒店开始采用自助餐式的、个性化的激励方法，即在激励数额相对固定的情况下，让员工自己选择适合自己需求的项目，为员工提供了前所未有的自由度，有效避免了"好心办坏事"的情况出现。

（六）适度原则

既要根据员工的实际表现确定激励的程度，力求做到精神激励名副其实，物质激励恰如其分，同时激励员工数量的多少也要力求科学、合理。激励目标从企业看，水平足够高；从员工看，可望且可及，通过努力能达到。另外，激励中的"度"的把握要尽量具体化，如酒店可以针对客房部营业额提高5%予以奖励，而不要以"做得好、工作出色"等笼统、模糊的概念来进行奖赏。

三、激励的方法

理论是实践的指导，而对理论的应用切忌生搬硬套。在具体工作中，前厅部经理及各级管理人员应注意平时多与员工交流沟通，多观察员工表现，多了解员工心理，多关心员工生活，找准员工的实际需要，发现激励他们的内、外部因素，结合酒店和前厅部的实际情况，采取相应的激励手段以达到激励目的。

（一）利用期望心理激励员工

【师傅讲授】

期望心理是一种普遍存在的社会心理现象，它对人的积极性有着重大的影响作用，我们要实施有效的激励，就必须对它有一个基本的了解。人们为了某种需要而采取行动去实现目标，当目标还未实现时，这种需要就变成了一种期望。期望本身也是一种激励力量，它能调动人的积极性。

积极性除了受期望值决定之外，还同时受目标效价所决定。目标效价是指人们对目标满足个人需要的价值的看法，认为目标作用大，而且很有希望实现该目标，就能激发人们积极去追求这个目标。反之，如果认为该目标没有多大价值，就会对它失去兴趣。

期望与现实的差距也对人的积极性产生重大影响。期望，愿望并不等于现实，带有很大的主观性，因而期望与现实结果往往不一致。当现实结果大于期望值时，人们会喜出望外，其积极性增强；当现实结果与期望相等，就感到如愿以偿，积极性得到提高；当实际结果远没有想象的那样好时，便大失所望，情绪低落，从而失去积极性。

在人们心目中，寄未来以美好的期望，并为实现这种期望而努力。领导者利用人们的这种期望心理，用可望可及、经过奋斗可以达到的目标进行激励，往往会收到很好的效果。

物理学家钟致榕教授讲过一个故事：中学时代社会风气很坏，学生考试作弊，不求上进。为此，一位老师从300人里挑选了60人组成"荣誉班"，学生被告知，他们是因为有发展前途才被挑选上的。学生们很高兴，对前途充满信心。结果奇迹出现了，若干年后，这个班的大多数人有了成就。后来钟致榕见到他的老师才知道，那60名学生是老师随意抽签决定的。自然，这样的例子在生活中并不多见，但道理却十分明显。对学生来说，老师寄予的希望越高，学习越勤奋；对下级来说，领导寄予的希望越大，向上的信心越足，行动也越主动。这是期望激励的作用。

日本心理学家对两组学生进行过试验。在上体育课时让学生靠墙站好，原地跳高。根据学生跳的高度，在第一组学生靠着的墙上画上比每个学生所跳高度略高的标线，而在第二组学生靠着的墙上，却标出了相对第一组更高的标线。然后，在第二次上体育课时，让学生站在原来的位置上，要求他们跳到新的高度。结果第二组学生要比第一组学生所跳高度高。这证明，适当增大期望值可以更好地发挥人的潜力。1954年，日本经济萧条时期，本田技研工业公司面临困境，连发工资的纸袋也得回收再用，就在这时，本田社长在全公司大会上宣布："本公司要训练出世界第一流选手，骑上本田牌摩托车参加国际长途锦标赛。"当时，职工们议论纷纷，认为这是不可能的。但逐渐地，这却变成了职工们的共同理想，并以"超能力经营"的本田精神全力以赴。到1960年，本田牌摩托车终于在国际长途锦标赛中夺得团体冠军，从此产品打入国际市场，销售额经久不衰。本田在这里运用的也叫"目标聚合力"。日本经济学家松本顺说："如何把领导者的热忱和构想体现到企业的巨梦之中去，贯穿到职工的思想和行动中去，这才是问题的关键所在。"

现在，我国一些企事业单位开展了目标管理活动。这也是一种期望激励，只不过不是由领导激起职工的期望，而是由职工自己激发期望，提高期望值，激励自己的积极性。根据人的期望心理对人的积极性的影响作用，我们在实施激励时，要注意处理好需要与目标之间的关系。

1. 设置恰当的目标，以激起人们的期望

恰当的目标会给人以期望。一个人有了期望，即有了盼头，感到有奔头，就会产生工作热情，就会为追求目标的实现而积极行动。反之，一个人失去期望，没了盼头，激励方法对他就会失灵。因此，应当善于设置恰当的目标，引发人们与组织目标相一致的期望，这样才能有效调动人们的积极性。

2. 引导人们正确理解目标的效价

由于人们的理想、信念和价值观等不同，所以同样的目标在不同人的心目中会有不同的效价。企业和职工不能单纯地只看目标能否满足自己的需要，应该看到目标的实现有多大的社会效益。否则，就会把人们引向歧途。所以，在组织目标确定之后，还应根

据不同的情况，采取不同的方法，引导人们正确理解目标效价，提高人们对组织目标意义的认同，这样，才能产生心往一处想，劲往一处使的积极效应。

3. 对期望值做恰如其分的估计

估计过高会使人盲目乐观，一旦实现不了，容易造成心理上的挫折感，这叫期望越大，失望也越大。估计过低，容易使人悲观泄气，影响信心，放松努力，恰当的做法是既要讲清目标实现的有利条件，以鼓舞士气、增强信心，又要讲清困难因素，使人们对此有充分的思想准备，以提高人们对挫折的承受能力。只有这样，才能在一旦出现挫折时，仍能保持努力再战的士气。

4. 领导加强期望目标的说明和宣传

增加期望目标的吸引力，并使目标转化为追求者的自在动力。像我党把国民经济发展目标具体化为到 2000 年达到小康水平，并做广泛深入的宣传，这便增加了激励的作用。

5. 提高已经实现的结果的满意度

就是在目标实现后，及时反馈目标实现的信息，宣传实现目标的意义，并进行必要的总结表彰，以满足人们的心理需求，提高激励效果。

（二）利用逆反心理激励员工

【师傅讲授】

逆反激励是用反面的话激励人，使他决心去做某件事的激励方法，古称激将法。人都有自尊心，但有时由于某种原因，自尊心受到了自我压抑，出现自卑、气馁的状态。此时，运用其他办法不能使他振作起来，我们就故意贬低他、刺激他，从而把他的自尊心、自强心激发起来，使他想以自己的行为来维护自己的尊严。"水激石则鸣，人激志则宏。"正确运用逆反激励，常常能收到积极的效果。比如，孙晋芳学打排球时，劲头不足，教练多次批评无效，最后教授故意贬低她说："看来你不是个打排球的材料。"孙晋芳听了不服气，说："你讲我不行，我就非打给你看看。"从此，她拼命练球，最后成为一流国手。功成之后，她回顾说："要是没有教练那一招激将法，我不会有此成功。"

运用逆反激励要注意以下几点：

1. 认清对象

对象主要是胆汁质类型的人，这种人性子刚烈，行动果敢，对这类人才能"一石激起千重浪"。对于抑郁质的人，由于此类人多愁善感，胆小怕事，因此激将法对他们是不起作用的。

2. 掌握时机

出言过早，时机不成熟，"反话"容易使人泄气；出言过迟，良机错过，又成了"马后炮"，得不到良好效果。因此，运用激将法要注意恰到好处。

3. 注意分寸

使用"反话"，应体现出对同志的尊重、信任和爱护。不疼不痒的语言当然不行，但语言过于尖刻，又会使人反感。因此，运用激将法要注意语言的分寸和感情色彩，要把褒贬抑扬有机结合起来。这样，逆反激励才会产生积极的效果。

（三）利用求胜心理激励员工

【师傅讲授】

1. 领导者应该用竞赛评比的方式满足员工的求胜心理

竞赛评比就是根据人们上进、求胜的心理特点，为了实现某一目标，组织大家开展竞赛，比学赶帮的一种激励活动。竞赛评比后激励的作用：①能使潜伏状态的动机变为活跃的有效动机。②能创造出一种鼓足干劲、力争上游的情景条件，使人的勤奋努力和聪明才智得到充分肯定。从而使混日子的员工感到无法生存，有利于激发人们的上进心。③能诱导个人目标与组织目标相统一，培养成员的集体荣誉感和组织纪律性，形成职工的主人翁精神和共产主义劳动态度，最大限度地发挥个人的创造才能。比如，某厂开展"让理想在金丝眼线中编织"系列竞赛活动，激发了全厂广大职工争当生产尖兵的积极性。其中有186人创造出本工序生产最高纪录，80多人次被评为厂先进工作者，工厂的生产率得到显著提高。

【师傅提示】

竞赛评比对调动人的积极性有着重大作用。竞赛评比应注意以下几点：①必须有正确的目的。其目的是为祖国，为集体争光，则不是为个人争名夺利。给优胜者以奖励，其目的是鼓励先进，鞭策后进。如果指导思想不对，就会赛出个人主义，比出怨气，闹出矛盾。②要有科学的竞赛标准，做到明确、具体、全面、可行，防止标准笼统、片面，防止标准过高或过低。③要注意有间歇。如果天天搞评比，频繁搞竞赛，既过分紧张又不能持久，而且容易流于形式。因此，竞赛评比也应有张有弛，有一定间歇。④竞赛评比应公开进行。公开，才能保证竞赛评比活动的民主性和群众性，真正造成比学赶帮，力争上游的高昂情绪，"宫封"或"钦定"先进和优胜者的做法，是脱离群众的，只能起消极作用。

2. 挑起员工的竞争欲望

一个空调制造厂，由于员工一直完不成定额指标，他们的经理非常着急，为此他几乎使用了所有的方法：如说尽了好话；又鼓励又许愿；甚至还采用了"完不成指标，开除你"的威胁手段，结果几乎毫无效果。最后只好向总经理查尔斯·史考勃做了如实汇报。结果，史考勃先生当天就走进了工厂。当时，日班马上就要结束，他问一位工人："请问，你们这一班今天制造了几部空调了？""6部。"那位工人回答。史考勃没再说

话，只是拿了一支粉笔在地板上写下一个大大的阿拉伯数字"6"，然后转身离开了车间。夜班工人接班时，看到了那个"6"字，便问是什么意思，那位准备交班的日班工人说："老总刚才来过了，他问我们制造了几部空调，我们说6部，他就把它写在了地板上。"第二天早上，史考勃又来到了工厂，他看到夜班工人已经把"6"字擦掉，写上了一个大大的"7"字。日班工人接班时当然看到了那个很大的"7"字。于是他们决定要让夜班工人看看颜色，发愤抓紧干活。那晚他们下班时，地板上留下了一个颇具示威性的特大的"10"字。显然情况在逐渐地好起来。不久这个产量一直落后的工厂终于有了很大的起色。有什么秘诀吗？请记住史考勃先生的话："要使工作圆满完成，就必须挑起竞争，激起人们超越他人的欲望。"

（四）利用求安心理激励员工

【师傅讲授】

安定是人的基本心理需求。然而，员工不可能完全达到安的地步，不安只能消减，无法消灭。员工的求安，主要建立在同人与环境这两大因素之上，而人境互动，因此产生愉快的工作环境、可以胜任的工作、适当的关怀与认同、同人之间融洽与合作、合理薪资制度与升迁机会、良好的福利、安全的保障、可靠的退休制度以及合乎人性的管理等需求。安则留，不安则去，乃是合理的反应。

安的反面是不安。公司不能做到"有本事就来拿"，过分相信甄试及测验，以致不知如何识才、觅才、聘才、礼才、留才、尽才，员工就会不安。家族式经营并非不好，但是如果不敢相信外人，不能容才、用才，构成员工"留也不是，去也不好"的不安。管理者不了解真正适合中国人个性的领导、沟通、激励方法，不能人尽其才，也会引起员工的不安。

当然，公司的经营方针不明确、缺乏开发能力、劳务政策不能应时代的潮流，或者不能重视整体发展，都是员工不安的诱因。

不安的象征，最具体的，莫过于高层不放心、中层不称心、基层不热心。必须设法做到高层放心、中层称心、基层也热心，才是真正安人的表现。

我们不妨把员工分成四种，归纳为下述四种形态：

①稳定型：认为工作胜任愉快，而工作环境也相当良好的，自然身安心乐，称之为稳定型，是因为这一形态的员工，多半会稳定下来，不容易见异思迁。

②矛盾型：认为工作胜任愉快，而工作环境则有很多不如意的地方，去留之间相当矛盾，时常犹豫不决。

③游离型：认为工作环境相当良好，不过工作则不能胜任。遇到更合适的工作机会，就可能离职他去，所以称为游离型。

④滚石型：工作不胜任，对工作环境也有诸多不满。在这种情境下，实在很难安心

工作，以致骑驴找马，一有机会便准备跳槽。

矛盾的员工，觉得工作相当理想，舍掉十分可惜。但是在工作环境方面，则有很多不安，如照明不佳、通风不良、交通不便、噪声太大、空间太小以及用餐不方便、安全不放心等，使员工觉得内心非常矛盾："走，可惜；留，难过。"

这时候我们应该把员工的不安分为个人的或集体的两大类。个人的个别解决，集体的则由公司统一予以改善。

消减工作环境方面的不安，可以按"马上能做的，立刻解决；过一段时间就能改善的，宣布时间表；暂时不可能的，诚恳说明困难的所在"的原则，逐一改善或说明。只要员工觉得合理，自然会消减不安的感觉，使自己改变形态，从矛盾型转为稳定型，从而安心工作。游离型的员工，认为工作环境相当理想，可惜工作很难胜任，当然谈不上愉快。

员工的工作业绩及工作满足取决于工作的胜任与否。员工的个别差异，正是主管指派工作时必须考虑的要因。员工的特点如果配合工作的特性，如成长需求较高的员工，给予比较复杂的工作，而成长需求较的员工，则不妨调派比较简单的重复性或标准化的工作。

实施在职训练，是使员工由不胜任到胜任的一种方法。定期或不定期的工作论调，则是增加员工工作变化性的有效方式。变化性加大，可以降低对工作的厌倦程度，是工作的横向扩大。工作丰富化在垂直方向有所延伸，增加员工的自主责任，使其获得更为完整的满足。

滚石型的员工，由于工作与工作环境都不合适，因而身不安心不乐。这种心态如果不予改变，就会造成不做事、光捣蛋的滋扰分子，令人头疼不已。人事部门最好和他谈谈，不必直截了当地指责他，用一个中国人熟悉的"缘"字来沟通。先说他似乎和现在的主管没有什么缘分，所以处得不愉快，工作绩效也不高。然后让他挑选认为比较有缘的主管，如果愿意接受，便调单位试试，若是不愿意接受，也让他明白，并不是人家都欢迎他。调职之后有所改变，等于救活一个人。没有改变，则问问他的感想，自愿离职最好，不自愿离职，由比较接近的同事劝导他。

四、不同类型员工的激励技巧

【师傅讲授】

在现实工作中，酒店内的员工类型可以分为指挥型、关系型、智力型和工兵型等。针对不同类型的员工，管理者应该分析其类型特点，采取不同类型的激励技巧，这样才能取得良好的激励效果。

（一）指挥型员工的激励技巧

指挥型员工喜欢命令别人去做事情，面对这一层次的员工，管理者在选取激励方式和方法的时候应该注意以下几点。

（1）支持他们的目标，赞扬他们的效率。

（2）管理者要在能力上胜过他们，使他们服气。

（3）帮助他们通融人际关系。

（4）让他们在工作中弥补自己的不足，而不要指责他们。

（5）避免让效率低和优柔寡断的人与他们合作。

（6）容忍他们不请自来的帮忙。

（7）巧妙地安排他们的工作，使他们觉得是自己安排了自己的工作。

（8）别试图告诉他们怎么做。

（9）当他们抱怨别人不能干的时候，问他们的想法。

（二）关系型员工的激励技巧

关系型员工关注的对象不是目标，而是人的因素，他们的工作目标就是打通人际关系线。对于这种类型的员工，管理者应该考虑采取以下激励技巧。

（1）对他们的私人生活表示兴趣，与他们谈话时，要注意沟通技巧，使他们感到受尊重。

（2）由于他们比较缺乏责任心，应承诺为他们担负一定的责任。

（3）给他们安全感。

（4）给他们机会充分地和他人分享感受。

（5）别让他们感觉受到了拒绝，他们会因此而不安。

（6）把关系视为团体的利益来建设，将受到他们的欢迎。

（7）安排工作时，强调工作的重要性，指明不完成工作对他人的影响，他们会因此而努力地拼搏。

（三）智力型员工的激励技巧

智力型员工擅长思考，分析能力一般很强，常常有自己的想法。这类员工喜欢事实，喜欢用数据说话。管理者在激励这部分员工时，应该注意以下几点。

（1）肯定他们的思考能力，对他们的分析表示兴趣。

（2）提醒他们完成工作目标，别过高追求完美。

（3）避免直接批评他们，而是给他们一个思路，让他们觉得是自己发现了错误。

（4）不要用突袭的方法打扰他们，他们不喜欢惊奇。

（5）多表达诚意比运用沟通技巧更重要，他们能够立即分析出别人诚意的水平。

（6）必须懂得和他们一样多的事实和数据。

（7）别指望说服他们，除非他们的想法与你一样。

（8）赞美他们的一些发现，因为这是他们努力思考得到的结论，并不希望别人泼冷水。

（四）工兵型员工的激励技巧

工兵型员工的主要特征是喜欢埋头苦干。这类员工做事谨慎细致，处理程序性的工作表现得尤为出色。对于这样的员工，管理者要采用的激励技巧有以下几点：

（1）支持他们的工作，因为他们谨慎小心，一定不会出大错。

（2）给他们相当的报酬，奖励他们的勤勉，保持管理的规范性。

（3）多给他们出主意、想办法。

五、激励中应注意的问题

【师傅讲授】

酒店管理人员要想真正发挥激励的作用，除采用多种形式的激励方法外，还应注意以下问题：

（1）激励员工从结果均等转移到机会均等，并努力创造公平竞争的环境。

（2）激励要把握最佳时机。需在目标任务下达前激励的，要提前激励；员工遇到困难，有强烈要求愿望时，给予关怀，及时激励。

（3）激励要有足够力度。对有突出贡献的予以重奖；对造成巨大损失的予以重罚；通过各种有效的激励技巧，达到以小博大的激励效果。

（4）激励要公平准确、奖罚分明。健全、完善绩效考核制度，做到考核尺度相宜、公平合理；克服有亲有疏的人情风；在提薪、晋级、评奖、评优等涉及员工切身利益的焦点问题上务求做到公平。

（5）物质奖励与精神奖励相结合，奖励与惩罚相结合。注重感化教育，西方管理中"胡萝卜加大棒"的做法值得借鉴。

（6）构造员工分配格局的合理落差。适当拉开分配距离，鼓励一部分员工先富起来，使员工在反差对比中建立持久的追求动力。

（7）在激励方式上，现代酒店强调的是个人激励、团队激励和组织激励的有机结合。在激励的时间效应上，把对知识型员工的短期激励和长期激励结合起来，强调激励手段对员工的长期效应。在激励报酬设计上，当今酒店已经突破了传统的事后奖酬模式，转变为从价值创造、价值评价、价值分配的事前、事中、事后三个环节出发设计奖酬机制。

案例分析：

案例 1

只重数量的激励方案

酒店前厅部经理设计了一套前厅部的管理方案，概括起来说，就是如何将业绩同奖金联系起来，激发前厅员工的内在动力，挖掘员工的内在潜力，以致最后能为顾客提供最贴心、最快捷的服务，提高酒店的知名度与美誉度。

根据新激励方案，在每八小时一次的轮班中，登记客人人数最多和办理客人结账手续最多的两个员工在月底将得到额外奖金。这个体系运作得十分顺利，员工的工作速度比以前快得多了，虽然其员工之间似乎不像过去那样友善并相互帮助了。

由于新体系的激励，客人办理入住结账手续似乎迅速了许多，但他们现在开始抱怨前台人员缺乏友善的态度和礼貌。一名客人评价说，自己就像正在被赶着过河的鸭子一样，这不是期待的服务。随后麻烦又来了，财务处审计员查账时发现在记账问题上，前台存在比以前更多的失误。为了在结账程序上加快速度，很多费用没有登记在账单上，这样做的结果是不仅产生了很多错误，而且给酒店收入带来了不少损失。同时在登记入住的时候很多重要的信息没有被输入计算机系统中……

问题：

（1）酒店要建立良好的激励机制应该包含哪些内容？

（2）本案例中奖励方案存在哪些问题？

【师傅提示】

酒店良好的激励机制主要包括以下四个方面的内容。

一是要建立一支情绪积极高涨的工作团队。缺乏积极性的员工会无故缺勤、跳槽，更糟糕的是服务质量低下，这些方面都会使酒店蒙受巨大的经济损失。当员工为他的工作所鼓舞时，会尽全力确保顾客的需求得到满足，员工甚至会主动地提前考虑顾客会有何要求，做好回应客人要求的准备。有工作积极性的员工会在点滴小事中表现出对顾客的关心。

二是奖励应符合要求。如果想通过奖励来调动员工积极性的话，那么就必须使奖励方式与员工当时的需求层次相吻合。如果是用钱去奖励那些追求自我价值的员工，则奖金不会使他们实现最佳自我价值的愿望得到增强。同样，如果用更多的责任和自主权，而不是用钱去奖励那些生活困难的员工，他们也不会更多地为酒店努力工作。

三是奖励要相对公平。作为管理者，从公平的理论中就可知道，合理的报酬可以促进工作满意度的增加、绩效的提高；不公平的报酬会使效率降低、人员流失率升高。所以酒店管理应尽量给员工最丰厚的报酬。

四是奖励分配要恰当。优厚的待遇及优越的工作条件固然重要，但它们本身并不能激励员工发挥最佳的水平。要达到更高的业绩水平，很多员工需要的是能够分配到有趣的任务。尽可能多地给员工额外的责任和控制的权力，尽量给员工分配喜欢的任务，那样他们就会从内心受到激励，从而发挥最佳的水平。

本案例中，前厅部经理的奖励方案失误在三个方面：一是奖励不合理，过于理论化。方案中没有分析员工的需求心理，把奖励制度与工作实效有机完美结合；二是只重视提高工作速度，忽略了服务质量。方案实施后，没有人去想客人所需要的服务；三是人际关系处理得不够妥当。方案中只给工作量最大的两个员工奖励，使得员工之间缺乏友善的帮助和良好的沟通，这样的做法反而降低了服务质量。

案例 2
突然的晋升

黄斌在大学毕业后的两年里一直都在某酒店工作，在工作上他勤勤恳恳，曾做过前台收银员、客房预订员和夜班审计员，现在做前台主管。不同的岗位不仅让他对前台各项业务有所了解，也使他进步很快。他和其他员工接触时并没有自认清高，而是平易近人，员工们都很喜欢和他交往。前厅部经理也很欣赏他的才干。

一天，前厅部赵经理请黄斌到办公室并告诉他："我已经接到通知将被调到另一家酒店工作，酒店已经决定由你来接替我的位置。"赵经理很简单地就工作的大概情况向黄斌做起了介绍，并反复强调她相信黄斌的工作能力，还告诉黄斌，新的岗位肯定需要他付出更多的精力，可他的报酬也会随之增加。黄斌对此事感到很意外，又不好拒绝，只好委婉地说："我非常喜欢我在前台的工作，而且我也特别感谢您和酒店为我所做的一切，可是我担心，一旦我接受了前厅部经理这个职务，不知道自己能不能承担这份责任。"

赵经理听出了黄斌话语的含义，皱起了眉头，明显有些不高兴，她直截了当地问道："你该不是告诉我，你不想做吧？"黄斌感觉到，他与赵经理的谈话要陷入僵局，赵经理的反问更使他有些害怕，他担心她得出的结论会对自己不利。于是，黄斌只好说他想下周再详细地谈谈这个问题。一听黄斌这么说，赵经理觉得黄斌并不想拒绝这次提升。就这样，他们约定星期一的早晨在经理办公室详谈此事。

问题：本案例中对员工晋升存在什么问题？

【师傅提示】

本案例中，对员工的晋升主要存在以下三个方面的问题。

一是晋升管理制度不合理。这次晋升可以说是赵经理一手操办的，就连被晋升的黄斌都一直被蒙在鼓里。赵经理只注重黄斌的工作能力，而忽视了他是否喜欢这份工作。人只有在做自己喜欢的事情时，才会有最大的主观能动性，只有工作适合员工的个性素质时，才有可能最充分地发挥这个人所具备的才能。另外，这种非正规的晋升过程缺乏

透明度，员工无法得知有关晋升的情况，工作绩效和晋升的关系被卡断，晋升作为一种激励的效用就大大降低了。

二是上下级之间缺乏沟通。赵经理应在提升前与黄斌进行一次深入的交谈，把自己希望提升他的想法、观点和感受表达给黄斌。另外，认真倾听黄斌对这次提升的看法、了解存在的问题，然后可以通过协商的方法来解决问题。

三是会造成上下级关系紧张。如果黄斌马上回绝对自己的提升，这将激起赵经理对黄斌的不满，造成双方的矛盾。黄斌也会被认为是一个不求上进的员工，这会对黄斌以后的工作和晋升留下阴影。这种不合理的晋升也使酒店存在着人才流失的危险，因为有才干的员工会有许多选择的机会。

【徒弟记忆】

常见激励员工的方式有多种，分别是……

员工激励必须从员工的心理出发，迎合员工的心理需求。

【拓展应用】

（1）员工激励还有哪些著名的理论？

（2）员工激励对酒店管理的重要意义分析。

（3）员工激励的可行性方案拟定。

（4）员工激励的小技巧。

项目三　中基层管理人员心理需求

【企业标准】

本项目主要针对中基层管理人员的心理需求进行了解与分析。中基层管理者是企业的核心，也是酒店的主要推动者，所以对其心理我们要有一定的了解。

【师傅标准】

（1）了解中基层管理者的心理。

（2）了解中基层管理者心理产生的原因。

（3）对常见中基层管理者心理进行分析。

【师徒互动】

最具代表性的需求心理理论是著名心理学家马斯洛的需求层次理论。该理论不仅广泛分析了顾客心理，也同样适用于饭店管理者需求心理研究，深入地剖析了管理者需求心理有助于提高饭店的人力资源管理水平。

一、管理者需求心理理论

【师傅讲授】

（一）生理需求

生理需求是马斯洛需求层次中第一层次的需求。中基层管理者在饭店里工作占据重要作用，生理需求是不言而喻的。酒店着重关注与中基层管理者日常生活息息相关的几个方面：

（1）中基层管理者餐厅。中基层管理者每天至少有二～三次在食堂用餐。中基层管理者的餐厅应窗明几净，餐厅工作人员应着规定服装，并严格按程序和规范提供服务。所供菜肴也要在色、香、味、形等方面达到一定质量，并相对调剂，食品卫生须有严格的标准，逢年过节要体现节日气氛。

（2）中基层管理者宿舍。目前酒店一般设中基层管理者宿舍。如设个别中基层管理者宿舍应逐步改善条件，按公寓式管理。

（3）中基层管理者浴室和卫生间。为中基层管理者提供舒适、清洁的浴室和卫生间不仅是保持服务质量的必需，也是关心中基层管理者、满足其正常生理需求的必要。

（二）安全需求

安全需求在马斯洛需求层次理论属于第二个层次。中基层管理者虽然很熟悉酒店环境，他们不大可能产生如初来乍到的客人那样的不安全感，但他们的安全需求完全存在，主观表现在以下几个方面：

（1）新中基层管理者的恐惧感。他人生地疏，又不熟悉服务规范，有时遇到外国客人更是不敢开口，如果尚在试用期内，还可能担心因试用不合格而随时遭到辞退。

（2）对严格制度担惊受怕。《中基层管理者手册》以及诸多规定不免产生害怕心理，怕违纪、怕罚款、怕除名。

（3）女中基层管理者对酒店环境的不安全感。由于习俗观念的影响，许多家长对女儿在旅游饭店工作不放心，他们一是担心外国客人有非礼行为；二是担心有些客人素质不佳，怕女儿识别不了会上当受骗；三是担心饭店气氛过于豪华，出入者多有相当经济实力，孩子易受引诱；四是担心同事之间相互攀比，会使孩子丢掉艰苦朴素的习惯。

（4）夜晚工作时间不稳定，中基层管理者害怕很晚单独回家不安全。

（5）工作内容单调，女性中基层管理者心里缺乏安全感。

中基层管理者存在上述心理是很容易理解的，作为老板或管理人员应在措施上、制

度上、组织上尽早让中基层管理者熟悉环境、规范和程序，尽可能消除导致不安全感的一切因素，并且从思想上、工作上、生活上对中基层管理者多加关心，多给予指点，经常与中基层管理者家长或家属保持联系，以取得他们的支持和配合。还应加强劳动安全教育，采取有效的保护措施，根据条件可设置医疗服务或为半夜下班的中基层管理者解决住宿问题。

（三）社交需求

中基层管理者的社交需求是指中基层管理者渴望在饭店获得友情，希望与同事精诚合作，和睦相处，害怕孤独、受到歧视，并盼望成为某个组织的成员。

组织各种活动是满足中基层管理者社交需求最普遍而且最有效的手段。比如常见的活动有：各类比赛、演讲、交流、观摩等活动；联谊活动，如生日晚会、跳舞、礼宾服务；书法、摄影、收藏等展览；读书活动等。

中基层管理者具有社交需求，这对管理是件好事，因为通过满足他们渴望交友的需求，可达到增强酒店凝聚力的重要作用。

（四）尊重需求

在对客服务中，强调"客人是上帝"就是对中基层管理者说的，即在对客服务中中基层管理者应尊重客人，但服务业的性质决定了宾馆饭店不能用某种形式要求客人尊重中基层管理者，让客人把中基层管理者当上帝看待。

然而，中基层管理者是有尊重需求的。但是，在宾馆饭店工作的中基层管理者显然不能与客人"平起平坐"，不能要求客人尊重自己，这是中基层管理者在饭店内的角色地位决定的，但这样不意味着中基层管理者要求获得尊重是不合理的，不应给予满足。中基层管理者的尊重需求应在以下几个方面得到满足。

（1）领导对中基层管理者的尊重。管理者的职能之一就是为中基层管理者服务，因此领导应视中基层管理者为上帝，尊重他们。

领导尊重中基层管理者不只是在口头上，应该在工作及生活中尊重中基层管理者的人格、知识、才能和劳动。在宾馆饭店内，不分民营和国营，不管职位多高，所有人的人格是绝对平等的，上级有权利批评下级，但必须有依据；相反，上级应该接受下级的监督与评议。上级既有充分的理由批评下级，甚至处罚下级，也必须注意态度和方式，不能有侮辱和谩骂行为发生。

（2）中基层管理者之间的相互尊重。在酒店提倡相互尊重的风气。年长者应尊重青年人的机灵、活泼和热情，青年人则应尊重年长者的老成、稳重、经验和知识，人各有所长，都有值得他人尊重的长处。

（3）来自客人的尊重。尽管饭店不能明文要求客人尊重中基层管理者，但中基层管理者娴熟的服务技能和良好的服务态度往往能赢得客人的尊重。

【师傅提示】

然而，客人确有一些不懂得尊重中基层管理者，他们有的叫喊，有的说脏话，有的动手动脚，还有的甚至骂骂咧咧。中基层管理者不应过多计较少数客人的这种行为。

（五）自我实现需求

这是一个人最高层次的需求。拿破仑曾有句名言：不想当将军的士兵不是好士兵。用到饭店管理中来，则可以说：不想当总经理的中基层管理者不是好的中基层管理者。目前处于总经理位置的的确有不少人是从服务员或厨工做起的。他们经过不懈努力，排除种种困难，终于到达饭店管理金字塔顶，这正是他们自我设计与自我实现的结果。

【师傅提示】

饭店中基层管理者中青年人居多，他们中有许多胸怀大志、不甘现状、愿为社会多做贡献的人，这种奋发向上的精神正是社会前进的动力，也是饭店发展的动力，是饭店的一笔珍贵财富，应爱惜、保护。

经常开展一些评比和竞赛，有利于中基层管理者的自我实现。有的大饭店将种种技能比赛搞得轰轰烈烈，极大地提高了饭店的服务质量。

二、中基层管理者需求心理在人力资源管理中的应用

【师傅讲授】

这里拟从需求心理的角度，讨论饭店在人力资源管理中应注意做好的几项中基层管理者需求管理工作。

（一）中基层管理者生活管理

很难想象，自己的饮食起居都成问题的中基层管理者能够数年如一日地向宾客提供主动、热情、温馨的服务。一旦中基层管理者的后顾之忧解除了，生活质量改善了，他们的工作劲头便有望稳定地保持在一个较高的水平上。

在我国酒店业提供学习外国的管理经验时，往往偏重于将他们的管理制度营销策略、公关手段"拿过来"，却忽视了他们关心中基层管理者生活的管理理念和方法。实际上酒店业成功的人力资源管理中不乏对中基层管理者的生活福利予以极大关注的典型例子。下面以北京一家负有盛名的中外合资酒店为例，说明这一问题。

中外合资的北京丽都假日酒店聘请假日酒店管理公司管理。工会组织认识到，要想把酒店建成"宾客之家"，首先要把酒店建成"中基层管理者之家"。其中方领导打破合资宾馆酒店的惯例，出资为中基层管理者解决宿舍问题，改善住宿条件，现已建成中

基层管理者公寓，中基层管理者餐厅享受工作餐；老中基层管理者子女由饭店直接联系入托；为中基层管理者办保险；还办理了理发室、浴室、阅览室、中基层管理者酒吧、小卖部等。

（二）感情化管理

感情化管理和严格管理并非水火不容。严格管理的核心是"法治"，即各级管理人员严格按制度和规范办事，坚持以标准化、制度化、程序化的原则实施管理。严格管理是饭店得以正常运转的基础。

【师傅提示】

严格管理不等于无感情管理，在严格中必须融入感情化管理。在不折不扣执行制度的同时，不忘记对中基层管理者动之以情，晓之以理。

感情化管理讲究人情味，讲究对下属有爱心。管理者业余时间与下属一起谈天说地，评书论地，甚至下棋等，都是感情化管理的重要组成内容。饭店的感情化管理主要表现在以下方面：

管理者脸上常带笑容。有的饭店从业人员提出：微笑服务来自微笑管理。因为管理者对中基层管理者主动的微笑意味着管理者平易近人、平等待人的管理风格。管理者的微笑还有助于培养中基层管理者的服务角色意识，可随时提醒中基层管理者对宾客提供微笑服务。管理者的微笑同时又向中基层管理者展示其理解、宽容和感谢的内心世界，减少与消除上下级之间的矛盾。切记不要冷嘲热讽，挖苦或谩骂、侮辱下属。管理者的微笑可增强中基层管理者的勇气和信心，减轻受监督的压力。管理者的微笑又具有非同一般的鼓动力，它是对中基层管理者劳动的认可和赞赏，又是一种勉励，中基层管理者从中能获得鼓舞与激励。

【师傅提示】

微笑不等于不严格，不等于一团和气。在管理者中提倡既严格执行制度，掌握原则，又要实行微笑管理，即我们提倡的"你微笑了吗？"和"严中有情、严情结合"的理念。严而无笑或笑而不严都是不可取的。这两者的结合表现在以下一些方面。

一是真心关怀中基层管理者。为中基层管理者解决生活上的后顾之忧是关怀中基层管理者的一个方面。对待错误的中基层管理者同样应给予适当的关怀。

二是上下级的沟通。管理者与中基层管理者之间不单是管理与被管理的关系，更不仅仅是下达命令和执行服从的关系。不仅在业余时间，即使在工作中，上下级之间也应该频繁沟通。这样的沟通不仅有关客人需要、服务质量、促销策略等业务信息的沟通，主要是指感情方面的沟通。管理者与被管理者之间不应该有道墙，即使是透明的玻璃墙也不可。

管理者要率先垂范，主动承担责任。一个严于律己，率先垂范的管理者往往能赢得下属的尊敬。要求中基层管理者向客人主动热情招呼，而管理者却对下属爱搭不理，甚至板着脸；要求中基层管理者注意服饰打扮，讲究清洁卫生及文明行为，自己却挽起衬衫袖子，佩戴饰物，留长指甲；要求中基层管理者礼貌微笑，自己却不但不笑还粗话连篇。这样的管理者很难与下属的感情打成一片。

另有一种情况，也是管理者的大忌，即不敢主动承担领导责任，遇到事情文过饰非，避重就轻，将责任推给下属。南宁大饭店派出数名中基层管理者代表参加全市饭店行业的技能大赛，依饭店的规模、历史、声誉以及综合实力，这家饭店的中基层管理者应该捧几个第一名回来，但结果却大失所望，剃了光头。参赛的中基层管理者难过得一连数天抬不起头来。然而，饭店的领导却在全体中基层管理者大会上勇于承担责任，分析名落孙山的原因，将领导平时以老大自居，自以为是，疏于学习业务和培训，对比赛和训练不够重视等列为主要原因，还特地请参赛中基层管理者吃饭，深表安慰，主动向他们道歉。中基层管理者们万分感动，从此以后，加紧学习业务知识和操作训练，改进操作程序和办法，在后来的比赛中一举夺冠。可以想象，如果该饭店领导不是主动承担责任，而是将失败归咎于参赛的中基层管理者，那么以后的比赛结果肯定不会拿冠军。

（三）帮助中基层管理者积极进取

马斯洛的需求层次理论表明了酒店中基层管理者自我实现的需求，这里将着重研究饭店管理中如何帮助中基层管理者自我设计与自我实现。

各级管理者首先应懂得有一支自我实现需求的中基层管理者队伍是企业最有价值的资源，是其他任何别的资源所不可替代的。用什么态度对待胸怀大志的中基层管理者，正是有真知灼见的管理者与鼠目寸光、不懂发展的管理者的主要区别之一。中国大酒店为中基层管理者专门设有图书室，提供精神食粮，并安排中基层管理者参加社会上各类学校及文化技术学习班，鼓励他们自学成才。上海远东不夜城大酒店还专门设"自我成才"奖，鼓励中基层管理者在业余时间里攻学历、读英语、学计算机，最高管理层曾多次在中基层管理者会议上号召中基层管理者多读书，无论对自身素质还是对管理水平及服务水平的提高均大有益处。

鼓励中基层管理者为酒店的经营管理提建议，出点子也是培养人才的有效方法。我们应设一个"建议箱"，征求中基层管理者的"金点子"。

【徒弟操作】

通过实际调查，对中基层管理者的心理需求进行总结，并结合基础理论进行分析。

【拓展应用】

（1）中基层管理者对酒店建设的作用。

（2）中基层主要包含哪些层面？

（3）中基层管理者还有哪些心理状况？

（4）中基层需求心理产生的因素分析。

项目四　中基层管理人员激励实践

【企业标准】

通过本项目的学习，首先要明确管理层的作用和管理层的基本心理，从管理层的心理需求出发，对管理层的激励方案进行分析。

【师傅要求】

（1）管理的定义。

（2）管理层的作用。

（3）管理层的激励方法和实践。

（4）管理层激励的意义。

【师徒互动】

在培训中基层管理者的实践中，有时我会适时提出"为什么古人说要想做事，一定要先学会做人呢？"这一问题。迄今为止，学员朋友反馈中不乏闪光点，却需要系统化。

一、酒店战略管理定义详解

【师傅讲授】

很多中小酒店往往只注重自身战略的制度，而忽略了战略管理体系的规划。

一般而言，对中基层管理人员的激励，不外乎收入激励、股权激励和精神激励三个方面。对公司中基层管理人员的激励方案在设计中应体现以下的原则：

（一）根据不同行业和酒店特点设计，不追求趋同

不同酒店面临的市场环境、行业特点、酒店规模等有很大的不同，即使是同一行业的不同酒店，也因为公司的内部治理结构、人员的素质、公司的层级组织等不同而有很大的不同，我们不能寄希望于一种激励模式来解决所有酒店的情况，实际上这也是不可能的。因此，在设计公司中基层管理人员的激励方案时要区别对待，具体问题具体分

析，不能搞"一刀切"。

（二）把多种激励方式结合起来进行综合激励

国内过去在解决激励问题时，往往只注重某一方面的激励，如改革前侧重于精神激励，改革后又侧重于物质激励，特别是短期的货币激励。根据行为科学理论，人的需要是多种多样的，是有层次的，如马斯洛提出的生存的需要、安全的需要、社交和爱的需要、尊重的需要、自我实现的需要。在较低层次的需要得到满足后会产生较高层次的需要。同样的，酒店也有四种基本的需要，即生存需要、关系需要、权力需要和成就发展需要。单纯的任何一种激励方式都很难获得满意的效果，需要几种激励模式有效配合，使其发挥各自的激励优势，做到长期激励与短期激励相结合，物质激励和精神激励相结合。因此，在设计激励方案时应该把多种方式结合起来进行综合激励，以起到最大限度激励中基层管理人员努力工作的作用。

（三）中基层管理人员的收益应该与酒店经营业绩相适应

中基层管理人员的收益应该与酒店经营业绩相适应符合了风险收益的原则。激励酒店管理人员的目的就是解决酒店的绩效问题。在所有者自己经营管理、自己负责酒店盈亏的单人业主制酒店中是不需要激励的，而在实行委托代理经营的现代酒店中就需要对酒店的代理人即酒店的中基层管理者实行有效激励，这主要是因为酒店中基层管理者的行为决定着酒店的业绩和股东的利润，而决定和影响酒店中基层管理者行为决策的因素就是其行为所获得利益，当然，这种收益可能是物质上的，也可能是精神上的。如果中基层管理人员的收益不与酒店经营业绩挂钩，那么激励也就失去了它存在的意义。我国过去酒店效益低下的一个很重要的原因就是管理人员的收益不与酒店的经营业绩挂钩，干好干坏一个样，经营者缺乏动力。因此，在设计激励方案时应该坚持收益与经营业绩相适应的原则。

（四）中基层管理人员的收益应该与其有效努力相适应

很多因素会影响公司业绩的好坏。在设计中基层管理人员的激励问题时应该分清酒店经营者到底有多大贡献，多少业绩是其主观努力或能力的充分发挥所获得的。比如，公司绩效的变化是外部经济环境变化的结果，还是中基层管理人员行为的影响。因为当外部经济环境变好时，公司中基层管理人员即使不是很用心地去经营，公司的业绩也会相应提高；而当外部经济环境变得恶劣时，公司中基层管理人员即使很用心地去经营，公司的业绩也可能会变坏，甚至出现亏损。另外，对于上市公司的股东来说，他们很关心本公司股票在股市的表现，但由于我国股市尚不成熟、不完善，股票的市场价格很难反映股票的真实价值，也就很难真正反映公司中基层管理者的努力程度。因此，对中基层管理人员实施激励要与其努力工作的程度相适应，不能仅看公司利润的绝对量或股票

在股市的表现。

（五）应该与酒店的长远经营业绩相关联，使酒店经营者更多地关注酒店的成长性

酒店要想获得长久发展，特别是我国许多粗具规模的酒店要想成就百年酒店的梦想，就必须彻底消除经营中的急功近利现象。为此，对公司中基层管理人员大额激励设计应该着眼于公司的长远发展和长远利益，避免公司中基层管理人员的短期化行为。

二、管理者薪酬激励设计与制订

【师傅讲授】

中基层管理者在酒店发展中起着重要的作用，中基层管理人员对酒店绩效的贡献可以达到普通员工的几倍，甚至几十倍，其人才的价值理应得到体现。中基层管理者是酒店发展的灵魂。一个成功的酒店背后往往有着优秀的中基层管理者，而一个失败的酒店背后往往有着不称职的中基层管理者。

既然中基层管理者在酒店发展中起着重要作用，那么，为保证中基层管理人员的稳定性，避免酒店中基层变动对酒店发展战略稳定性的影响，酒店薪酬制度就应该充分体现中基层管理者的人力资本价值，使得中基层管理人员的薪酬在行业内部具有较强的竞争力，使其保持经营酒店的持久动力。这对酒店的持续发展来说是至关重要的。

（一）目前我国中基层管理者薪酬存在的问题

（1）中基层管理者薪酬水平与市场水平不接轨。中国大多数中基层管理者的薪酬水平低，激励力度小，导致中基层管理者为了满足自身利益，通过职位消费膨胀、以权谋私等损害所有者利益的手段以达到自己的目的。

（2）高管薪酬与管理绩效未达到合理匹配，主要表现在：一是没有真正体现按劳分配的基本原则。二是只有奖励措施，却没有惩罚机制，即使酒店当年未能完成预定任务，高管也不须承担任何责任或遭受物质惩罚。三是公司效益与高管收入成反比。只有与贡献匹配的高管收入才是公正、公平的。

（3）薪酬构成不合理，主要表现在以下几个方面：

①大多数酒店仍实行工资加奖金的分配方式，高层管理者的收入与经营业绩相关性不大。绝大多数人基本工资依然是收入的"大头"，而与其绩效关系紧密的奖金所占比例小。

②对中基层管理者的激励仅仅局限在其在位时薪酬水平在市场上具有一定的竞争力，往往忽视了对离岗之后的考虑，如离岗后奖金、岗位津贴、职位消费都没有了。

③职位消费混乱。中基层管理者在职位消费如在办公环境、办公条件、通信、交

通、差旅等消费上自己做主，数额可观，职位消费混乱。职位消费成为灰色收入的主要来源。

（二）中基层管理者薪酬激励

1. 中基层经理人员的薪酬由谁来定

首先，应在专业公司的协助下，通过建立有外部咨询顾问参加的薪酬委员会进行制定。这样在促进薪酬改革的过程中，许多敏感问题才可以迎刃而解。

其次，薪酬问题是一个综合问题。好的薪酬制度，首先要符合酒店现状，既要考虑股东和公司的利益，还要考虑员工的切身感受和实际利益，这就要求在总体设计上兼顾诸多因素，如果单纯由高管层来设计，难免会有失偏颇。

再次，薪酬委员会成员的组成，一定要多元化，既有股东代表，又有酒店高层，同时有工会代表，还要引入咨询公司等第三方力量。这样才能够兼顾各方利益，协调好多重因素。

2. 成功实施高管薪酬激励方案的关键因素

（1）制定清晰明确的公司薪酬理念、业务目标和战略。奖励必须和酒店的战略相挂钩。

（2）定期审核薪酬水平，以保持市场竞争力。

（3）掌握薪酬结构的平衡，固定与浮动相结合，短期与长期互补充。

（4）建立合理的激励体系，健全绩效管理，将绩效考核和各种激励有机地结合起来。

（5）委任合格负责的董事，审慎衡量公司高管团队的薪酬激励数量和支付方式。

3. 薪酬结构

中基层管理者薪酬激励是一项系统工程，核心是以市场水平确定薪酬水平，构成以基薪、奖金、保险福利、长期激励以及精神激励与职位激励等多元化的薪酬结构。

（1）薪酬水平。

决定中基层管理者薪酬水平的主要因素包括市场薪酬水平、供求关系、所处的行业、酒店的总资产、总销售额等。因此，如果以上决定因素发生变化，中基层管理者的薪酬水平应适时进行调整。由于薪酬水平是吸引、留住高级经营管理人才的重要砝码，酒店应根据酒店的支付能力、薪酬策略确定有市场竞争力的薪酬水平，并建立薪酬调整机制。

（2）中基层管理人员的薪酬结构。

中基层管理者的薪酬构成是多元化的，薪酬构成中的每一项都有很强的针对性。中基层管理人员的薪酬一般由以下五部分组成：

①基薪即基本工资。基本工资是中基层管理人员的一个稳定的收入来源，它使得个人收入不会因酒店的业绩波动而承担过多的风险。中基层管理人员基本工资的绝对值虽

然在逐步上升，但其在中基层管理人员总收入中所占的比重却随着级别的逐渐提高而逐渐下降。对中基层管理者而言，较高的工资是对其身价和能力的肯定，这种肯定本身就是一种激励。一般而言，酒店规模越大，所需的中基层管理者的档次越高，其工资水平越高。但由于工资与高层管理者的绩效无关，而且工资在一段相对较长的时期内都是比较固定的，其激励功能十分有限，所以应配合其他薪酬激励手段使用。

②绩效奖金或劳动分红。绩效奖金是根据酒店的绩效，对中基层管理人员进行的一种短期激励，数额相当可观，是为了促使中基层管理者达到酒店年度目标而设立的，其在中基层管理人员总收入中的比重随着级别的提高而逐渐增加。只有通过业绩考核，效益达到了令人满意的程度，酒店才为中基层管理者发放奖金；或者从税后利润中拿出一部分，奖励中基层管理者，这些是劳动分红。年终分红或奖金的不足之处会导致部分中基层管理者为获得奖金而采取短期行为提升业绩。中基层管理者短期行为的招式可以是千奇百怪的，所以，酒店所有者应尽量避免采用短期的业绩考核和激励机制，只能用某种长期激励体制使中基层管理者不过分追求短期效益，而是兼顾酒店的短期效益和长远发展。

③长期激励计划——公司股票或期股。长期激励的特点是使中基层管理者的薪酬与酒店的长期利益挂钩，目前中国酒店越来越重视对中基层管理者的长期激励，通常采用股票激励方式。由于上市公司与非上市公司在是否真正拥有股票上有所不同，所以，对中基层管理者进行长期激励的手段亦有所不同。对于上市酒店，国际上常用的长期激励工具主要包括：股票期权、股票增值权、限制性股票、MBO、股票购买计划、绩效股票、绩效单元等。上市公司按照员工的级别而在其购买公司股票时享受不同比例的优惠，员工级别越高，享有的优惠越大，或者中基层管理人员薪酬的一部分以股票形式给付，股票可以在持有一定年份，或股票价格超过一定水平后出售。通过这种手段，可以保持公司团队的稳定性。对于非上市酒店来说，常用的中基层管理者长期激励工具主要包括影子股票期权、员工持股计划、股票期权、利润分享计划和绩效单元等。

④福利。对于一个中基层管理人员来说，工作与生活是密不可分的，基薪与奖金或劳动分红决定的是中基层管理者目前的生活水平，而福利却同时影响了现在和将来的生活水准、品质。中基层管理人员的福利构成是多种多样的，除了享受一般员工都普遍享有的诸如免费午餐、饮料、基本养老保险、基本医疗保险等福利之外，还有另外一些补充的额外福利，如无偿使用酒店的车辆、招待费的全额包销、报销休假期间同家属一同出游的费用、弹性工作、额外商业人寿保险等。给中基层管理者提供的福利固然相对于其薪酬总收入来说是微不足道的，可是这提高了他们的满足程度，增加了他们对酒店的忠诚度，同样能起到较大的激励作用。

⑤精神激励与职位激励。当我们强调货币激励方式时，非货币性的激励方式如精神激励、职位激励同样也很重要。通过调查，中基层管理者最看重的不是收入高低，而是精神激励与职位激励的内容。精神激励主要包括在事业发展机会、地位与声誉、权利、

受褒奖机会与鼓舞士气等激励。职位激励包括升迁机会、解聘与降职等。由于精神激励、职位激励并不直接随中基层管理者经营业绩的变化而变化，所以它的激励作用还是有限的，精神激励、职位激励应与薪酬收入激励同时使用。

（3）中基层管理人员薪酬结构中各要素所占的比例。

高管薪酬的构成中，基本工资，年度奖金，长期激励如何支付、支付多少报酬、按什么比率来支付取决于公司所在的行业、具体的职位、公司的发展阶段、区域和文化以及公司的薪酬理念。一般来说，高层管理人员的基本工资占到全部收入的30%左右，年度分红约占20%，长期的激励计划约为50%，但是这些数目也会由于高管职位的高低和所在行业产生相当大的差异。

三、未来高管薪酬管理趋势

【师傅讲授】

未来高管薪酬管理趋势是薪酬激励机制的不断健全，特别是长期激励工具的应用。由于很多公司倾向保持一种稳定平均的薪酬体制，所以对浮动奖金机制的改革显得略为缓慢。这种情况仍然会不断持续下去。然而，随着股票市场的萧条和不景气，未来高管薪酬的焦点也将会从期权发放转向现金分红。同时高管薪酬也将发生根本性的转变，薪酬制度将会变得更为规范。对于高层管理人员和股东来说，薪酬体制也会越来越透明，不再像以前那样随意，每年的薪酬方案都会精心设计，并确保总体薪酬的每一部分都得到清晰的反映。

【徒弟记忆】

随着高层管理人才市场的逐步全球化和公司国际化步伐加快，参与高层管理人才的全球化争夺也成为中国酒店发展的必经之路。

尽管高层管理人员不只看重薪酬，但当他们处在收入高峰时期，决定如何投资自己的时间和精力的时候，肯定会考虑自身的财富积累机会。高级管理人员薪酬管理变得越来越重要。给予具有竞争力的薪酬，提供合适的机会去吸引、留住并奖励那些使公司在全球范围内取得成功的关键中基层，这对于领先的公司来说是势在必行的。

【拓展应用】

（1）联系基层员工的激励策略，对管理层的激励方案进行总结。

（2）管理层的激励对酒店长久发展的意义是什么？

（3）新时期激励方式还有哪些新发展？

（4）分享一下你印象最为深刻的激励实践。

（5）对酒店未来发展的规划和新思考。

参考文献

［1］曹慧萍．探讨茶文化主题酒店的管理与服务水平的提升［J］.福建茶叶，2018
（11）：236–237.

［2］李静静．体验经济背景下酒店营销策略创新［J］.河北农机，2018（11）：28.

［3］武如飞．基于国际通用职业资格标准的高技能酒店管理人才培养研究［J］.商业经济，2018（11）：108–109+142.

［4］史进．《酒店管理信息系统》课程现状和教学改革探讨［J］.文学教育（下），2018（11）：170–171.

［5］杨志武．高职教育人才外显能力创新培养体系研究——以酒店管理专业为例［J/OL］.中国商论，2018（30）：187–188.

［6］范晓玲．论《酒店财务管理》课程教学中的案例教学设计［J］.经贸实践，2018（20）：294–295.

［7］张斐斐．高职酒店英语课程项目化教学改革存在的问题及对策［J］.兰州教育学院学报，2018，34（10）：145–146+149.

［8］周景昱．互联网下智慧旅游酒店的发展路径初探［J］.中国商论，2018（29）：67–68.

［9］吕晓萌．论旅游酒店宾客关系的管理优化［J］.现代营销（下旬刊），2018（10）：176.

［10］郭小兰．新趋势下酒店管理的融合创新［J］.现代营销（下旬刊），2018（10）：177.

［11］王懿．高职酒店管理专业现代学徒制实践探索：问题及对策［J］.中国商论，2018（28）：191–192.

［12］黎群，王莉．北京金融街威斯汀大酒店的跨文化管理［J］.企业文明，2018（10）：75–77.

［13］邢生俊．浅析完善酒店行业税收风险控制体系的途径［J］.中国管理信息化，2018，21（20）：120–121.

［14］演克武，吴文洁．经济型酒店微博营销中存在的问题及其对策研究［J］.中国管理信息化，2018，21（20）：141–142.

［15］张洁．酒店管理实践性教学中的问题及反思研究［J］.河北农机，2018（10）：

50.

［16］杨晶.融入工匠精神的高职酒店管理专业课程体系构建研究［J］.纳税，2018，12（28）：218-219.

［17］刘韵凤，潘素华.浅谈茶文化与高职酒店管理专业学生职业素质的培养［J］.现代营销（创富信息版），2018（10）：189-190.

［18］陈程.现代学徒制下高职酒店管理专业人才培养模式探索［J］.产业与科技论坛，2018，17（19）：246-247.

［19］莱佛士酒店及度假酒店宣布在深圳推出全新地标［J］.中国会展（中国会议），2018（18）：20.

［20］章乔晖.鼎龙湾艾美酒店：亲水亲海湾，180° 拥抱十里海岸［J］.房地产导刊，2018（10）：70-73.

［21］白星星.福朋友聚访万豪国际集团精选服务品牌亚太区品牌及市场总监龙淑萍［J］.中国会展（中国会议），2018（18）：38-39.

［22］何小青.二元制下校企协同德育工作机制探索——以福建省高职酒店专业试点班为例［J］.闽西职业技术学院学报，2018，20（3）：13-15.

［23］戴花.BIM技术在某酒店综合体项目设计管理中的应用［J］.建筑施工，2018，40（9）：1645-1647.

［24］杨丽佳.中职高星级酒店运营与管理专业学生服务意识的培养途径［J］.旅游纵览（下半月），2018（9）：227-228.

［25］余彬文.基于微信公众平台的国内酒店精准营销实施策略［J］.旅游纵览（下半月），2018（9）：76-78.

［26］林珮珣，吴泳霖.探析经济型连锁酒店的个性化服务——以新品汉庭为例［J］.现代营销（下旬刊），2018（9）：116-117.

［27］郭红芳.信息化环境下高职酒店管理专业实践教学管理模式与运行机制研究［J］.科教文汇（中旬刊），2018（9）：91-92.

［28］王俊秀.社会心理学如何响应社会心理服务体系建设［J］.心理技术与应用，2018，6（10）：579+589.

［29］井荣娟.心理学在图书馆读者服务工作中的实践探索［J］.河南图书馆学刊，2018，38（9）：130-131.

［30］高美.将心理学引入离退休员工管理服务工作之探索［J］.法制博览，2018（19）：237+236.

［31］张海钟，安容瑾.城市社会心理学视野下社区心理学与社区心理服务［J］.辽宁师范大学学报（社会科学版），2018，41（4）：117-123.

［32］杜天鸽.基于认知心理学视角下信息服务质量差距模型的构建［J］.世界最新医学信息文摘，2017，17（4）：290.

［33］章怡.旅游心理学视角下酒店前厅服务质量提升研究［J］.绿色科技，2017（23）：181-183+185.

［34］腾丹.《酒店服务心理学》课程考试模式改革探索与实践［J］.旅游纵览（下半月），2015（9）：218+220.

［35］何振，张甜颖.酒店对客服务意识的本质及培养探讨［J］.旅游纵览（下半月），2015（3）：92.

［36］黄思嘉.服务蓝图视角下的商务酒店流线体系设计研究［D］.华南理工大学，2017.

［37］钟瑶.浅谈酒店人应具备的服务心态［J］.现代交际，2017（7）：179.

［38］Mercedes Ruiz-Lozano，Araceli De-los-Ríos-Berjillos，Salud Millán-Lara. Spanish hotel chains alignment with the Global Code of Ethics for Tourism［J］.Journal of Cleaner Production，2018，199.

［39］Nancy A. Brown，Jane E. Rovins，Shirley Feldmann-Jensen，Caroline Orchiston，David Johnston. Measuring disaster resilience within the hotel sector：An exploratory survey of Wellington and Hawke's Bay，New Zealand hotel staff and managers［J］. International Journal of Disaster Risk Reduction，2018.

［40］Marcelo Canteiro，Fernando Córdova-Tapia，Alejandro Brazeiro. Tourism impact assessment：A tool to evaluate the environmental impacts of touristic activities in Natural Protected Areas［J］.Tourism Management Perspectives，2018，28.

附录 《非金钱激励员工的 108 种手段》

一、榜样激励

为员工树立一根行为标杆

在任何一个组织里，管理者都是下属的镜子。可以说，只要看一看这个组织的管理者是如何对待工作的，就可以了解整个组织成员的工作态度。"表不正，不可求直影。"要让员工充满激情地去工作，管理者就先要做出一个样子来。

1. 领导是员工们的模仿对象
2. 激励别人之前，先要激励自己
3. 要让下属高效，自己不能低效
4. 塑造起自己精明强干的形象
5. 做到一马当先、身先士卒
6. 用自己的热情引燃员工的热情
7. 你们干不了的，让我来
8. 把手"弄脏"，可以激励每一个员工
9. 在员工当中树立起榜样人物

二、目标激励

激发员工不断前进的欲望

人的行为都是由动机引起的，并且都是指向一定的目标。这种动机是行为的一种诱因，是行动的内驱力，对人的活动起着强烈的激励作用。管理者通过设置适当的目标，可以有效诱发、导向和激励员工的行为，调动员工的积极性。

10. 让员工对企业前途充满信心
11. 用共同目标引领全体员工
12. 把握"跳一跳，够得着"的原则
13. 制定目标时要做到具体而清晰
14. 要规划出目标的实施步骤
15. 平衡长期目标和短期任务
16. 从个人目标上升到共同目标

17. 让下属参与目标的制定工作

18. 避免"目标置换"现象的发生

三、授权激励

重任在肩的人更有积极性

有效授权是一项重要的管理技巧。不管多能干的领导，也不可能把工作全部承揽过来，这样做只能使管理效率降低，下属成长过慢。通过授权，管理者可以提升自己及下属的工作能力，更可以极大地激发起下属的积极性和主人翁精神。

19. 不要成为公司里的"管家婆"

20. 权力握在手中只是一件死物

21. 用"地位感"调动员工的积极性

22. "重要任务"更能激发起工作热情

23. 准备充分是有效授权的前提

24. 在授权的对象上要精挑细选

25. 看准授权时机，选择授权方法

26. 确保权与责的平衡与对等

27. 有效授权与合理控制相结合

四、尊重激励

给人尊严远胜过给人金钱

尊重是一种最人性化、最有效的激励手段之一。以尊重、重视自己的员工的方式来激励他们，其效果远比物质上的激励要来得更持久、更有效。可以说，尊重是激励员工的法宝，其成本之低，成效之卓，是其他激励手段都难以企及的。

28. 尊重是有效的零成本激励

29. 懂得尊重可得"圣贤归"

30. 对有真本事的大贤更要尊崇

31. 责难下属时要懂得留点面子

32. 尊重每个人，即使他地位卑微

33. 不妨用请求的语气下命令

34. 越是地位高，越是不能狂傲自大

35. 不要叱责，也不要质问

36. 不要总是端着一副官架子

37. 尊重个性即是保护创造性

38. 尊重下属的个人爱好和兴趣

五、沟通激励

下属的干劲是"谈"出来的

管理者与下属保持良好的关系，对于调动下属的热情，激励他们为企业积极工作有着特别的作用。而建立这种良好的上下级关系的前提，也是最重要的一点，就是有效的沟通。可以说，沟通之于管理者，就像水之于游鱼，大气之于飞鸟。

39. 沟通是激励员工热情的法宝
30. 沟通带来理解，理解带来合作
41. 建立完善的内部沟通机制
42. 消除沟通障碍，确保信息共享
43. 善于寻找沟通的"切入点"
44. 与员工顺畅沟通的七个步骤
45. 与下属谈话要注意先"暖身"
46. 沟通的重点不是说，而是听
47. 正确对待并妥善处理抱怨
48. 引导部属之间展开充分沟通

六、信任激励

诱导他人意志行为的良方

领导与员工之间应该要肝胆相照。你在哪个方面信任他，实际上也就是在哪个方面为他勾画了其意志行为的方向和轨迹。因而，信任也就成了激励诱导他人意志行为的一种重要途径。而管理不就是要激励诱导他人的意志行为吗？

49. 信任是启动积极性的引擎
50. 用人不疑是驭人的基本方法
51. 对业务骨干更要充分信赖
52. 信任年轻人，开辟新天地
53. 切断自己怀疑下属的后路
54. 向下属表达信任的 14 种方法
55. 用人不疑也可以做点表面文章
56. 既要信任，也要激起其自信

七、宽容激励

胸怀宽广会让人甘心效力

宽容是一种管理艺术，也是激励员工的一种有效方式。管理者的宽容品质不仅能使员工感到亲切、温暖和友好，获得安全感，更能化为启动员工积极性的钥匙，激励员工

自省、自律、自强，让他们在感动之中心甘情愿地为企业效力。

57. 宽宏大量是做领导的前提

58. 宽容是一种重要的激励方式

59. 原谅别人就是在为自己铺路

60. 给犯错误的下属一个改正的机会

61. 得理而饶人更易征服下属

62. 对下属的冒犯不妨装装"糊涂"

63. 善待"异己"可迅速"收拢"人心

64. 容许失败就等于鼓励创新

65. 要能容人之短，用人所长

66. 敢于容人之长更显得自己高明

八、赞美激励

效果奇特的零成本激励法

人都有做个"重要"人物的欲望，都渴望得到别人的赞美和肯定。赞美是一种非常有效而且不可思议的推动力量，它能赋予人一种积极向上的力量，能够极大地激发人对事物的热情。用赞美的方式激励员工，管理者所能得到的将会远远地大于付出。

67. 最让人心动的激励是赞美

68. "高帽子"即使不真也照样塑造人

69. 用欣赏的眼光寻找下属的闪光点

70. 懂得感恩才能在小事上发现美

71. 摆脱偏见，使称赞公平公正

72. 赞美到点上才会有良好的效果

73. 当众赞美下属时要注意方式

74. 对新老员工的赞美要有区别

九、情感激励

让下属在感动中奋力打拼

一个领导能否成功，不在于有没有人为你打拼，而在于有没有人心甘情愿地为你打拼。须知，让人生死相许的不是金钱和地位，而是一个情字。一个关切的举动、几句动情的话语、几滴伤心的眼泪，比高官厚禄的作用还要大上千百倍。

75. 感情如柔水，却能无坚不摧

76. 征服了"心"就能控制住"身"

77. 你要"够意思"，别人才能"够意思"

78. "知遇之恩"也是可以制造的

79.替下属撑腰，他就会更加忠心

80.不可放过雪中送炭的机会

81.乐于主动提携"看好"的下属

82.付出一点感情，注意一些小事

83.将关爱之情带到下属的家中

十、竞争激励

增强组织活力的无形按钮

人都有争强好胜的心理。在企业内部建立良性的竞争机制，是一种积极的、健康的、向上的引导和激励。管理者摆一个擂台，让下属分别上台较量，能充分调动员工的积极性、主动性、创造性和争先创优意识，全面地提高组织活力。

84.竞争能快速高效地激发士气

85.不妨偶尔在工作中打个赌

86.让员工永远处于竞争状态

87.建立竞争机制的 3 个关键点

88.活力与创造力是淘汰出来的

89.用"鲇鱼式"人物制造危机感

90.用"危机"激活团队的潜力

91.引导良性竞争，避免恶性竞争

十一、文化激励

用企业文化熏陶出好员工

企业文化是推动企业发展的原动力。它对企业发展的目标、行为有导向功能，能有效地提高企业生产效率，对企业的个体也有强大的凝聚功能。优秀的企业文化可以改善员工的精神状态，熏陶出更多的具有自豪感和荣誉感的优秀员工。

92.企业文化具有明确的激励指向

93.企业文化是长久而深层次的激励

94.企业文化也是员工的一种待遇

95.用正确的企业文化提升战斗力

96.用企业价值观同化全体员工

97.激励型组织文化应具备的特点

98.强有力的领导培育强有力的文化

99.用良好的环境体现企业文化

十二、惩戒激励

不得不为的反面激励方式

惩戒的作用不仅在于教育其本人，更重要的是让其他人引以为戒，通过适度的外在压力使他们产生趋避意识。惩戒虽然是一种反面的激励，却不得不为之。因为，"怀柔"并不能解决所有的问题。

100. 没有规矩也就不会成方圆

101. 随和并非任何时候都有意义

102. 适时责惩以表明原则立场

103. 坚持"诛罚不避亲戚"的原则

104. 对于奸邪者要做到除恶必尽

105. 实施惩罚时不要打击面过大

106. 惩罚要把握时机，注意方式

107. 惩罚与"怀柔"相结合更具激励效果

108. 少一点惩罚，多一些鼓励

项目策划：段向民
责任编辑：段向民　武　洋
责任印制：孙颖慧
封面设计：何　杰

图书在版编目（ＣＩＰ）数据

酒店心理学基础理论与实践 / 刘胜勇主编 . -- 2 版
. -- 北京：中国旅游出版社，2021.11
全国高等职业教育"十三五"现代学徒制规划教材
ISBN 978-7-5032-6786-4

Ⅰ . ①酒… Ⅱ . ①刘… Ⅲ . ①饭店－商业心理学－高
等职业教育－教材 Ⅳ . ① F719.2

中国版本图书馆 CIP 数据核字 (2021) 第 173662 号

书　　名：酒店心理学基础理论与实践（第二版）

作　　者：刘胜勇
出版发行：中国旅游出版社
　　　　　（北京静安东里 6 号　邮编：100028）
　　　　　http://www.cttp.net.cn　E-mail:cttp@mct.gov.cn
　　　　　营销中心电话：010-57377108，010-57377109
　　　　　读者服务部电话：010-57377151
排　　版：北京旅教文化传播有限公司
经　　销：全国各地新华书店
印　　刷：三河市灵山芝兰印刷有限公司
版　　次：2021 年 11 月第 2 版　2021 年 11 月第 1 次印刷
开　　本：787 毫米 × 1092 毫米　1/16
印　　张：19.25
字　　数：414 千
定　　价：49.80 元
ＩＳＢＮ　978-7-5032-6786-4